Bravo grammatica italiana per stranieri

Ristampa Anno

99

PROGETTO DI
ADRIANA MASSARI

COORDINAMENTO EDITORIALE
GIANNI DENDENA

REDAZIONE
ELISABETTA ZAMBERLAN, CARTAVOLTA

SEGRETERIA DI REDAZIONE
CARTAVOLTA

PROGETTO GRAFICO
SILVIA RAZZINI

IMPAGINAZIONE
RENATA CORTESE
MARIA ROSA TORRI

RICERCA ICONOGRAFICA
MARTA GIUSTI

DISEGNI
FEDERICA ORSI

I COLLAGES DELLE PAGINE DI APERTURA SONO DI DEBORAH DI LEO

COORDINAMENTO TECNICO
LUIGI CILONA

CONTROLLO QUALITÀ
SERAFINO CECCONELLO

STAMPATO PRESSO CPM

KATERIN KATERINOV
MARIA CLOTILDE BORIOSI KATERINOV

BRAVO!

CORSO DI
LINGUA ITALIANA
E CIVILTÀ

livello elementare e avanzato

Le sezioni di civiltà sono a cura di
GABRIELLA MELONI

Edizioni Scolastiche Bruno Mondadori

HOW TO MAKE THE MOST OF THE TEXT

Owing to its handy format and the way the linguistic material is laid out, this text is ideal either for individual students working by themselves or for use within a class.

The opening pages are full of information. As an example, let's take a look at Unit 3.

The title **"Fare conoscenza"** sets the scene.

The heading **"Obiettivi"** tells you what you will learn in the Unit; how to ask and give names and professions, how to talk about your possessions.

Under the heading **"Grammatica"** you will find listed the necessary grammatical structures (present tense, possessive adjectives, imperative) for the communication objectives.

The heading **"Area lessicale"** gives you an idea of what to expect in terms of vocabulary (professions, family relationships, possessions).

The next stage is where you begin to get to grips with the work of the Unit. The opening **"Dialogo"** immediately puts across the situation that can also be easily followed on the tape cassette. Be careful though! This is the phase that deals with pronunciation and intonation.

In **"Proviamoci insieme"** you will find activities to practise important grammatical structures.

The grammatical tables in **"E ora la grammatica"** enable you to consider more closely the structure of the language and to put together new phrases.

"Ascolta e rispondi": listen to the recordings and follow the exercises. You'll be surprised just how much you can understand, without reading.

Now you have all the tools needed to communicate. It's time to try them out in the situations given in **"Ditelo in italiano"**.

By means of simple tests you can check your progress in listening, reading, writing and speaking in **"Facciamo il punto"**.

Round off the Unit discovering aspects of Italian culture and society in **"Alla scoperta"**.

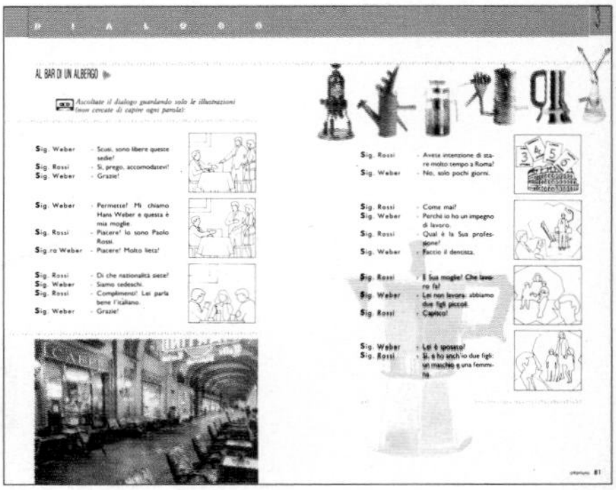

SO WIRD DER TEXT MIT ERFOLG GEBRAUCHT

Dank seinem Format und der Gliederung der sprachlichen Mittel eignet sich dieser Text sowohl zum Selbstunterricht als auch zum gemeinsamen Erlernen.

Die Einführungsseiten jeder Lektion bieten ausführliche Auskünfte jeweils über ein bestimmtes Thema oder eine bestimmte Situation (siehe z. B. Lektion 3).

Der Titel **"Fare conoscenza"** weist dem Lernern zweifellos die Situation einer Begegnung auf.

Unter dem Wort **"Obiettivi"** werden die bestimmten Ziele herausgehoben: Man wird erfahren, wie man sich vorstellt, nach dem Namen, dem Beruf usw. fragt und die eigenen persönlichen Zustände mitteilt.

Unter dem Wort **"Grammatica"** werden die für die jeweiligen bestimmten Kommunikationsziele notwendigen Grammatikregeln (Indikativ Präsens, Possessivpronomen, Imperativ) angegeben.

Unter dem Wort **"Area lessicale"** wird man die wesentlichen Vokabel und Redemittel (Beruf, Verwandtschaft, persönliche Zustände usw.) auffinden.

Nun weiß der Lerner Bescheid, was die Lektion enthält, und kann mit der Arbeit beginnen. Der **"Dialogo"** führt ihn gleich in die angegebene Situation ein. Die beigefügte Kassette dient dem Lernern dazu, ihm leicht zu folgen. Dabei kann außerdem Aussprache und Ton kennengelernt werden.

In **"Proviamoci insieme"** werden die zur Einübung der wichtigsten Grammatikregeln notwendigen Tätigkeiten angegeben.

Die grammatischen Übersichten in **"E ora la grammatica"** sind ausdrücklich gedacht worden, um die Verfassung von Kommunikationssätzen zu erleichtern.

"Ascolta e rispondi": die Kassetten sollen aufmerksam zugehört werden, bevor sich der Lerner mit den verschiedenen Übungen auseinandersetzt. Er wird dabei bemerken, daß er imstande ist, die Angelegenheiten leicht zu verstehen, auch ohne dem Text zu folgen.

Nun sind die wichtigsten Kommunikationsmittel bekannt, und die Einübung kann in **"Ditelo in italiano"** erfolgreich beginnen.

Anhand einfacher Tests können dann die Fortschritte beim Hören, Lesen, Schreiben und Sprechen in **"Facciamo il punto"** selbständig nachgeprüft werden.

Die Lektion schließt mit einigen Hinweisen auf die italienische Gesellschaft und ihre Kultur in **"Alla scoperta"**.

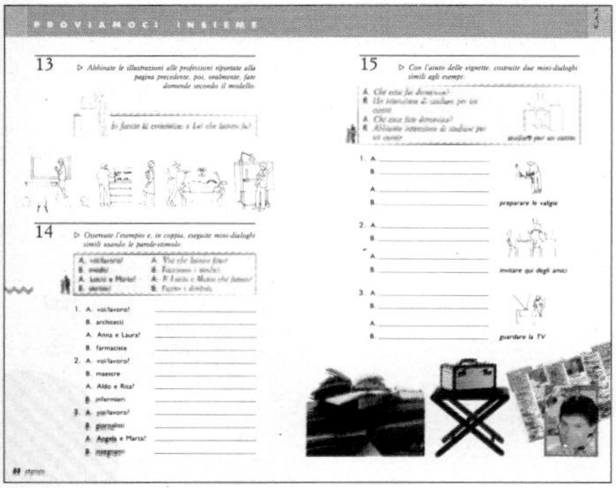
PROVIAMOCI INSIEME

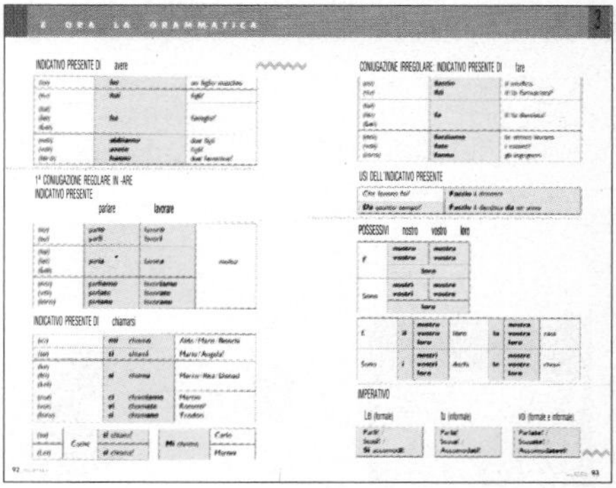
E ORA LA GRAMMATICA

COMO USAR PROVECHOSAMENTE EL TEXTO

Por su formato y la organización del material linguístico este texto se puede utilizar tanto para el aprendizaje personal, individual, como para el estudio en el ámbito de un curso organizado.

La paginas de apertura contienen muchas informaciones importantes. Tomemos, por ejemplo, aquélla de la Unidad 3.

El título **"Fare conoscenza"** nos da la idea de una situación de encuentro.

El cuadro **"Obiettivi"** le indica que Ud. aprenderá a preguntar y decir el nombre, la profesión y hablar de sus bienes.

Bajo el subtítulo **"Grammatica"** Ud. encontrará el conjunto de reglas grammaticales (presente indicativo, verbos reflexivos, imperativo) necesarios para aquellos objetivos de comunicación.

El cuadro **"Area lessicale"** le da la idea de las palabras (profesión, parentela, objetos personales) que Ud. encontrarà.

Ahora Ud. entra en el vivo del trabajo que cada unidad le propone. El **"Dialogo"** de apertura le pondrá inmediatamente en la situación deseada: podrá seguirlo fácilmente porque está grabado en los cassette en dotación ¡Atención! Esta es la fase para aprender la pronunciación y la entonación.

En **"Proviamoci insieme"** Ud. encontrará las actividades para ejercitarse sovre las reglas gramaticales necesarias para la comunicación.

Las tablas gramaticales en **"E ora la grammatica"** le permitirán reflexionar sobre la estructura de la lengua y componer frases para comunicarse.

"Ascolta e rispondi": escuche las grabaciones y ejecute las tareas pedidas. Ud. probará la satisfacción de entender, sin leer.

Ahora tiene Ud. todos los instrumentos para comunicarse: ensáyese en las situaciones requeridas in **"Ditelo in italiano"**.

Mediante tests muy sencillos, Ud. podrà verificar sus progresos en escuchar, leer, escribir y hablar in **"Facciamo il punto"**.

La unidad termina ayudándole a descubrir algunos aspectos de la sociedad y la cultura italiana in **"Alla scoperta"**.

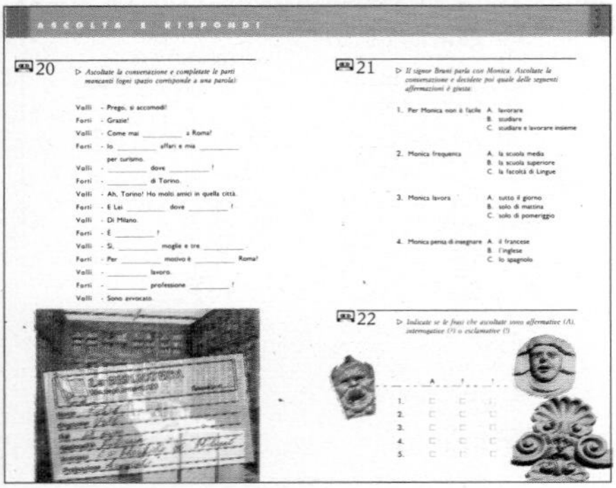

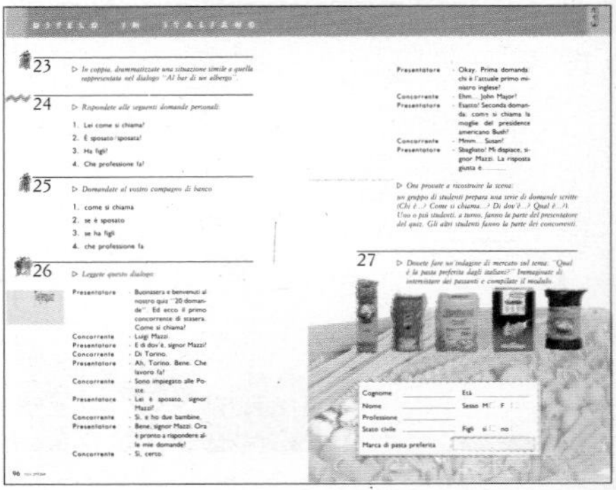

COMMENT UTILISER LE MANUEL AVEC SUCCES

Grâce à son format et à l'organisation de son contenu linguistique, ce manuel se prête aussi bien à l'apprentissage individuel qu'au travail en classe dans le cadre d'un cours.

La première page de chaque unité vous donne de nombreuses informations. Prenons par exemple celle de l'unité 3.

Le titre **"Fare conoscenza"** vous donne un aperçu de la situation (la rencontre).

La rubrique **"Obiettivi"** vous indique que vous allez apprendre à demander des informations sur quelqu'un (son nom, sa profession), à vous présenter et parler de ce que vous possédez.

Sous la rubrique **"Grammatica"** vous trouverez la liste des règles grammaticales nécessaires à la réalisation de ces objectifs (présent de l'indicatif, possessifs, impératif).

La rubrique **"Area lessicale"** vous donne un aperçu du vocabulaire (le professions, les liens de parenté, les objets personnels) que vous allez recontrer.

Abordez maintenant le travail que vous propose chaque unité. Le **"Dialogo"** initial vous introduit immédiatement dans la situation: il est facile à suivre car il est enregistré sur les cassettes qui accompagnent le livre. Concentrez votre attention sur la pronunciation et l'intonation.

Dans **"Proviamoci insieme"** vous trouvez les activités qui vont vous permettre de vous exercez sur les règles grammaticales nécessaires à la communication.

Les tableaux de grammaire dans **"E ora la grammatica"** vous permettent de réfléchir sur les structures de la langue et de composer des phrases pour communiquer.

"Ascolta e rispondi": ecoutez les enregistrements et suivez la démarche proposée. Vous éprouverez la satisfaction de comprendre sans recourir à la lecture.

Maintenant vous possédez tous les instruments pour communiquer: mettez-vous à l'épreuve dans les situations proposées dans **"Ditelo in italiano"**.

Vérifiez vos progrès en compréhension orale, compréhension écrite, expression orale et expression écrite à travers de simples tests dans **"Facciamo il punto"**.

Terminez l'unité en découvrant des aspects de la société et de la culture italienne dans **"Alla scoperta"**

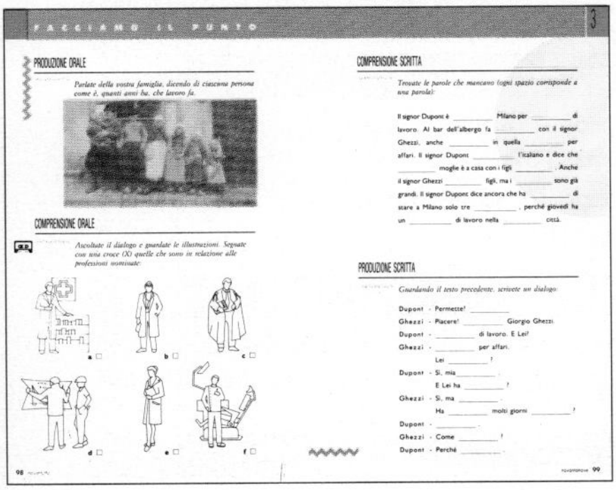

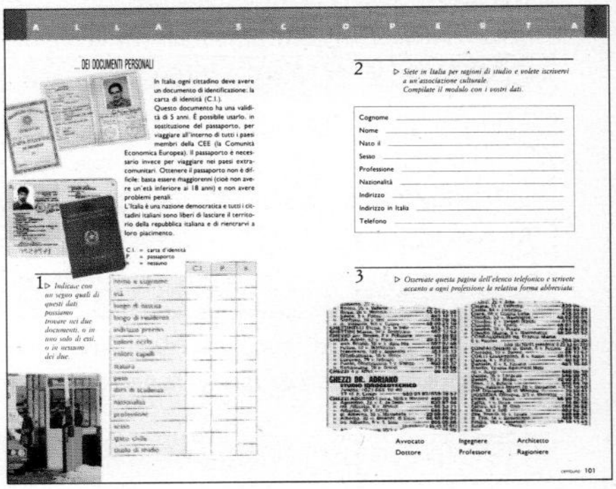

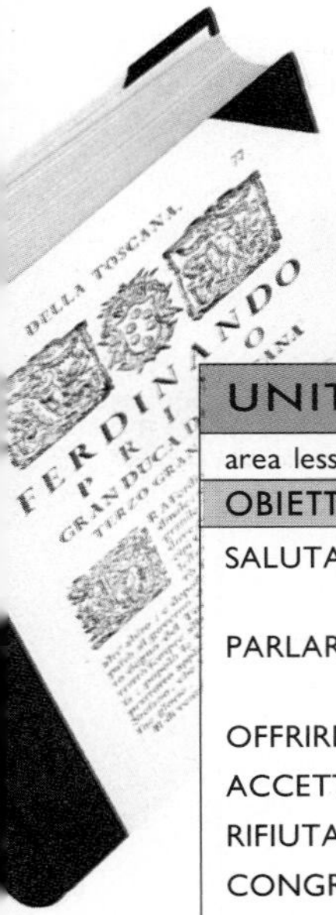

area lessicale: mezzi di trasporto, luoghi in città

OBIETTIVI E FORME LINGUISTICHE ▷

CHIEDERE E DARE INDICAZIONI DI PERCORSO	• Via Fani? Come ci arrivo? Vada dritto fino al semaforo e giri a destra in via Sistina. Alla seconda traversa giri a sinistra.
ESPRIMERE NECESSITÀ	• Scusi, che autobus devo prendere per andare...? Deve scendere al capolinea. Ci vuole molto? Ci vogliono circa dieci minuti.
INFORMARSI SULLA ESISTENZA DI SERVIZI	• Scusi, sa se c'è una banca qui vicino?
ESPRIMERE POSSIBILITÀ	• Dove posso comprare dei biglietti? Li può comprare all'edicola.
RINGRAZIARE	• Grazie mille!
REPLICARE	• Non c'è di che.

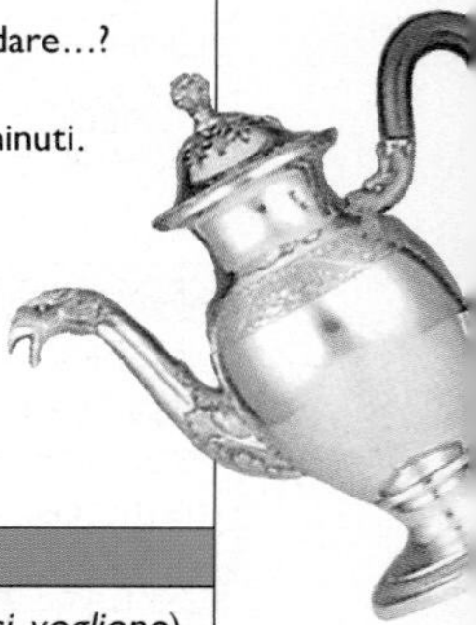

GRAMMATICA ▷

• *a destra, a sinistra, fino a* • particella *ci* (I) (*c'è, ci sono, ci vuole, ci vogliono*) • verbi modali (II): indicativo presente di *dovere, potere* • indicativo presente di *sapere* • imperativo (II) (tu, Lei, voi, noi) • pronomi diretti (II) con l'infinito • preposizioni articolate (I) *a* • forma impersonale (I) • numeri da 30 a 1.000.000

CIVILTÀ: ALLA SCOPERTA ▷ ... DEL TRAM E DEL METRÒ

area lessicale: ambienti, comodità

OBIETTIVI E FORME LINGUISTICHE ▷

SALUTARE (FORMALE)	• Buongiorno! Buonasera! ArrivederLa!
COMPITARE	• Come si scrive Murray? Emme, u, doppia erre, a, i greca.
INFORMARSI SUI PREZZI	• Quanto costa la singola? Quanto costano queste scarpe? Quanto paghi per la camera?
INFORMARSI SULLE COMODITÀ DISPONIBILI	• C'è il telefono, vero? Non c'è una camera silenziosa?
LOCALIZZARE OGGETTI	• L'ascensore è in fondo a destra. Il frigo è vicino alla finestra. Il letto è di fronte alla porta.

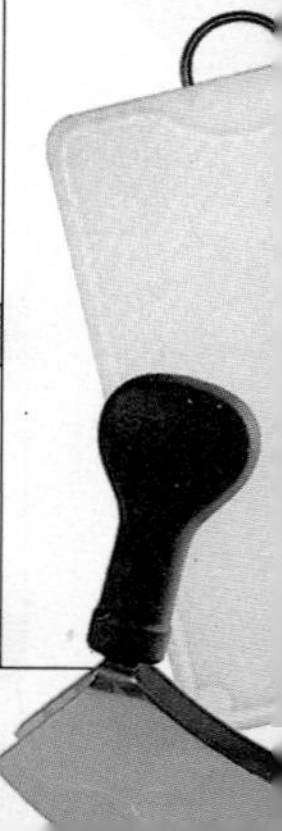

GRAMMATICA ▷

• *in fondo a, vicino a, di fronte a, dietro a* • particella *ci* (II) (*c'è, ci sono*) • indicativo presente dei verbi in -care, -gare • indicativo presente di *dare* • preposizioni articolate (II) *di, a, da, in, su* • preposizioni semplici *con, per, fra* • uso delle preposizioni (II) *di, a, da, in, su* • forma impersonale (II)

CIVILTÀ: ALLA SCOPERTA ▷ ... DELL'ALBERGO GIUSTO

UNITÀ 7 • IN VIAGGIO — 172

area lessicale: viaggiare in treno (arrivi, partenze, coincidenze e servizi)

OBIETTIVI E FORME LINGUISTICHE ▷

INFORMARSI SUGLI ORARI	• A che ora parte il treno per Napoli? A che ora arriva a Roma?
CHIEDERE PER AVERE	• Un biglietto di seconda classe per Napoli, per favore.
CHIEDERE PER SAPERE	• Mi sa dire da quale binario parte il treno per Napoli? Si può salire anche senza biglietto?
CHIEDERE SCUSA	• Scusate! / Scusi!
ESPRIMERE IMPAZIENZA	• Basta con le domande, se no qui non si parte più!
ESPRIMERE POSSESSO	• Ha il posto prenotato? Sì, ce l'ho. / No, non ce l'ho.
ESEGUIRE CALCOLI NUMERICI	• 85 più 13 fa 98. 100 meno 25 fa 75. 33 per 3 fa 99. 96 diviso 6 fa 16.

GRAMMATICA ▷

• indicativo presente della terza coniugazione regolare (*-ire*) • indicativo presente di *venire, dire* • le tre coniugazioni: quadro generale • uso delle preposizioni (III) *a, per, da, con, in, fra* • *ce l'ho, non ce l'ho* (I) • le quattro operazioni • pronomi diretti (III) deboli e forti • preposizioni con pronomi forti

CIVILTÀ: ALLA SCOPERTA ▷ ... DEI MEZZI DI TRASPORTO

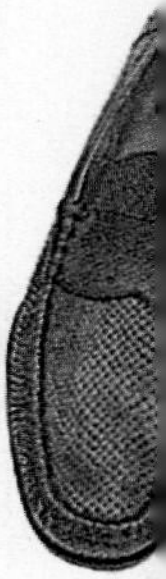

UNITÀ 8 • IN BANCA — 196

area lessicale: operazioni bancarie, valuta

OBIETTIVI E FORME LINGUISTICHE ▷

PARLARE DI OPERAZIONI BANCARIE	• Scusi, quant'è il marco? Oggi la quotazione è 748 lire per marco.
ESPRIMERE DESIDERI	• Vorrei cambiare 500 marchi. Avrei intenzione di aprire un conto corrente.
ESPRIMERE DISAPPUNTO	• Allora niente libretto di assegni? Peccato!
ESPRIMERE APPROVAZIONE	• Sì, è una buona idea!
ESPRIMERE RAMMARICO	• Se è così, non è possibile, mi dispiace!
PARAGONARE	• La carta di credito è più comoda del libretto. Il vino è meno buono della birra. Giulio è gentile quanto Bruno.

GRAMMATICA ▷

• condizionale semplice (I) • *ce l'ho, non ce l'ho* (II) • plurali irregolari (I) • gradi dell'aggettivo (I): comparativo di maggioranza, minoranza e uguaglianza • discorso indiretto (I) • uso delle preposizioni (IV) *di, da, in* • periodo ipotetico (I) con l'indicativo presente

CIVILTÀ: ALLA SCOPERTA ▷ ... DI SOLDI E MONETE

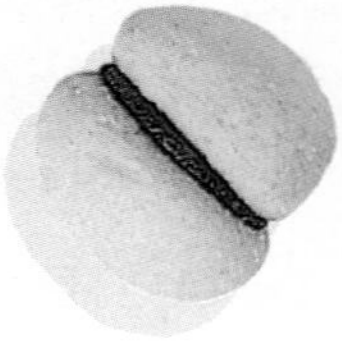

UNITÀ **11 • PRESTO ARRIVERÀ L'ESTATE** 270

area lessicale: itinerari, vacanze, svaghi

OBIETTIVI E FORME LINGUISTICHE ▷

INFORMARE / INFORMARSI SU PROGETTI DI VACANZA	• Io vorrei vedere l'Irlanda. Dove andrai in vacanza?
FARE SUPPOSIZIONI	• Luigi non risponde. Non sentirà il telefono. Mario non è venuto. Avrà avuto da fare.
ESPRIMERE RAMMARICO	• Purtroppo lavora da poco.
ESPRIMERE APPROVAZIONE	• Che bei posti!
ESPRIMERE CONDIZIONI	• Se partirete in treno, spenderete di meno.
INDICARE IL GRADO DI CONOSCENZA DI UNA LINGUA	• Lei sa l'inglese? Non bene, ma me la cavo. / No, non lo parlo affatto.

GRAMMATICA ▷

• futuro semplice (regolare e irregolare) • futuro anteriore • usi del futuro • presente con valore di futuro • periodo ipotetico (II) con il futuro • *sapere / conoscere* • *cavarsela* • interrogativi (III) *che? chi? come? dove? quando? quanto? perché?*

CIVILTÀ: ALLA SCOPERTA ▷ ... DI UN POPOLO VACANZIERO

UNITÀ **12 • LA CASA** 298

area lessicale: tipi di abitazione, arredamento

OBIETTIVI E FORME LINGUISTICHE ▷

DESCRIVERE UN APPARTAMENTO	• Com'è diviso l'appartamento? A destra dell'ingresso c'è... C'è pure un balconcino. A che piano è? Al secondo.
INDICARE DIMENSIONI	• Sono circa 60 mq. / Sono una sessantina di metri quadrati. Una camera è quasi il doppio dell'altra. Il tavolo è alto ottanta centimetri, largo novanta e lungo un metro e ottanta.
INDICARE PESI	• Il pacchetto pesa 9 etti e 20 grammi. Maria pesa settanta chili.

GRAMMATICA ▷

• interrogativi (IV) *che? chi? come? quando? quanto? perché?* • nomi e aggettivi alterati • *ne*: specificazione • misure e pesi • numerali collettivi e moltiplicativi • congiunzioni con l'indicativo

CIVILTÀ: ALLA SCOPERTA ▷ ... DELLE "QUATTRO MURA"

area lessicale: parti dell'automobile, dinamiche di incidenti, attività di svago

OBIETTIVI E FORME LINGUISTICHE ▷

NARRARE	• È successo così all'improvviso che... non ce l'ho fatta a frenare in tempo. Niente: andavo tranquilla per viale Romagna, quando un tizio mi ha tagliato la strada.
FORMULARE IPOTESI	• Se correvi meno, non avevi l'incidente.
ESPRIMERE RINCRESCIMENTO	• Oh, mi spiace! E pensare che era quasi nuova!
ESPRIMERE DISAPPUNTO	• Non le dico! Qui si rischia la vita ogni giorno!

GRAMMATICA ▷

• accordo del participio passato con l'oggetto (II) • indicativo imperfetto • uso dei tempi: imperfetto / passato prossimo • verbi modali (III): indicativo imperfetto di *dovere, potere, volere* • periodo ipotetico (III) con l'indicativo imperfetto • *si* passivante (I) • *ne*: uso partitivo (II) • *farcela*

CIVILTÀ: ALLA SCOPERTA ▷ ... DI VIZI E VIRTÙ DEGLI ITALIANI

area lessicale: salute, servizi medici, parentela (III)

OBIETTIVI E FORME LINGUISTICHE ▷

DESCRIVERE I SINTOMI DI UNA MALATTIA	• Ha delle macchie rosse. Ha febbre? Sì, trentotto e due.
CONSIGLIARE	• Allora, credo che faremmo meglio a chiamarla! Lascia suonare ancora.
RIMPROVERARE	• Avresti dovuto chiamare il pediatra.
FARE SUPPOSIZIONI	• Potrebbe essere un'allergia.
ESPRIMERE IMPOSSIBILITÁ	• L'avrei chiamato, ma è in ferie.
CHIEDERE PARERI	• Tu lo chiameresti?
DARE PARERI	• No, io aspetterei.
OFFRIRE	• Le andrebbe di bere qualcosa?
ACCETTARE	• Sì, berrei volentieri un caffè.
FARE RICHIESTE	• Carlo, chiuderesti la porta?

GRAMMATICA ▷

• condizionale semplice (II) (regolare e irregolare) • condizionale composto • usi del condizionale semplice e composto (I) • plurali irregolari (II) • formazione dei nomi femminili • discorso indiretto (II)

CIVILTÀ: ALLA SCOPERTA ▷ ... DEL SISTEMA SANITARIO

area lessicale: servizi autostradali

OBIETTIVI E FORME LINGUISTICHE ▷

PROPORRE	• Che ne dici, ci fermiamo? Credo che ci convenga fare anche benzina. E se intanto ci mangiassimo un panino?
ESPRIMERE DESIDERI	• Vorrei bere qualcosa di fresco. Anch'io ho bisogno di sgranchirmi le gambe.
ESPRIMERE PERPLESSITÀ	• Com'è possibile? Ci deve essere qualcosa che non va.
RICHIEDERE SERVIZI	• Il pieno. Mi controlli anche la pressione delle gomme, per favore.
FORMULARE IPOTESI	• Se avesse tempo, si potrebbe guardare.

GRAMMATICA ▷

• usi del congiuntivo presente e passato (II) • congiuntivo imperfetto (I) (regolare) • congiunzioni con il congiuntivo (II) • indefiniti (II) *chiunque, uno, qualcuno, qualunque, qualsiasi, qualcosa, nessuno, niente* • periodo ipotetico (IV) con il congiuntivo imperfetto • forma impersonale (III)

CIVILTÀ: ALLA SCOPERTA ▷ ... DELL'AUTOMOBILE, CROCE E DELIZIA

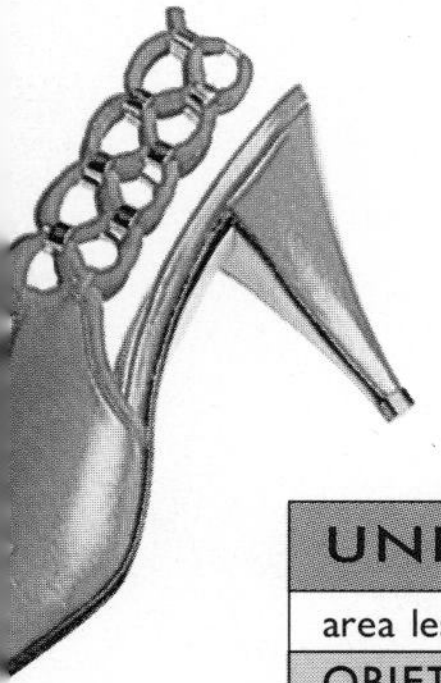

area lessicale: istituzioni politiche

OBIETTIVI E FORME LINGUISTICHE ▷

ESPRIMERE SOLLIEVO	• Oh, finalmente le sei! Non vedevo l'ora che finisse questa settimana!
ESPRIMERE SPERANZA	• Magari cambiasse qualcosa!
ESPRIMERE TIMORE	• Temevo che fosse già uscito.
ESPRIMERE DELUSIONE	• Peccato! Speravo che l'avesse già completata.
ESPRIMERE RIPROVAZIONE	• Bravo! Se tutti facessero come te, l'Italia andrebbe a rotoli!
CHIEDERE CONFERMA DI UNA SUPPOSIZIONE	• Lei resta in città per votare, no? Vorresti che tutti dessero il voto a un certo partito, eh?
RIFERIRE OPINIONI ALTRUI	• Molti credevano che non sarebbe servito a niente.
FORMULARE IPOTESI AL PASSATO	• Se la gente non fosse andata a votare, avremmo perso la battaglia.

GRAMMATICA ▷

• congiuntivo imperfetto (II) (irregolare) • congiuntivo trapassato • usi del congiuntivo imperfetto e trapassato • periodo ipotetico (V) con il congiuntivo trapassato • periodo ipotetico: quadro generale • uso dei modi: congiuntivo / infinito • concordanza dei tempi e dei modi (II)

CIVILTÀ: ALLA SCOPERTA ▷ ... DELLA VITA POLITICA

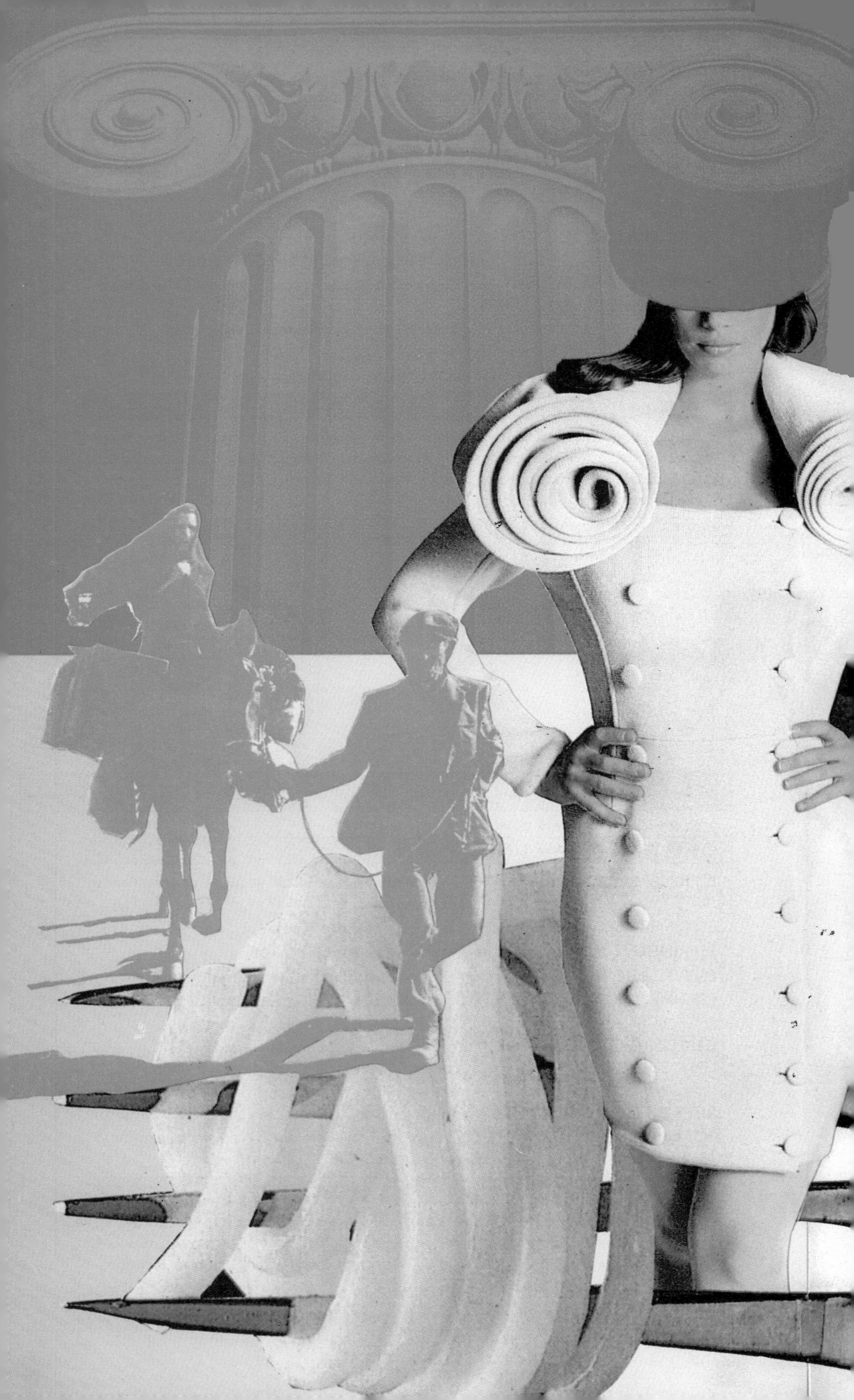

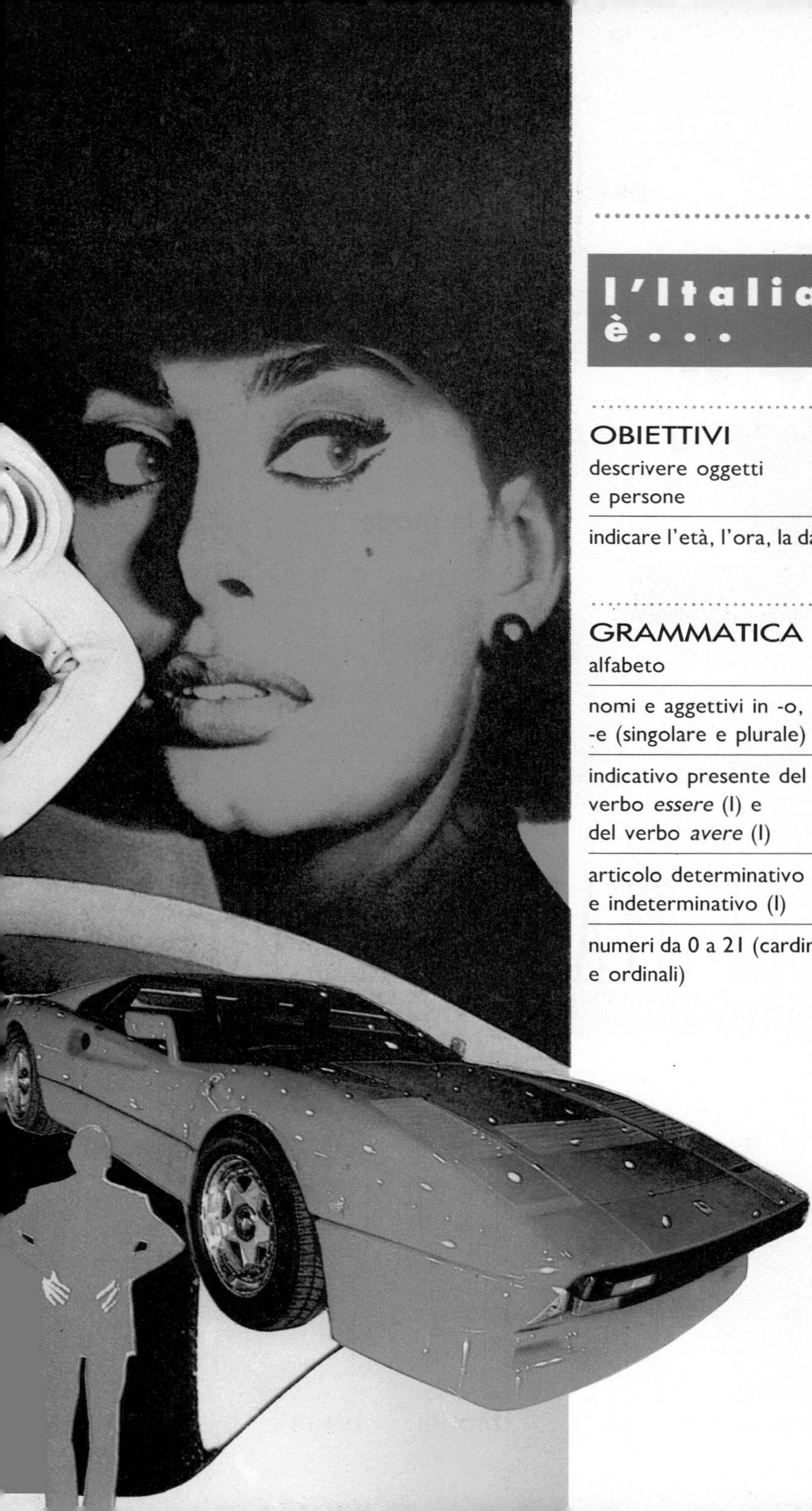

l'Italia è . . .

OBIETTIVI

descrivere oggetti e persone

indicare l'età, l'ora, la data

GRAMMATICA

alfabeto

nomi e aggettivi in -o, -a, -e (singolare e plurale) (I)

indicativo presente del verbo *essere* (I) e del verbo *avere* (I)

articolo determinativo e indeterminativo (I)

numeri da 0 a 21 (cardinali e ordinali)

L'ITA

il sole e il mare

il vino

l'opera

gli spaghetti

la moda

la cucina

le macchine

lo sport

l'arte

GLI ITALIANI SONO...

I A  È...

il cinema

i laghi

i musei

la gente

le montagne

le canzoni

la lingua

l'industria

Gli italiani sono un misto di popoli diversi:

latini

spagnoli

etruschi

francesi (galli)

arabi

greci

L'ALFABETO ITALIANO

lettera	nome		pronuncia
A, a	(a)	*come*	**a**rte
B, b	(bi)		**b**ar
C, c	(ci)		**c**inema / **c**anzoni
D, d	(di)		**D**ante
E, e	(e)		**E**truschi
F, f	(effe)		**F**iat
G, g	(gi)		**g**ente / la**g**o
H, h	(acca)		**h**otel
I, i	(i)		**i**ndustria
L, l	(elle)		**l**aghi
M, m	(emme)		**m**are
N, n	(enne)		**n**o
O, o	(o)		**o**pera
P, p	(pi)		**p**opoli
Q, q	(qu)		**q**uadro
R, r	(erre)		**R**oberta
S, s	(esse)		**s**ole
T, t	(ti)		**t**axi
U, u	(u)		**u**niversità
V, u	(vi)		**v**ino
Z, z	(zeta)		**z**ero

- Le lettere dell'alfabeto sono ventuno (21):

cinque (5) *vocali* e sedici (16) *consonanti*.

Le *vocali* sono: A, E, I, O, U (*MAIUSCOLO*)
a, e, i, o, u (*minuscolo*).

1 ▷ *Leggete questa mini-conversazione, poi, lavorando in coppia, fate conversazioni simili:*

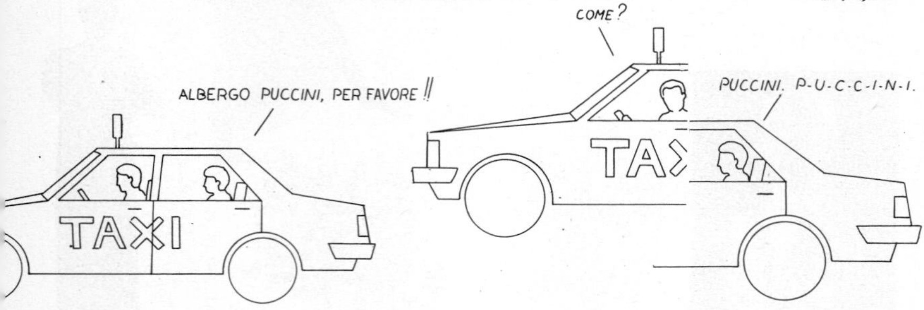

- Albergo Puccini
- Ristorante La Griglia
- Museo Poldi Pezzoli

I N U M E R I

cardinali				ordinali			
0	zero	**11**	undici	—		**11°**	undicesimo
1	uno	**12**	dodici	**1°**	primo	**12°**	dodicesimo
2	due	**13**	tredici	**2°**	secondo	**13°**	tredicesimo
3	tre	**14**	quattordici	**3°**	terzo	**14°**	quattordicesimo
4	quattro	**15**	quindici	**4°**	quarto	**15°**	quindicesimo
5	cinque	**16**	sedici	**5°**	quinto	**16°**	sedicesimo
6	sei	**17**	diciassette	**6°**	sesto	**17°**	diciassettesimo
7	sette	**18**	diciotto	**7°**	settimo	**18°**	diciottesimo
8	otto	**19**	diciannove	**8°**	ottavo	**19°**	diciannovesimo
9	nove	**20**	venti	**9°**	nono	**20°**	ventesimo
10	dieci	**21**	ventuno	**10°**	decimo	**21°**	ventunesimo

2

▷ *Completate il cruciverba:*

ORIZZONTALI

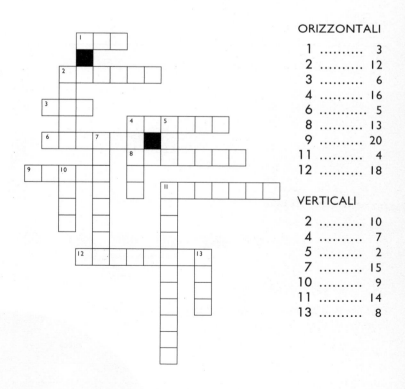

1 3
2 12
3 6
4 16
6 5
8 13
9 20
11 4
12 18

VERTICALI

2 10
4 7
5 2
7 15
10 9
11 14
13 8

3

▷ *Leggete queste targhe:*

MI · 53704R

NA · 80751L

GE · 42157L

TO · 77478P

4

▷ *Osservate questi indirizzi e leggeteli ad alta voce:*

Sig.na Luisa Pizzi
Piazza Tricolore 8
20100 Milano

SIG PAOLO ROSSI
VIA G. VENEZIAN 10
CAP. 10121

TORINO

Sig.na Gianna Mazza
Corso Colombo 35
16100 GENOVA

Ora usate le tre colonne per comporre indirizzi completi.
Mettete le lettere maiuscole dove è necessario.

nomi	vie	città

Quanti anni **hai**, Paolo / Anna?	

Ho	diciotto diciannove ventun	anni

Io	**ho**	vent'anni
Paolo	**ha**	

Ho	diciassette	anni
	diciotto	

Sono	minorenne
	maggiorenne

5

▷ *Completatate le frasi:*

1. (Io) ____________ ventun anni.
2. Roberta ____________ minorenne.
3. John ____________ vent'anni.
4. Quanti anni ____________ , Peter?
5. (Io) ____________ maggiorenne: ____________ diciannove anni.

che ora è ?

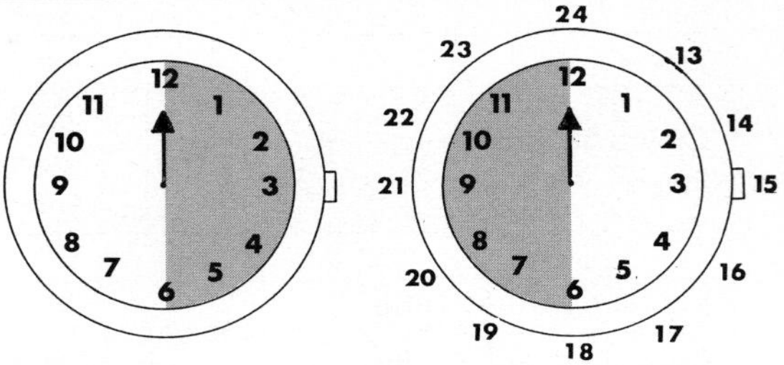

È	mezzogiorno	mezzanotte

che ore sono ?

Sono	le	due	02:00		14:00
		cinque e dieci	05:10		17:10
		otto e un quarto	08:15	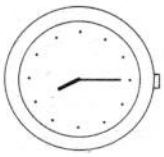	20:15
		sette e mezza	07:30		19:30
		dieci meno cinque	09:55	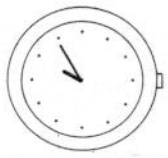	21:55
		quattro meno dieci	03:50	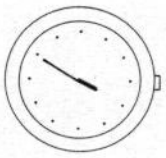	15:50

6 ▷ *Guardate gli orologi e dite che ora segnano:*

Che ora è?
È... / Sono le...

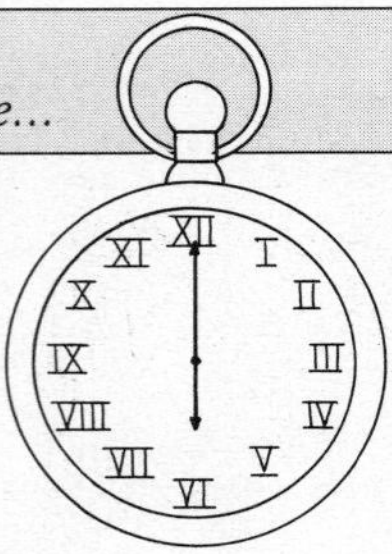

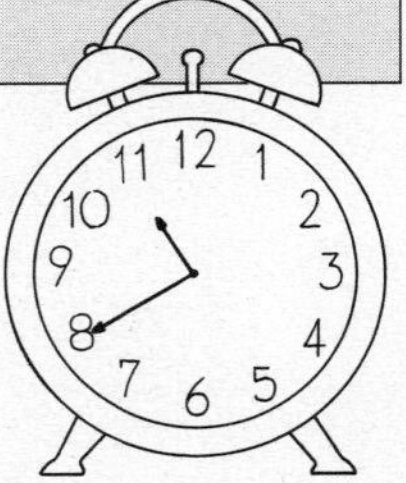

7

▷ *Disegnate le lancette negli orologi:*

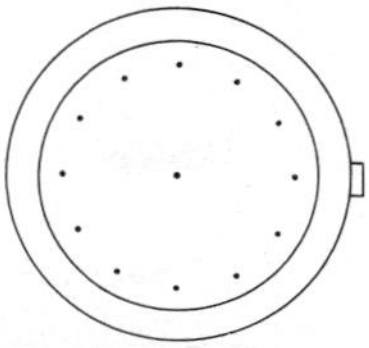

Sono le sette e venti.

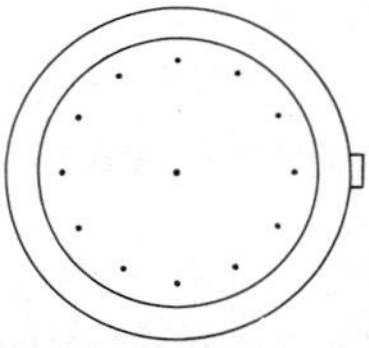

Sono le sei meno un quarto.

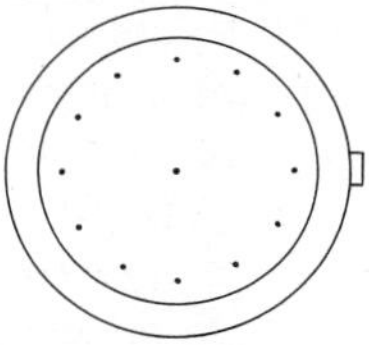

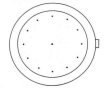

Sono le due e mezza.

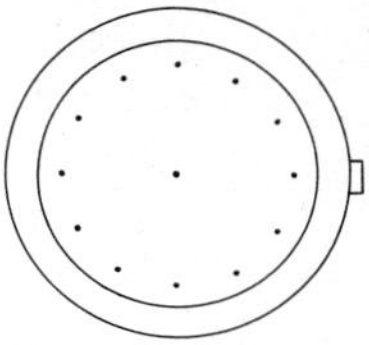

È l'una e cinque.

8

▷ *Osservate la pagina della guida Tv e, in coppia, fate mini-conversazioni come nell'esempio:*

A. *A che ora è il film?*
B. *È alle 20.30.*

19.50	**Che tempo fa**
20.00	**Telegiornale**
20.30	**Io e Caterina** Film commedia (Italia 1980) con Alberto Sordi
22.35	**Alfred Hitchcock presenta** telefilm "Quando quest'uomo morirà"
23.00	**Mercoledì sport - Pugilato** Gubbio: Oliva-Barrera

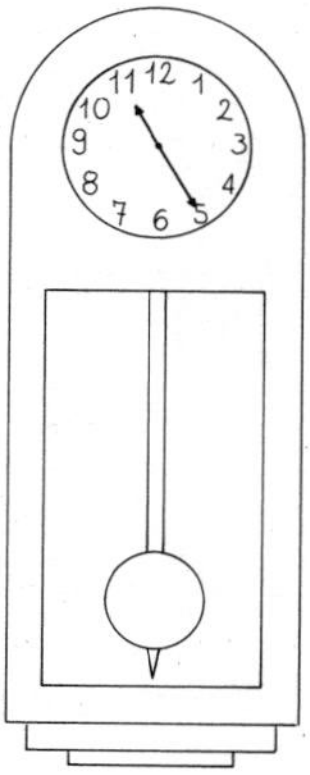

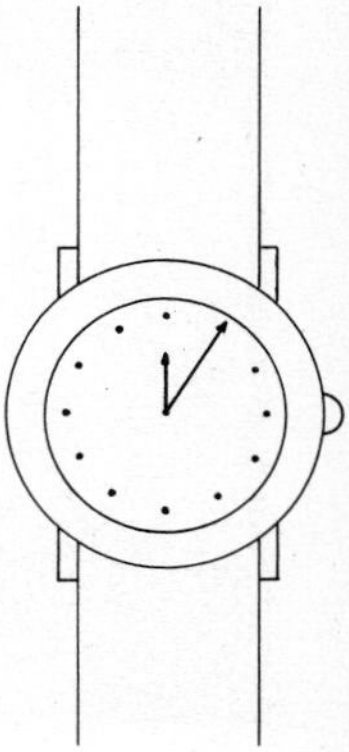

che giorno è?

i giorni della settimana

Oggi	è	**lunedì** **martedì** **mercoledì** **giovedì** **venerdì** **sabato** **domenica**

i mesi dell'anno

È	il	7 **gennaio** 2 **febbraio** 1° **marzo** 10 **aprile** 12 **maggio** 16 **giugno** 18 **luglio** 15 **agosto** 9 **settembre** 4 **ottobre**
	l'	8 **novembre** 11 **dicembre**

- Il primo marzo è un mercoledì
- L'otto dicembre è un sabato
- Il due giugno è una domenica
- Il primo giorno della settimana è lunedì

le stagioni dell'anno

la	**primavera**	(21 marzo - 21 giugno)
l'	**estate**	(22 giugno - 22 settembre)
l'	**autunno**	(23 settembre - 22 dicembre)
l'	**inverno**	(23 dicembre - 20 marzo)

9

▷ *Con l'aiuto di un calendario, in coppia, fate mini-conversazioni come nell'esempio:*

A. *Che giorno è il 30 aprile?*
B. *Il 30 aprile è un sabato.*

10

▷ *Rispondete:*

Quand'è
il vostro compleanno?
la festa nazionale del vostro paese?
la vostra festa religiosa più grande?
la data più importante della vostra vita?

ARTICOLO DETERMINATIVO

maschile

singolare

il	museo mare
lo	sport zero
l'	attore

il → **i**	
lo / **l'** → **gli**	

plurale

i	musei mari
gli	sport zeri attori

femminile

singolare

la	macchina stagione
l'	attrice opera

la / **l'** → **le**	

plurale

le	macchine stagioni attrici opere

A t t e n z i o n e !

maschile	**il / i**	:	davanti a consonante
	lo / gli	:	davanti a *s* + altra consonante davanti a *z*
	l' / gli	:	davanti a vocale

femminile	**la / le**	:	davanti a consonante
	l' / le	:	davanti a vocale

ARTICOLO INDETERMINATIVO

maschile

singolare	
un	museo attore
uno	sport zero

plurale	
dei	musei
degli	attori sport zeri

A t t e n z i o n e !

maschile	**un / dei**	:	davanti a consonante
	un / degli	:	davanti a vocale
	uno / degli	:	davanti a *s* + altra consonante
		:	davanti a *z*

NOMI

maschile e femminile

singolare **-o** **-e** **-a** plurale **-i**

	-o	-e	-a		-i
il	muse**o**			i	muse**i**
il	lag**o**			i	lagh**i**
il		mar**e**		i	mar**i**
l'		attor**e**		gli	attor**i**
la		canzon**e**		le	canzon**i**
l'		attric**e**		le	attric**i**
il			regist**a**	i	regist**i**
lo			stilist**a**	gli	stilist**i**

AGGETTIVI

maschile

singolare **-o** plurale **-i**

Il	museo	famos**o**	I	musei	famos**i**
Il	vino	buon**o**	I	vini	buon**i**
Il	mare	calm**o**	I	mari	calm**i**

femminile

singolare

una	macchina stagione zeta
un'	attrice industria

plurale

delle	macchine stagioni zeta attrici industrie

A t t e n z i o n e !

femminile	**una** / **delle**	:	davanti a consonante o *z*
	un' / **delle**	:	davanti a vocale

---

femminile

singolare **-a**

la	regist**a**
la	stilist**a**
la	macchin**a**
l'	oper**a**

plurale **-e**

le	regist**e**
le	stilist**e**
le	macchin**e**
le	oper**e**

A t t e n z i o n e !

singolare	*il*	*bar*	=	plurale	*i*	*bar*
	il	*cinema*			*i*	*cinema*
	la	*città*			*le*	*città*

---

femminile

singolare **-a**

L'industria	italian**a**
La canzone	famos**a**
La stilista	spagnol**a**

plurale **-e**

Le industrie	italian**e**
Le canzoni	famos**e**
Le stiliste	spagnol**e**

maschile e femminile

singolare **-e**

Il lago	grand**e**
L'attore	celebr**e**
La macchina	veloc**e**

plurale **-i**

I laghi	grand**i**
Gli attori	celebr**i**
Le macchine	veloc**i**

VERBO essere

Io	**sono**	minorenne / maggiorenne
Tu	**sei**	
Anna	**è**	

3ª persona singolare

L'estate	**è**	calda
Il mare		calmo

3ª persona plurale

Le montagne	**sono**	alte
I mesi		dodici

11

▷ *Combinate i nomi della colonna A con gli aggettivi della colonna B:*

A	B
1. una macchina	A. calmo
2. un attore	B. veloce
3. uno sport	C. famosa
4. un mare	D. celebre
5. una canzone	E. bello

1	B

12

▷ *Mettete l'articolo determinativo come nel modello:*

> _____ vini italiani sono celebri.
> *I* vini italiani sono celebri.

1. _____ opera italiana è famosa.

2. _____ spaghetti sono buoni.

3. _____ italiani sono come tutti _____ altri popoli.

4. _____ estate è una stagione calda.

5. _____ macchine sono veloci.

VERBO avere

Io	**ho**	
Tu	**hai**	vent'anni
Anna	**ha**	

13

▷ *Mettete l'articolo indeterminativo come nel modello:*

Il tennis è ______ sport bello.
Il tennis è *uno* sport bello.

1. La Sicilia è ______ isola.
2. L'Alfa Romeo è ______ industria italiana.
3. L'estate è ______ stagione calda.
4. L'Adriatico è ______ mare calmo.
5. Il Chianti è ______ vino celebre.
6. Che numero è? È ______ zero.

14

▷ *Completate con la forma corretta del verbo ESSERE come nel modello:*

I mesi dell'anno ___________ dodici.
I mesi dell'anno *sono* dodici.

1. Che ore ___________ ?
2. La Ferrari ___________ una macchina veloce.
3. Il Chianti e il Barolo ___________ vini famosi.
4. Tu ___________ maggiorenne?
5. Io ___________ minorenne.

U N I

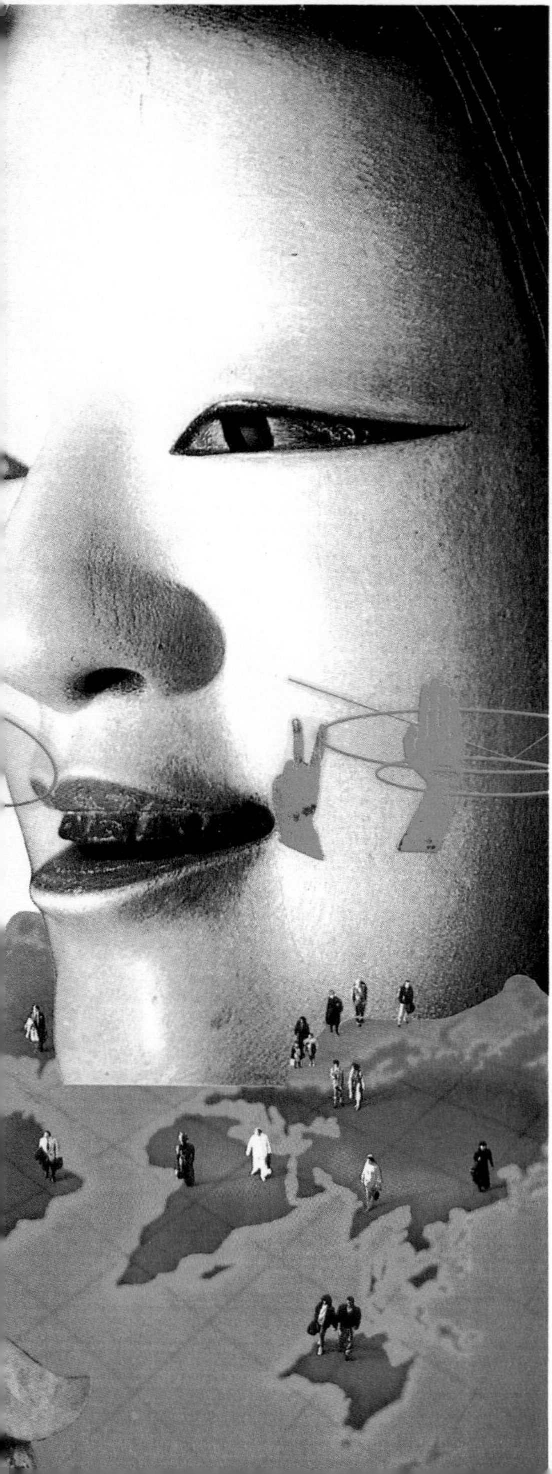

1

PRIMA UNITÀ

italiani e no

OBIETTIVI

- informarsi su identità e nazionalità
- comprendere ed eseguire istruzioni
- linguaggio formale e informale

GRAMMATICA

- pronomi personali soggetto
- indicativo presente del verbo *essere* (II)
- aggettivi in -o, -a, -e (II)
- aggettivi in -co, -ca
- articolo determinativo (II)
- articolo indeterminativo (II)
- interrogativi (I)

AREA LESSICALE

nazionalità, parentela (I)

A UNA FESTA DI GIOVANI ▶

Ascoltate il dialogo guardando solo le illustrazioni (non cercate di capire ogni parola):

Signor Rossi - Chi è quella ragazza lì?
Bruno - È Betty, un'americana.

Signor Rossi - È per caso la ragazza di Giorgio?

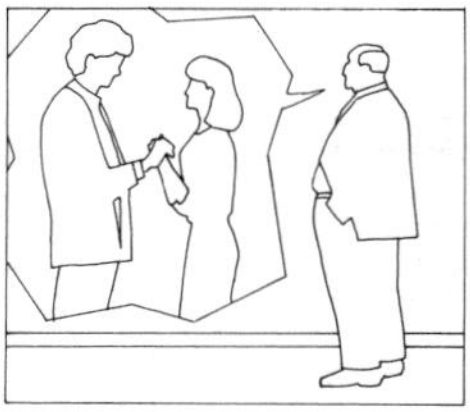

Bruno - No, è l'amica di Fred, anche lui americano.
Signor Rossi - E le altre ragazze di dove sono?

Bruno - Carmen è spagnola, è di Madrid. Marta e Greta sono tedesche, Brigitte, invece, è francese.

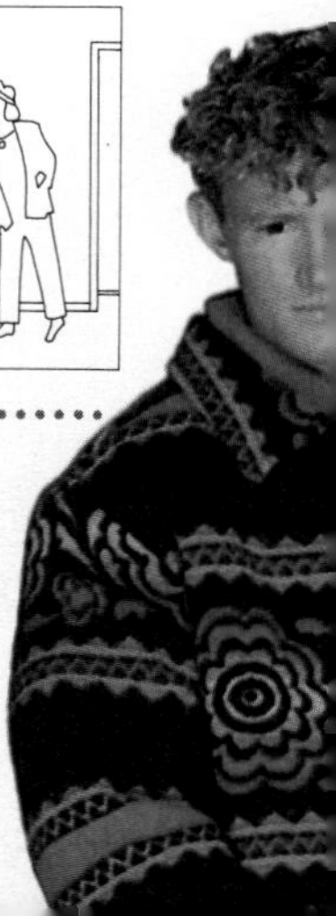

Signor Rossi - E i ragazzi, sono anche loro stranieri?

Bruno - Sì. Paul è inglese, Peter è tedesco e Dimitri è greco.

Signor Rossi - Insomma, solo tu e Giorgio siete italiani?

Bruno - Già, siamo italiani solo noi due. Ma Lei chi è, scusi?

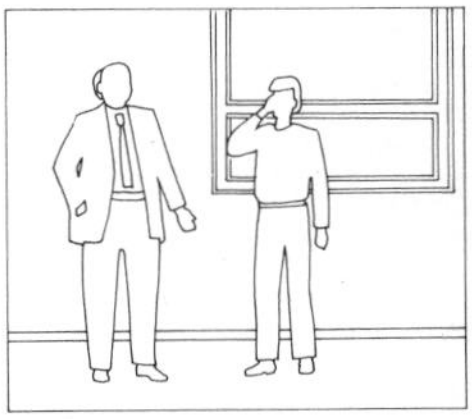

Signor Rossi - Sono il padre di Giorgio.

Bruno - Piacere!

OLIVIERO TOSCANI

PROVIAMOCI INSIEME

1

▷ *Riascoltate il dialogo e decidete se le seguenti affermazioni sono vere o false:*

		V	F
A. ▷	Tutte le ragazze sono straniere.		
B. ▷	Tre ragazzi sono italiani.		
C. ▷	Betty è l'amica di Giorgio.		

2

▷ *Riascoltate il dialogo leggendo il testo, poi scegliete la corretta alternativa:*

1. ▶ Betty è la ragazza di ....
   A. Fred
   B. Giorgio
   C. Bruno

2. ▶ I ragazzi stranieri sono ....
   A. quattro
   B. cinque
   C. due

3. ▶ Bruno è ....
   A. svizzero
   B. italiano
   C. spagnolo

3

▷ *Ascoltate e ripetete.*

4

▷ *Provate a ricostruire il dialogo guardando solo le illustrazioni.*

5

▷ *Rispondete secondo il modello:*

Chi è Fred? *È un ragazzo americano.*
Chi è Betty? *È una ragazza americana.*

1. Chi è Pierre? ____________
2. Chi è Brigitte? ____________

3. Chi è Walter? ____________
4. Chi è Sally? ____________

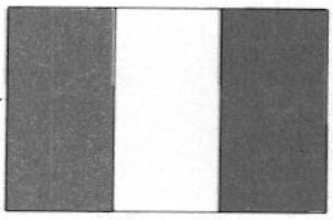

5. Chi è Bruno? ____________
6. Chi è Carla? ____________

6

▷ *Fate domande secondo il modello:*

Chi è il ragazzo americano? È Fred.
Chi è la ragazza americana? È Betty.

1. ____________ ?
   È Pierre.
2. ____________ ?
   È Brigitte.
3. ____________ ?
   È Walter.
4. ____________ ?
   È Sally.
5. ____________ ?
   È Bruno.
6. ____________ ?
   È Carla.

7

▷ *Rispondete secondo il modello:*

I ragazzi sono americani?
Sì, sono di New York.

1. I ragazzi sono inglesi?

____

2. Le ragazze sono spagnole?

____

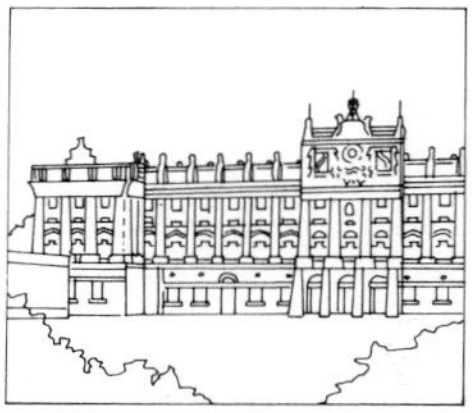

3. I signori sono italiani?

____

4. Le signore sono francesi?

____

8

▷ *Trasformate le frasi secondo il modello:*

Io sono italiano.
Anche Giorgio e io siamo italiani. *(Giorgio e io)*

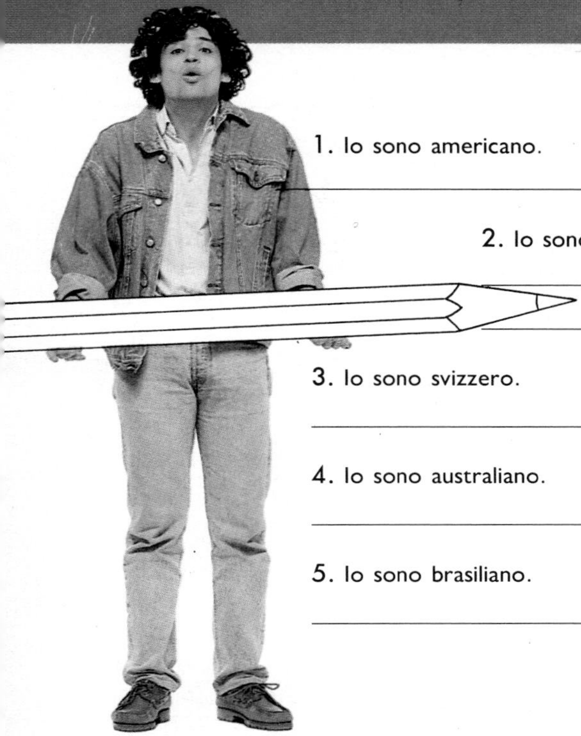

1. Io sono americano.

_______________________ *(John e io)*

2. Io sono spagnolo.

_______________________ *(Pedro e io)*

3. Io sono svizzero.

_______________________ *(Klaus e io)*

4. Io sono australiano.

_______________________ *(Philip e io)*

5. Io sono brasiliano.

_______________________ *(Luis e io)*

9

▷ *Come il precedente:*

Io sono italiana. *Anche Carla e io siamo italiane.* (Carla e io)

1. Io sono americana.

_______________________ *(Sally e io)*

2. Io sono spagnola.

_______________________ *(Carmen e io)*

3. Io sono svizzera.

_______________________ *(Marta e io)*

4. Io sono australiana.

_______________________ *(Susy e io)*

5. Io sono brasiliana.

_______________________ *(Maria e io)*

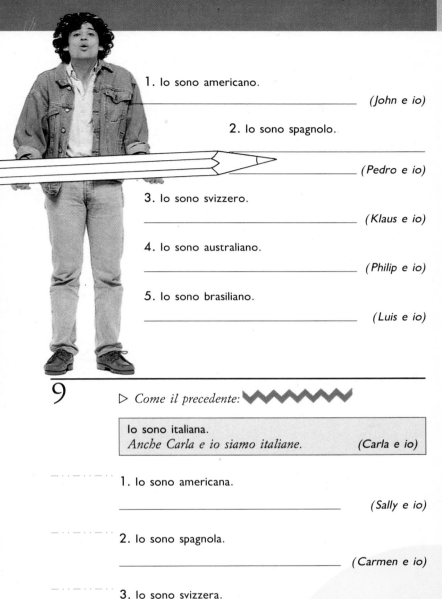

10

▷ *Trasformate le frasi secondo il modello:*

Pierre è francese.	
Anche Brigitte è francese.	(Brigitte)

1. Mark è inglese.
______________________ *(Ann)*

2. Hiro è giapponese.
______________________ *(Teico)*

3. Jan è olandese.
______________________ *(Ghislaine)*

4. Olaf è svedese.
______________________ *(Britt)*

11

▷ *Fate domande secondo il modello:*

Anche tu sei inglese?
Sì, anch'io sono inglese.

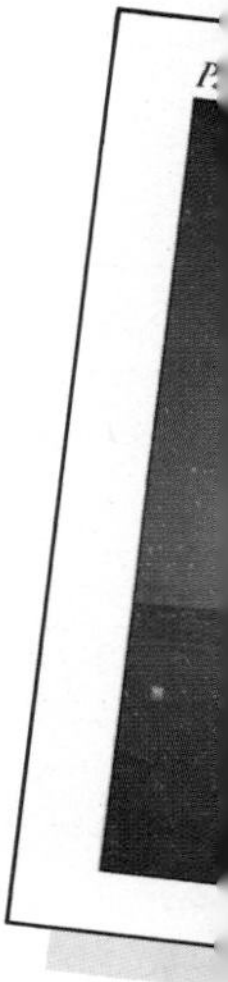

1. ______________________ ?

   Sì, anch'io sono francese.

2. ______________________ ?

   Sì, anch'io sono olandese.

3. ______________________ ?

   Sì, anch'io sono danese.

4. ______________________ ?

   Sì, anch'io sono svedese.

12

▷ *Fate domande secondo il modello:*

Lei, signore, è inglese?	*(inglese)*
No, sono canadese.	
Lei, signora, è inglese?	
No, sono canadese.	

1. ______________________________? *(spagnola)*

   No, sono italiana.

2. ______________________________? *(tedesco)*

   No, sono svizzero.

3. ______________________________? *(australiana)*

   No, sono americana.

4. ______________________________? *(russo)*

   No, sono polacco.

13

▷ *Come il precedente:*

Voi siete italiani?
No, siamo francesi.

1. ______________________________ americani?

   No, siamo inglesi.

2. ______________________________ giapponesi?

   No, siamo cinesi.

3. ______________________________ francesi?

   No, siamo olandesi.

4. ______________________________ danesi?

   No, siamo svedesi.

14

▷ *Fate domande secondo il modello:*

Lei è di Milano?
Sì, sono di Milano.
E tu, di dove sei?
Sono di Bologna.

1. ______________________________ ?

   Sì, sono di Madrid.

   ______________________________ ?

   Sono di Barcellona.

2. ______________________________ ?

   Sì, sono di Londra.

   ______________________________ ?

   Sono di Liverpool.

3. ______________________________ ?

   Sì, sono di Parigi.

   ______________________________ ?

   Sono di Grenoble.

4. ______________________________ ?

   Sì, sono di Vienna.

   ______________________________ ?

   Sono di Salisburgo.

5. ______________________________ ?

   Sì, sono di Berlino.

   ______________________________ ?

   Sono di Amburgo.

15

▷ *Osservate l'esempio e, in coppia, eseguite mini-dialoghi simili usando le parole-stimolo:*

A. italiano?	A. *Lei è italiano?*
B. spagnolo	B. *No, sono spagnolo.*
A. dove?	A. *Di dove?*
B. Siviglia	B. *Di Siviglia.*

1. A. americano? ______________________
   B. inglese ______________________
   A. dove? ______________________
   B. Cambridge ______________________

2. A. francese? ______________________
   B. svizzero ______________________
   A. dove? ______________________
   B. Ginevra ______________________

3. A. inglese? ______________________
   B. australiana ______________________
   A. dove? ______________________
   B. Brisbane ______________________

4. A. svedese? ______________________
   B. olandese ______________________
   A. dove? ______________________
   B. Amsterdam ______________________

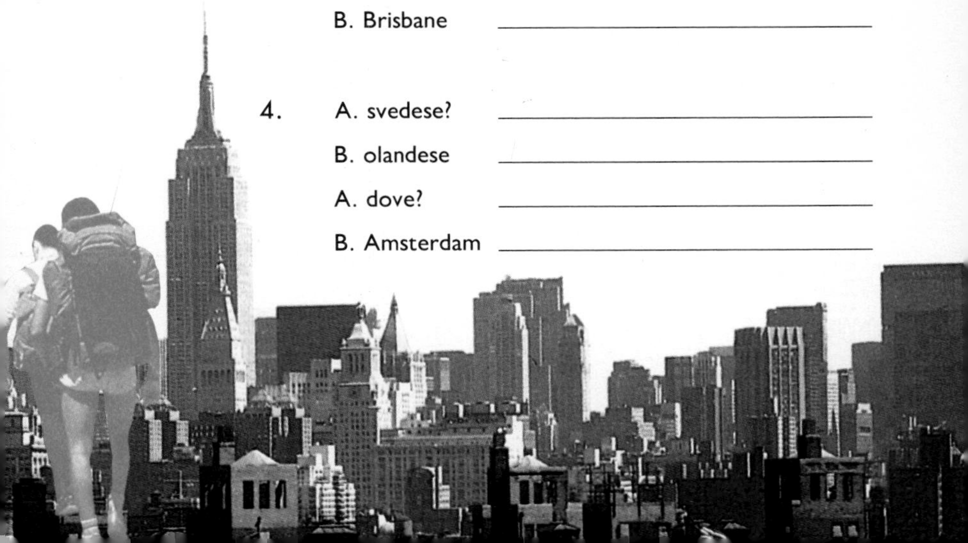

INDICATIVO PRESENTE DI • essere •

(io)	**sono**	il padre di Giorgio
(tu)	**sei**	di Londra?
(lui) / Paul (lei) / Ann signore, (Lei), signora,	**è**	americano americana inglese?
(noi) (voi) (loro)	**siamo** **siete** **sono**	italiani inglesi? americani?

(tu)	**di dove**	sei?
(Lei)		è?

Sono **di**	Roma Boston Parigi

ACCORDO DELL'AGGETTIVO

Fred	è	american**o**	ingles**e**
Betty		american**a**	

Fred e David	sono	american**i**	ingles**i**
Betty e Sally		american**e**	

Fred e Betty	sono	american**i** / ingles**i**

AGGETTIVI IN -CO / -CA

singolare

Dimitri	è	gre**co**
Eleni		gre**ca**

plurale

Dimitri e Christos	sono	gre**ci**
Eleni e Voula		gre**che**

INTERROGATIVO • chi? •

Chi è	quella ragazza? quel ragazzo?

È	Betty Paul

ARTICOLO INDETERMINATIVO

Chi è	Betty? Paul?

È	**una** ragazza	americana
	un ragazzo	inglese

Mary	è	**un'** americana / inglese
Fred		**un** americano / inglese

ARTICOLO DETERMINATIVO

Britt	è	**la** **l'**	ragazza svedese amica di Marco

Pedro	è	**il** **l'**	ragazzo spagnolo amico di Bruno

Ann e Marylin	sono	**le**	amiche di Giorgio
Mark e Steve		**gli**	amici di Andrea

La lingua di Britt	è	**lo**	svedese

---

singolare

Klaus	è	tede**sco**
Ulrike		tede**sca**

plurale

Klaus e Thomas	sono	tede**schi**
Ulrike e Greta		tede**sche**

16

▷ *Ascoltate la conversazione e completate le parti mancanti (ogni spazio corrisponde a una parola):*

A. Scusa, __________ anche tu __________ ?

B. Sì, __________ tedesco.

A. E lei __________ è?

B. È Jacqueline, una __________ __________.

A. Io e la __________ amica __________ inglesi.

B. Anche __________ mia __________ è __________ .

A. Ah, sì? Di __________ ?

B. __________ Londra.

17

▷ *Ascoltate le due conversazioni (non cercate di capire ogni parola). Nelle conversazioni si parla di:*

1. ☐ Whitney Houston?
   ☐ Liza Minnelli?

2. ☐ Woody Allen?
   ☐ Paul Newman?

18

▷ *Indicate se le frasi che ascoltate sono affermative (A) o interrogative (?)*

	A	?
1.	☐	☐
2.	☐	☐
3.	☐	☐
4.	☐	☐
5.	☐	☐

19

▷ *Rispondete alle seguenti domande personali:*

1. Lei non è italiano/a, vero?
2. Di dove è?
3. Chi è il compagno di banco?

20

▷ *Domandate al vostro compagno di banco*

1. se è italiano
2. di dove è

21

▷ *Guardate le fotografie e, in coppia, eseguite dei mini-dialoghi:*

1. ▷ A. Chi è? / Chi sono? ▷ B. *È... / Sono...*

2. ▷ A. È italiana? / Sono italiani? ▷ B. *Sì / No, è...*
Sì / No, sono...

È	Sono
italiana?	italiani?
francese?	francesi?
americana?	americani?
inglese?	inglesi?
tedesca?	tedeschi?

22

▷ *Portate in classe una foto della vostra famiglia o del vostro gruppo di amici. Dite chi sono le persone nella foto:*

> *Chi è questa ragazza bionda?*
> *È Francesca, mia sorella.*

Vocaboli utili ▷

padre - madre - fratello - sorella - marito - moglie - nonno/a - cugino/a - zio/a

PRODUZIONE ORALE

1 *Usando le parole-stimolo, formate frasi complete come nell'esempio:*

> Bruno (*ragazzo / italiano*)
> *Bruno è un ragazzo italiano.*

1. Il signor Rossi *(padre / Giorgio)*
2. Betty *(amica / Fred)*
3. Carmen e Teresa *(spagnole / Madrid)*
4. Mark e Steve *(amici / Boston)*
5. Teico *(ragazza / giapponese)*

2 *Dite:*

1. Dove sono Giorgio, Bruno e i ragazzi stranieri.
2. Di dove è Carmen.
3. Se anche Marta e Greta sono tedesche.

PRODUZIONE SCRITTA

1 *Mettete in ordine le seguenti parole e costruite frasi aventi senso compiuto:*

1. Firenze di l' Giorgio è ragazzo un di amica Erika.,
2. straniere sono ragazze altre le anche.
3. due siete voi insomma solo italiani?

COMPRENSIONE ORALE

Ascoltate la conversazione e abbinate la bandiera giusta:

Eleni Margie Britt Roberto Franco Mark Thomas

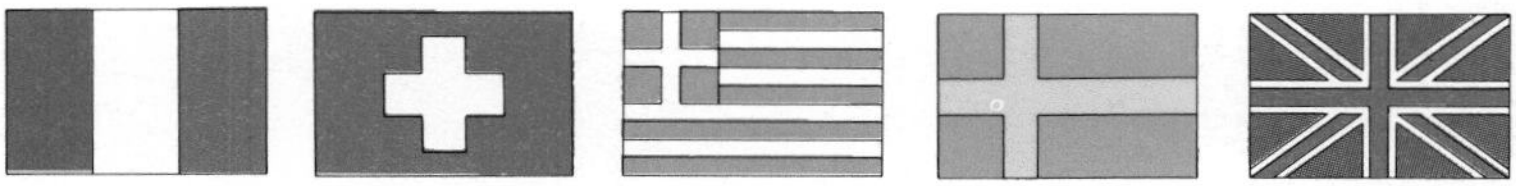

Italia Svizzera Grecia Svezia Inghilterra

COMPRENSIONE SCRITTA

Completate le frasi con le parole mancanti:

1. Lei __________ il __________ Rossi, vero?
2. Voi __________ olandesi? Anche noi __________ Delft.
3. Marta __________ per caso l' __________di Bruno?
4. E i ragazzi, __________ anche __________ stranieri?
5. Jeanne è __________ ? Sì, è __________ Grenoble.

2 *Completate le frasi:*

1. Io sono ______________________________ .
2. Il mio compagno di banco è ____________________ .
3. Le due ragazze sono ________________________ .

... DI STRANIERI E VISITATORI

Con l'aiuto del vostro insegnante, cercate di capire il senso generale di questi testi.

L'Italia è un paese piuttosto piccolo (solo 300.000 chilometri quadrati), ma densamente popolato: circa 200 abitanti per kmq, 58 milioni in tutto.
Quasi il 70% della popolazione è concentrato nelle città. Ma l'Italia per le sue caratteristiche naturali e per i suoi tesori d'arte è anche luogo di passaggio continuo di visitatori stranieri, provenienti da ogni parte del mondo.

Il turismo è una delle maggiori risorse dell'economia italiana. I tedeschi amano soprattutto le località di mare, le coste liguri o adriatiche, e i laghi. Gli inglesi, gli americani, i francesi e i giapponesi preferiscono invece i grandi centri culturali, come le storiche città di Roma, Venezia, Firenze, Siena.

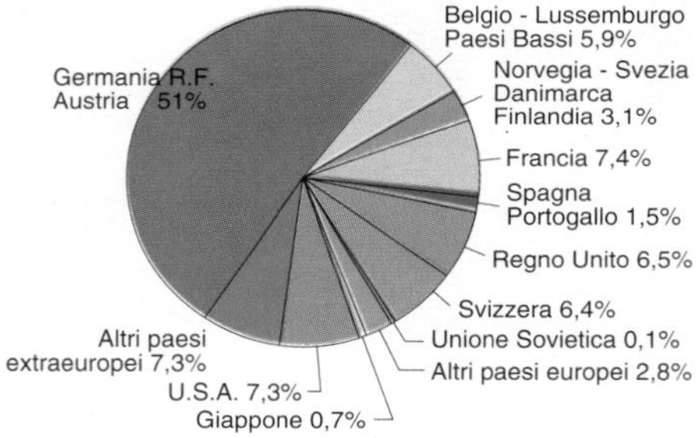

Il grafico indica i flussi del turismo straniero in Italia.

C'è anche chi viene in Italia per una vacanza e decide di restarvi per sempre. È il caso di moltissimi inglesi, e ora anche americani, incantati dall'arte, dai paesaggi, e anche dalla cucina italiana. La comunità inglese in Toscana è una delle più numerose, sin dalla fine dell'Ottocento.

Oggi moltissimi stranieri vengono in Italia a cercare lavoro e migliori condizioni di vita, specie dai paesi dell'Oriente, dal Nord Africa e dal Sud America, e ora anche dai paesi dell'Est europeo.

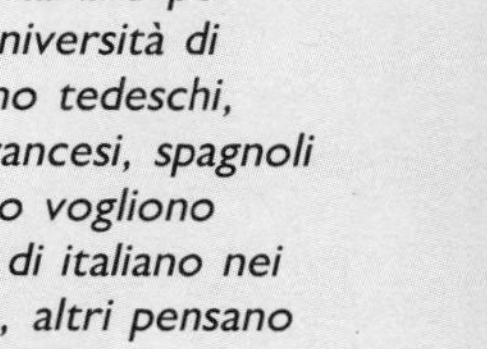

Centinaia di studenti frequentano ogni anno i corsi di Italiano per stranieri presso le università di Perugia o Siena. Sono tedeschi, inglesi, americani, francesi, spagnoli e greci. Molti di loro vogliono diventare insegnanti di italiano nei loro paesi di origine, altri pensano di trovare lavoro in Italia.

U N I

2

SECONDA UNITÀ

di chi è?

OBIETTIVI

- esprimere possesso
- localizzare oggetti
- ringraziare

GRAMMATICA

- possessivi (I)
- dimostrativi
- l'aggettivo *bello*
- interrogativi (II)

AREA LESSICALE

oggetti personali (I), abbigliamento

IN BIBLIOTECA ▶

Ascoltate il dialogo guardando solo le illustrazioni (non cercate di capire ogni parola):

Carla - Scusa, è tuo questo libro?

Marco - Quale?
Carla - Questo qui.

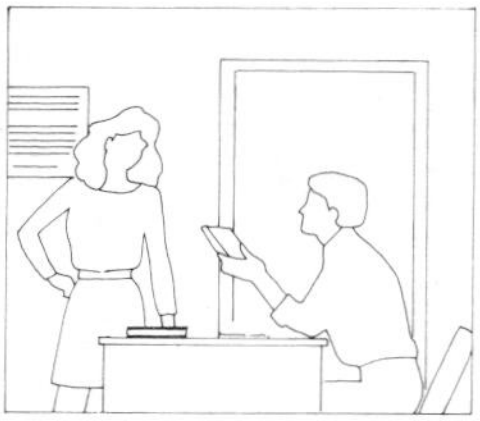

Marco - Ah, sì, è mio, grazie!

Carla - Che bella penna! Anche questa è tua?

Marco - No, quella non è mia, purtroppo.

Carla - Allora di chi è?

Marco - Forse è di quel signore là.

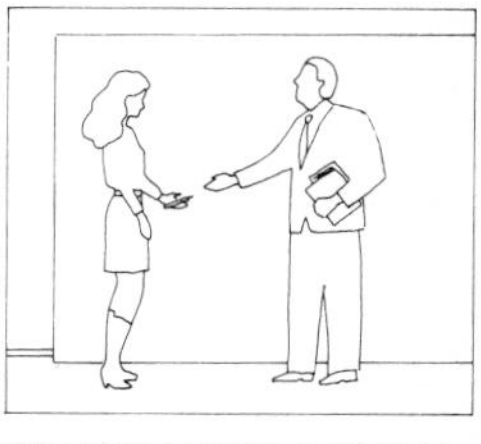

Carla - Scusi, è Sua questa penna?

Signor Bini - Sì, è mia, grazie tante!

1

▷ *Riascoltate il dialogo e decidete se le seguenti affermazioni sono vere o false:*

		V	F
A. ▷	Il libro è di Marco.		
B. ▷	La penna non è di Marco.		
C. ▷	La penna è di Carla.		

2

▷ *Riascoltate il dialogo leggendo il testo, poi scegliete la corretta alternativa:*

1. ▶ Il libro è ....
   A. di Franco
   B. di Carla
   C. di Marco

2. ▶ La penna è ....
   A. di Franco
   B. di Carla
   C. del signor Bini

3

▷ *Ascoltate e ripetete.*

4

▷ *Provate a ricostruire il dialogo guardando solo le illustrazioni.*

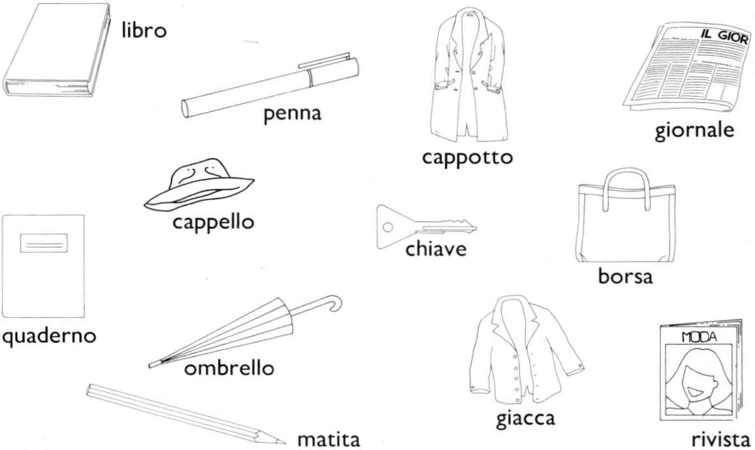

5

▷ *Rispondete secondo il modello:*

È tuo questo libro? *Sì, è mio.*

1. È tuo questo quaderno?

   ____

2. È tuo questo cappotto?

   ____

3. È tuo questo ombrello?

   ____

4. È tuo questo cappello?

   ____

5. È tuo questo giornale?

   ____

6

▷ *Come il precedente:*

Questa penna è tua? *Sì, è mia.*

1. Questa matita è tua?

   ____

2. Questa rivista è tua?

   ____

3. Questa borsa è tua?

   ____

4. Questa giacca è tua?

   ____

5. Questa chiave è tua?

   ____

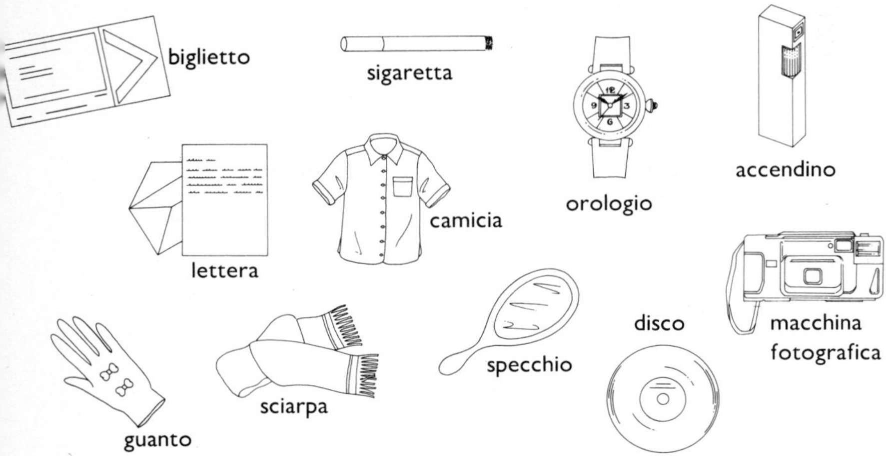

7

▷ *Decidete quali degli oggetti sopra illustrati vi appartengono e rispondete secondo il modello:*

È tuo questo guanto?
No, non è mio.
È tua questa sciarpa?
Sì, è mia.

1. È tuo questo biglietto?
2. È tua questa sigaretta?
3. È tuo questo specchio?
4. È tua questa camicia?
5. È tuo questo disco?
6. È tua questa macchina fotografica?
7. È tuo questo orologio?
8. È tua questa lettera?

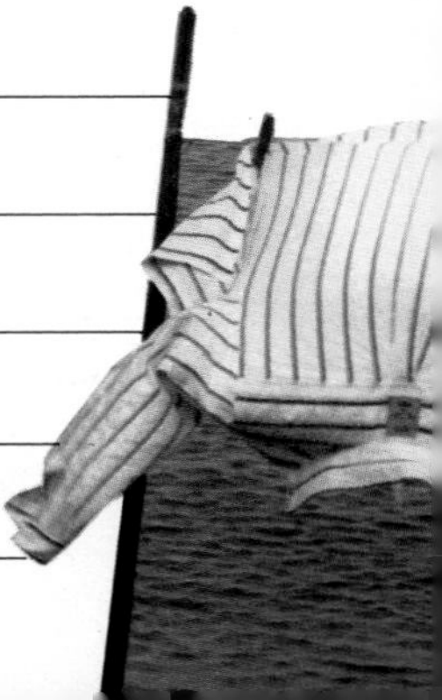

8

▷ *Rispondete secondo il modello:*

Quel giornale è Suo, signor/signora Rossi?
Sì, è mio.
Quella rivista è Sua, signor/signora Rossi?
Sì, è mia.

1. Quel cappotto è Suo, signor Rossi?

____

2. Quel cappello è Suo, signora Rossi?

____

3. Quella giacca è Sua, signor Rossi?

____

4. Quella borsa è Sua, signora Rossi?

____

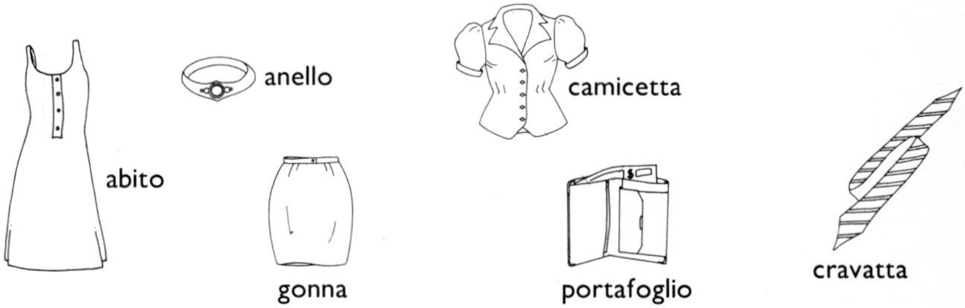

9

▷ *Rispondete secondo il modello:*

Il tuo giornale è questo?
No, è quello.
La tua rivista è questa?
No, è quella.

1. Il tuo libro è questo?

____

2. La tua gonna è questa?

____

3. Il tuo portafoglio è questo?

____

4. La tua camicetta è questa?

____

5. Il tuo accendino è questo?

____

6. Il tuo anello è questo?

____

7. La tua cravatta è questa?

____

8. Il tuo abito è questo?

____

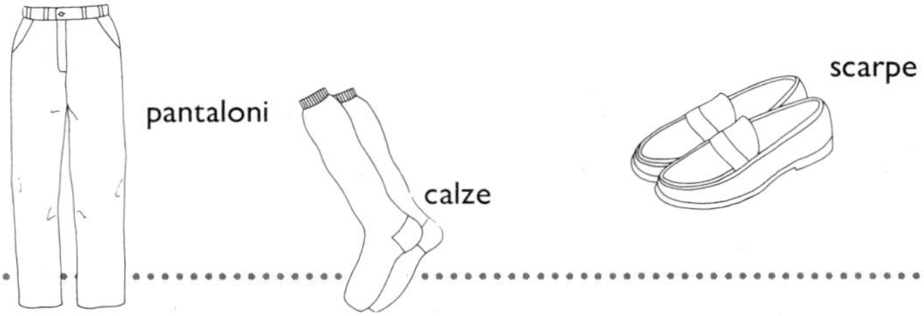

10

▷ *Rispondete secondo il modello:*

> I tuoi giornali sono questi?
> *No, sono quelli.*
> Le tue riviste sono queste?
> *No, sono quelle.*

1. I tuoi libri sono questi?

____

2. Le tue chiavi sono queste?

____

3. I tuoi guanti sono questi?

____

4. Le tue cassette sono queste?

____

5. I tuoi dischi sono questi?

____

11

▷ *Rispondete secondo il modello:*

> Di chi sono questi cerini?
> *Sono miei.*
> Di chi sono queste sigarette?
> *Sono mie.*

1. Di chi sono questi occhiali?

____

2. Di chi sono queste chiavi?

____

3. Di chi sono queste fotografie?

____

4. Di chi sono queste scarpe?

____

5. Di chi sono questi pantaloni?

____

6. Di chi sono queste calze?

____

7. Di chi sono questi dischi?

____

8. Di chi sono queste cassette?

____

fotografie

cerini

occhiali

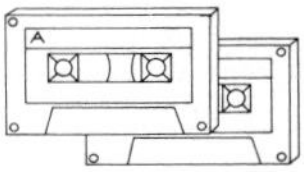
cassette

12

▷ *Rispondete secondo il modello:*

Questi occhiali sono Suoi, signor/signora Rossi?
No, non sono miei.
Queste chiavi sono Sue, signor/signora Rossi?
No, non sono mie.

1. Questi guanti sono Suoi, signor Rossi?

____

2. Queste sigarette sono Sue, signora Rossi?

____

3. Questi cerini sono Suoi, signor Rossi?

____

4. Queste riviste sono Sue, signora Rossi?

____

13

▷ *Come l'esercizio precedente:*

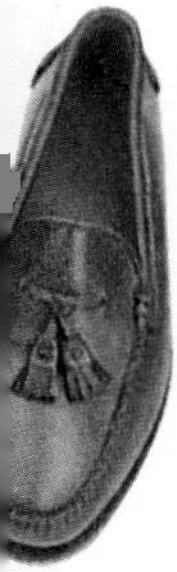

Quest'anello è bello, vero?
Sì, è un bell'anello.

1. Quest'orologio è bello, vero?

____

2. Quest'accendino è bello, vero?

____

3. Quest'abito è bello, vero?

____

4. Quest'ombrello è bello, vero?

____

14

▷ *Di fianco a ogni oggetto scrivete il nome corrispondente, poi fate domande e rispondete secondo il modello:*

Che cos'è questo?
È un cappello.

Che cos'è quella?
È una borsa.

Che cosa sono questi?
Sono dei cappelli.

Che cosa sono quelle?
Sono delle borse.

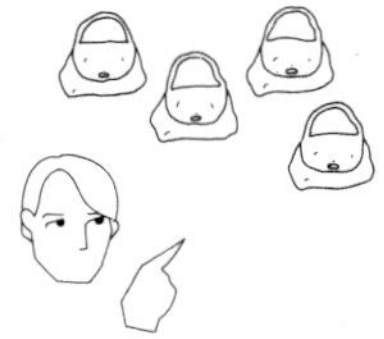

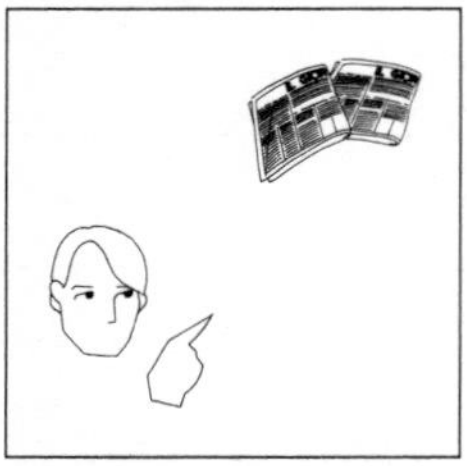

1 ________

4 ________

2 ________

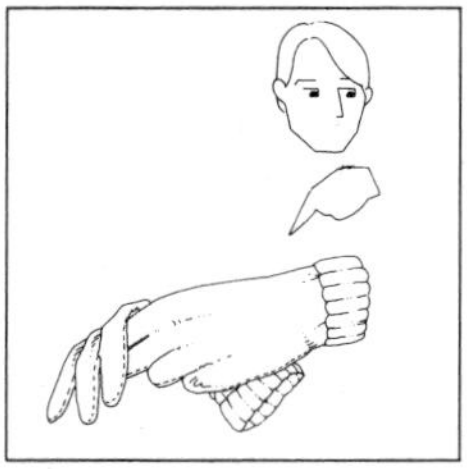

5 ________

3 ________

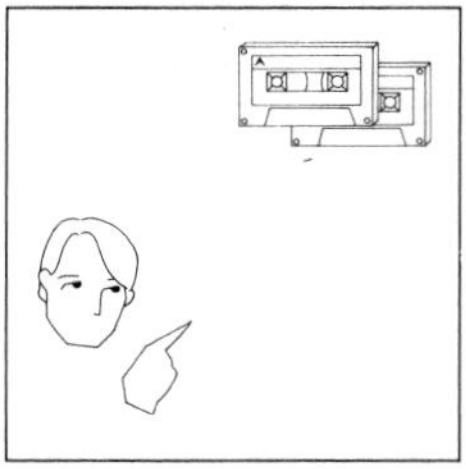

6 ________

15

▷ *Osservate l'esempio e, in coppia, eseguite mini-dialoghi simili, usando le parole-stimolo:*

A. rivista?	A. *Scusa, è tua questa rivista?*
B. no	B. *No, non è mia.*
A. allora?	A. *Allora di chi è?*
B. Paolo	B. *Forse è di Paolo.*

1. A. borsa? ____________________
   B. no ____________________
   A. allora? ____________________
   B. Giulio ____________________

2. A. accendino? ____________________
   B. no ____________________
   A. allora? ____________________
   B. Laura ____________________

3. A. chiave? ____________________
   B. no ____________________
   A. allora? ____________________
   B. Marco ____________________

4. A. giornale? ____________________
   B. no ____________________
   A. allora? ____________________
   B. Carla ____________________

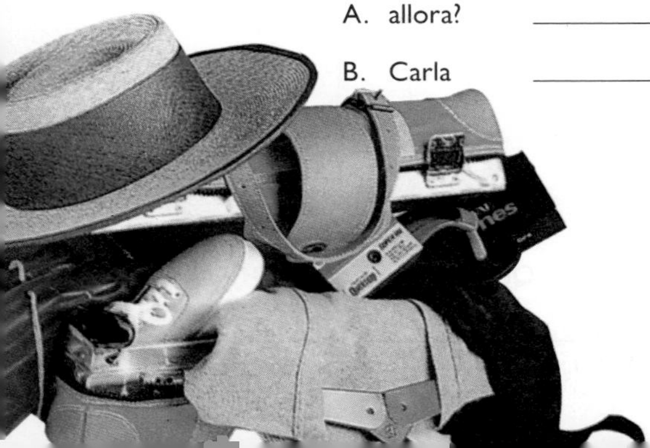

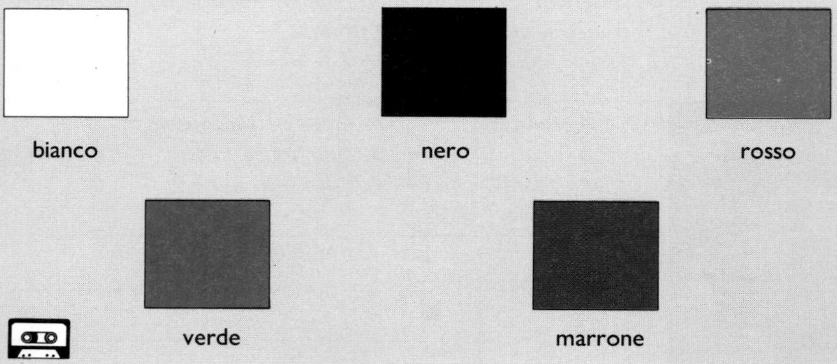

16

▷ *Rispondete secondo il modello:*

Questa gonna è rosa?
Sì, è rosa.

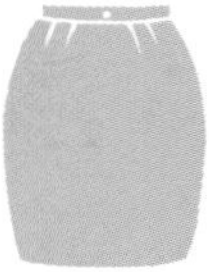

1. Questo cappotto è rosso?

_______________________ ▶

2. Queste scarpe sono nere?

◀ _______________________

3. Questa camicia è bianca?

_______________________ ▶

4. Questa sciarpa è gialla?

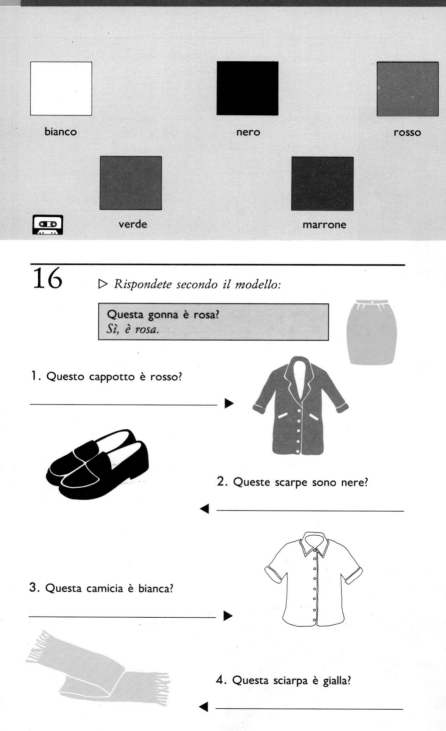

◀ _______________________

giallo

blu

grigio

rosa

arancione

17

▷ *Come il precedente:*

Questo abito è grigio?
No, è verde.

1. Questa giacca è nera?

◀ ______________________________

2. Questo cappello è blu?

______________________________ ▶

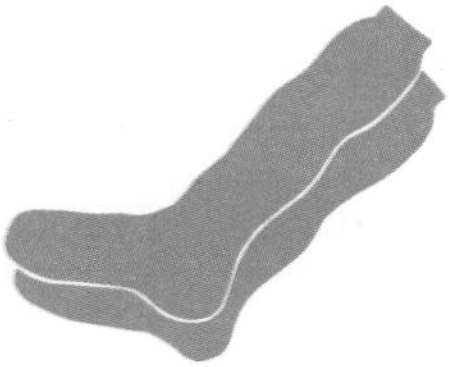

3. Queste calze sono gialle?

◀ ______________________________

4. Questa borsa è rossa?

______________________________ ▶

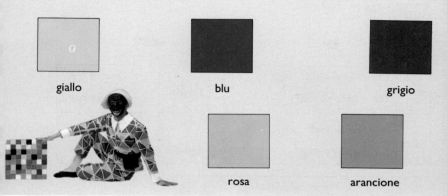

INTERROGATIVI

quale?

È	tuo questo libr**o**? tua questa penn**a**?	**Quale?**	Questo qui Questa qui
Sono	tuoi questi libr**i**? tue queste penn**e**?	**Quali?**	Questi qui Queste qui

Qual è	il tuo cappotto? la Sua giacca?
Quali sono	i tuoi guanti? le Sue sigarette?

di chi?

Di chi	è	il libro rosso? la penna blu?
	sono	i guanti rosa? le scarpe nere?

DIMOSTRATIVI • questo • quello

Di chi è	**questo**	libro?
	quel **quello** **quell'**	cappotto? specchio? ombrello?
	questa	penna?
	quella	sciarpa

Di chi sono	**questi**	quaderni?
	quei **quegli** **quegli**	giornali? specchi? occhiali?
	queste	penne?
	quelle	riviste?

POSSESSIVI • mio • tuo • suo

È	**mio** **tuo** **suo** **Suo**	
	mia/tua **sua/Sua**	
Sono	**miei** **tuoi** **suoi** **Suoi**	
	mie/tue **sue/Sue**	

È	**il**	**mio** libro **tuo** cappotto **suo** specchio **Suo** ombrello
	la	**mia/tua** penna **sua/Sua** sciarpa
Sono	**i**	**miei** quaderni **tuoi** giornali **suoi** specchi **Suoi** occhiali
	le	**mie/tue** penne **sue/Sue** riviste

A t t e n z i o n e !

singolare

il mio	libro	ma	**mio**	padre
la mia	amica		**mia**	madre
la mia	ragazza		**mia**	moglie
il mio	giornale		**mio**	fratello

plurale

I	**miei / tuoi / suoi**	fratelli / amici
Le	**mie / tue / sue**	sorelle / amiche

que**l**	libro	ma	que**llo**	**sp**ecchio
que**l**	ragazzo		que**ll'**	**o**rologio
quei	libri		que**gli**	**sp**ecchi
quei	ragazzi		que**gli**	**o**rologi

ARTICOLO DETERMINATIVO, AGGETTIVO • bello • E DIMOSTRATIVO • quello •

maschile singolare

il un bel quel	**l**ibro
lo un bel**lo** quel**lo**	**sp**ecchio
l' un bell' quell'	**o**rologio

femminile singolare

la una bel**la** quel**la**	**p**enna
la una bel**la** quel**la**	**sc**iarpa
l' una bell' quell'	**o**pera

maschile plurale

i dei bei quei	libri
gli dei be**gli** que**gli**	specchi orologi

femminile plurale

le delle bel**le** quel**le**	penne sciarpe opere

A t t e n z i o n e !

Un **bel**	libro	ma	Un libro	**bello**
Un **bell'**	orologio		Un orologio	**bello**

Dei **bei**	libri	ma	Dei libri	**belli**
Dei **begli**	orologi		Degli orologi	**belli**

18

▷ *La signora Masi sta parlando con i suoi figli, Paolo e Anna. Ascoltate la conversazione (non cercate di capire ogni parola) e abbinate gli oggetti ai tre personaggi:*

sig.ra Masi

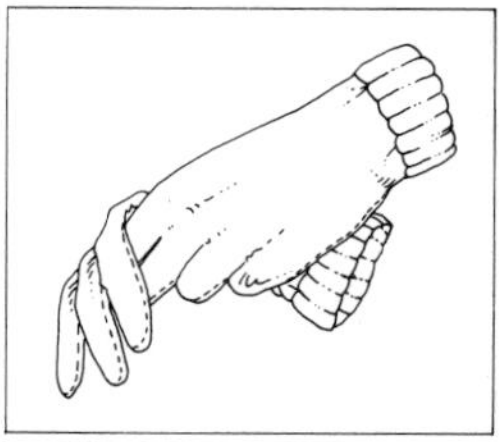

Anna

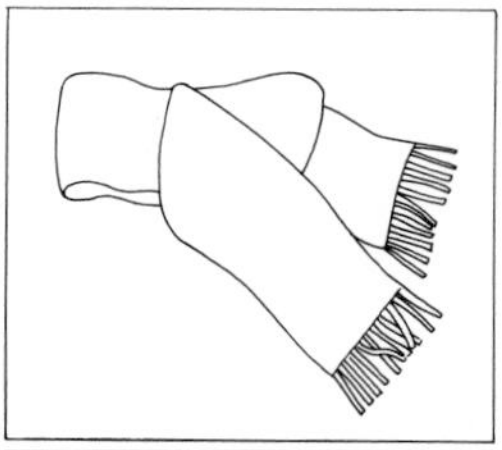

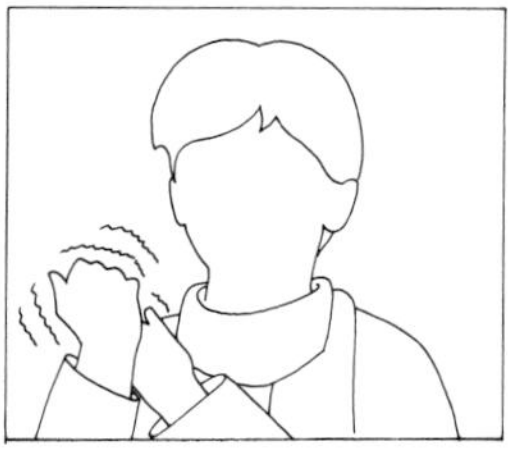

Paolo

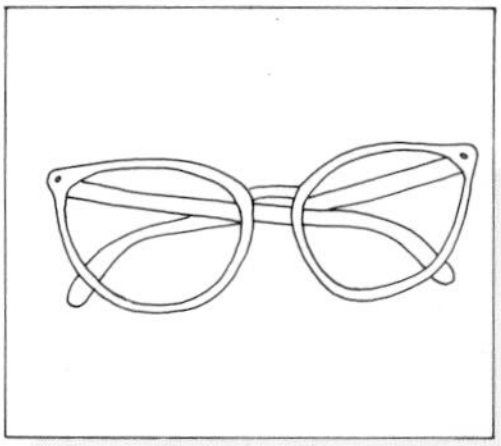

19

▷ *Indicate se le frasi che ascoltate sono affermative (A) o interrogative (?)*

	A	?
1.	□	□
2.	□	□
3.	□	□
4.	□	□
5.	□	□

20

▷ *Lavorate in gruppi di tre. Ciascuno sceglie uno degli oggetti rappresentati. Fate domande e rispondete secondo il modello:*

A. *È tua questa sciarpa?*
B. *No, non è mia.*
A. *Di chi è?*
C. *È mia.*

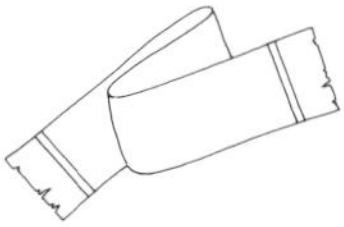

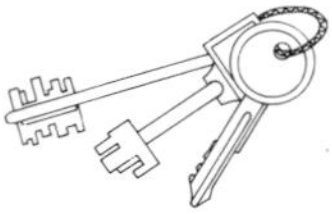

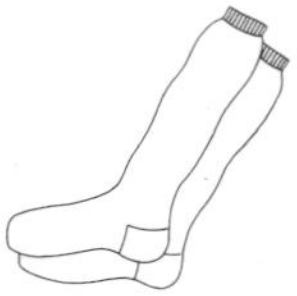
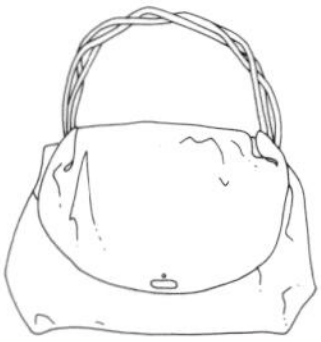

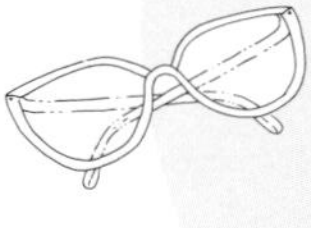

21 ▷ Ufficio oggetti smarriti

Osservate attentamente le illustrazioni: a ogni personaggio del disegno in basso manca qualcosa. Quali sono gli "oggetti smarriti", e di chi sono?

Secondo me, gli occhiali sono di...

Anna

Marco

Sig. Funi

Gianni

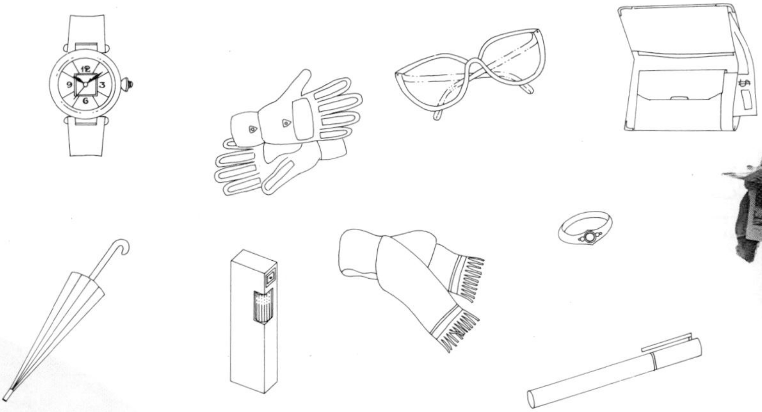

PRODUZIONE ORALE

Dite come sono gli oggetti rappresentati sotto:

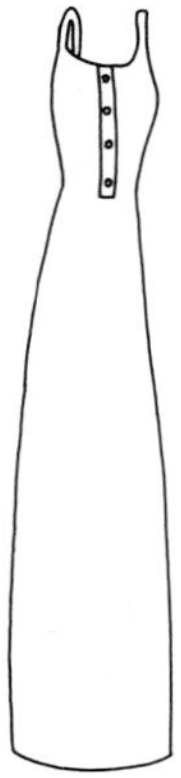

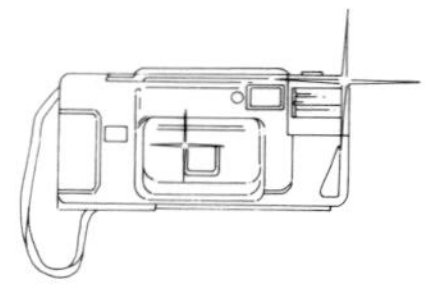

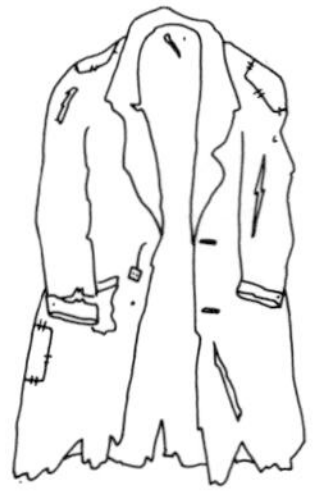

Vocaboli utili ▷

grande - piccolo - bello - brutto - nuovo - vecchio - lungo - corto - largo - stretto

PRODUZIONE SCRITTA

Scrivete una lista di nomi di oggetti personali o capi di abbigliamento che possedete. Con cinque di questi nomi scrivete poi cinque frasi.

1. ______
2. ______
3. ______
4. ______
5. ______

COMPRENSIONE ORALE

Ascoltate la conversazione e dite quali sono gli oggetti, i colori e gli stilisti nominati:

1. ▶ gonna abito camicetta pantaloni giacca
scarpe borsa cravatta sciarpa cappotto

2. ▶ rosso bianco grigio verde giallo
marrone blu rosa arancione nero

3. ▶ Versace Ferrè Krizia Armani Valentino

COMPRENSIONE SCRITTA

1 *Completate il testo con le parole indicate:*

dieci	*veloce*	*buona*	*qual*

Che bella macchina, signor Marchi! E come è grande!

Sì, ed è anche ________ . La Sua ________ è?

È quella là: una Fiat di ________ anni. Non è bella, ma è ancora ________ .

2 *Combinate in modo appropriato le parole della colonna A con quelle della colonna B:*

A ▼	B ▼
1. I miei amici	A. non è di oggi.
2. Quel signore alto	B. non è questo, ma quello.
3. Il Suo bicchiere	C. sono tutti giovani.
4. Quel giornale	D. sono inglesi.
5. Le due ragazze bionde	E. è il padre di Marco.

... DELLE "GRANDI FIRME"

Sin dai tempi del Rinascimento per molti stranieri il nome "Italia" è sinonimo di eleganza, stile e fantasia; oggi questo accade specialmente nel campo della moda, delle automobili e dell'arredamento.
Il forte sviluppo dell'economia italiana è infatti dovuto in buona parte al "made in Italy", cioè al successo internazionale degli stilisti italiani.

1 ▷ *Ecco un piccolo quiz per voi: quali di questi nomi famosi vi sono noti?*

1. *Di chi è questo golfino?* ▶

   A. Ferrè
   B. Missoni
   C. Benetton

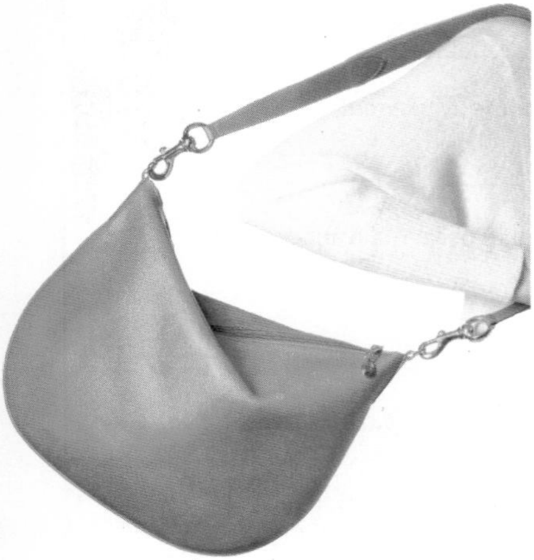

◀ 2. *Di chi è questa borsa?*

   A. Gucci
   B. Armani
   C. Krizia

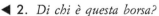

3. *Di chi è questo vestito da sera?* ▶

   A. Basile
   B. Giugiaro
   C. Valentino

4. *Di chi sono questi occhiali?* ▶

A. Biagiotti
B. Ferrè
C. Ferragamo

◀ 5. *Di chi sono gli abiti dei poliziotti in "Miami Vice"?*

A. Krizia
B. Valentino
C. Armani

6. *Di chi sono queste scarpe?* ▶

A. Raffaello
B. Leonardo
C. Michelangelo

2

▷ *Riflessione culturale (nella vostra lingua):*

Se avete familiarità con la moda italiana (grazie ai film, alla televisione, al turismo) fate commenti su di essa e dite in che cosa vi sembra diversa dalla moda nel vostro paese.

U N I

TERZA UNITÀ

fare conoscenza

OBIETTIVI

chiedere e dire il nome

chiedere e dire la professione

esprimere possesso

GRAMMATICA

indicativo presente del verbo *avere* (II)

indicativo presente della I ª coniugazione regolare *-are*

indicativo presente di *fare* e *chiamarsi*

possessivi (II)

imperativo (I)

AREA LESSICALE

professioni (I),
parentela (II),
oggetti personali (II)

AL BAR DI UN ALBERGO ▶

Ascoltate il dialogo guardando solo le illustrazioni (non cercate di capire ogni parola):

Sig. Weber - Scusi, sono libere queste sedie?
Sig. Rossi - Sì, prego, accomodatevi!
Sig. Weber - Grazie!

Sig. Weber - Permette? Mi chiamo Hans Weber e questa è mia moglie.
Sig. Rossi - Piacere! Io sono Paolo Rossi.
Sig.ra Weber - Piacere! Molto lieta!

Sig. Rossi - Di che nazionalità siete?
Sig. Weber - Siamo tedeschi.
Sig. Rossi - Complimenti! Lei parla bene l'italiano.
Sig. Weber - Grazie!

Sig. Rossi - Avete intenzione di stare molto tempo a Roma?
Sig. Weber - No, solo pochi giorni.

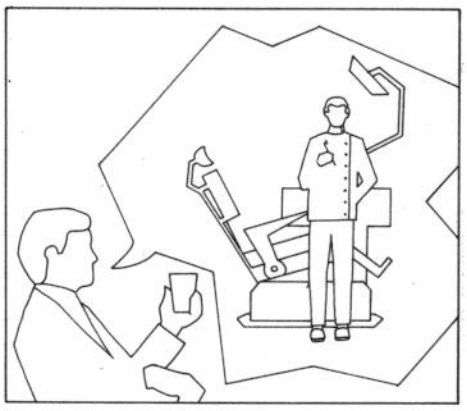

Sig. Rossi - Come mai?
Sig. Weber - Perché io ho un impegno di lavoro.
Sig. Rossi - Qual è la Sua professione?
Sig. Weber - Faccio il dentista.

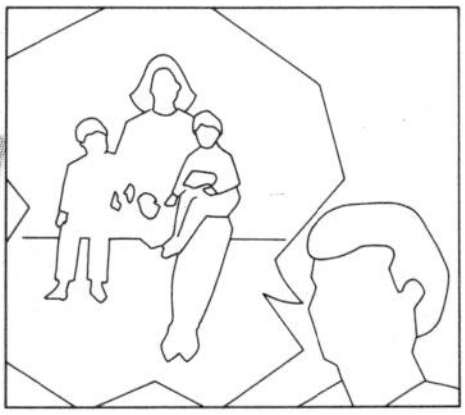

Sig. Rossi - E Sua moglie? Che lavoro fa?
Sig. Weber - Lei non lavora: abbiamo due figli piccoli.
Sig. Rossi - Capisco!

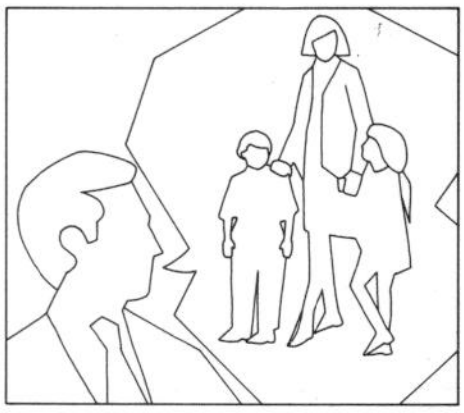

Sig. Weber - Lei è sposato?
Sig. Rossi - Sì, e ho anch'io due figli: un maschio e una femmina.

PROVIAMOCI INSIEME

1

▷ *Riascoltate il dialogo e decidete se le seguenti affermazioni sono vere o false:*

		V	F
A. ▷	I signori Weber sono tedeschi.		
B. ▷	Hanno intenzione di stare molto tempo a Roma.		
C. ▷	La signora Weber ha un impegno di lavoro.		

2

▷ *Riascoltate il dialogo leggendo il testo, poi scegliete la corretta alternativa:*

1. ▶ I signori Weber e il signor Rossi sono ....

   A. a Monaco
   B. a Roma
   C. ad Amburgo

2. ▶ Il signor Weber ....

   A. ha intenzione di stare a Roma
   B. non lavora
   C. ha un impegno di lavoro.

3. ▶ Il signor Rossi ....

   A. non è sposato
   B. ha tre figli
   C. ha moglie e due figli

3

▷ *Ascoltate e ripetete.*

4

▷ *Provate a ricostruire il dialogo guardando solo le illustrazioni.*

5

▷ *Formate cinque frasi secondo il modello:*

Io sono Paolo, e tu come ti chiami? *Mi chiamo Carlo.* *(Paolo-Carlo)*

1. ______________________________ *(Franco-Sergio)*
   ____
2. ______________________________ *(Maria-Laura)*
   ____
3. ______________________________ *(Giorgio-Renzo)*
   ____
4. ______________________________ *(Sandra-Angela)*
   ____
5. ______________________________ *(Bruno-Ettore)*
   ____

6

▷ *Come il precedente:*

Piacere, sono Rossi, e Lei come si chiama? *Mi chiamo Marchi.* *(Rossi-Marchi)*

1. ______________________________ *(Sergi-Lunghi)*
   ____
2. ______________________________ *(Tofi-Petrini)*
   ____
3. ______________________________ *(Lazzari-Fini)*
   ____
4. ______________________________ *(Mancini-Corti)*
   ____
5. ______________________________ *(Angeli-Rufini)*
   ____

7

▷ *Osservate l'esempio e, in coppia, eseguite mini-dialoghi simili usando le parole-stimolo:*

A. Lei?	A. *Lei come si chiama?*
B. Pietro/Laura	B. *Mi chiamo Pietro/Laura.*
A. moglie?/marito?	A. *E Sua moglie?/E Suo marito?*
B. Laura/Pietro	B. *Si chiama Laura/Pietro.*

1. A. Lei? ____________________
   B. Luigi ____________________
   A. figlia? ____________________
   B. Giovanna ____________________
2. A. Lei? ____________________
   B. Anna ____________________
   A. figlio? ____________________
   B. Marco ____________________
3. A. Lei? ____________________
   B. Giulio ____________________
   A. madre? ____________________
   B. Sandra ____________________
4. A. Lei? ____________________
   B. Marta ____________________
   A. padre? ____________________
   B. Antonio ____________________

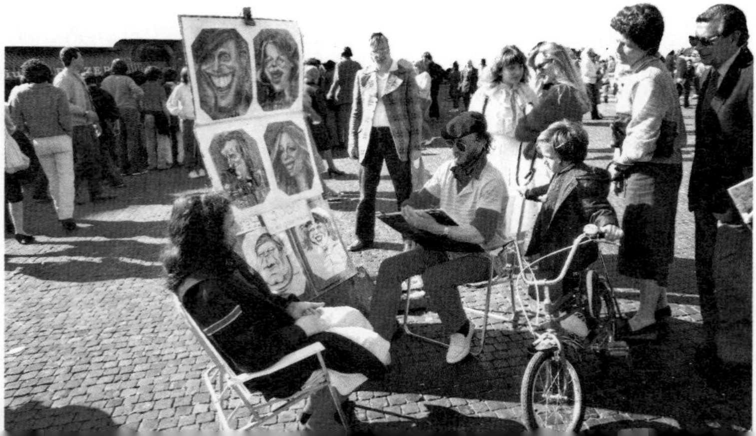

pochi libri  molti libri 

8

▷ *Fate domande secondo il modello:*

Hai molti libri, Carlo?	*(molti libri)*
No, pochi.	

1. ______________________, Marco? *(molti amici)*
   No, solo quattro o cinque.
2. ______________________, Anna? *(molti abiti)*
   No, pochi.
3. ______________________, Lucio? *(molti impegni)*
   No, non molti.
4. ______________________, Paolo? *(molti dischi)*
   No, solo dieci.

9

▷ *Come il precedente:*

Ha anche il cappotto, signor Verdi?	*(cappotto)*
No, ho solo la giacca.	

1. ______________________, signor Masi? *(busta)*
   No, ho solo il foglio.
2. ______________________, signor Tosi? *(cappello)*
   No, ho solo la sciarpa.
3. ______________________, signor Mori? *(ombrello)*
   No, ho solo il cappotto.
4. ______________________, signora Lenzi? *(guanti)*
   No, ho solo la borsa.
5. ______________________, signor Bruni? *(passaporto)*
   No, ho solo la carta d'identità.

10

▷ *Osservate l'esempio e, in coppia, eseguite mini-dialoghi simili usando le parole-stimolo:*

A. voi/Fiat?	A. *Avete anche voi una Fiat?*
B. Alfa Romeo	B. *No, abbiamo un'Alfa Romeo.*
A. Martini?	A. *E i Martini?*
B. Ford	B. *Loro hanno una Ford.*

1. A. voi/due maschi? ______________________

   B. un maschio e una femmina ______________________

   A. Rossetti? ______________________

   B. due maschi ______________________

2. A. voi/appartamento? ______________________

   B. una casa tutta per noi ______________________

   A. Salvini? ______________________

   B. un appartamento grande ______________________

3. A. voi/due valigie? ______________________

   B. una valigia e una borsa ______________________

   A. Tommasi? ______________________

   B. solo una valigia ______________________

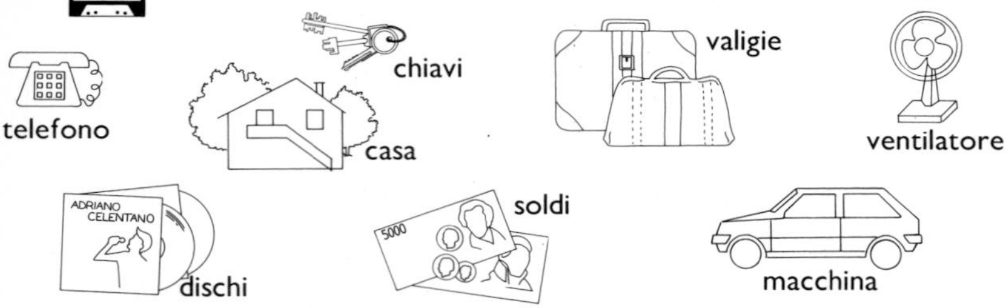

11

▷ *Osservate l'esempio e, in coppia, fatevi domande e rispondete oralmente:*

A. *È vostra questa casa?*
B. *Sì, è nostra.*
A. *Sono vostri questi dischi?*
B. *Sì, sono nostri.*

Vocaboli utili:

insegnante - medico - commessa - barista - ingegnere - farmacista - maestra - architetto - avvocato - giornalista - infermiera - tassista

12

▷ *Abbinate le illustrazioni alle professioni sopra riportate, poi rispondete secondo il modello:*

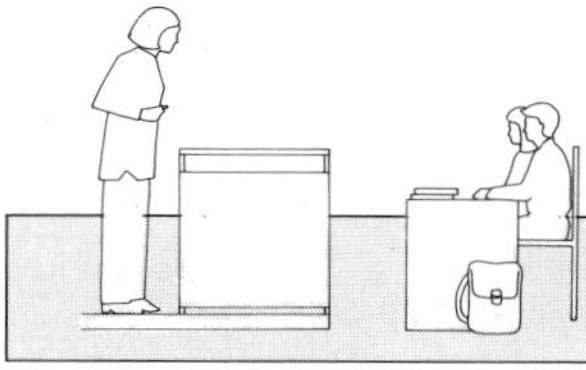

◀ Che lavoro fai?
Faccio l'insegnante.

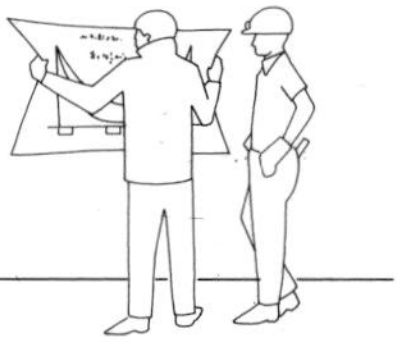

1. Che lavoro fai?

▶ ______________________________

2. Che lavoro fai?

◀ ______________________________

3. Che lavoro fai?

▶ ______________________________

4. Che lavoro fai?

◀ ______________________________

5. Che lavoro fai?

▶ ______________________________

13

▷ *Abbinate le illustrazioni alle professioni riportate alla pagina precedente, poi, oralmente, fate domande secondo il modello:*

Io faccio la commessa; e Lei che lavoro fa?

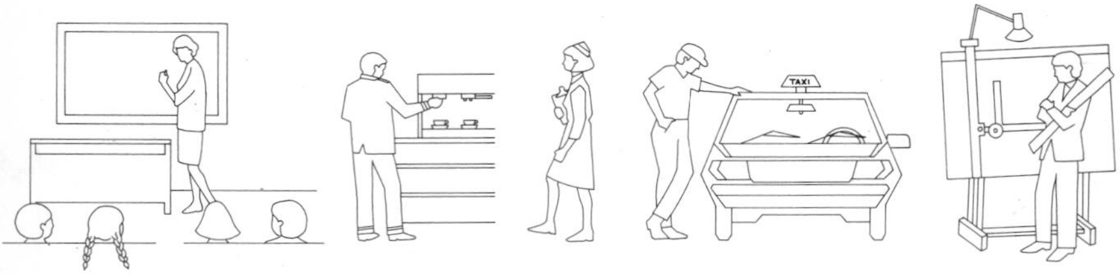

14

▷ *Osservate l'esempio e, in coppia, eseguite mini-dialoghi simili usando le parole-stimolo:*

A. voi/lavoro?	A. *Voi che lavoro fate?*
B. medici	B. *Facciamo i medici.*
A. Lucio e Mario?	A. *E Lucio e Mario che fanno?*
B. dentisti	B. *Fanno i dentisti.*

1. A. voi/lavoro? ________________
   B. architetti ________________
   A. Anna e Laura? ________________
   B. farmaciste ________________
2. A. voi/lavoro? ________________
   B. maestre ________________
   A. Aldo e Rita? ________________
   B. infermieri ________________
3. A. voi/lavoro? ________________
   B. giornalisti ________________
   A. Angela e Marta? ________________
   B. insegnanti ________________

15

▷ *Con l'aiuto delle vignette, costruite due mini-dialoghi simili agli esempi:*

A. *Che cosa fai domenica?*
B. *Ho intenzione di studiare per un esame.*
A. *Che cosa fate domenica?*
B. *Abbiamo intenzione di studiare per un esame.*

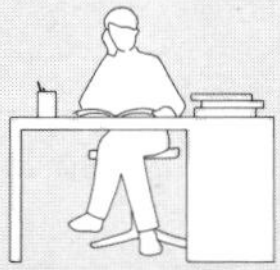

studiare per un esame

1. A. ______________________________
   B. ______________________________
   A. ______________________________
   B. ______________________________

preparare le valigie

2. A. ______________________________
   B. ______________________________
   A. ______________________________
   B. ______________________________

invitare qui degli amici

3. A. ______________________________
   B. ______________________________
   A. ______________________________
   B. ______________________________

guardare la TV

16

▷ *Rispondete secondo il modello:*

Lei parla solo l'inglese?	
No, parlo anche il francese.	*(francese)*

1. Lei parla solo lo spagnolo?
   ______________________ *(italiano)*
2. Lei parla solo il greco?
   ______________________ *(tedesco)*
3. Lei parla solo il francese?
   ______________________ *(spagnolo)*
4. Lei parla solo l'olandese?
   ______________________ *(svedese)*
5. Lei parla solo il giapponese?
   ______________________ *(cinese)*

17

▷ *Come il precedente:*

Tu parli anche l'italiano?	
Sì; loro, invece, parlano solo il francese.	*(francese)*

1. Tu parli anche il francese?
   ______________________ *(inglese)*
2. Tu parli anche l'italiano?
   ______________________ *(spagnolo)*
3. Tu parli anche il danese?
   ______________________ *(svedese)*
4. Tu parli anche il polacco?
   ______________________ *(russo)*
5. Tu parli anche lo spagnolo?
   ______________________ *(italiano)*

18

▷ *Osservate l'esempio e, in coppia, eseguite mini-dialoghi simili usando le parole-stimolo:*

A. (tu)/qui?	A. *Da quanto tempo lavori qui?*
B. pochi mesi	B. *Da pochi mesi.*
A. Lei?	A. *E Lei lavora qui da molto?*
B. due anni	B. *Lavoro qui da due anni.*

1. A. (tu)/qui? ____________________

   B. un anno ____________________

   A. Lei? ____________________

   B. sette anni ____________________

2. A. (tu)/qui? ____________________

   B. nove mesi ____________________

   A. Lei? ____________________

   B. dieci anni ____________________

19

▷ *Come il precedente:*

A. voi?	A. *Voi lavorate, ragazzi?*
B. no	B. *No, non lavoriamo, studiamo.*
A. loro?	A. *E loro lavorano?*
B. sì/un mese	B. *Sì, lavorano solo da un mese.*

1. A. voi? ____________________

   B. no ____________________

   A. loro? ____________________

   B. sì/due mesi ____________________

2. A. voi? ____________________

   B. no ____________________

   A. loro? ____________________

   B. sì/tre settimane ____________________

INDICATIVO PRESENTE DI • avere •

(io)	**ho**	un figlio maschio
(tu)	**hai**	figli?
(lui) (lei) (Lei)	**ha**	famiglia?
(noi) (voi) (loro)	**abbiamo** **avete** **hanno**	due figli figli? due femmine?

1ª CONIUGAZIONE REGOLARE IN -ARE
INDICATIVO PRESENTE

	• parlare •	• lavorare •	
(io) (tu)	parl**o** parl**i**	lavor**o** lavor**i**	molto
(lui) (lei) (Lei)	parl**a**	lavor**a**	
(noi) (voi) (loro)	parl**iamo** parl**ate** parl**ano**	lavor**iamo** lavor**ate** lavor**ano**	

INDICATIVO PRESENTE DI • chiamarsi •

(io)	**mi**	chiam**o**	Aldo / Maria / Bianchi
(tu)	**ti**	chiam**i**	Mario / Angela?
(lui) (lei) (Lei)	**si**	chiam**a**	Marco / Rita / Donati
(noi) (voi) (loro)	**ci** **vi** **si**	chiam**iamo** chiam**ate** chiam**ano**	Martini Rossetti? Teodori

(tu)	Come	**ti** chiami?
(Lei)		**si** chiama?

Mi chiamo	Carlo
	Martini

CONIUGAZIONE IRREGOLARE: INDICATIVO PRESENTE DI • fare •

(io) (tu)	**faccio** **fai**	il medico il/la farmacista?
(lui) (lei) (Lei)	**fa**	il/la dentista?
(noi) (voi) (loro)	**facciamo** **fate** **fanno**	lo stesso lavoro i tassisti? gli ingegneri

USI DELL'INDICATIVO PRESENTE

Che lavoro fai?	**Faccio** il dentista
Da quanto tempo?	**Faccio** il dentista **da** un anno

POSSESSIVI • nostro • vostro • loro •

È	**nostro** **vostro**	**nostra** **vostra**
	loro	
Sono	**nostri** **vostri**	**nostre** **vostre**
	loro	

È	**il**	**nostro** **vostro** **loro**	libro	**la**	**nostra** **vostra** **loro**	casa
Sono	**i**	**nostri** **vostri** **loro**	dischi	**le**	**nostre** **vostre** **loro**	chiavi

IMPERATIVO

Lei (formale)	tu (informale)	voi (formale e informale)
Parl**i**! / Scus**i**! / **Si** accomod**i**!	Parl**a**! Scus**a**! / Accomod**ati**!	Parl**ate**! / Scus**ate**! / Accomod**atevi**!

20

▷ *Ascoltate la conversazione e completate le parti mancanti (ogni spazio corrisponde a una parola):*

Valli - Prego, si accomodi!

Forti - Grazie!

Valli - Come mai ___________ a Roma?

Forti - Io ___________ affari e mia ___________ per turismo.

Valli - ___________ dove ___________ ?

Forti - ___________ di Torino.

Valli - Ah, Torino! Ho molti amici in quella città.

Forti - E Lei ___________ dove ___________ ?

Valli - Di Milano.

Forti - È ___________ ?

Valli - Sì, ___________ moglie e tre ___________ .

Forti - Per ___________ motivo è ___________ Roma?

Valli - ___________ lavoro.

Forti - ___________ professione ___________ ?

Valli - Sono avvocato.

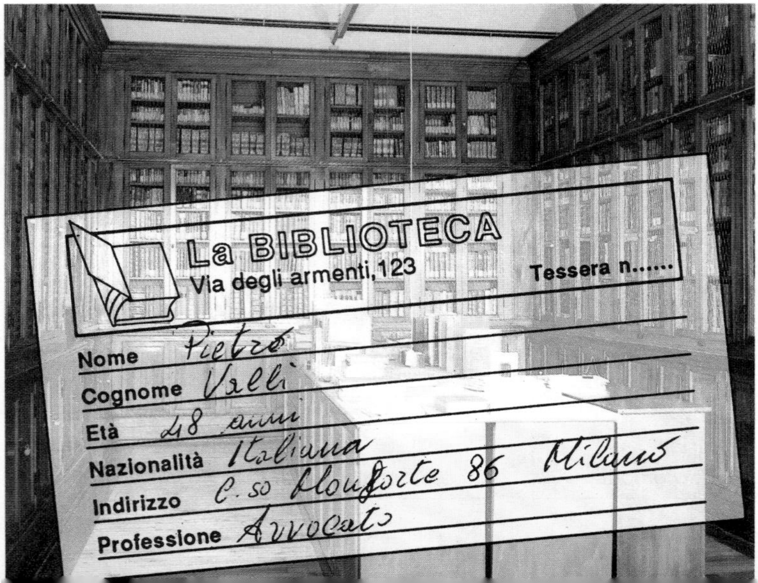

21

▷ *Il signor Bruni parla con Monica. Ascoltate la conversazione e decidete poi quale delle seguenti affermazioni è giusta:*

1. Per Monica non è facile
   A. lavorare
   B. studiare
   C. studiare e lavorare insieme

2. Monica frequenta
   A. la scuola media
   B. la scuola superiore
   C. la facoltà di Lingue

3. Monica lavora
   A. tutto il giorno
   B. solo di mattina
   C. solo di pomeriggio

4. Monica pensa di insegnare
   A. il francese
   B. l'inglese
   C. lo spagnolo

22

▷ *Indicate se le frasi che ascoltate sono affermative (A), interrogative (?) o esclamative (!)*

	A	?	!
1.	☐	☐	☐
2.	☐	☐	☐
3.	☐	☐	☐
4.	☐	☐	☐
5.	☐	☐	☐

23

▷ *In coppia, drammatizzate una situazione simile a quella rappresentata nel dialogo "Al bar di un albergo".*

24

▷ *Rispondete alle seguenti domande personali:*

1. Lei come si chiama?
2. È sposato / sposata?
3. Ha figli?
4. Che professione fa?

25

▷ *Domandate al vostro compagno di banco*

1. come si chiama
2. se è sposato
3. se ha figli
4. che professione fa

26

▷ *Leggete questo dialogo:*

Telequiz

Presentatore	- Buonasera e benvenuti al nostro quiz "20 domande". Ed ecco il primo concorrente di stasera. Come si chiama?
Concorrente	- Luigi Mazzi.
Presentatore	- E di dov'è, signor Mazzi?
Concorrente	- Di Torino.
Presentatore	- Ah, Torino. Bene. Che lavoro fa?
Concorrente	- Sono impiegato alle Poste.
Presentatore	- Lei è sposato, signor Mazzi?
Concorrente	- Sì, e ho due bambine.
Presentatore	- Bene, signor Mazzi. Ora è pronto a rispondere alle mie domande?
Concorrente	- Sì, certo.

Presentatore	-	Okay. Prima domanda: chi è l'attuale primo ministro inglese?
Concorrente	-	Ehm... John Major?
Presentatore	-	Esatto! Seconda domanda: come si chiama la moglie del presidente americano Bush?
Concorrente	-	Mmm... Susan?
Presentatore	-	Sbagliato! Mi dispiace, signor Mazzi. La risposta giusta è...........

▷ *Ora provate a ricostruire la scena:*

un gruppo di studenti prepara una serie di domande scritte (Chi è...? Come si chiama...? Di dov'è...? Qual è...?). Uno o più studenti, a turno, fanno la parte del presentatore del quiz. Gli altri studenti fanno la parte dei concorrenti.

27

▷ *Dovete fare un'indagine di mercato sul tema: "Qual è la pasta preferita dagli italiani?" Immaginate di intervistare dei passanti e compilate il modulo.*

Cognome	____________	Età	____________
Nome	____________	Sesso	M ☐ F ☐
Professione	____________		
Stato civile	____________	Figli	sì ☐ no ☐
Marca di pasta preferita			

PRODUZIONE ORALE

Parlate della vostra famiglia, dicendo di ciascuna persona come è, quanti anni ha, che lavoro fa.

COMPRENSIONE ORALE

Ascoltate il dialogo e guardate le illustrazioni. Segnate con una croce (X) quelle che sono in relazione alle professioni nominate:

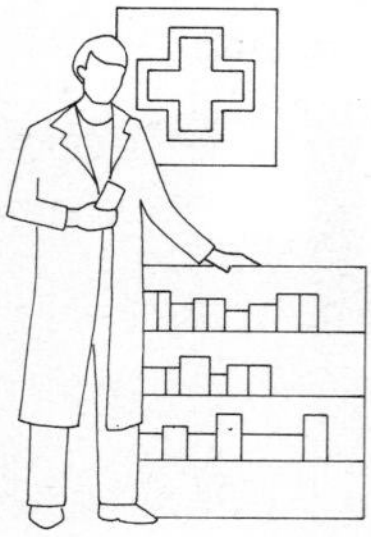

a ☐

b ☐

c ☐

d ☐

e ☐

f ☐

COMPRENSIONE SCRITTA

Trovate le parole che mancano (ogni spazio corrisponde a una parola):

Il signor Dupont è __________ Milano per __________ di lavoro. Al bar dell'albergo fa __________ con il signor Ghezzi, anche __________ in quella __________ per affari. Il signor Dupont __________ l'italiano e dice che __________ moglie è a casa con i figli __________ . Anche il signor Ghezzi __________ figli, ma i __________ sono già grandi. Il signor Dupont dice ancora che ha __________ di stare a Milano solo tre __________ , perché giovedì ha un __________ di lavoro nella __________ città.

PRODUZIONE SCRITTA

Guardando il testo precedente, scrivete un dialogo:

Dupont - Permette? __________

Ghezzi - Piacere! __________ Giorgio Ghezzi.

Dupont - __________ di lavoro. E Lei?

Ghezzi - __________ per affari.
Lei __________ ?

Dupont - Sì, mia __________ .
E Lei ha __________ ?

Ghezzi - Sì, ma __________ .
Ha __________ molti giorni __________ ?

Dupont - __________ .

Ghezzi - Come __________ ?

Dupont - Perché __________ .

... DEI DOCUMENTI PERSONALI

In Italia ogni cittadino deve avere un documento di identificazione: la carta di identità (C.I.).

Questo documento ha una validità di 5 anni. È possibile usarlo, in sostituzione del passaporto, per viaggiare all'interno di tutti i paesi membri della CEE (la Comunità Economica Europea). Il passaporto è necessario invece per viaggiare nei paesi extracomunitari. Ottenere il passaporto non è difficile: basta essere maggiorenni (cioè non avere un'età inferiore ai 18 anni) e non avere problemi penali.

L'Italia è una nazione democratica e tutti i cittadini italiani sono liberi di lasciare il territorio della repubblica italiana e di rientrarvi a loro piacimento.

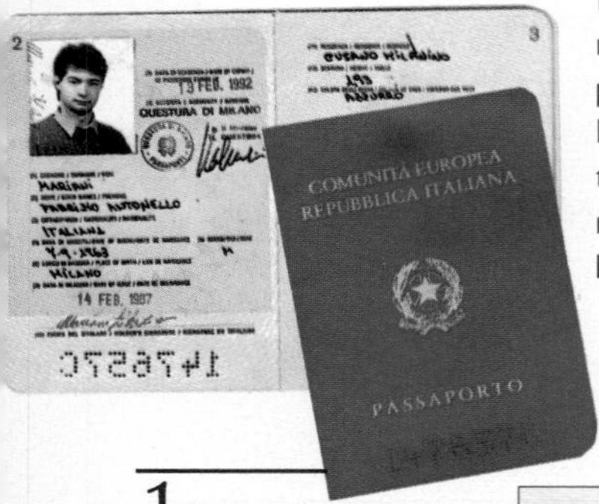

C.I. = carta d'identità
P. = passaporto
n = nessuno

1 ▷ *Indicate con un segno quali di questi dati possiamo trovare nei due documenti, o in uno solo di essi, o in nessuno dei due.*

	C.I.	P.	n
nome e cognome			
età			
luogo di nascita			
luogo di residenza			
indirizzo preciso			
colore occhi			
colore capelli			
statura			
peso			
data di scadenza			
nazionalità			
professione			
sesso			
stato civile			
titolo di studio			

2

▷ *Siete in Italia per ragioni di studio e volete iscrivervi a un'associazione culturale.*
Compilate il modulo con i vostri dati.

Cognome ____________________

Nome ____________________

Nato il ____________________

Sesso ____________________

Professione ____________________

Nazionalità ____________________

Indirizzo ____________________

Indirizzo in Italia ____________________

Telefono ____________________

3

▷ *Osservate questa pagina dell'elenco telefonico e scrivete accanto a ogni professione la relativa forma abbreviata:*

Roberto, 27 v.
» Roma, 95 v. Vallazze
» Rosa, 26 v. Morosini ---------- 55 01 01 92
» Silvia, 3 v. Polibio ---------- 481 12 11
» Stefano, 14 v. Orti ---------- 548 28 76
» dr. Vittorio, 9/a v. Tiziano ---------- 48 00 21 10
GHETTINELLI Elena, 9 v. la Valle ---------- 415 13 63
GHETTINI Maria, 10 v. Desenzano ---------- 407 12 63
GHEVIO avv. Bruno, 2 v. Pellizzone ---------- 40 56 93
GHEZA Adele, 62 v. Plinio ---------- 29 51 37 28
» arch. Bruno, 10 v. L. della Pila ---------- 607 97 48
» Felice, 57 v. Washington ---------- 498 50 44
» Francesco, 139 v. Appennini ---------- 353 65 13
» Gianbattista, 18 v. Illirico ---------- 71 75 09
» Lorenzo, 29 v. Imbriani ---------- 39 31 27 81
» Paolo, Odontotecnico 1 v. Malnati ---------- 403 48 32
» Rosamaria, 18 p. Grandi ---------- 71 49 66
GHEZZI 4 p. Affari ---------- 86 19 25

GHEZZI DR. ADRIANO
STUDIO IDROGEOTECNICO
Telefax: (02) 655 10 40
17 vl. F. Crispi ---------- 659 01 87/659 78 57

GHEZZI ADURNO Laura, 10/6 v. Manaresi 459 70 18
» Agostino, 23 v. C. da Sesto ---------- 835 97 44
» rag. Alberto, 9 v. Albricci ---------- 86 53 71
» Alberto, 46 v. Acerbi ---------- 645 54 34
» dr. Alberto, 30 v. Montebello ---------- 29 00 45 56
» Alberto, 39 vl. Rimembr. di Greco ---------- 66 98 89 01
» ing. Alberto, 9 v. S. Sisto ---------- 805 05 86
(prendera' il 86 45 37 04)

Cesare, 29 v. Arbe
» Chiara, 11 v. California ---------- 439 04
» Cirillo, 64 v. Lomellina ---------- 738 50 29
» Clara, 84 v. Cascina Corba ---------- 415 84 61
» Claudia, 52 v. Washington ---------- 48 02 00 01
» Claudio, 2 v. Vergani Marelli ---------- 415 68 95
» Claudio, 1 v. Sanzio ---------- 48 01 00 27
» Claudio, 78 v. Ponzio ---------- 70 63 50 81
» Claudio Maria, 9 v. Montecuccoli ---------- 48 30 05 52
» CONFALONIERI ing. Franco Maria
6 v. Pecchio ---------- 204 24 20
(dal 15/10/91 prendera' il 29 52 64 20)
» CONFALONIERI dr. Gino, 6 v. Pecchio 22 93 16
» Corrado, 19 v. Zuccoli ---------- 68 17 67
» CORTI Giuseppina, 8 v. Foppa ---------- 48 01 49 17
» Dania, 9 v. Rubens ---------- 40 52 71
» Daniele, 6 v. E. Ferrario ---------- 481 16 46
» Danilo, Vendita Riparazioni Moto
46 v. Acerbi ---------- 648 06 19
» Dante, 16 v. Lattanzio ---------- 546 99 78
» Dante, 13 v. Medici ---------- 72 00 25 21
» Dino, 1 v. Bellerio ---------- 646 84 70
» Dino, Fabbrica Astucci 20 v. Derganino - 376 19 69
» prof. Doriana, 30 vl. Misurata ---------- 79 50 41
» DOSSENA Olimpia, 3/1 v. Mecenate -- 74 14 51
» Efrem, 18 v. Venini ---------- 66 98 75 35
» Egilia, 1 v. Illirico ---------- 74 46 58
» Egisto, 63 v. M. Gioia ---------- 688 36 82
» Elda, 19 v. Gulli ---------- 403 62 21
» Elia, Tintoria 16 v. Tonale ---------- 689 69 36
» dr. Elio, 14 v. Domenichino ---------- 469 76 61
» Emilia, 183 v. Appennini ---------- 38 10 11 41
» Sforza

Avvocato .... Ingegnere .... Architetto ....

Dottore .... Professore .... Ragioniere ....

U N I

T À

4

QUARTA UNITÀ

vita privata

OBIETTIVI

salutare (informale)

parlare di azioni in corso

offrire, accettare/rifiutare

congratularsi

parlare di quantità

GRAMMATICA

indicativo presente della 2ª coniugazione regolare *-ere*

indicativo presente di *andare*, *stare*, *bere*

verbi modali (I)

forma perifrastica (I)

pronomi diretti (I)

partitivo *di*

partitivo *ne* (I)

uso delle preposizioni (I)

AREA LESSICALE

convenevoli, luoghi di svago, bevande e cibi (I)

VISITA A UN AMICO ▶

Ascoltate il dialogo guardando solo le illustrazioni (non cercate di capire ogni parola):

Stefano - Ciao, Andrea!
Andrea - Salve! Che bella sorpresa!
Stefano - Disturbo?
Andrea - No, anzi. Entra pure! Accomodati!

Stefano - Solo pochi minuti.
Andrea - Perché tanta fretta?
Stefano - Vedi? Sto andando in palestra e sono già in ritardo.

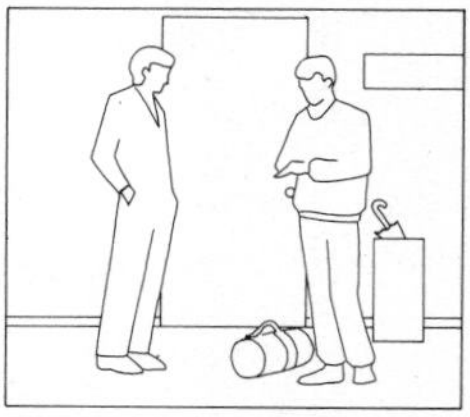

Andrea - Prendi un caffè?
Stefano - Volentieri, grazie.
Andrea - Lo preparo subito. Anzi, ne faccio due, così ne bevo un altro anch'io. Vuoi dello zucchero? Del latte?
Stefano - No, grazie.

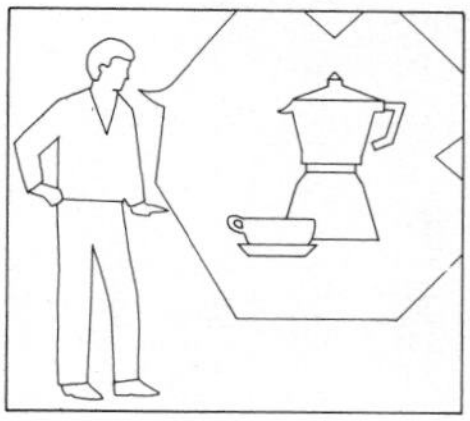

Stefano - Ma dove sono i bambini? Non li vedo.
Andrea - In bagno. Stanno facendo la doccia.
Stefano - Insieme?
Andrea - Sì. È più divertente.

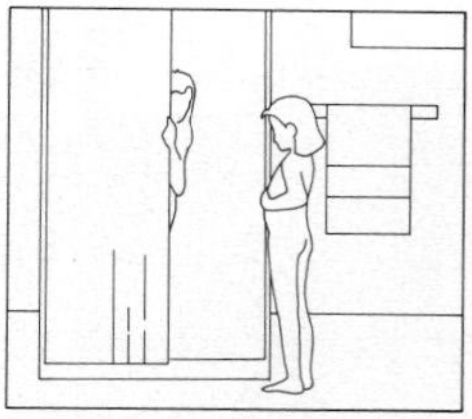

Andrea - Allora, come va? Che novità hai da raccontare?

Stefano - Anna sta aspettando un bambino.

Andrea - Che bello! Congratulazioni!

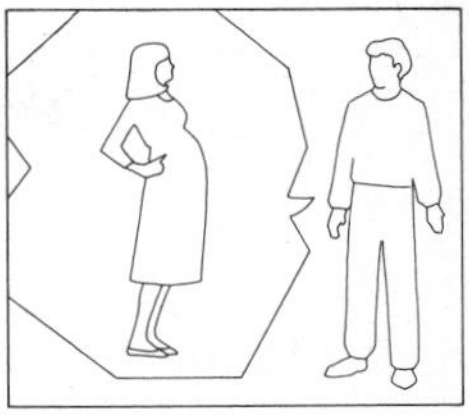

Stefano - Vedo che lavori anche oggi. Cosa stai facendo?

Andrea - Devo scrivere una relazione per lunedì.

Stefano - Tu lavori troppo! E fai poco movimento.

Andrea - È che non ho tempo!

Stefano - A chi lo dici! Anzi, adesso vado.

Andrea - Ascolta: fra mezz'ora arrivano Giulio e Laura. Perché non li aspetti? Mangiamo insieme...

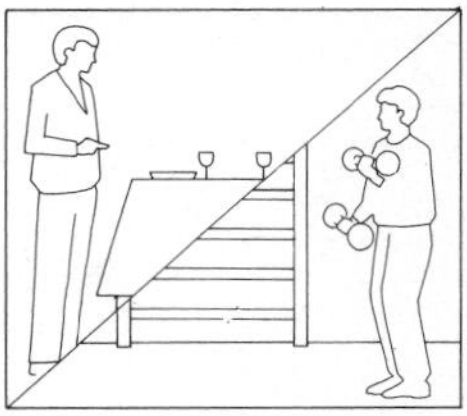

Stefano - Grazie, ma no: devo proprio andare. Ho un allenamento.

Andrea - Se è così, non insisto. Ciao e... a presto!

Stefano - Arrivederci, Andrea. E grazie per il caffè!

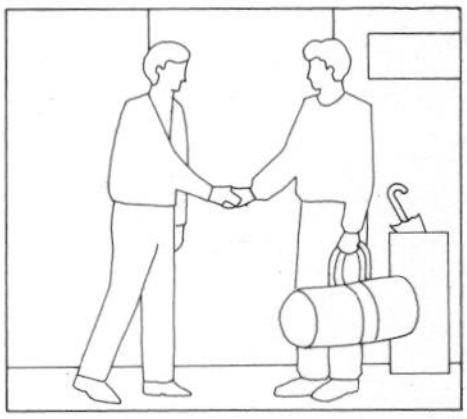

1

▷ *Riascoltate il dialogo e decidete se le seguenti affermazioni sono vere o false:*

		V	F
A. ▷	Stefano ha molta fretta.		
B. ▷	Andrea prepara il caffè solo per Stefano.		
C. ▷	Stefano ha un bambino.		
D. ▷	Andrea va in palestra con Stefano.		
E. ▷	Andrea sta con due amici.		

2

▷ *Riascoltate il dialogo leggendo il testo, poi scegliete la corretta alternativa:*

1. ▶ Dove sono i due amici? ....

   A. Stefano è a casa di Andrea
   B. Andrea è a casa di Stefano
   C. Andrea e Stefano sono al bar

2. ▶ Stefano ....

   A. non ha nessuna novità da raccontare
   B. ha una novità da raccontare
   C. ha molte novità da raccontare

3. ▶ Andrea rimane a casa perché ....

   A. sta scrivendo una relazione
   B. parla con Stefano
   C. sta facendo il bagno ai bambini

3

▷ *Ascoltate e ripetete.*

4

▷ *Provate a ricostruire il dialogo guardando solo le illustrazioni.*

5

▷ *Osservate le illustrazioni e, in gruppi di tre, eseguite minidialoghi simili usando le parole-stimolo:*

A. tu?	A. *Tu cosa prendi?*
B. bitter	B. *Prendo volentieri un bitter.*
A. Lei?	A. *Prende anche Lei un bitter?*
C. succo di frutta	C. *No, grazie, per me un succo di frutta.*

1. A. Tu? ______________________
   B. cappuccino ______________________
   A. Lei? ______________________
   C. latte caldo ______________________

2. A. Tu? ______________________
   B. coca-cola ______________________
   A. Lei? ______________________
   C. Martini ______________________

3. A. Tu? ______________________
   B. aranciata ______________________
   A. Lei? ______________________
   C. birra ______________________

4. A. Tu? ______________________
   B. un tè ______________________
   A. Lei? ______________________
   C. un caffè freddo ______________________

6

▷ *In coppia, eseguite cinque dialoghi secondo il modello:*

A. *Io prendo un caffè, e tu cosa bevi?*
(caffè/tè freddo)
B. *Bevo un tè freddo.*

1. A. ______________________ *(Martini/birra)*
   B. ______________________
2. A. ______________________ *(coca-cola/aranciata)*
   B. ______________________
3. A. ______________________ *(latte/cappuccino)*
   B. ______________________
4. A. ______________________ *(cognac/whisky)*
   B. ______________________
5. A. ______________________ *(succo di frutta/bitter)*
   B. ______________________

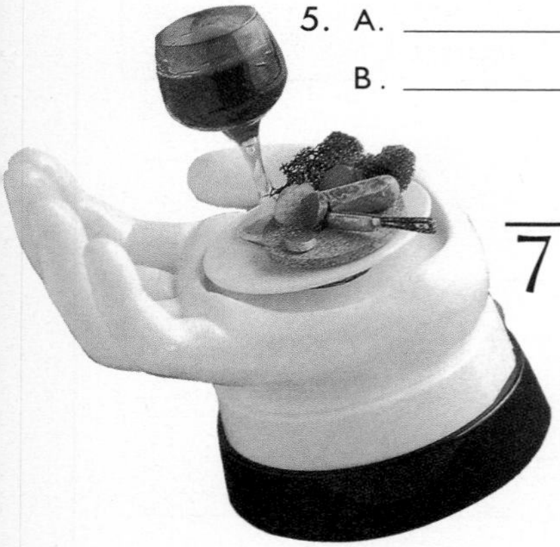

7

▷ *Rispondete secondo il modello:*

Vuoi una birra?
Grazie, la prendo volentieri.
Vuoi un caffè?
Grazie, lo prendo volentieri.

1. Vuoi un whisky?

   ____

2. Vuoi una coca-cola?

   ____

3. Vuoi un latte caldo?

   ____

4. Vuoi un tè?

   ____

5. Vuoi una sigaretta?

   ____

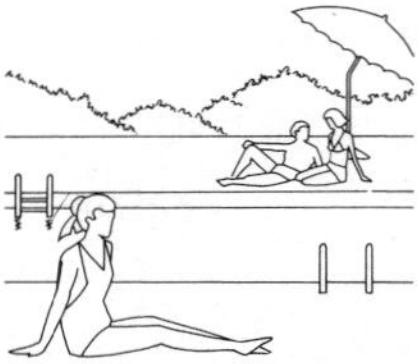

piscina

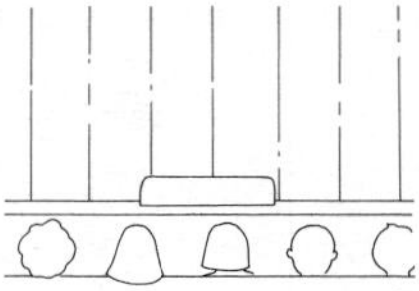

teatro

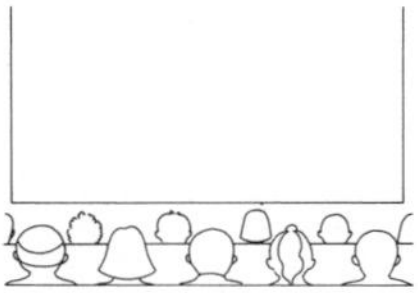

cinema

concerto

discoteca

palestra

8

▷ *Come il precedente:*

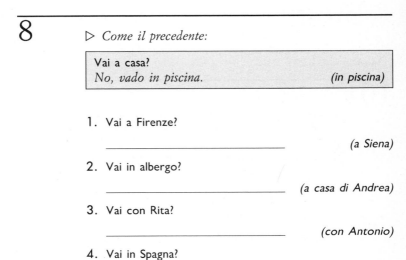

Vai a casa? *No, vado in piscina.* *(in piscina)*

1. Vai a Firenze?

   ______________________ *(a Siena)*

2. Vai in albergo?

   ______________________ *(a casa di Andrea)*

3. Vai con Rita?

   ______________________ *(con Antonio)*

4. Vai in Spagna?

   ______________________ *(in Francia)*

5. Vai in treno?

   ______________________ *(in aereo)*

9

▷ *Osservate l'esempio e, in coppia, eseguite mini-dialoghi simili usando le parole-stimolo:*

A. voi?	A. *Voi dove andate?*
B. a casa	B. *Noi andiamo a casa.*
A. Silvia?	A. *E Silvia?*
B. in piscina	B. *Lei va in piscina.*

1. A. voi? ______________________
   B. in palestra ______________________
   A. Andrea? ______________________
   B. al cinema ______________________
2. A. voi? ______________________
   B. in discoteca ______________________
   A. Cinzia? ______________________
   B. a teatro ______________________
3. A. voi? ______________________
   B. in piscina ______________________
   A. il vostro amico? ______________________
   B. a casa di Marco ______________________

10

▷ *Come il precedente:*

A. che cosa/fare stasera?	A. *Che cosa vuoi fare stasera?*
B. andare al cinema	B. *Voglio andare al cinema.*

1. A. che cosa/ascoltare? ______________________
   B. musica classica ______________________
2. A. che cosa/vedere alla tv? ______________________
   B. il quiz ______________________
3. A. che cosa/mangiare a pranzo? ______________________
   B. una bistecca ______________________

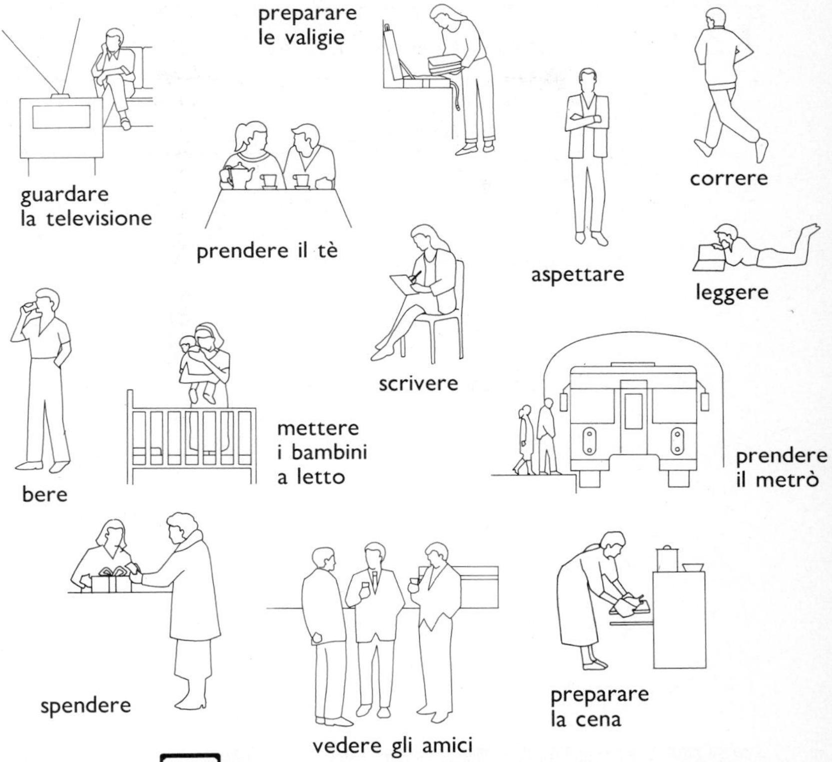

11

▷ *Sostituite il soggetto di ogni frase con quelli fra parentesi e coniugate oralmente il verbo in modo corretto:*

> Tu scrivi molte lettere. *(mia moglie/voi/i nostri amici americani)*
> *Mia moglie scrive molte lettere.*
> *Voi scrivete molte lettere.*
> *I nostri amici americani scrivono molte lettere.*

1. Franco legge il giornale tutti i giorni. *(io/noi/i miei studenti)*
2. Loro non bevono caffè. *(tu/suo marito/noi)*
3. Tu corri sempre. *(voi/quei ragazzi/Gianni)*
4. Grazia prende sempre il metrò. *(io/i miei figli/il professore)*
5. Noi spendiamo molto per i bambini. *(Luca/io/gli italiani)*
6. Tu prendi troppo tè. *(Massimo/quelle ragazze/voi)*

12

▷ *Rispondete secondo il modello:*

Quando vedi i tuoi amici?	*Li vedo oggi.*
Quando vedi quelle persone?	*Le vedo oggi.*

1. Quando vedi le tue amiche? ______________
2. Quando leggi quegli articoli? ______________
3. Quando prendi quelle riviste? ______________
4. Quando aspetti i tuoi genitori? ______________
5. Quando prepari le valigie? ______________
6. Quando scrivi quelle lettere? ______________
7. Quando fai quei lavori? ______________
8. Quando vuoi quelle relazioni? ______________

13

▷ *Osservate l'esempio e, in coppia, eseguite mini-dialoghi simili usando le parole-stimolo:*

A. come?	A. *Come stai?*
B. bene	B. *Sto bene, grazie.*
A. che fare?	A. *Che stai facendo?*
B. leggere/rivista	B. *Sto leggendo una rivista.*
A. moglie?	A. *E tua moglie?*
B. leggere/libro	B. *Sta leggendo un libro.*

1. A. come? ______________________
   B. bene ______________________
   A. che fare? ______________________
   B. scrivere/lettera ______________________
   A. moglie? ______________________
   B. mettere a letto/ bambini ______________________

2. A. come? ______________________
   B. bene ______________________
   A. che fare? ______________________
   B. prendere/caffè ______________________
   A. moglie? ______________________
   B. fare/doccia ______________________

3. A. come? ______________________
   B. bene ______________________
   A. che fare? ______________________
   B. guardare/televisione ______________________
   A. moglie? ______________________
   B. preparare/cena ______________________

pane

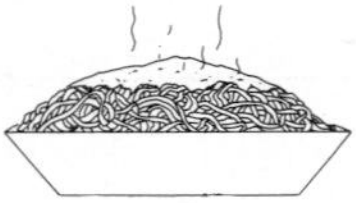
pasta

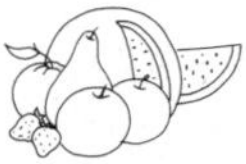
frutta

biscotti

vino

pesce

riso

carne

14

▷ *Replicate secondo il modello:*

Lei beve molto vino.	*Ha ragione, ne bevo troppo.*
Lei mangia molta carne.	*Ha ragione, ne mangio troppa.*
Lei prende molti caffè.	*Ha ragione, ne prendo troppi.*

1. Lei mangia molto pesce. ________________
2. Lei beve molta birra. ________________
3. Lei mangia molti biscotti. ________________

15

▷ *Rispondete secondo il modello:*

Quanto vino vuoi?	*(poco)*	*Ne voglio poco, grazie.*
Quanta pasta vuoi?	*(tanta)*	*Ne voglio tanta, grazie.*
Quanti biscotti vuoi?	*(tre)*	*Ne voglio tre, grazie.*
Quante riviste vuoi?	*(due)*	*Ne voglio due, grazie.*

1. Quanto zucchero vuoi? *(tanto)* ________________
2. Quanto latte vuoi? *(poco)* ________________
3. Quanta carne vuoi? *(tanta)* ________________
4. Quanta verdura vuoi? *(molta)* ________________
5. Quanti giornali vuoi? *(due)* ________________
6. Quanti libri vuoi? *(uno)* ________________
7. Quante penne vuoi? *(tre)* ________________
8. Quanta frutta vuoi? *(poca)* ________________

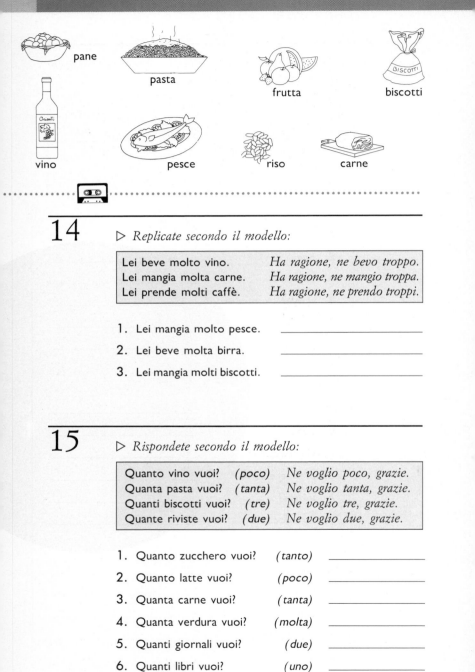

16

▷ *Trasformate secondo il modello:*

Vuoi un po' di tè?	*Vuoi del tè?*
Vuoi un po' di frutta?	*Vuoi della frutta?*
Hai un po' di zucchero?	*Hai dello zucchero?*
Avete un po' di sigarette?	*Avete delle sigarette?*

1. Vuoi un po' di carne? ____________
2. Vuoi un po' di caffè? ____________
3. Hai un po' di latte? ____________
4. Vuoi un po' di acqua? ____________
5. Vuoi un po' di aranciata? ____________
6. Vuoi un po' di biscotti? ____________
7. Avete un po' di riviste? ____________

17

▷ *Osservate l'esempio e, in gruppi di tre, eseguite mini-dialoghi simili usando le parole-stimolo:*

A. (Lei)/pane?	A. *Vuole ancora un po' di pane?*
B. no	B. *No, grazie.*
A. voi?	A. *Voi ne volete ancora un po'?*
C. sì	C. *Sì, grazie, ne vogliamo ancora.*

1. A. (Lei)/vino? ____________
   B. no ____________
   A. voi? ____________
   C. sì ____________

2. A. (Lei)/riso? ____________
   B. no ____________
   A. voi? ____________
   C. sì ____________

3. A. (Lei)/carne? ____________
   B. no ____________
   A. voi? ____________
   C. sì ____________

2ª CONIUGAZIONE REGOLARE IN -ERE

INDICATIVO PRESENTE • prendere • • leggere •

(io) (tu)	prend**o** prend**i**	legg**o** legg**i**	molti giornali
(lui) (lei) (Lei)	prend**e**	legg**e**	
(noi) (voi) (loro)	prend**iamo** prend**ete** prend**ono**	legg**iamo** legg**ete** legg**ono**	

CONIUGAZIONE IRREGOLARE: INDICATIVO PRESENTE DI

• andare • • stare • • bere •

(io) (tu)	**vado** **vai**	**sto** **stai**	a casa	**bevo** **bevi**	un caffè
(lui) (lei) (Lei)	**va**	**sta**		**beve**	un po' di vino
(noi) (voi) (loro)	**andiamo** **andate** **vanno**	**stiamo** **state** **stanno**		**beviamo** **bevete** **bevono**	molta birra

VERBI MODALI

INDICATIVO PRESENTE DI • volere •

(io) (tu)	**voglio** **vuoi**	un caffè
(lui) (lei) (Lei)	**vuole**	
(noi) (voi) (loro)	**vogliamo** **volete** **vogliono**	

FORMA PERIFRASTICA • stare + gerundio •

(io) (tu)	**sto** **stai**	par**lando** entr**ando** and**ando** scriv**endo** fac**endo** part**endo**
(lui) (lei) (Lei)	**sta**	
(noi) (voi) (loro)	**stiamo** **state** **stanno**	

PARTITIVO • di •

Vuoi (Lei) vuole Volete	un po' di **del**	tè?
	un po' di **della**	torta?
	un po' di **degli**	spaghetti?
	un po' di **delle**	lasagne?

PRONOMI DIRETTI • lo • la • li • le •

singolare

(tu)	bevi	**il vino?**
(Lei)	beve	**la birra?**

Sì,		**lo** **la**	bevo
No,	non	**lo** **la**	bevo

plurale

(tu)	leggi	**i giornali?**
(Lei)	legge	**le riviste?**

Sì,		**li** **le**	leggo
No,	non	**li** **le**	leggo

PARTITIVO • ne •

Lei beve	il vino? il latte? la birra? il cognac?

Sì,		**lo / la**	bevo	
Sì,	ma	**ne**	bevo	poc**o**/poc**a**
No,	non	**ne**	bevo	affatto

Quant**o**	vino	bevi? beve? bevete?
Quant**a**	birra	

Ne	bevo beviamo	poc**o**/poc**a** tant**o**/tant**a** tropp**o**/tropp**a**

Quant**i** caffè prendi al giorno?			
	Ne	prendo	un**o** molt**i** tant**i** tropp**i**
Non	**ne**	prendo	nessun**o**

Quant**e** birre bevi al giorno?			
	Ne	bevo	un**a** molt**e** tant**e** tropp**e**
Non	**ne**	bevo	nessun**a**

A t t e n z i o n e !

▽

lo, la, li, le = tutto
ne = una parte, niente/nessuno

USO DELLE PREPOSIZIONI • a • in •

Sto/sono/vado	**a**	casa scuola Torino / Firenze
	in	palestra albergo Toscana / Italia

18

▷ *Ascoltate i quattro mini-dialoghi e associate ognuno con la vignetta corrispondente:*

a ☐

b ☐

c ☐

d ☐

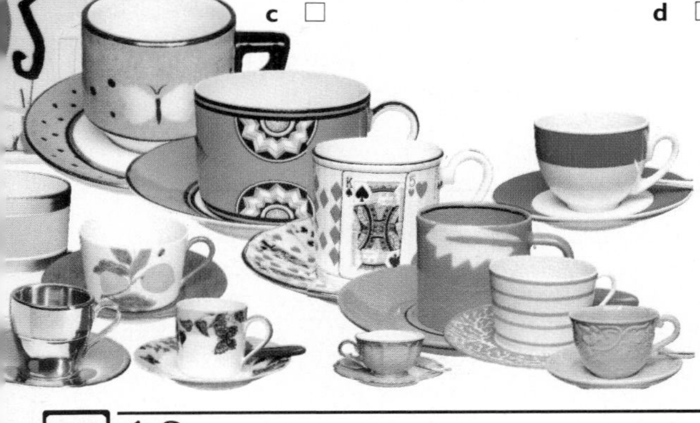

19

▷ *Indicate se le frasi che ascoltate sono affermative (A), interrogative (?) o esclamative (!)*

	A	?	!
1.	☐	☐	☐
2.	☐	☐	☐
3.	☐	☐	☐
4.	☐	☐	☐
5.	☐	☐	☐

20

▷ *Lavorando a coppie, drammatizzate le seguenti situazioni:*

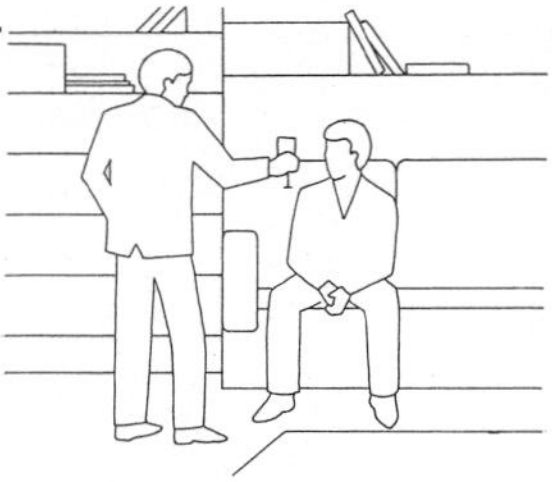

SITUAZIONE 1	*Studente A:*	Lei è Giorgio. Va a trovare un Suo amico e lo saluta.
	Studente B:	Lei è Franco. Risponde al saluto e fa entrare Giorgio.
SITUAZIONE 2	*Studente A:*	Chiede se Franco ha delle novità.
	Studente B:	Risponde e parla del Suo lavoro e della Sua vita privata.
SITUAZIONE 3	*Studente A:*	Chiede a Franco cosa sta facendo.
	Studente B:	Spiega che sta lavorando.
SITUAZIONE 4	*Studente A:*	Fa commenti sul lavoro dell'amico. Lo invita ad andare al cinema con Lei/a fare qualcosa insieme.
	Studente B:	Risponde di no. Dice che ha problemi con il Suo capo.

21

▷ *Lei è al bar dell'albergo con amici. Guardi la lista e offra da bere o da mangiare ai Suoi amici.*

CAFFETTERIA

Caffè	₤ 1100
Tè	₤ 1500
Cappuccino	₤ 1300
Cioccolata	₤ 1500
Camomilla	₤ 1300

COCKTAIL

Americano	₤ 6000
Negroni	₤ 6000
Bloody Mary	₤ 5000
Gin Fizz	₤ 5000
Screw Driver	₤ 6000

LIQUORI

Gin	₤ 4000
Vodka	₤ 4000
Whisky	₤ 4000
Grappa	₤ 3500
Cognac	₤ 6000
Brandy	₤ 5000

APERITIVI

Campari	₤ 3500
Martini	₤ 4000
Aperol	₤ 3500
Crodino	₤ 3000
Bitter	₤ 3000
Prosecco	₤ 2500

SPUNTINI

Toast	₤ 3000
Tramezzino	₤ 3500
Panini imbottiti	₤ 4000
Insalate di stagione	₤ 8000

PRODUZIONE ORALE

Dite che cosa fate di solito la domenica.

COMPRENSIONE ORALE

Ascoltate la conversazione e completate le parti mancanti (ogni spazio corrisponde a una parola):

Marisa - Salve!

Laura - Ciao, Marisa! Come mai a ________ ________ ?

Marisa - Disturbo?

Laura - ________ , entra pure!

Marisa - Che ________ facendo?

Laura - Sto ________ un tè cinese: ________ ________ un po' anche tu?

Marisa - Grazie, lo prendo ________ .

Laura - Allora, ________ va?

Marisa - Bah! Non ________ bene.

Laura - Perché? ________ male?

Marisa - No, male no. Ma ________ un po' nervosa. Giulio ________ in America per motivi di lavoro e io ________ sola.

Laura - Perché non ________ con lui, scusa?

Marisa - Ma come ________ con i ________ ?

Laura - ________ in America tutti e ________ . Pensa ________ ________ !

COMPRENSIONE SCRITTA

Completate il testo inserendo correttamente le parole date nel riquadro:

voglio	*con*	*prendiamo*	*sabato*
musica	*casa*	*casa*	*moglie*
la	*quando*	*faccio*	*lavoro*
insieme	*leggere*	*vado*	*qualcosa*
ingegnere	*bello*	*colazione*	

Un giorno di relax

Mi chiamo Giulio Severi e sono __________ elettronico. Sono piemontese e vivo a Ivrea, vicino a Torino, con la mia famiglia. Abbiamo una bella __________ con un piccolo giardino. __________ per la Olivetti, un'importante ditta di computer. Tutti i giorni __________ al lavoro con il pulmino della ditta. Qualche volta lavoro anche il __________ . La domenica resto a __________ , perché __________ rilassarmi. Faccio __________ senza fretta e __________ preparo anche per mia __________ e i miei figli. A volte ascolto i miei dischi di __________ jazz per ore e ore. __________ il tempo è __________ lavoro in giardino. Ho l'hobby del giardinaggio. Oppure __________ un giro in bicicletta __________ i miei figli. All'una mangiamo __________ tutti __________ , poi i figli vanno al cinema o in discoteca con i loro amici. Io e mia moglie restiamo a casa a __________ , oppure qualche volta __________ l'auto e andiamo dai genitori di lei a Torino.

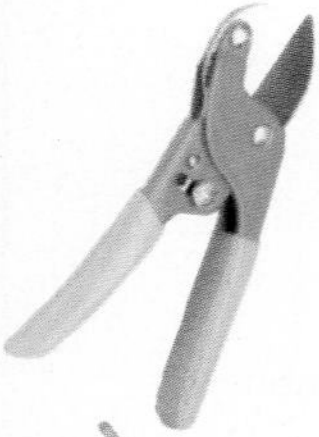

PRODUZIONE SCRITTA

Completate il dialogo con le battute mancanti, usando la forma di cortesia (Lei):

Sarti - ______________________________?

Rossi - No, il sabato non lavoro.

Sarti - ______________________________?

Rossi - Di solito resto in casa.

Sarti - ______________________________?

Rossi - Mia moglie, invece, va sempre fuori.

Sarti - ______________________________?

Rossi - Va a trovare le amiche, o in palestra o al supermercato.

Sarti - ______________________________?

Rossi - Beh, guardo la tv o leggo la Gazzetta dello Sport.

Sarti - ______________________________

______________________________?

Rossi - La domenica mattina andiamo a messa tutti insieme, poi il pomeriggio vado allo stadio con i bambini.

... DI GENITORI E FIGLI

1 ▷ *Guardate le tre fotografie e rispondete (se necessario, usate la vostra lingua):*

Qual è la condizione economica di questa donna? ▶

2 ▷ *Leggete il brano seguente:*

«Gli italiani invecchiano, gli italiani fanno sempre meno figli, l'Italia è un paese a ''crescita zero''.» È il grido d'allarme di sociologi, demografi e uomini di Chiesa.

Di fatto, il calo delle nascite è uno dei fenomeni che stanno cambiando la faccia dell'Italia d'oggi: da paese a grande impulso demografico (l'Italia povera, agricola, cattolica e sotto il fascismo), a paese con pochi bambini e un numero sempre maggiore di anziani.

Le cause di questo fenomeno sono quelle tipiche di molte società industriali a livello avanzato: la crescita del benessere e il desiderio di godersi la vita senza troppi sacrifici e limitazioni; la fine del vecchio modello di grande famiglia patriarcale, dove i membri di molte generazioni coabitano; il ruolo sempre maggiore della donna, anche se moglie e madre, nel mondo del lavoro.

Tutti questi fattori rendono oggettivamente difficile allevare più di due o tre figli. Ma c'è anche il fatto che il concetto di ''genitore'' è oggi molto diverso da un tempo. I papà e le mamme di oggi sono dei professionisti: credono nel valore di far bene il proprio lavoro, e dedicano tempo, energie e anche denaro all'educazione dei figli. L'idea prevalente è: sì alla qualità, no alla quantità.

In una cosa, tuttavia, gli italiani sono sempre gli stessi: nel ''mammismo'' (cioè l'amore totale della mamma per i suoi bambini) e oggi anche nel ''babbismo'' e nel ''familismo''. I

A quali anni si riferisce questa immagine?

◀ Che differenze notate tra questa fotografia e le due precedenti?

bambini italiani sono spesso dei piccoli despoti in famiglia, e ottengono tutto quello che vogliono da babbi e mamme innamorati e deboli. Anche questo, insieme a problemi concreti come la difficoltà di affittare o acquistare case a prezzi convenienti, spiega perché in Italia molti giovani, a differenza dei ragazzi di altri paesi europei, restano a vivere in famiglia fin quasi al momento di sposarsi...

▷ *Rileggete il brano una seconda volta e completate la griglia rispondendo alle domande:*

	nel vostro paese	in Italia
Qual è il numero medio di figli?		
Le nascite sono in calo o in crescita?		
Chi lavora in famiglia?		
Quanti sono in media i componenti di un nucleo familiare?		
Dove vivono i nonni?		
I genitori dedicano molto tempo all'educazione dei figli?		
Fino a che età i giovani restano in famiglia?		

U N I

QUINTA UNITÀ

in giro per la città

OBIETTIVI

chiedere e dare indicazioni di percorso

esprimere necessità

informarsi sui servizi

esprimere possibilità

ringraziare / replicare

GRAMMATICA

a destra / a sinistra, fino a...

particella *ci* (I)

verbi modali (II)

indicativo presente di *sapere*

imperativo (II)

pronomi diretti (II)

preposizione articolata *a*

forma impersonale (I)

numeri da 30 a 1.000.000

AREA LESSICALE

mezzi di trasporto, luoghi in città

ASPETTANDO L'AUTOBUS ▶

Ascoltate il dialogo guardando solo le illustrazioni (non cercate di capire ogni parola):

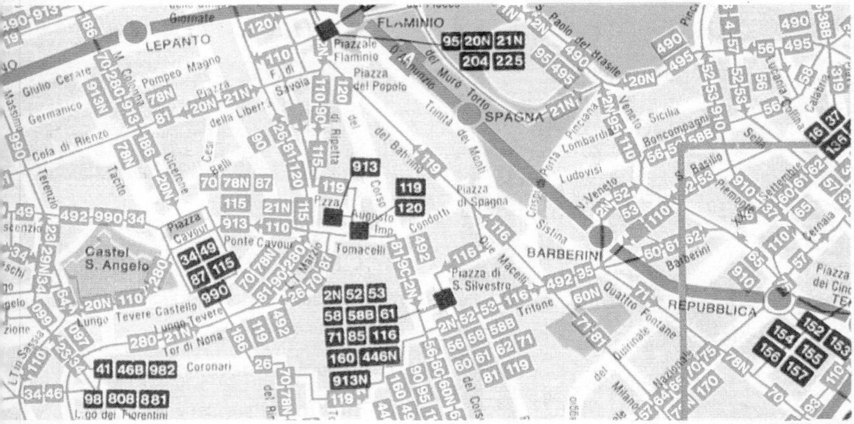

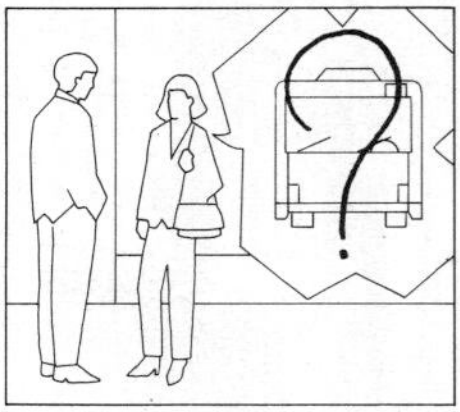

Margaret - Scusi, che autobus devo prendere per andare in piazza San Silvestro?

Passante - Mah, non so... Ah, ecco, può prendere il cinquantadue.

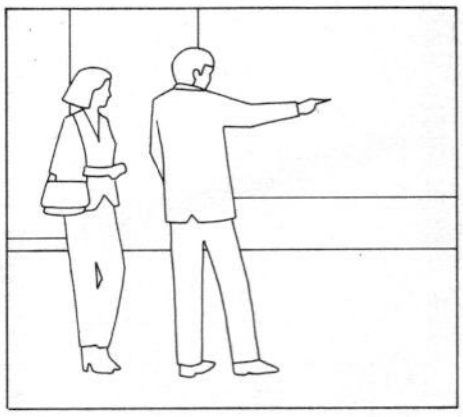

Margaret - Passa di qui? Da via Crispi?

Passante - No, credo di no. Comunque passa qui vicino, in piazza Barberini.

Margaret - Piazza Barberini? E come ci arrivo?

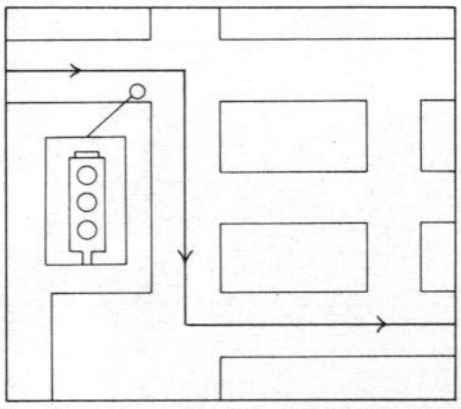

Passante - Guardi, vada dritto fino al semaforo e giri a destra in via Sistina. Poi alla seconda traversa giri a sinistra.

Margaret - Dunque: dritto fino al semaforo, poi a destra, poi giro a sinistra alla prima traversa...

Passante - No, attenzione: deve girare alla seconda!

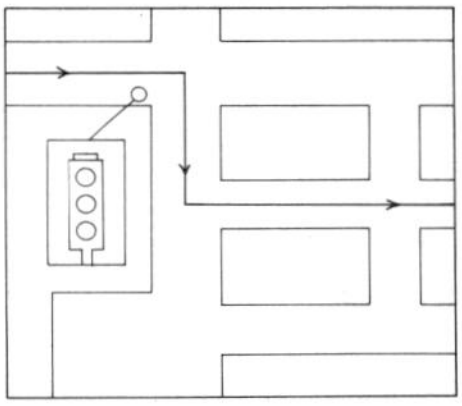

Margaret - Ma è molto distante da qui? Ci vuole molto?

Passante - Beh, a piedi ci vogliono circa dieci minuti.

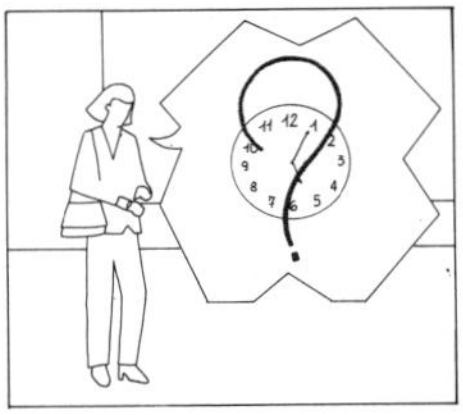

Margaret - E... a quale fermata devo scendere? Lei lo sa?

Passante - È facile, guardi. Non può sbagliare: deve scendere al capolinea.

Margaret - Come dice, scusi?

Passante - All'ultima fermata.

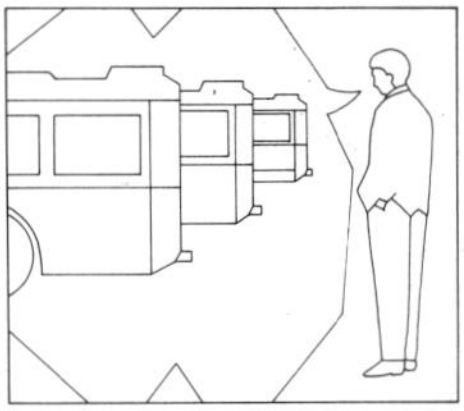

Passante - Senta, lo sa che non si può salire senza biglietto?

Margaret - Ah, e dove posso comprarlo?

Passante - All'edicola.

Margaret - Grazie mille!

Passante - Non c'è di che.

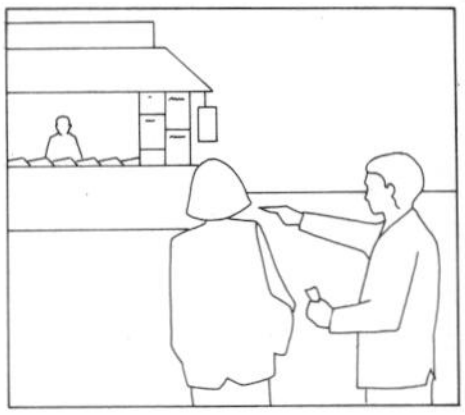

1

▷ *Riascoltate il dialogo e decidete se le seguenti affermazioni sono vere o false:*

		V	F
A. ▷	Margaret vuole andare a piedi in piazza San Silvestro.		
B. ▷	La fermata del 52 non è molto lontana.		
C. ▷	Margaret deve scendere alla seconda fermata.		
D. ▷	Margaret ha già il biglietto per l'autobus.		

2

▷ *Riascoltate il dialogo leggendo il testo, poi scegliete la corretta alternativa:*

1. ▶ Margaret vuole andare in piazza San Silvestro ....
   A. in taxi
   B. in autobus
   C. in metropolitana

2. ▶ L'autobus cinquantadue ....
   A. non porta in piazza San Silvestro
   B. ferma in via Crispi
   C. ferma in piazza Barberini

3. ▶ Ci vogliono circa dieci minuti ....
   A. per andare in piazza San Silvestro
   B. per andare in piazza Barberini
   C. prima che l'autobus passi di nuovo

4. ▶ Per arrivare in piazza Barberini Margaret deve ....
   A. andare sempre dritto
   B. girare a destra quando arriva al semaforo
   C. girare subito a destra

3

▷ *Ascoltate e ripetete.*

4

▷ *Provate a ricostruire il dialogo guardando solo le illustrazioni.*

5

▷ *Osservate l'esempio e, in coppia, eseguite mini-dialoghi simili usando le parole-stimolo:*

A. (tu)/fermata/scendere?	A. *A quale fermata scendi?*
B. prima	B. *Scendo alla prima.*
A. loro?	A. *E loro dove scendono?*
B. seconda	B. *Scendono alla seconda.*

1. A. (tu)/fermata/scendere? ______________________
   B. terza ______________________
   A. loro? ______________________
   B. quinta ______________________

2. A. (tu)/fermata/scendere? ______________________
   B. quarta ______________________
   A. loro? ______________________
   B. prossima ______________________

3. A. (tu)/fermata/scendere? ______________________
   B. seconda ______________________
   A. loro? ______________________
   B. capolinea ______________________

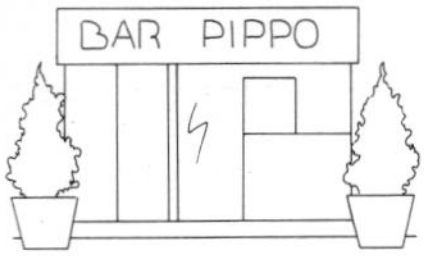

bar

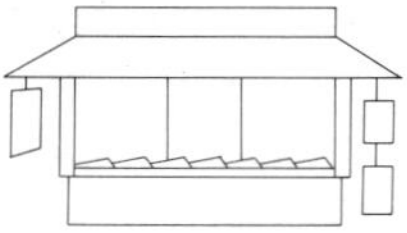

edicola

banca

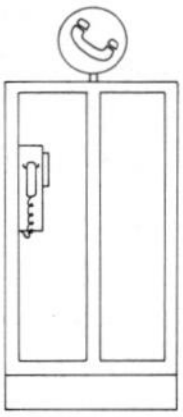

cabina telefonica

ufficio informazioni

supermercato

farmacia

6

▷ *Lavorando in coppia, fate domande e rispondete secondo il modello:*

A. *Signore, scusi, sa se c'è un bar qui vicino?* (signore/bar/qui vicino) B. *No, mi dispiace, non lo so.*

1. A. ______________________________
   B. ______________________________
   (signora/farmacia/in via Mazzini)

2. A. ______________________________
   B. ______________________________
   (signorina/banca/in piazza Cavour)

3. A. ______________________________
   B. ______________________________
   (signore/fermata dell'autobus/qui vicino)

4. A. ______________________________
   B. ______________________________
   (signora/cabina telefonica/in questo quartiere)

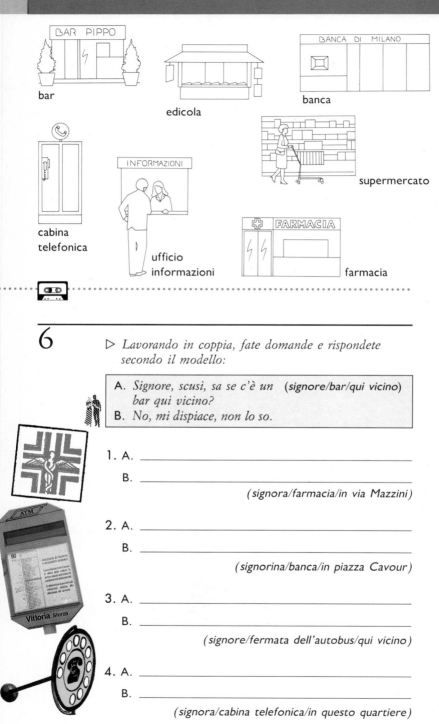

7

▷ *Rispondete oralmente secondo il modello:*

Scusi, c'è una banca qui vicino?	
Sì, ci sono il Banco di Napoli e la Banca Commerciale.	*(il Banco di Napoli e la Banca Commerciale)*

1. Scusi, c'è un bar qui vicino? *(il bar Biffi e il bar Astor)*
2. Scusi, c'è un supermercato qui vicino? *(la Standa e la Coop)*
3. Scusi, c'è un cinema qui vicino? *(il cinema Lux e il cinema Mignon)*
4. Scusi, c'è un albergo qui vicino? *(lo Smeraldo e il Plaza)*

8

▷ *Rispondete secondo il modello:*

Dove posso comprare i biglietti?	*(all'edicola)*
(Lei) Li può comprare/può comprarli all'edicola.	

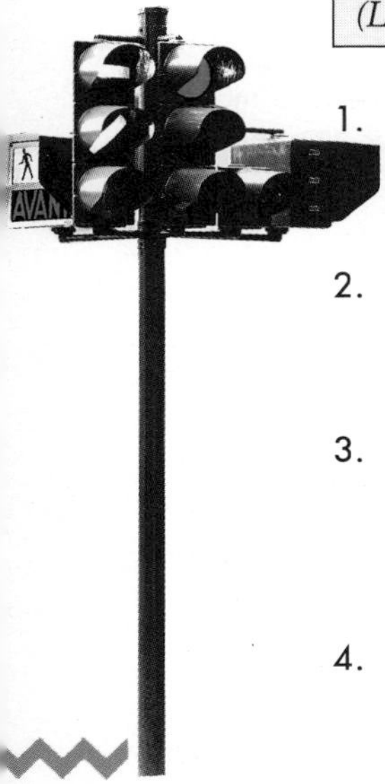

1. Dove posso trovare la fermata dell'autobus? *(al semaforo)*

   ____
2. Dove posso comprare una bella borsa? *(a Firenze)*

   ____
3. Dove posso trovare una pianta della città? *(all'ufficio informazioni)*

   ____
4. Dove posso comprare un gelato? *(al bar)*

   ____

gettone

patente

guida

9

▷ *Trasformate le frasi secondo il modello:*

Per prendere l'autobus è necessario il biglietto. *Per prendere l'autobus ci vuole il biglietto.*

1. Per pernottare in albergo è necessario un documento d'identità.

____

2. Per visitare il museo è necessaria una guida.

____

3. Per andare all'estero è necessario il passaporto.

____

4. Per telefonare è necessario un gettone.

____

5. Per guidare è necessaria la patente.

____

10

▷ *Come il precedente:*

Per arrivare in piazza Venezia sono necessari due mezzi. *Per arrivare in piazza Venezia ci vogliono due mezzi.*

1. Per vivere bene sono necessari molti soldi.

____

2. Per aprire quella porta sono necessarie due chiavi speciali.

____

3. Per finire il lavoro sono necessari due giorni.

____

4. Per portare tutte le valigie sono necessarie due persone.

____

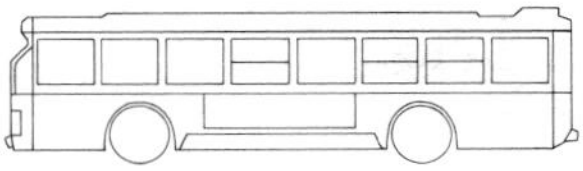

autobus

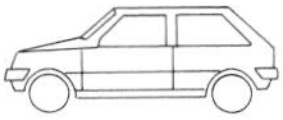

macchina

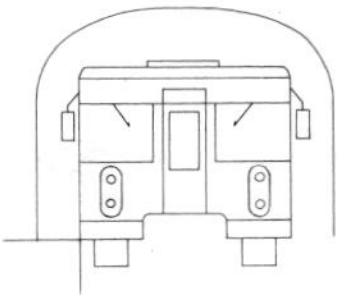

metrò

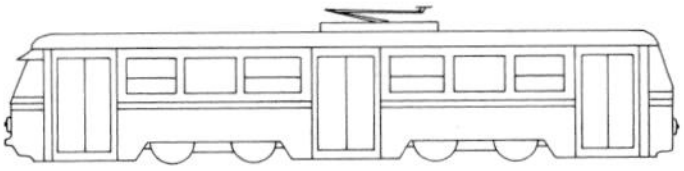

tram

taxi

11

▷ *Rispondete secondo il modello:*

> Che autobus devo prendere per
> il Colosseo?
> *(Lei) Deve prendere l'ottantuno.* *(l'ottantuno)*

1. Dove devo andare per comprare i biglietti? *(all'angolo)*

   ____

2. Quanto devo aspettare per il prossimo metrò? *(due o tre minuti)*

   ____

3. Che numero devo fare per chiamare un taxi? *(il 6767)*

   ____

4. Dove devo parcheggiare la macchina? *(in piazza)*

   ____

5. Che tram devo prendere per il centro? *(il dodici)*

   ____

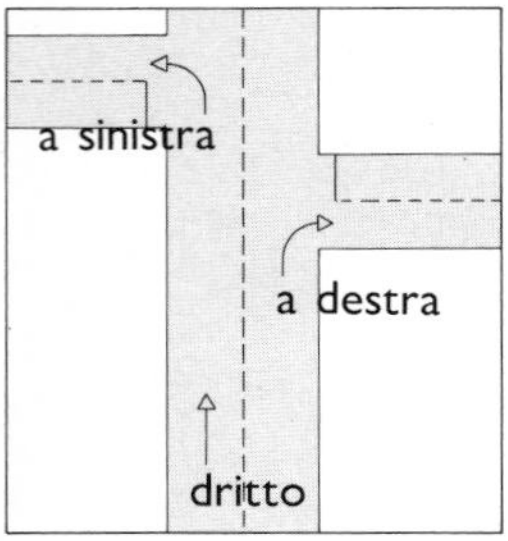

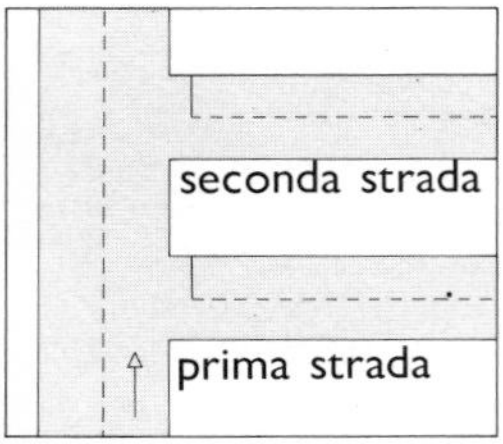

12

▷ *Trasformate le frasi secondo il modello:*

Devo girare a destra?	
No, giri a sinistra.	(sinistra)

1. Devo girare a sinistra?
   (destra)
   ____
2. Devo passare per via Nazionale?
   (via Cavour)
   ____
3. Devo girare alla prima traversa?
   (seconda)
   ____
4. Devo andare a destra?
   (diritto)
   ____

13

▷ *Osservate l'esempio e, in coppia, eseguite mini-dialoghi simili usando le parole-stimolo:*

A. banca?	A. *Scusi, c'è una banca qua vicino?*
B. via Buonarroti	B. *Sì, è in via Buonarroti.*
A. come?	A. *Come ci arrivo?*
B. semaforo/destra	B. *Vada diritto fino al semaforo e poi giri a destra.*

1. A. edicola? ____________________
   B. piazza Fiume ____________________
   A. come? ____________________
   B. prima traversa/sinistra ____________________

2. A. fermata del metrò? ____________________
   B. corso Bernini ____________________
   A. come? ____________________
   B. supermercato/destra/sinistra ____________________

3. A. ufficio postale? ____________________
   B. largo Donatello ____________________
   A. come? ____________________
   B. secondo incrocio/destra ____________________

4. A. parcheggio? ____________________
   B. piazza del Campo ____________________
   A. come? ____________________
   B. cinema Splendor/sinistra ____________________

14

▷ *Trasformate le frasi secondo il modello:*

In treno la gente viaggia comodamente.
In treno si viaggia comodamente.

1. In quell'albergo la gente sta molto bene.

   ____

2. In quella scuola la gente studia informatica.

   ____

3. Nella mia ditta la gente lavora troppo.

   ____

4. In questa città la gente non sa cosa fare la sera.

   ____

5. In questa trattoria la gente mangia a tutte le ore.

   ____

15

▷ *Lei cerca una banca e chiede informazioni a un passante. Completi il dialogo con le battute mancanti:*

Lei - ____________________?

Passante - Sì, ce n'è una in via Mazzini.

Lei - ____________________?

Passante - No, non è molto distante da qui. Ci vuole un quarto d'ora a piedi.

Lei - ____________________.

Passante - Vada dritto giù per questa via, attraversi la piazza e al semaforo giri a sinistra.

Lei - Sono stanco/a di camminare con questo caldo. ____________________?

Passante - Sì, può andarci anche con l'autobus. Con il quarantacinque, credo.

Lei - ____________________?

Passante - Guardi, è laggiù, vicino all'edicola.

Lei - ____________________?

Passante - Alla seconda fermata.

Lei - ____________________.

Passante - Non c'è di che.

PARTICELLA • ci • CON I VERBI • essere • E • volere •

ci + essere: esistenza

C'è	una banca un'edicola un museo
Ci sono	diverse banche molti mezzi due semafori

ci + volere: necessità

Ci vuole	una mezz'ora molto tempo un documento
Ci vogliono	due ore molti giorni cento milioni

VERBI MODALI
INDICATIVO PRESENTE DI
• dovere • • potere •

(io) (tu)	**devo** **devi**	**posso** **puoi**	andare via girare a sinistra
(lui) (lei) (Lei)	**deve**	**può**	prendere l'autobus
(noi) (voi) (loro)	**dobbiamo** **dovete** **devono**	**possiamo** **potete** **possono**	girare a destra scendere qui comprare i biglietti all'edicola

CONIUGAZIONE IRREGOLARE
INDICATIVO PRESENTE DI
• sapere •

(io) (tu)	**so** **sai**	come si arriva alla stazione se il 36 passa di qui?
(lui) (lei) (Lei)	**sa**	dove posso trovare un parcheggio?
(noi) (voi) (loro)	**sappiamo** **sapete** **sanno**	dov'è il museo il nome di un buon albergo? quanto tempo ci vuole

PRONOMI DIRETTI E • ne • CON L'INFINITO

Dove posso comprare il biglietto?	**Lo** può comprare Può comprar**lo**	qui vicino
Dove posso trovare una banca?	**La** può trovare Può trovar**la**	qui vicino
Dobbiamo comprare i biglietti?	Sì, **li** dovete comprare dovete comprar**li**	
Possiamo portare le valigie?	Sì, **le** potete portare potete portar**le**	

Dobbiamo prendere due macchine?	Sì, **ne** dovete prendere due dovete prender**ne** due

PREPOSIZIONI ARTICOLATE • al • allo • alla • all' •

Vada fino Scenda	(**a** + **il**)	**al**	capolinea
	(**a** + **lo**)	**allo**	stadio
	(**a** + **l'**)	**all'**	incrocio
	(**a** + **la**)	**alla**	prima fermata
	(**a** + **l'**)	**all'**	ultima fermata

FORMA IMPERSONALE • si •

Qui	**si**	lavora molto mangia bene
Qui	non **si**	può parcheggiare può entrare

IMPERATIVO REGOLARE

	tu (informale)	Lei (formale)	noi	voi
gir**are**	gir**a**!	gir**i**!	gir**iamo**!	gir**ate**!
prend**ere**	prend**i**!	prend**a**!	prend**iamo**!	prend**ete**!
sent**ire**	sent**i**!	sent**a**!	sent**iamo**!	sent**ite**!

INDICAZIONI DI PERCORSO

Lei	tu	
Vada	Vai	sempre dritto dritto fino al semaforo/all'incrocio/ alla prima traversa/alla piazza
Giri Svolti	Gira Svolta	a destra/a sinistra/all'angolo/ alla seconda traversa/all'incrocio
Prenda	Prendi	la prima/seconda/terza strada a destra la prima/seconda/terza strada a sinistra
Scenda	Scendi	alla terza fermata/al capolinea

NUMERI DA 30 A 1.000.000

30	trenta		
40	quaranta		
50	cinquanta		
60	sessanta		
70	settanta		
80	ottanta		
90	novanta		
100	cento	**110**	centodieci...
200	duecento	**220**	duecentoventi...
300	trecento	**330**	trecentotrenta...
400	quattrocento	**440**	quattrocentoquaranta...
500	cinquecento	**550**	cinquecentocinquanta...
600	seicento	**660**	seicentosessanta...
700	settecento	**770**	settecentosettanta...
800	ottocento	**880**	ottocentottanta...
900	novecento	**999**	novecentonovantanove...
1.000	mille	**1800**	milleottocento...
2.000	duemila	**2.150**	duemilacentocinquanta...
3.000	tremila	**3.680**	tremilaseicentottanta...
10.000	diecimila	**10.500**	diecimilacinquecento...
100.000	centomila	**100.870**	centomilaottocentosettanta...
1.000.000	un milione	**1.600.300**	unmilioneseicentomilatrecento...

16

▷ *Ascoltate la conversazione e completate le parti mancanti (ogni spazio corrisponde a una parola):*

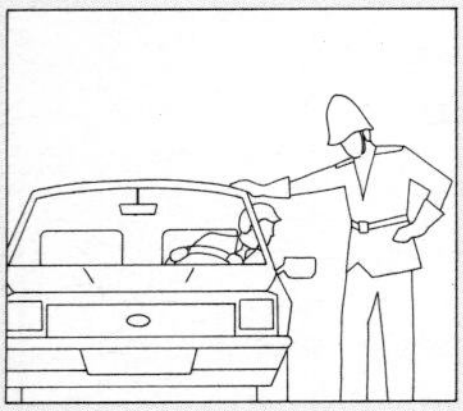

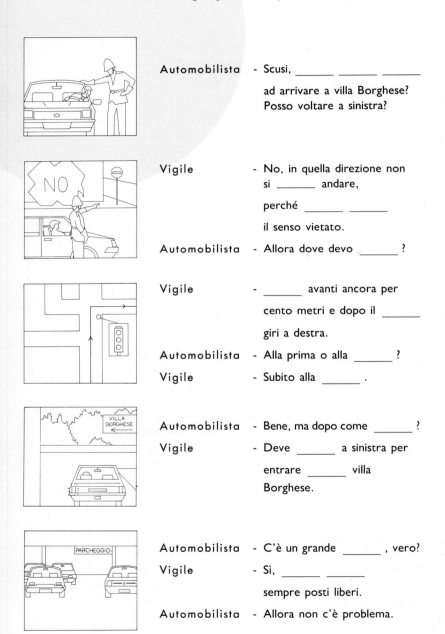

Automobilista - Scusi, ______ ______ ______ ad arrivare a villa Borghese? Posso voltare a sinistra?

Vigile - No, in quella direzione non si ______ andare, perché ______ ______ il senso vietato.

Automobilista - Allora dove devo ______ ?

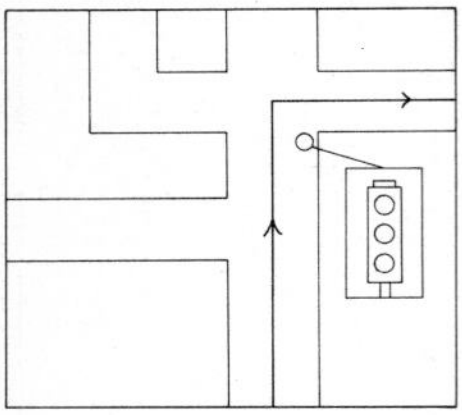

Vigile - ______ avanti ancora per cento metri e dopo il ______ giri a destra.

Automobilista - Alla prima o alla ______ ?

Vigile - Subito alla ______ .

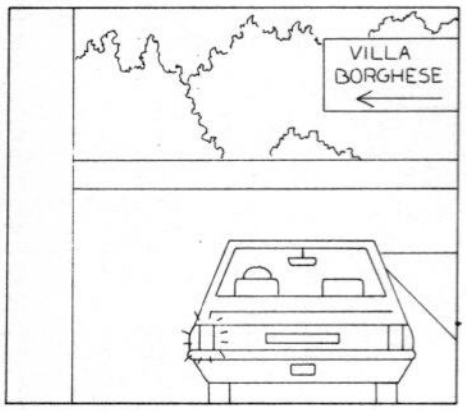

Automobilista - Bene, ma dopo come ______ ?

Vigile - Deve ______ a sinistra per entrare ______ villa Borghese.

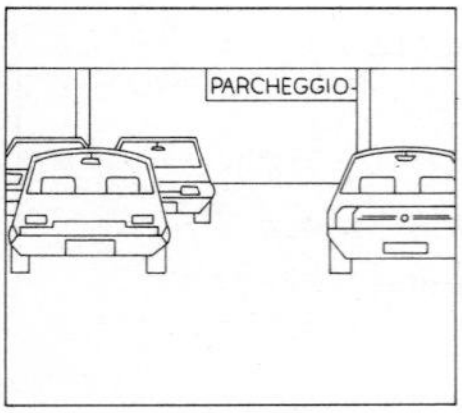

Automobilista - C'è un grande ______ , vero?

Vigile - Sì, ______ ______ sempre posti liberi.

Automobilista - Allora non c'è problema.

17

▷ *Osservate attentamente la piantina del centro di Milano e, in coppia, drammatizzate queste situazioni:*

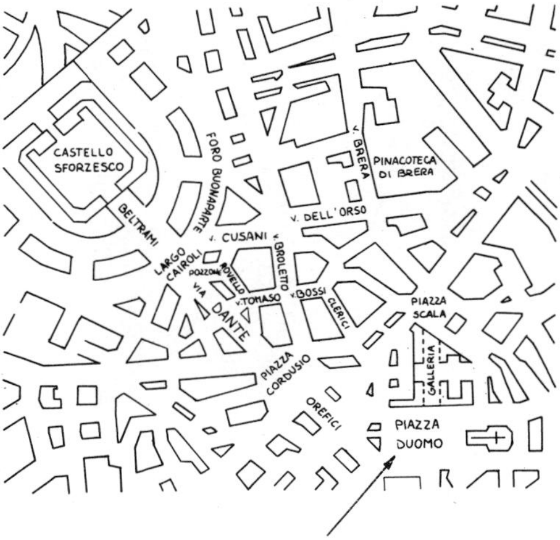

SITUAZIONE 1

Immaginate di vivere nella zona centrale di Milano. Scegliete un indirizzo. Un amico vi telefona dalla cabina telefonica segnata sulla piantina. Dategli indicazioni sul percorso per arrivare a casa vostra.

SITUAZIONE 2

Studente A:
Lei è un turista. Si trova in via Clerici e vuole andare a vedere il castello Sforzesco. Fermi un passante e gli chieda indicazioni sul percorso.

Studente B:
Lei è un passante. Dia le indicazioni richieste guardando la cartina.

SITUAZIONE 3

Studente A:
Lei è un vigile. Dia le indicazioni richieste guardando la cartina.

Studente B:
Lei è un turista. Si trova al castello Sforzesco e vuole andare in piazza della Scala. Fermi un vigile e gli chieda indicazioni sul percorso.

18

▷ *Rispondete alle seguenti domande personali:*

1. Lei di solito gira in autobus, a piedi o in macchina?
2. Nella Sua città si deve comprare il biglietto prima di salire su un mezzo pubblico? Se no, come si fa?
3. Nella Sua città i trasporti pubblici sono mediamente costosi o economici?
4. Quando non conosce il percorso, preferisce chiedere a un passante o consultare una piantina?

19

▷ *Domandate al vostro compagno di banco*

1. se di solito prende l'autobus e perché/perché no
2. quanto ci vuole per andare da casa sua al centro
3. se nella città dove vive è difficile parcheggiare
4. quanto costa il biglietto dell'autobus/tram/metrò nella sua città.

PRODUZIONE ORALE

Rispondete alle seguenti domande:

1. Lei è a Roma e vuole andare in piazza di Spagna, ma non sa che autobus deve prendere. Che cosa domanda a un passante?
2. Lei è sull'autobus che va in piazza di Spagna, ma non sa a quale fermata deve scendere. Che cosa chiede a una persona vicina a Lei?
3. Che cosa dice alla persona che Le dà la risposta?

COMPRENSIONE ORALE

1 *Ascoltate il dialogo e guardate la cartina a p. 143. Segnate il percorso che Mr. Schatz deve fare per andare da via Broletto alla pinacoteca di Brera, nel centro di Milano.*

2 *Adesso riascoltate il dialogo e controllate il percorso con l'aiuto dell'insegnante.*

COMPRENSIONE SCRITTA

1 *Completate le frasi con le parole mancanti:*

1. Margaret vuole andare ________ piazza San Silvestro, ma non ________ che autobus deve ________. Un passante le dice che l'autobus 52 ________ in piazza Barberini.

2. Scusi, passa ________ qui l'autobus 86? No, credo ________ no.
3. Quanto ci ________ per arrivare in piazza Navona? Beh, se va ________ piedi, ci ________ circa ________ minuti.
4. ________ quella strada non si può andare ________ macchina perché ________ il senso ________ .
5. ________ posso comprare i francobolli? Dal tabaccaio, ma ________ molto distante ________ qui.

2

Abbinate i simboli dei cartelli stradali con l'appropriata definizione:

a ☐

b ☐

c ☐

d ☐

e ☐

1. Questo segnale significa che non si deve girare a destra.
2. Questo segnale significa che non si può superare il limite di velocità.
3. Questo segnale significa che si deve rallentare perché c'è neve o ghiaccio sulla strada.
4. Questo segnale significa che si deve girare a sinistra.
5. Questo segnale significa che non si può parcheggiare in quel punto.

PRODUZIONE SCRITTA

1 *Mettete in ordine le seguenti parole e costruite frasi aventi senso compiuto:*

1. Margaret capolinea scendere al deve ultima cioè fermata all'.
2. non biglietto può senza sull'autobus salire.
3. dritto semaforo vada al fino sempre giri prima alla poi traversa.
4. come scusi stazione ad faccio arrivare alla?

2 *Descrivete una vostra giornata da turista.*

CONOSCENZA LESSICALE

1 *Mettete accanto a ogni parola il suo contrario:*

ultimo	____________	sinistra	____________	salire	____________
molto	____________	costoso	____________	distante	____________
privato	____________	comprare	____________	senza	____________

2 *Trovate il vocabolo, o l'espressione, corrispondente alla definizione data:*

punto di vendita di giornali e riviste ____________

negozio dove si acquistano medicine ____________

grande area verde in una città ____________

ultima fermata di un mezzo pubblico ____________

punto dove due strade si incontrano ____________

apparecchio per regolare il traffico ____________

persona addetta al controllo del traffico ____________

... DEL TRAM E DEL METRÒ

1

▷ *Con l'aiuto del dizionario cercate il significato delle parole-chiave evidenziate nel testo seguente.*

In Italia i **mezzi** di trasporto urbano più diffusi sono l'autobus e il tram. Gli abitanti di alcune grandi città (come Milano, Roma e Napoli) possono anche prendere il "metrò", cioè la metropolitana, anche se il numero di linee è ancora ridotto. Il biglietto è unificato, cioè con lo stesso biglietto si può salire su un autobus, su un tram, o — dove il **servizio** esiste — sul metrò. Le **tariffe** sono relativamente poco costose, al di sotto della media europea.

L'altro mezzo di trasporto assai popolare è, naturalmente, l'automobile. Gli italiani sono dei "fan" della macchina e amano usarla anche in città, per andare al lavoro o per fare shopping.
L'**elevato** numero di **veicoli** in circolazione sta causando gravi fenomeni di congestione da traffico, difficoltà di parcheggio e, soprattutto, alti livelli di **inquinamento** da smog. Da tempo le autorità cittadine invitano la popolazione a lasciare la macchina nel box e a usare i mezzi pubblici, ma gli italiani non ne vogliono sapere.
La **benzina** in Italia costa molto più di un carnet di biglietti e parcheggiare in città è ormai un'impresa disperata; tuttavia, la scarsa qualità dei servizi pubblici **spinge** molta gente a preferire la macchina. Spesso infatti gli autobus arrivano in ritardo e in genere sono molto **affollati**.

▷ *Ora leggete il testo una prima volta e cercate di intuire il senso generale (non cercate di capire ogni parola: se necessario chiedete l'aiuto dell'insegnante).*

2

▷ *Leggete il testo una seconda volta e scegliete la corretta alternativa:*

1. In Italia la benzina è ....

molto cara ☐
non molto cara ☐

2. Gli italiani preferiscono ....

andare in autobus o in tram ☐
andare in macchina ☐

3. Nelle città italiane l'aria è ....

pura ☐
inquinata ☐

3

▷ *Questo è un particolare dell'interno di un autobus italiano. Riuscite a capire il senso delle scritte?*

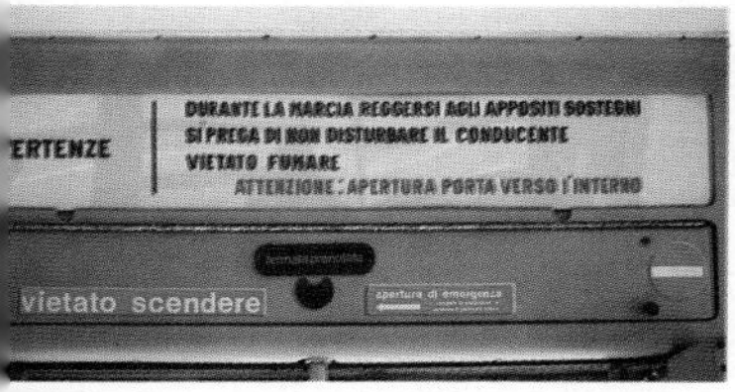

1. La seconda scritta significa che ....

potete parlare all'autista ☐
non potete parlare all'autista ☐

2. La terza scritta significa che ....

potete fumare ☐
non potete fumare ☐

3. La scritta grande in rosso significa che ....

potete salire ☐
non potete salire ☐

▷ *Ora scegliete tra queste espressioni per completare le scritte sotto i simboli:*

a si prega di   **b** vietato   **c** divieto di

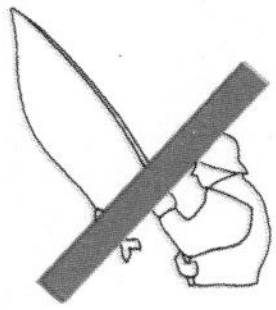

☐ pesca

☐ non gettare oggetti dal finestrino

☐ accendere fuochi

U N I

6

SESTA UNITÀ

in albergo

OBIETTIVI

salutare (formale)

compitare

informarsi sui prezzi e le comodità disponibili

localizzare oggetti

GRAMMATICA

in fondo a, *vicino a*, *di fronte a*, *dietro a*

particella *ci* (II)

indicativo presente dei verbi in *-care* e *-gare*

indicativo presente di *dare*

preposizioni semplici e articolate (II)

uso delle preposizioni (II)

forma impersonale (II)

AREA LESSICALE

ambienti, comodità

ALLA RECEPTION ▶

Ascoltate il dialogo guardando solo le illustrazioni (non cercate di capire ogni parola):

Tom Jackson dà la valigia al portiere e va verso il banco:

Addetto - Buonasera! Desidera?
Jackson - Mi chiamo Jackson. Ho una camera prenotata per questa notte.

Addetto - Jack... Può ripetere il cognome lettera per lettera, per favore?
Jackson - I lunga, a, ci, cappa, esse, o, enne.

Addetto - Vediamo... ah, sì, ecco: è la camera 423, una singola con bagno.

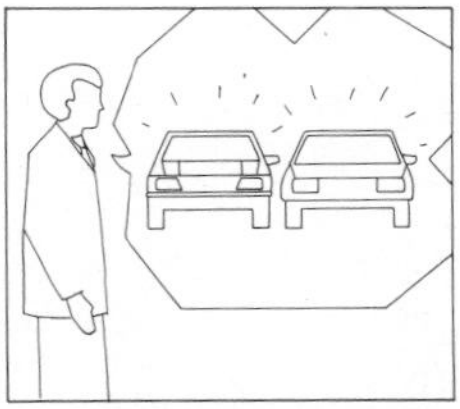

Jackson - Dà sull'interno?
Addetto - No, sulla strada.
Jackson - Allora è certamente rumorosa. Non c'è una camera silenziosa sull'interno?

Addetto - Spiacente, signore, per questa sera tutte le singole sull'interno sono occupate. C'è una doppia...

Jackson - Ma io non voglio pagare per una doppia! Quanto costa?

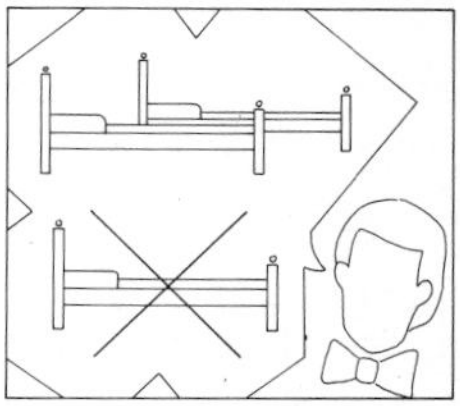

Addetto - Centotrentamila lire, mentre la singola costa novantacinquemila.

Jackson - La colazione è inclusa nel prezzo?

Addetto - No, si paga a parte.

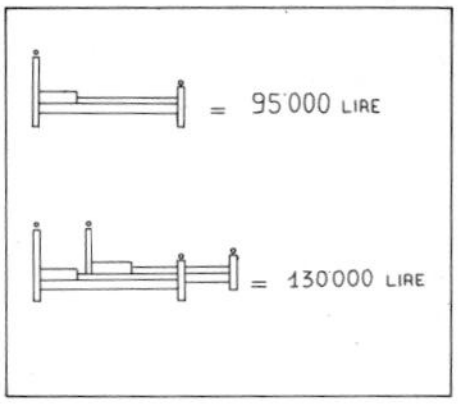

Jackson - Se non si può fare diversamente, pazienza! C'è il telefono, vero?

Addetto - Sì, ci sono tutte le comodità, anche la televisione.

Jackson - Bene, allora prendo la doppia.

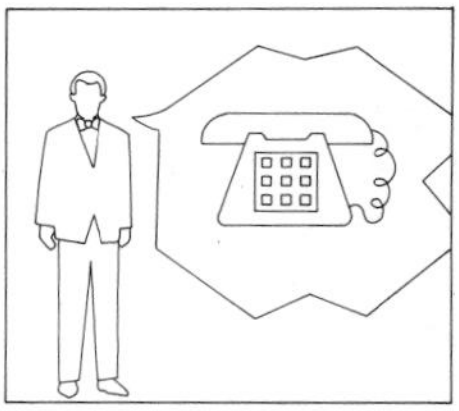

Addetto - D'accordo! È la camera 312, al terzo piano.

Jackson - Bene. Scusi, dov'è l'ascensore?

Addetto - In fondo a destra.

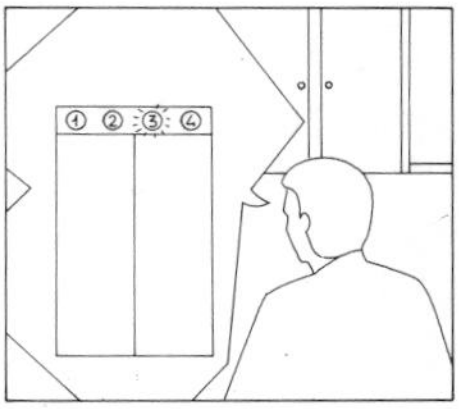

Addetto - Se crede, può cenare in albergo. Si mangia benissimo.

Jackson - Ah, sì? E a che ora si cena?

Addetto - Dalle diciannove alle ventidue.

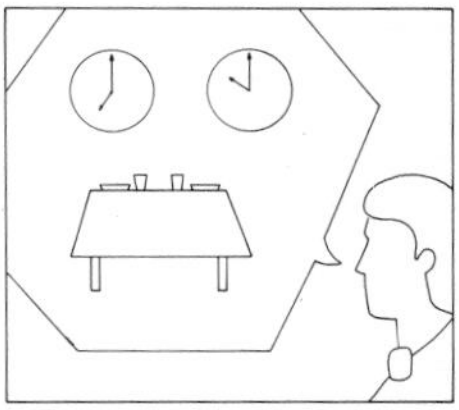

1

▷ *Riascoltate il dialogo e decidete se le seguenti affermazioni sono vere o false:*

		V	F
A. ▷	Tom Jackson prenota una camera.		
B. ▷	La camera singola è silenziosa.		
C. ▷	Tom Jackson vuole una camera sull'interno.		
D. ▷	Nella camera doppia c'è il telefono.		
E. ▷	Tom Jackson prende la camera doppia.		

2

▷ *Riascoltate il dialogo leggendo il testo, poi scegliete la corretta alternativa:*

1. ▶ Tom Jackson ha una camera prenotata ....
   A. per una notte
   B. per due notti
   C. per più notti

2. ▶ La camera 423 è ....
   A. una singola con bagno
   B. una singola senza bagno
   C. una doppia con bagno

3. ▶ La singole sull'interno ....
   A. sono tutte libere
   B. sono tutte occupate
   C. sono tutte senza bagno

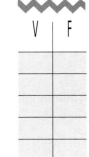

3

▷ *Ascoltate e ripetete.*

4

▷ *Provate a ricostruire il dialogo guardando solo le illustrazioni.*

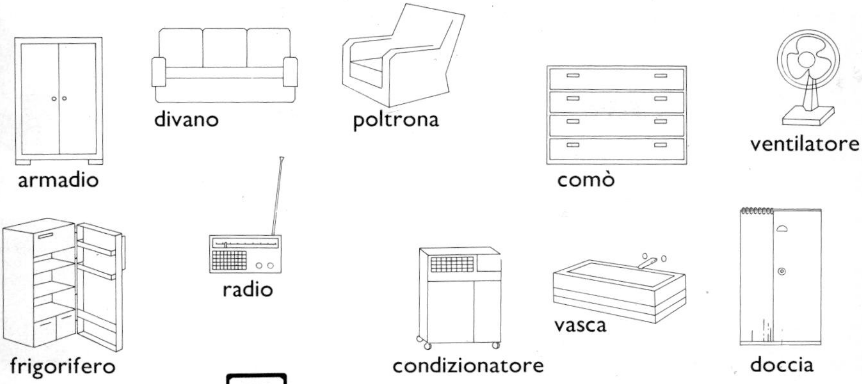

5

▷ *Rispondete secondo il modello:*

Nelle camere c'è la tv o la radio?
C'è la radio. (la radio)

1. Nelle camere c'è la vasca o la doccia?

   ______________________ *(la doccia)*

2. Nelle camere c'è il condizionatore o il ventilatore?

   ______________________ *(il ventilatore)*

3. Nelle camere c'è il comò o l'armadio?

   ______________________ *(il comò)*

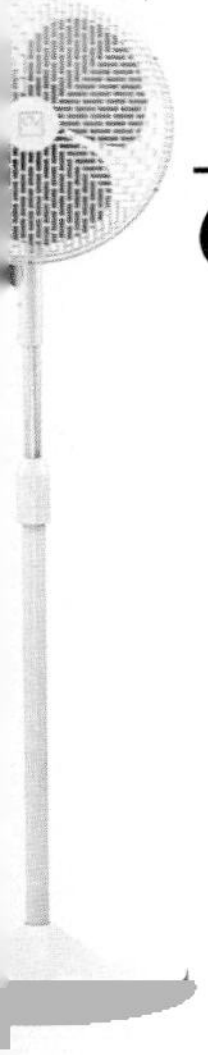

6

▷ *Come il precedente:*

C'è la tv o la radio/il comò o l'armadio?
Ci sono tutte e due/tutti e due.

1. C'è una doppia o una singola?

   ____

2. C'è il ristorante o il bar?

   ____

3. C'è un divano o una poltrona?

   ____

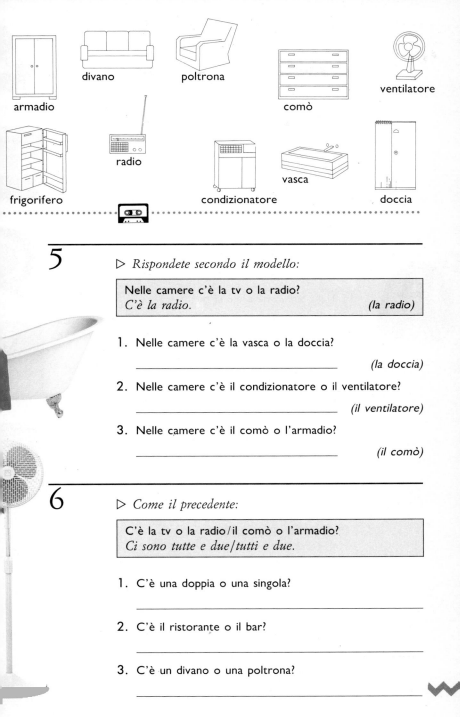

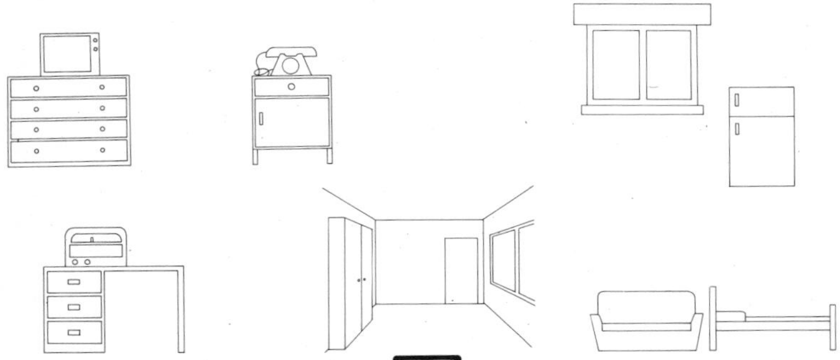

7

▷ *Guardando le illustrazioni, rispondete secondo il modello:*

> Nella Sua camera c'è il telefono?
> *Sì, c'è: è sul comodino.* (sul comodino)

1. Nella Sua camera c'è la radio?

   ____________________ *(sul tavolo)*

2. Nella Sua camera c'è il frigo?

   ____________________ *(vicino alla finestra)*

3. Nella Sua camera c'è il divano?

   ____________________ *(a sinistra del letto)*

4. Nella Sua camera c'è l'armadio?

   ____________________ *(di fronte alla finestra)*

8

▷ *Come il precedente:*

> La televisione è sul tavolo?
> *No, è sul comò.*

1. Il frigo è vicino all'armadio?

   ____

2. La finestra è di fronte al frigo?

   ____

3. Il divano è a destra del letto?

   ____

9

▷ *Guardate le tabelle alle pp. 162 e 163 e, in coppia, domandate e rispondete oralmente secondo il modello:*

A. *Dove stai andando?*	
B. *Alla banca.*	*(la banca)*

la fermata dell'autobus • il concerto • il cinema • il terzo piano

10

▷ *In coppia, domandate e rispondete secondo il modello:*

A. *A che ora vai dal medico?*	*(il medico)*
B. *Alle undici.*	*(11.00)*

1. A. ______________________ ? *(l'avvocato)*
   B. ______________________ *(10.00)*
2. A. ______________________ ? *(il dentista)*
   B. ______________________ *(09.00)*
3. A. ______________________ ? *(l'architetto)*
   B. ______________________ *(11.30)*

11

▷ *Come il precedente:*

A. *Non c'è un bar?*	*(bar)*
B. *Sì, è nella hall.*	*(la hall)*

1. A. ______________________ ? *(ristorante)*
   B. ______________________ *(l'interno)*
2. A. ______________________ ? *(edicola)*
   B. ______________________ *(la strada vicina)*
3. A. ______________________ ? *(tabaccaio)*
   B. ______________________ *(la piazza in fondo a questa strada)*

12

▷ *Osservate l'esempio e, in coppia, eseguite mini-dialoghi simili usando le parole-stimolo:*

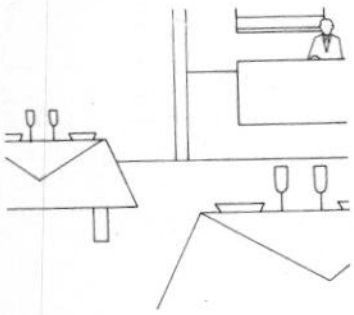

A. ristorante?	A. *Scusi, c'è un ristorante nell'albergo?*
B. sì	B. *Sì, c'è.*
A. dove?	A. *Dov'è?*
B. fondo/hall/destra	B. *In fondo alla hall, a destra.*

1. A. bar? ________________
   B. sì ________________
   A. dove? ________________
   B. fronte/ristorante ________________

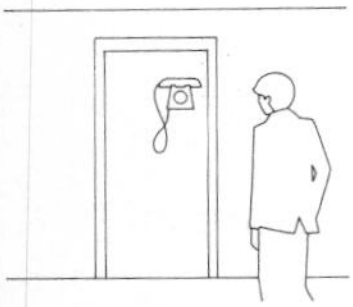

2. A. telefono? ________________
   B. sì ________________
   A. dove? ________________
   B. dietro/reception/sinistra ________________

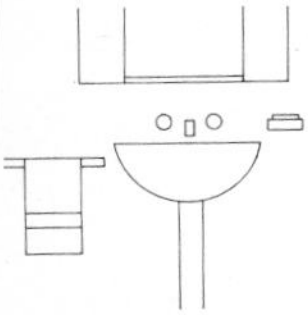

3. A. toilette? ________________
   B. sì ________________
   A. dove? ________________
   B. fondo/bar/destra ________________

13

▷ *Osservate l'esempio e, in gruppi di tre, eseguite mini-dialoghi simili usando le parole-stimolo:*

A. Lei/chiave/partire?	A. *Lei a chi dà la chiave quando parte?*
B. portiere	B. *La do al portiere.*
A. tu?	A. *E tu a chi la dai?*
C. un amico	C. *La do a un amico.*

1. A. Lei/macchina/non usarla? ________________
   B. mio figlio ________________
   A. tu? ________________
   C. mio fratello ________________

2. A. Lei/numero dell' albergo/arrivare? ________________

   B. mia moglie ________________

   A. tu? ________________

   C. la mia ragazza ________________

3. A. Lei/lavoro/averne troppo? ________________

   B. un giovane architetto ________________

   A. tu? ________________

   C. un amico ________________

14

▷ *Come il precedente:*

A. (tu)/camera?	A. *Quanto paghi per la camera?*
B. 50.000 lire/giorno	B. *Cinquantamila lire al giorno.*
A. voi?	A. *E voi quanto pagate?*
C. 100.000	C. *Paghiamo centomila lire.*

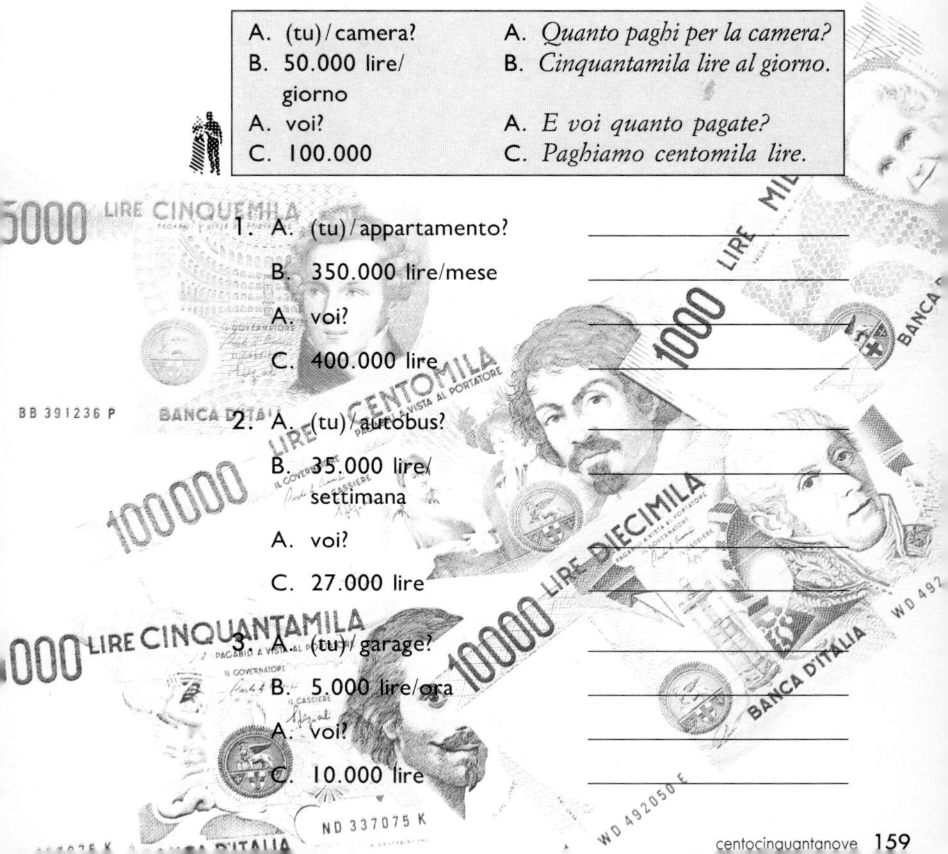

1. A. (tu)/appartamento? ________________

   B. 350.000 lire/mese ________________

   A. voi? ________________

   C. 400.000 lire ________________

2. A. (tu)/autobus? ________________

   B. 35.000 lire/settimana ________________

   A. voi? ________________

   C. 27.000 lire ________________

3. A. (tu)/garage? ________________

   B. 5.000 lire/ora ________________

   A. voi? ________________

   C. 10.000 lire ________________

15

▷ *Domandate e rispondete oralmente secondo il modello:*

> *Quanto costa questa camera?*
> *Costa ottantamila lire.* (camera/80.000)
>
> *Quanto costano queste scarpe?*
> *Costano centotrentamila lire.* (scarpe/130.000)

divano/800.000	*occhiali/150.000*
radio/200.000	*guanti/50.000*

16

▷ *Guardate la tabella del verbo DARE nella pagina a fianco e completate le seguenti frasi:*

1. Io ____________ un documento all'addetto.
2. Tu ____________ la radio a tua moglie?
3. Marco ____________ il libro a Luisa.
4. Noi ____________ la casa di campagna ai nostri amici.
5. Voi ____________ la macchina fotografica ai vostri figli?
6. Loro ____________ la casa al mare ai parenti.

17

▷ *Rispondete secondo il modello:*

> Come si scrive "Murray"?
> *Emme, u, doppia erre, a, i greca.*

1. Come si scrive "Sanchez"?

   ____

2. Come si scrive "Butzmann"?

   ____

3. Come si scrive "Bordeaux"?

   ____

4. Come si scrive "Johnny"?

   ____

CONIUGAZIONE IRREGOLARE
INDICATIVO PRESENTE DI

dare

(io) (tu)	**do** **dai**	la chiave la valigia la macchina	al portiere
(lui) (lei) (Lei)	**dà**		
(noi) (voi) (loro)	**diamo** **date** **danno**		

VERBI IN -CARE E -GARE
INDICATIVO PRESENTE DI

cercare / pagare

(io) (tu)	cer**co** cer**chi**	un'altra casa perché ora	pa**go** pa**ghi**	troppo
(lui) (lei) (Lei)	cer**ca**		pa**ga**	
(noi) (voi) (loro)	cer**chiamo** cer**cate** cer**cano**		pa**ghiamo** pa**gate** pa**gano**	

FORMA IMPERSONALE si

Nel ristorante dell'albergo	**si**	mangia bene
		può cenare fino alle 22

PREPOSIZIONI ARTICOLATE

	il	**lo**	**la**	**l'**	**i**	**gli**	**le**
a	al	allo	alla	all'	ai	agli	alle
da	dal	dallo	dalla	dall'	dai	dagli	dalle
di	del	dello	della	dell'	dei	degli	delle
in	nel	nello	nella	nell'	nei	negli	nelle
su	sul	sullo	sulla	sull'	sui	sugli	sulle

A t t e n z i o n e !

▽

con	il	i	col	coi
per	lo l'	gli / le		
fra	la	le		

Nota: le preposizioni per, fra *non hanno la forma articolata.*

USO DELLE PREPOSIZIONI • di • a • da • in • su •

Dov'è	il	telefono? bar? ristorante?
	l'	ascensore? armadio? edicola?
	la	camera? chiave? tv?

È	**sul** comodino **di** fronte **al** ristorante **in** fondo **alla** hall
	in fondo **a** destra **di** fronte **alla** finestra **nella** piazza
	al terzo piano **alla** reception **a** sinistra **della** porta

INDICAZIONI DI PERCORSO

Vado	**a**	casa scuola
	al	cinema concerto
	dal	medico dentista

in fondo **vicino** **di fronte** **dietro**	**al**	bar
	alla	reception
	all'	armadio
a sinistra **a destra**	**del**	bar
	della	reception
	dell'	armadio

SALUTARE E RISPONDERE AL SALUTO

a) arrivando in un posto o incontrando una/più persone

tu	Lei/voi
Ciao!/Salve!	Buongiorno! Buonasera!

b) uscendo o lasciando una/più persone

tu	Lei
Ciao!	ArrivederLa!

tu/voi	Lei/voi
Ci vediamo!	Buongiorno! Buonasera!

tu/voi/Lei
Arrivederci!

18

▷ *Ascoltate la conversazione e completate le parti mancanti (ogni spazio corrisponde a una parola):*

- Pronto?
- Hotel Splendid, buongiorno!
- Buongiorno! ________ da Roma. Scusi, avete una camera ________ per lunedì ________ ?
- Quanti giorni ________ ________ di stare?
- Tre giorni.
- Vediamo... Sì, la camera ________ . È una camera molto ________ al secondo ________ . A che nome?
- Roberto ________ .
- ________ ripetere lettera per lettera? Roberto...?
- ________ ________ ________ ________ ________
- Bene!
- Ancora una domanda: ________ ________ il garage?
- Sì, c'è.
- Molto bene! Allora a ________ !

19

▷ *Lei sta parlando con l'addetto alla reception. Completi il dialogo con le battute mancanti:*

Lei - ___________ !

Addetto - Buongiorno!

Lei - ______________________________ ?

Addetto - Una singola?

Lei - Sì, ______________________________ ?

Addetto - Certamente! Tutte le camere hanno il bagno.

Lei - ______________________________ ?

Addetto - Novantaduemila lire.

Lei - ______________________________ ?

Addetto - No, è inclusa nel prezzo.

Lei - ______________________________ .

Addetto - D'accordo. È la camera 320.

20

▷ *Osservate attentamente il dépliant e, lavorando a coppie, chiedete e date informazioni sull'albergo "La Rosetta".*

Grande Ristorante con tutte le specialità della cucina Italiana - servizio all'aperto.

103 camere con 165 letti, Telefono interurbano, Saloni, Autorimessa, Televisione, Giardino.

Hotel Ristorante "La Rosetta" è nel
ntro di Perugia - Città etrusca
mana è situata a 500 mt. s.l.m. -
n i suoi molteplici monumenti -
de di Università per Stranieri e
liana, è l'ideale per un soggiorno
acevole e distensivo.

DISTANZE CHILOMETRICHE

Assisi 25	Bologna 240	Berlino 1300
Orvieto 80	Firenze 150	Parigi 1350
Spoleto 60	Roma 175	Vienna 1000

Piazza Italia, 19
Tel. (075) 20841-2-3 - 66372
Sede legale S.p.A.
Via del Sette, 2
06100 Perugia

21

▷ *Immaginando di essere in un albergo, descrivete la vostra camera.*

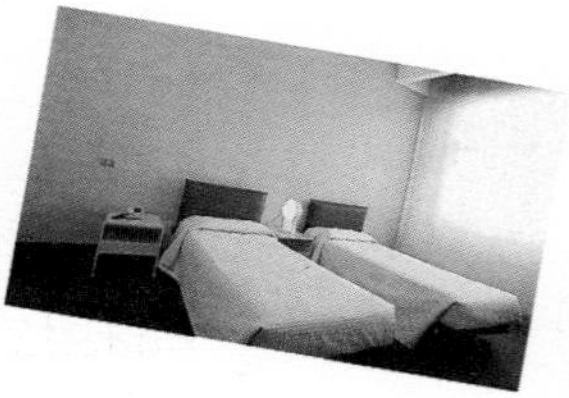

22

▷ *Rispondete alle seguenti domande personali:*

1. Quando Lei va in albergo, che documento dà alla reception?
2. Ha altri documenti? Quali?
3. Qual è il prezzo di una camera singola in un buon albergo della Sua città?
4. Quali comodità cerca quando va in un albergo?

23

▷ *Domandate al vostro compagno di banco*

1. che documenti ha
2. che documento dà quando va in albergo
3. qual è il prezzo della camera che prende
4. se nel prezzo è inclusa la prima colazione

PRODUZIONE ORALE

Ecco qui sotto una serie di risposte: quali potrebbero essere le domande?

1. Mi dispiace. Non abbiamo camere libere per stasera.
2. Sì, in questa zona ce ne sono due: il Vinci e lo Smeraldo.
3. Elle, a, gi, u, enne, a.
4. No, si paga a parte.

COMPRENSIONE ORALE

Ascoltate il dialogo e segnate poi con una croce le risposte giuste:

1. Il signor Mertz è
   - A in via Tevere
   - B nella hall
   - C nella camera
2. Il signor Mertz vuole sapere se
   - A c'è un albergo non tanto caro
   - B c'è un albergo molto caro
   - C il suo albergo è molto caro
3. L'albergo si chiama
   - A Tevere
   - B Trevi
   - C Mazzini
4. Per andare da via Tevere a via Mazzini
   - A non c'è un autobus
   - B c'è il metrò
   - C ci sono due autobus

COMPRENSIONE SCRITTA

1 *Completate le parole con la lettera mancante:*

.ognome	.agno	.raffico	.inestra
.umoroso	.otte	.amiglia	.rezzo
.oltrona	.occia	.olazione	.hiave
.rmadio	.amera	.ilenzioso	.iantina

2 *Completate le frasi con le parole mancanti:*

1. Abbiamo una camera __________ __________ stanotte.
2. La Sua camera è __________ ? No, è molto rumorosa.
3. In questo albergo pago molto, perché ho una camera con tutte le __________
4. Purtroppo in questo albergo non __________ __________ più camere libere.
5. La doppia __________ 120.000 lire, senza la __________ .

PRODUZIONE SCRITTA

1 *Mettete in ordine le seguenti parole e costruite frasi aventi senso compiuto:*

1. nome lettera può il lettera ripetere per?
2. fondo ascensore è l' in sinistra a hall alla.
3. avete bagno doppia con notte per una questa?
4. qui io non di sono e un cerco albergo buon.
5. camera vogliamo una e condizionata aria silenziosa con l'.

2 *Lei scrive a un albergo per prenotare una camera. Completi la lettera:*

Torino, 12 giugno 199..

Hotel Splendid
Piazza Cavour, 124
20135 Milano

Il 27 prossimo devo essere a Milano, dove ho intenzione di ________________ due notti.
Vi prego di comunicarmi se ____
____
____
e qual è ____
____.
Aspetto una vostra risposta al più presto possibile.
Distinti saluti

3 *Raccontate che cosa fate quando andate in albergo.*

CONOSCENZA LESSICALE

Mettete accanto a ogni parola il suo contrario:

destra	________________	singola	________________
rumoroso	________________	libero	________________
tutte	________________	giorno	________________
prendere	________________	inverno	________________
lungo	________________	brutto	________________
stretto	________________	nuovo	________________

... DELL'ALBERGO GIUSTO

Ecco una pagina della guida "Viaggiare in Italia". Essa presenta una lista (incompleta) degli alberghi della città di Bologna. Osservate il documento rapidamente (non cercate di capire ogni parola) e trovate le risposte corrette.

Emilia Romagna

CITY, Via Magenta 10, tel. 372676. Garage. Parcheggio. 50 C.tel. Offre il confort classico dei "senza ristorante", con in più il fresco giardino e la saletta per riunioni.

CORONA D'ORO 1890, Via Oberdan 12, tel. 236456, telex 262679. Chiuso dal 25 luglio al 25 agosto. 35 C.tel L. 130/260.000. In centro città vicino alle due torri, conserva nel suo interno elementi architettonici databili dal XIV al XVI secolo con la hall in stile liberty. Solo prime colazioni.

DEI COMMERCIANTI, Via de' Pignattari 11, tel. 233052, telex 512883. Garage. 31 C.tel L. 80/137.000. Un tempo sede del Comune, è ora un comodo meublé in pieno centro.

INTERNAZIONALE, Via dell'Indipendenza 60, tel. 245544, telex 511039. Garage. 144 C.tel. L. 165/250.000. Nel cuore della città, elegantemente moderno, adatto a gente d'affari e a viaggiatori esigenti, ha camere dotate di ogni confort e una piccola sala per conferenze. È senza ristorante.

NOVOTEL, Loc. Villanova di Castenaso, km 17 verso E, tel. 781414, telex 213412. Parcheggio. 206 C.tel. Lineare e spazioso, arredato in stile modernamente funzionale, con centro congressi, piscina e campo da tennis, in posizione tranquilla in mezzo alla campagna.

OROLOGIO, Via IV Novembre 10, tel. 231253, telex 512883. Garage. 29 C.tel. L. 80/137.000. Meublé di classico confort si affaccia sulla piazza medioevale più nota della città.

ROYAL HOTEL CARLTON, Via Montebello 8, tel. 249361, telex 510356. Garage. Parcheggio. Chiuso agosto. 251 C.tel. L. 270/350.000. Prestigioso complesso polifunzionale nei pressi della stazione Centrale dotato di numerose, moderne sale per congressi e manifestazioni; confortevoli camere, elegante ristorante "Royal Grill".

SAN FELICE, Via Riva di Reno 2, tel. 557457. 36 C.tel. L. 73.500/109.000. Alle porte della città, un meublé di essenziale confort.

A *Castel Maggiore*, km 9 verso N

OLIMPIC, Via Galliera 23, tel. 700861. Garage. Parcheggio. 63 C.tel L. 55/103.000. Pasto L. 21/30.000. Confortevoli camere, sale riunioni e attivo ristorante nei pressi della tangenziale di Bologna.

(adattato da: *La guida Pirelli*, Milano 1990)

1. Il signor Graz, commerciante tedesco, è a Bologna per ragioni d'affari e cerca un albergo moderno di ottimo livello, non lontano dall'autostrada. I suoi unici interessi sono il lavoro e la buona cucina. Quale di questi tre alberghi è ideale per lui?

- ☐ *Dei Commercianti*
- ☐ *Corona d'Oro 1890*
- ☐ *Olimpic*

2. Pauline è una segretaria francese in vacanza in Italia. Ha intenzione di passare una settimana a Bologna ma non vuole spendere troppo. Inoltre non ama gli alberghi moderni. Cerca un albergo con un po' di "atmosfera" vicino al centro storico. Quali alberghi non vanno bene per lei?

☐ *Orologio*

☐ *Internazionale*

☐ *Corona d'oro 1890*

3. Il signore e la signora Stone sono una coppia americana di mezza età. Desiderano passare un paio di giorni a Bologna e non hanno problemi economici. Sono appassionati di sport e amano vivere nella natura.
Quale di questi tre alberghi è ideale per loro?

☐ *Novotel*

☐ *Royal Hotel Carlton*

☐ *San Felice*

4. L'avvocato Meroni di Milano deve andare a Bologna per un importante congresso. Chiede alla segretaria di prenotargli una camera per due notti. «Per il prezzo non c'è problema» le dice, «ma mi raccomando, voglio un buon albergo vicino alla stazione e una camera comoda!» Quale albergo prenota la segretaria?

☐ *City*

☐ *Novotel*

☐ *Royal Hotel Carlton*

U N I

T À 7

SETTIMA UNITÀ

in viaggio

OBIETTIVI

- informarsi sugli orari
- chiedere per avere/sapere
- chiedere scusa
- esprimere impazienza
- esprimere possesso
- eseguire calcoli numerici

GRAMMATICA

- indicativo presente della 3ª coniugazione regolare *-ire*
- indicativo presente di *venire*, *dire*
- le tre coniugazioni: schema
- *ce l'ho*, *non ce l'ho* (I)
- uso delle preposizioni (III)
- pronomi diretti (III)
- preposizioni con pronomi
- le quattro operazioni

AREA LESSICALE

- viaggiare in treno

ALLA STAZIONE ▶

Ascoltate il dialogo guardando solo le illustrazioni (non cercate di capire ogni parola):

Biglietttaio - Dica.
Greta - Un biglietto di seconda classe per Napoli.
Bigliettaio - Di andata e ritorno?
Greta - No, di sola andata.

Bigliettaio - Parte oggi, signorina?
Greta - Sì, col rapido delle undici e cinque.
Bigliettaio - Ha già il supplemento rapido?
Greta - No, non ce l'ho.

Bigliettaio - Lo sa che a Roma deve cambiare?
Greta - Sì, speriamo di non perdere la coincidenza.
Bigliettaio - Ma no. C'è quasi un'ora di tempo fra un treno e l'altro.

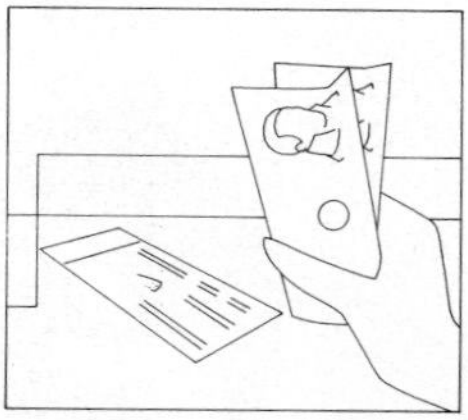

Bigliettaio - Ventunmila novecento lire il biglietto, più tremila novecento lire per il supplemento rapido... fanno in tutto venticinquemila e ottocento lire.
Greta - Ecco qui.

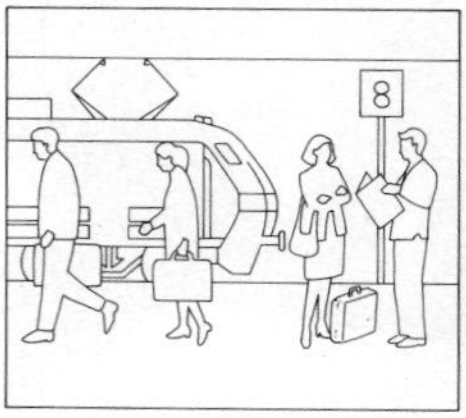

Greta - Scusi, mi sa dire da quale binario parte?
Bigliettaio - Dal binario otto.

Greta - E a che ora arriva a Napoli?

Bigliettaio - Un attimo che guardo... ecco: arriva alle diciassette e quaranta.

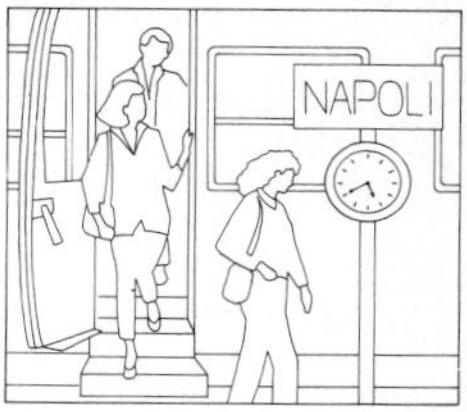

Greta - Senta, mi scusi, si può salire sul rapido anche senza il biglietto?

Bigliettaio - Perché?

Greta - Beh, parto con un'amica che viene sempre all'ultimo minuto e...

Bigliettaio - Capisco. Eh, si può fare il biglietto sul treno. Ma è più caro.

Greta - Ah. Ma se...

Primo passeggero - Ma che bella conversazione! Quando finisce?

Secondo passeggero - Signorina, basta con le domande, se no qui non si parte più!

Greta - Scusate. Grazie tante!

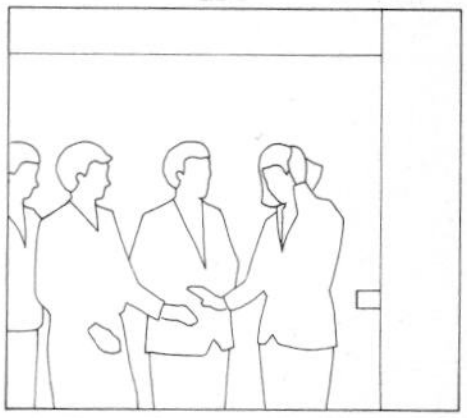

1

▷ *Riascoltate il dialogo e decidete se le seguenti affermazioni sono vere o false:*

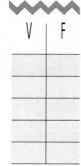

		V	F
A. ▷	Greta vuole andare a Napoli.		
B. ▷	Greta chiede un biglietto di prima classe.		
C. ▷	Greta non sa che deve cambiare a Roma.		
D. ▷	Il biglietto si può fare anche sul treno.		
E. ▷	Greta parte con un'amica.		

2

▷ *Riascoltate il dialogo leggendo il testo, poi scegliete la corretta alternativa:*

1. ▶ Greta vuole fare un biglietto ....
   A. di solo ritorno
   B. di sola andata
   C. di andata e ritorno

2. ▶ Greta ....
   A. ha già il supplemento rapido
   B. fa il supplemento insieme al biglietto
   C. preferisce fare il supplemento in treno

3. ▶ Il bigliettaio dice che ....
   A. Greta deve cambiare a Napoli
   B. c'è tempo per la coincidenza
   C. non c'è molto tempo per la coincidenza

3

▷ *Ascoltate e ripetete.*

4

▷ *Provate a ricostruire il dialogo guardando solo le illustrazioni.*

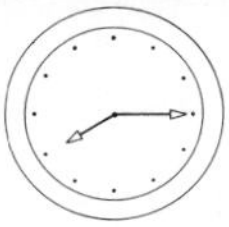
otto e
un quarto

tredici e
venti

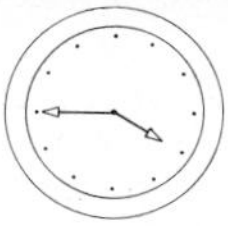
tre e
quarantacinque

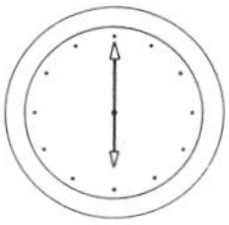
sei

sette e
trenta

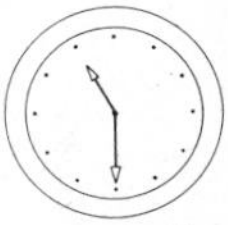
ventitré e
trenta

POSTO DI CONVERSAZIONE
È UN'OSTERIA TRADIZIONALE DOVE NON SOLTANTO È POSSIBILE CONSUMARE UN PASTO COMPLETO MA ANCHE SEDERSI PER BERE O MANGIUCCHIARE QUALCOSA
·TUTTO QUESTO È POSSIBILE·
DALLE ORE 17 ALLE ORE 1
TUTTI I GIORNI TRANNE IL LUNEDÌ
·TEL. 832.66.46·

5

▷ *Osservate l'esempio e, in coppia, eseguite mini-dialoghi simili usando le parole-stimolo:*

A. parte/treno?	A. *A che ora parte il treno?*
B. 10.35	B. *Alle dieci e trentacinque.*
A. arriva?	A. *E a che ora arriva?*
B. 16.25	B. *Alle sedici e venticinque.*

1. A. apre/banca? ____________________
   B. 8.15 ____________________
   A. chiude? ____________________
   B. 13.20 ____________________

2. A. comincia/film? ____________________
   B. 3.45 ____________________
   A. finisce? ____________________
   B. 6.00 ____________________

3. A. apre/bar? ____________________
   B. 7.30 ____________________
   A. chiude? ____________________
   B. 23.30 ____________________

6

▷ *Osservate l'esempio e, in gruppi di tre, eseguite mini-dialoghi simili usando le parole-stimolo:*

A. (tu?)	A. *È vero che parti?*
B. oggi	B. *Sì, parto oggi.*
A. voi?	A. *Partite anche voi?*
C. no	C. *No, noi non partiamo.*

1. A. (tu?) ____________________
   B. presto ____________________
   A. voi? ____________________
   C. no ____________________

2. A. (tu?) ____________________
   B. con Anna ____________________
   A. voi? ____________________
   C. no ____________________

3. A. (tu?) ____________________
   B. venerdì ____________________
   A. voi? ____________________
   C. no ____________________

7

▷ *Fate domande secondo il modello:*

A che ora ____________ , Giorgio?
A che ora parti, Giorgio?
(partire)
A che ora ____________ , Avvocato?
A che ora parte, Avvocato?

1. E tu da dove ____________? *(venire)*
   E Lei da dove ____________?

2. Paola, tu non ____________ niente! *(capire)*
   Dottore, Lei non ____________ i miei problemi.

3. Se __________ subito, ti aspetto. *(finire)*

   Se __________ subito, La aspetto.

4. __________, Marco, adesso ho da fare. *(sentire)*

   __________, signorina, adesso ho da fare.

5. Perché (tu) non lo __________ alla mamma? *(dire)*

   Perché (Lei) non lo __________ alla polizia?

cuccetta

biglietto
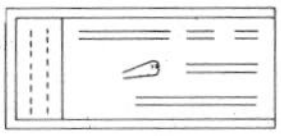

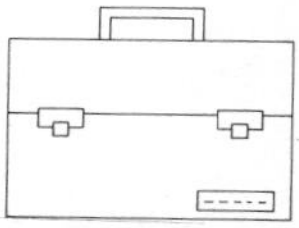
ventiquattrore

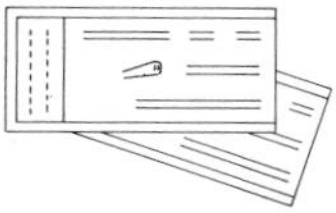
supplemento rapido

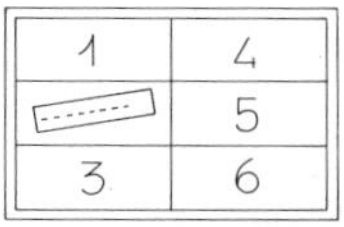

prenotazione

8

▷ *Rispondete secondo il modello:*

Ha il biglietto / la prenotazione? *Sì, ce l'ho.*

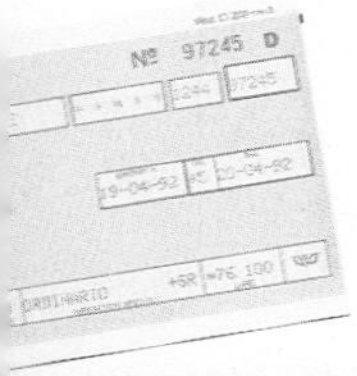

1. Ha il supplemento rapido?

   ____

2. Ha il posto prenotato?

   ____

3. Ha la ventiquattrore?

   ____

4. Ha la cuccetta?

   ____

9

▷ *Osservate l'esempio e, in coppia, eseguite mini-dialoghi simili usando le parole stimolo:*

A. io/non capire/cosa/dire/Voi?	A. *Io non capisco cosa sta dicendo. E voi capite?*
B. sì/no.	B. *Sì, lo capiamo./ No, non lo capiamo.*

1. A. io/non capire/dove/andare/voi? __________

   B. sì/no __________

2. A. io/non capire/perché/partire/voi? __________

   B. sì/no __________

3. A. io/non capire/cosa/fare/voi? __________

   B. sì/no __________

10

▷ *Sostituite il soggetto di ogni frase con i soggetti fra parentesi e coniugate i verbi in modo appropriato:*

> Giovanni non capisce la situazione.
> *Io non capisco la situazione.*
> *I miei non capiscono la situazione.*
> *Tu non capisci la situazione.* *(io - i miei - tu)*

1. Mio padre dorme fino a tardi. *(io - Paolo - io e mia moglie)*
2. Io sento molta musica rock. *(mio fratello - tu - i miei amici)*
3. Le lezioni finiscono all'1.20. *(il film - la scuola- noi)*
4. Preferiamo del latte freddo. *(Francesca - io - i bambini)*
5. Laura offre aiuto a tutti. *(noi - tu - i volontari)*
6. Mio figlio a casa non apre libro. *(io - tu - i miei studenti)*

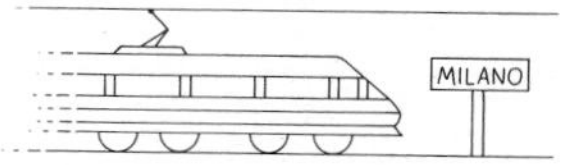

partire per Milano

partire da Roma

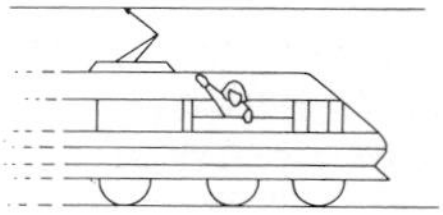

partire in treno

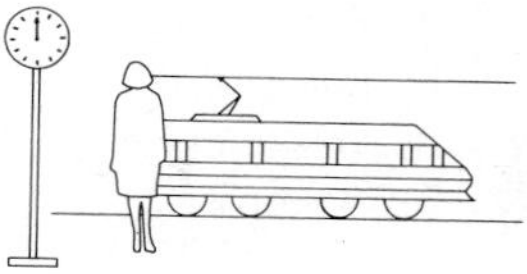

partire con il treno delle 12

andare da Roma a Milano

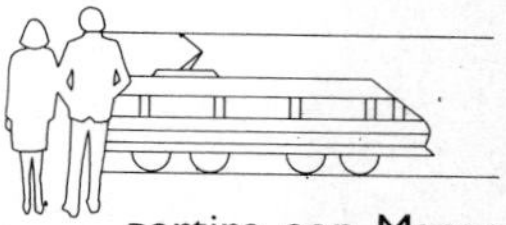

partire con Marco

11

▷ *Osservate l'esempio e, in gruppi di tre, eseguite mini-dialoghi simili usando le parole-stimolo:*

A. Giorgio?	A. *Vieni con me, Giorgio?*
B. Marco	B. *No, vado con Marco.*
A. tu?	A. *E tu?*
C. con te	C. *Io vengo con te.*

1. A. Pietro? __________
   B. Carlo __________
   A. tu? __________
   C. con te __________

2. A. Sara? __________
   B. Angela __________
   A. tu? __________
   C. con voi __________

3. A. Marta? __________
   B. Franco __________
   A. tu? __________
   C. con Lei __________

12

▷ *Osservate l'esempio e, in coppia, eseguite mini-dialoghi simili usando le parole-stimolo:*

A. Roma?	A. *(Voi) Venite da Roma?*
B. no/Napoli	B. *No, veniamo da Napoli.*
A. vostri amici?	A. *E i vostri amici?*
B. Ancona	B. *Vengono da Ancona.*

1. A. Francia? ______________
   B. no/Spagna ______________
   A. vostri amici? ______________
   B. Portogallo ______________
2. A. casa? ______________
   B. no/scuola ______________
   A. Gianni e Piero? ______________
   B. palestra ______________
3. A. stazione? ______________
   B. no/aeroporto ______________
   A. quelle ragazze? ______________
   B. anche loro/aeroporto ______________

13

▷ *Rispondete secondo il modello:*

Per dove parte Giulio?	
Per Roma.	*(Roma)*
Parte in treno?	
Sì, con il treno delle sette.	*(7.00)*

1. Per dove parte Anna?

   ______________ *(Genova)*

   Parte in treno?

   ______________ *(21.40)*

2. Per dove parte, signora?

______________________________ *(Venezia)*

Parte in treno?

______________________________ *(10.32)*

3. Per dove parti, Claudio?

______________________________ *(Pescara)*

Parti in treno?

______________________________ *(13.37)*

14

▷ *Lei sta parlando con l'addetto all'ufficio informazioni di una stazione. Completi il dialogo con le battute mancanti:*

Lei - ______________________________ ?

Addetto - A Pisa? Quando vuole partire? Di mattina o di pomeriggio?

Lei - ______________________________ ?

Addetto - Beh, allora c'è un treno alle sette e ventitré; è troppo presto?

Lei - ______________________________ ?

Addetto - No, deve cambiare a Firenze.

Lei - ______________________________ ?

Addetto - Non subito: deve aspettare circa quaranta minuti.

Lei - ______________________________ ?

Addetto - Sì, c'è un espresso, ma parte molto più tardi, alle dieci e venti.

Lei - ______________________________ ?

Addetto - Sì, anche la domenica.

Lei - ______________________________ ?

Addetto - Mi dispiace, qui non facciamo biglietti. Deve andare in fondo a destra.

15

▷ *Rispondete secondo il modello:*

Mi capisci, Paola?
Certo che ti capisco.

Mì capisce, signora?
Sì, La capisco, professore. *(professore)*

1. Mi guardi, Giorgio?

   ____

   Mi guarda, signorina?

   ______________________________ *(dottore)*

2. Mi vedi, Anna?

   ____

   Mi vede, signor Parini?

   ______________________________ *(signora)*

3. Mi senti, Ugo?

   ____

   Mi sente, signora Livi?

   ______________________________ *(signor Dini)*

16

▷ *Come il precedente:*

Ci aiutate, ragazzi?
Vi aiutiamo senz'altro.

1. Ci svegliate, ragazzi?

   ____

2. Ci chiamate, ragazzi?

   ____

3. Ci aspettate, ragazzi?

   ____

17

▷ *Come il precedente:*

Carlo sta guardando me o te?
Sta guardando me.

1. Sergio sta cercando te o me?

____

2. Marta sta aspettando lui o lei?

____

3. Marco sta chiamando noi o voi?

____

18

▷ *Lavorando in coppia, domandate e rispondete secondo i modelli:*

A. *Quanto fa ottantadue più ventitré?*
B. *Fa centocinque.*

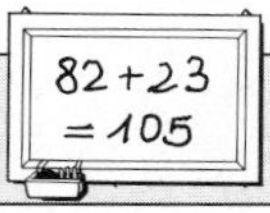

1. A. _______________ ? *(97+38)*
   B. _______________ *(=135)*

2. A. _______________ ? *(103+41)*
   B. _______________ *(=144)*

3. A. _______________ ? *(57+19)*
   B. _______________ *(=76)*

A. *Quanto fa trecentododici meno nove?*
B. *Fa trecentotré.*

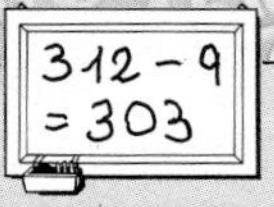

1. A. ________________________? *(287-41)*
   B. ________________________ *(=246)*

2. A. ________________________? *(530-118)*
   B. ________________________ *(=412)*

3. A. ________________________? *(702-586)*
   B. ________________________ *(=116)*

A. *Quanto fa novantotto diviso due?*
B. *Fa quarantanove.*

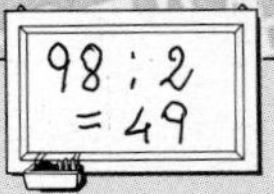

1. A. ________________________? *(625:5)*
   B. ________________________ *(=125)*

2. A. ________________________? *(927:3)*
   B. ________________________ *(=309)*

3. A. ________________________? *(132:11)*
   B. ________________________ *(=12)*

A. *Quanto fa trentatré per tre?*
B. *Fa novantanove.*

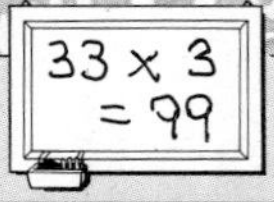

1. A. ________________________? *(28×4)*
   B. ________________________ *(=112)*

2. A. ________________________? *(59×12)*
   B. ________________________ *(=708)*

3. A. ________________________? *(188×5)*
   B. ________________________ *(=940)*

3ª CONIUGAZIONE REGOLARE IN -IRE
INDICATIVO PRESENTE

partire • finire

	partire	finire	
(io) (tu)	part**o** part**i**	fin**isco** fin**isci**	alle dieci
(lui) (lei) (Lei)	part**e**	fin**isce**	
(noi) (voi) (loro)	part**iamo** part**ite** part**ono**	fin**iamo** fin**ite** fin**iscono**	

Nota: *come il verbo* finire *si coniugano anche i verbi* capire, preferire.

CONIUGAZIONE IRREGOLARE
INDICATIVO PRESENTE DI

venire • dire

	venire		dire
(io) (tu)	**vengo** **vieni**	(io) (tu)	**dico** **dici**
(lui) (lei) (Lei)	**viene**	(lui) (lei) (Lei)	**dice**
(noi) (voi) (loro)	**veniamo** **venite** **vengono**	(noi) (voi) (loro)	**diciamo** **dite** **dicono**

ce l'ho • non ce l'ho

Hai Ha Avete	il passaporto? il biglietto? la carta di identità?
	i documenti?
	le valigie?

Sì,	**ce**	**l'**	ho/abbiamo
No, non		**li** **le**	

LE TRE CONIUGAZIONI REGOLARI
INDICATIVO PRESENTE

	parlare	prendere	partire	finire
(io) (tu)	parl**o** parl**i**	prend**o** prend**i**	part**o** part**i**	fin**isco** fin**isci**
(lui) (lei) (Lei)	parl**a**	prend**e**	part**e**	fin**isce**
(noi) (voi) (loro)	parl**iamo** parl**ate** parl**ano**	prend**iamo** prend**ete** prend**ono**	part**iamo** part**ite** part**ono**	fin**iamo** fin**ite** fin**iscono**

USO DELLE PREPOSIZIONI • a • per • da • in • con • fra •

Greta / il treno	arriva parte	**a** Roma **per** Napoli
	arriva / parte	**da** Firenze **a** mezzogiorno / mezzanotte **all'**una e un quarto **alle** diciassette e trentatré
Greta	arriva / parte	**in** treno **con** il treno delle 11.05
C'è un'ora di tempo		**fra** un treno e l'altro

LE QUATTRO OPERAZIONI

Quanto fa	quarantanove più sette? settanta meno diciotto? ventuno per tre? trecentododici diviso tre?

Fa	cinquantasei cinquantadue sessantatré centoquattro

PRONOMI DIRETTI

deboli

A che ora	**mi**	chiama Ugo?	**Ti**	chiama alle nove
	ti / **La**		**Mi**	
	ci		**Vi**	
	vi		**Ci**	

Ugo	**ti**	sta cercando,	Mario / Anna
	La		dottore / signora

forti

Il signor Radi sta cercando	**me**
	te, Carlo / Anna
	lui (Paolo)
	lei (Marta)
	Lei, dottore / signora
	noi
	voi
	loro

PREPOSIZIONI CON PRONOMI DIRETTI FORTI

Questo è **per**	te Lei voi

Vieni **da**	me? noi?

Esco **con**	lei lui loro

19

▷ *Ascoltate la conversazione e completate le parti mancanti:*

Vocaboli utili

proverbio - finestrino - morire - impaziente

Greta - Scusi, è ________ quel posto?

Sig. Neri - Sì, prego, si ________ , signorina!

Greta - ________ ________ il finestrino per salutare gli ________ . Posso?

Sig. Neri - Certo, ________ pure!

Greta - Oh, meno male, ________ partendo.

Sig. Neri - Sì, ________ un ________ in ritardo. ________ a Roma anche Lei?

Greta - No, ________ a Napoli.

Sig. Neri - Ah, Napoli! ________ un proverbio famoso su Napoli. Lei ________ ________ ?

Greta - No... non ________ ________ .

Sig. Neri - Il proverbio dice: "________ Napoli e poi muori".

Greta - Davvero? Napoli è così ________ ? Sono ________ di arrivare!

20

▷ *Ascoltate gli annunci e decidete se le seguenti affermazioni sono vere o false:*

	V	F
Il diretto 482 che viene da Pisa arriva al binario 10.		
Il rapido 450 sta arrivando al binario 11.		
L'espresso che viene da Firenze viaggia da 25 minuti.		

21

▷ *Osservate attentamente le pagine dell'orario dei treni e, in coppia, drammatizzate le seguenti situazioni:*

SITUAZIONE 1

Studente A: Lei è a Firenze e vuole andare a Milano. Ha l'orario dei treni, ma non sa leggerlo. Chieda aiuto a un amico.

Studente B: Lei è l'amico. Dia l'informazione che A cerca.

Nº quadro	Km.			1590	EC 84	EC 70	2220 2224	IC 504	IC 522 ▲	2190	2222	IC 524 ▲	IC 526 ▲	IC 542 ▲	EC 54	2266	2278	IC 528 ▲	2114			IC 548 550 ▲	IC 530 ▲
		Firenze S.M.N.	o	9 55	9 36	10 10		a 10 34	11 15			12 10	13 10	13 50	14 00	14 40	15 44	15 10				15 50	16 10
		Firenze S.M.N.		10 04	9 45	10 19		a 10 37	11 24		11 29	12 19	13 19	13 59	14 09			15 19				15 59	16 19
		Prato									11 46												
		Bologna Centrale	o	11 10	10 50	11 22		11 29	12 26		12 35	13 22	14 22	15 02	15 12			16 22				17 02	17 22
70	0	Bologna C.le			10 54					12 44								16 44				17 12	
	60	Poggio Rusco	o							13 38								17 38					
	84	Nogara	o							14 00								18 00					
	114	Verona P.N.	o		12 26					14 35								18 35				18 44	
		Bologna Centrale		11 16		11 26			12 30			13 26	14 26		15 16			16 26	16 38				17 26
	664	Modena	o						12 49										16 58				
65	689	Reggio Emilia	o						13 02										17 13				
	517	Parma	o						13 18										17 30				
	739	Fidenza	o						13 32										17 44				
	774	Piacenza	o						13 53										18 05				
61	0	Piacenza																					
60	143	Genova P.P.	o																				
61	0	Piacenza																					
50	188	Torino P.N.	o																				
		Piacenza							13 54										18 06				
65	810	Lodi	o																18 24				
	846	Milano Centrale	o	13 30		13 18			14 35			15 10	16 10		17 00			18 10	18 53				19 10

SITUAZIONE 2

Studente A: Lei adesso è l'addetto all'ufficio informazioni della stazione. Dia le indicazioni richieste guardando l'orario.

Studente B: Lei è a Roma e vuole partire per Venezia viaggiando di notte. S'informi su orari, prezzi, cuccette...

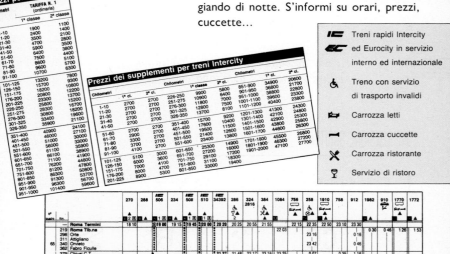

...ezzi per viaggi

...ometri	TARIFFA N. 1 (ordinaria) 1ª classe	2ª classe
1-10	1900	1100
11-20	2400	1400
21-30	3500	2100
31-40	4700	2800
41-50	5900	3500
51-60	6400	3800
61-70	7500	4400
71-80	8600	5100
81-90	9600	5700
91-100	10700	6300
101-125	13200	7800
126-150	15700	9300
151-175	18200	10800
176-200	20800	12200
201-225	23300	13700
226-250	25800	15200
251-275	28300	16700
276-300	30800	18200
301-325	33400	19600
326-350	35900	21100
351-400	40900	24100
401-450	46000	27100
451-500	51000	30000
501-550	56000	33000
551-600	61100	35900
601-650	66100	38900
651-700	71100	41900
701-750	76200	44800
751-800	81200	47800
801-850	86300	50800
851-900	91300	53700
901-950	96300	56700
951-1000	101400	59600

Prezzi dei supplementi per treni Intercity

Chilometri	1ª cl.	2ª cl.	Chilometri	1ª classe	2ª cl.	Chilometri	1ª cl.	2ª cl.
1-10	2700	2700	226-250	9900	5800	851-900	34900	20600
11-20	2700	2700	251-275	10900	6400	901-950	36800	21700
21-30	2700	2700	276-300	11800	7000	951-1000	38800	22800
31-40	2700	2700	301-325	12800	7500	1001-1100	39600	23300
41-50	2700	2700	326-350	13700	8100	1101-1200	40400	23800
51-60	2700	2700	351-400	15700	9200	1201-1300	41300	24300
61-70	2900	2700	401-450	17600	10400	1301-1400	42100	24800
71-80	3300	2700	451-500	19500	11500	1401-1500	42900	25300
81-90	3700	2700	501-550	21400	12600	1501-1600	43800	25800
91-100	4100	2700	551-600	23400	13800	1601-1700	44600	26300
101-125	5100	3000	601-650	25300	14900	1701-1800	45500	26800
126-150	6000	3600	651-700	27200	16000	1801-1900	46300	27200
151-175	7000	4100	701-750	29100	17200	1901-2000	47100	27700
176-200	8000	4700	751-800	31100	18300			
201-225	8900	5300	801-850	33000	19400			

- IC Treni rapidi Intercity
- EC ed Eurocity in servizio interno ed internazionale
- ♿ Treno con servizio di trasporto invalidi
- Carrozza letti
- Carrozza cuccette
- Carrozza ristorante
- Servizio di ristoro

Nº quadro	Km.			270 ▲	288 ▲	IC 506	234 ▲	IC 508 ▲	IC 510 ▲	IC 34392	286 ♿ ▲ 2	324 2816	384 ♿ ▲ ▲	1084	756 ▲	258 ♿ ▲	1910 ▲ ▲	758	912	1982 ▲	910	1770 ▲	1772 ▲
	—	Roma Termini		18 10		19 00	19 15	19 45	20 00	20 20	20 25	20 55	21 55		22 15	22 35	22 50	23 10	23 30				
	219	Roma Tib.na												22 03						0 30	0 46	1 26	1 53
	298	Orte														23 16			0 16				
	311	Attigliano																					
65	340	Orvieto														23 42			0 46				
	362	Fabro Ficulle																					
	379	Chiusi C.T.								21 27	21 48	22 17	23 16	23 25		0 07		0 35	1 16				
	398	Castiglion del Lago																					
	408	Terontola	o													0 26	0 35	0 55					
		Terontola														0 28	0 49	0 57					
	425	Castiglion Fiorentino																					
	443	Arezzo								21 56	22 26	22 55	23 57	0 05		0 53		1 23	2 02				
	477	Montevarchi																					
	482	S. Giovanni Valdarno																					
	490	Figline Valdarno																					
	530	Firenze S.M.N.	o	20 32		d 20 39	21 33	d 21 24	d 21 39	22 38	a 23 08	23 45	1 05	1 15	a 1 33	a 1 53	a 2 10	a 2 25	3 21	a 3 36	a 3 53	a 4 15	4 32
		Firenze S.M.N.		20 44	21 05	d 20 42	21 42	d 21 27	d 21 42	22 47	a 23 13	23 54	1 14	1 24	a 1 40	a 1 58	a 2 20	a 2 35	3 30	a 3 43	a 4 00	a 4 20	4 41
	547	Prato								23 02			1 45	1 54							4 21		
	627	Bologna Centrale	o	21 55	22 11	21 34	22 47	22 17	22 32	23 50	0 35	1 23	2 56	3 04	3 27	3 35	4 00	4 10	4 49	5 05	5 18	5 32	5 54
	0	Bologna C.le					22 52	22 20							3 55			4 15					
	47	Ferrara	o				23 21								4 22			4 45					
	80	Rovigo	o												4 45			5 09					
85	101	Monselice	o															5 26					
	123	Padova	o				0 10	23 28							5 22			5 46					
	152	Venezia M.	o				0 36	23 52							5 52			6 12					
	160	Venezia S.L.					0 55	0 03							6 10			6 28					

PRODUZIONE ORALE

Rispondete alle seguenti domande:

1. Lei è a Milano e vuole andare a Genova, ma non sa se c'è un treno diretto. Che cosa domanda al bigliettaio?

2. Lei deve partire con un amico che viaggia sempre in prima classe. Come lo convince a prendere la seconda?

COMPRENSIONE ORALE

1 *Ascoltate il dialogo e completate la griglia con i dati corretti:*

Il Palatino

parte da	alle ore	arriva a	alle ore
______	______	______	______
______	______	______	______
______	______	______	______

2 *Adesso riascoltate il dialogo e controllate con l'aiuto dell'insegnante se i dati sono corretti.*

COMPRENSIONE SCRITTA

1 *Abbinate i simboli con l'appropriata definizione:*

CC a ☐

b ☐

R c ☐

d ☐

1. Questo simbolo significa che il treno è un rapido con pagamento di supplemento.

2. Questo simbolo significa che il treno ha servizio ristorante.
3. Questo simbolo significa che il treno viaggia nei giorni feriali, ma non il sabato.
4. Questo simbolo significa che il treno ha carrozze a cuccette.

2 *Leggete il testo e mettete poi le frasi nella corretta sequenza, aiutandovi con le illustrazioni:*

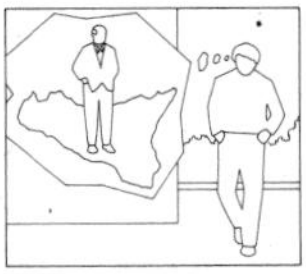

☐ Prima va in un'agenzia di viaggi per informarsi sui treni per Palermo e per prenotare una cuccetta. Domanda anche se ci sono riduzioni per i giovani con meno di vent'anni.

☐ Poi telefona al nonno: «Nonno» dice, «c'è una bella sorpresa in arrivo per te».

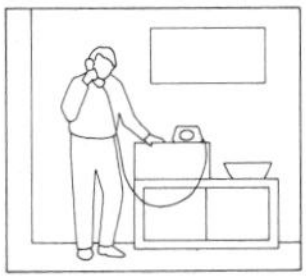

☐ Il nonno di Stefano vive in Sicilia. Stefano non lo vede da molto tempo e ha intenzione di andare a trovarlo.

☐ Il nonno capisce subito e vuole sapere da Stefano il giorno e l'ora del suo arrivo, così può andare a prenderlo alla stazione in taxi.

PRODUZIONE SCRITTA

1 *Completate le frasi:*

1. Viaggiare in treno è ________________________ .
2. Scusi, a che ora ___________________________ ?
3. Sei sempre in ritardo! Io ______________________ !

2 *Se prendete il treno ogni giorno per andare al lavoro o a scuola, scrivete come si svolge abitualmente il viaggio.*

... DEI MEZZI DI TRASPORTO

1

▷ *Leggete il testo (non cercate di capire ogni parola) ed elencate i mezzi di trasporto di cui si parla.*

In Italia il treno è un modo molto comune per viaggiare su lunghe o brevi distanze. Le tariffe sono piuttosto economiche, se confrontate con quelle di altri stati europei.

I biglietti ferroviari si possono acquistare presso le stazioni o presso le agenzie di viaggio e, per tragitti brevi (non oltre i 120 km), anche dal tabaccaio.

La rete ferroviaria è estesa su tutto il territorio nazionale: c'è un'ampia gamma di treni, dai ''locali'' che collegano i centri più piccoli, ai ''rapidi Intercity'' che si fermano solo nelle città più importanti, al MI-RÓ, che viaggia a 250 km orari.

Ci sono anche le autolinee, cioè linee di pullman o autobus, ma in genere sono usate solo per brevi spostamenti locali, oppure per viaggi turistici di gruppo.

Anche l'aereo sta diventando un mezzo di trasporto abbastanza diffuso ma, a parte urgenti necessità di lavoro, gli italiani preferiscono usarlo per i viaggi all'estero, a causa delle tariffe ancora piuttosto elevate.

2

▷ *Leggete il testo una seconda volta e dite se le affermazioni che seguono sono vere o false:*

		V	F
A.	Il costo del biglietto ferroviario in Italia è più caro che negli altri paesi europei.		
B.	Il biglietto del treno si può acquistare solo presso le agenzie di viaggio.		
C.	Il MI-RÓ è un treno ad altissima velocità.		
D.	Gli aerei non sono molto utilizzati dagli italiani per viaggi interni.		

OTIZIE MI-RO' UTILI

RAPIDI DI 1ª CLASSE "NON STOP"
CON SERVIZIO DI HOSTESS

- Assistenza a terra
- Accoglienza a bordo
- Distribuzione di giornali e riviste a scelta tra le maggiori testate italiane
- Informazioni interfoniche sul viaggio

SERVIZI DI RISTORAZIONE OFFERTI IN VIAGGIO

- Breakfast di tipo continentale per i treni della mattina
- Snack con offerta di tramezzini, per i treni della mattina, un'ora prima dell'arrivo
- Cena (con menù del giorno) per i treni della sera
- Caffè e drinks anche dopo il servizio principale

Δ PRENOTAZIONE OBBLIGATORIA - PREZZO A
IAGGIO "TUTTO COMPRESO" L. 102.000 Δ

3

▷ *Osservate attentamente il documento qui sotto (retto e verso) e scegliete la corretta alternativa:*

ORARIO MI-RO' ORARIO

PARTENZA	ORA	ARRIVO	ORA
Roma	7.00	Milano	11.55
Milano	7.50	Roma	12.45
Roma	17.55	Milano	22.50
Milano	18.55	Roma	23.50

FERROVIE ITALIANE

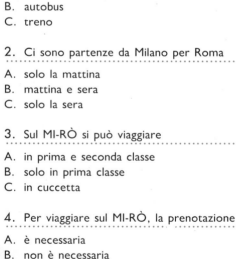

1. A quale mezzo di trasporto si riferisce?

A. aereo ☐
B. autobus ☐
C. treno ☐

2. Ci sono partenze da Milano per Roma

A. solo la mattina ☐
B. mattina e sera ☐
C. solo la sera ☐

3. Sul MI-RÒ si può viaggiare

A. in prima e seconda classe ☐
B. solo in prima classe ☐
C. in cuccetta ☐

4. Per viaggiare sul MI-RÒ, la prenotazione

A. è necessaria ☐
B. non è necessaria ☐
C. è impossibile ☐

5. I passeggeri che viaggiano la mattina hanno diritto

A. alla colazione e a uno snack a base di panini ☐
B. a una colazione e a un pranzo completo ☐
C. alla sola colazione ☐

U N I

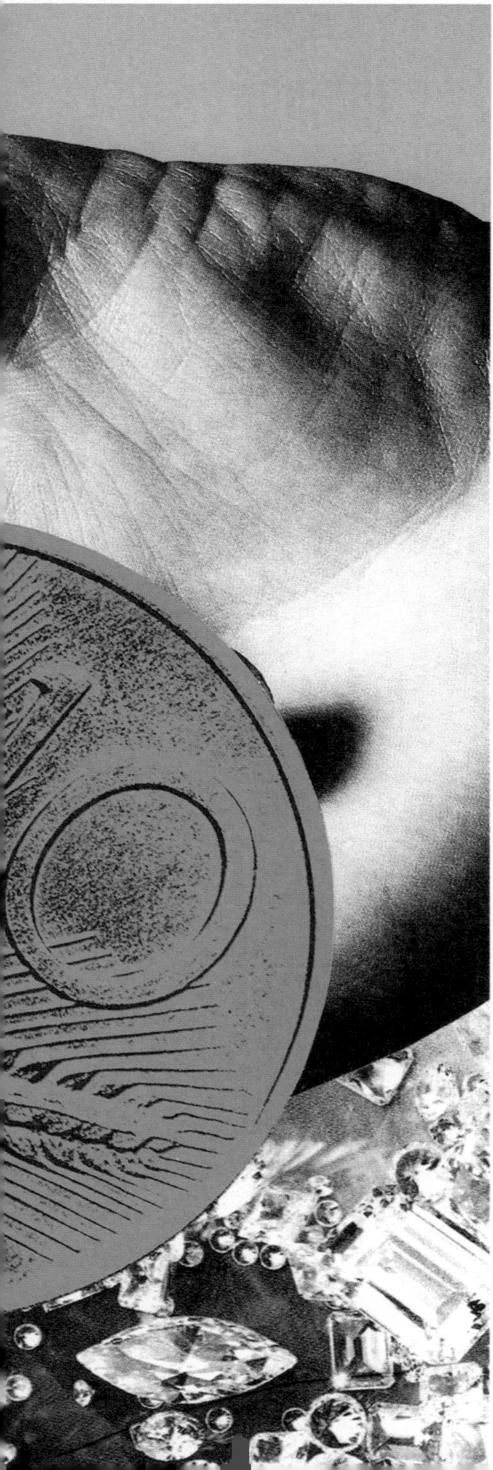

8

OTTAVA UNITÀ

in banca

OBIETTIVI

parlare di operazioni bancarie

esprimere desiderio, disappunto, approvazione, rammarico

paragonare

GRAMMATICA

condizionale semplice (I)

ce l'ho, non ce l'ho (II)

plurali irregolari (I)

gradi dell'aggettivo (I)

discorso indiretto (I)

uso delle preposizioni (IV)

periodo ipotetico (I) con l'indicativo presente

AREA LESSICALE

operazioni bancarie, valuta

ALLO SPORTELLO DEL CAMBIO ▶

Ascoltate il dialogo guardando solo le illustrazioni (non cercate di capire ogni parola):

Müller - Scusi, quant'è il marco?

Impiegato - Oggi la quotazione è un po' meno di ieri: settecentoquarantotto lire per marco.

Müller - Allora vorrei cambiare solo cinquecento marchi.

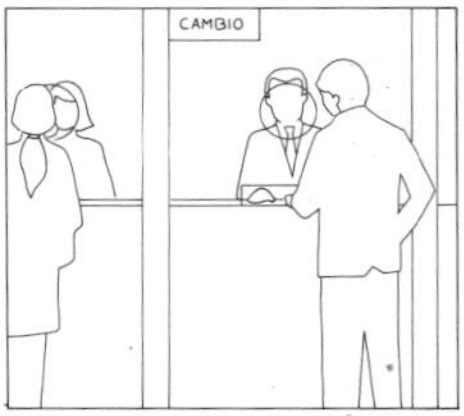

Impiegato - Dunque... in tutto fanno trecentosettantaquattromila lire. Preferisce biglietti di taglio grosso?

Müller - Come? Non capisco...

Impiegato - Vuole biglietti da centomila o da cinquantamila?

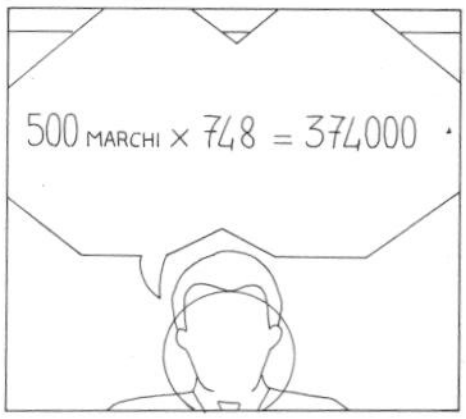

Müller - Li vorrei da centomila, grazie.

Impiegato - D'accordo! Mi dà il passaporto, prego?

Müller - Eccolo.

Impiegato - Metta una firma qui, per favore.

Müller - Subito!

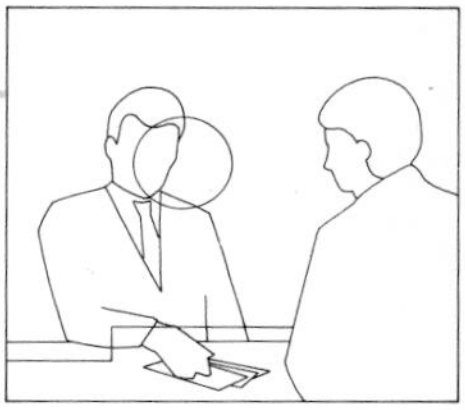

Impiegato - Ecco a Lei: cento, duecento, trecento... trecentocinquanta... trecentosettanta e quattro: trecentosettantaquattromila lire.

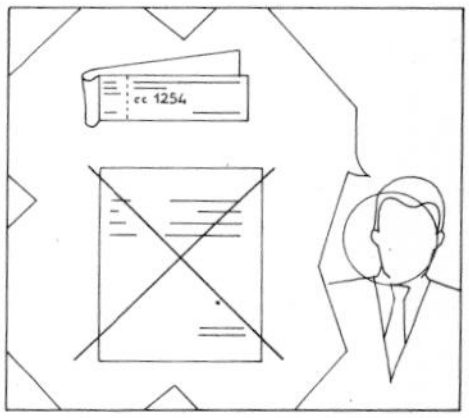

Müller - Grazie! Vorrei anche aprire un conto corrente...

Impiegato - Ha la residenza qui?

Müller - No, sono in Italia da poco e ancora non ce l'ho.

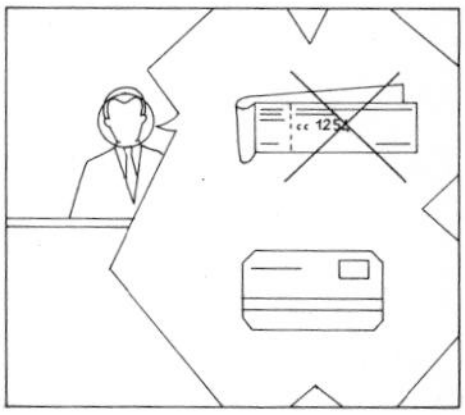

Impiegato - Se è così, non è possibile, mi dispiace!

Müller - Allora niente libretto di assegni? Peccato!

Impiegato - Se ha la carta di credito è lo stesso, anzi, la carta è più comoda del libretto.

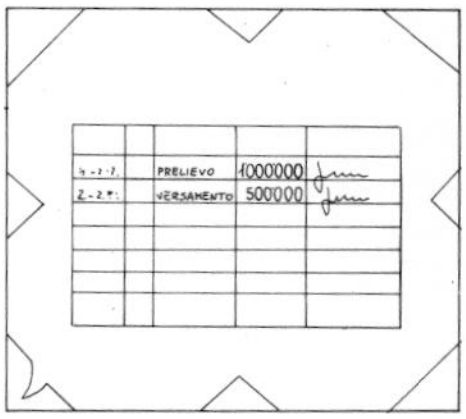

Müller - Per pagare sì, ma non per ricevere contanti.

Impiegato - Se vuole può aprire un libretto di risparmio. In questo caso può prelevare o versare il denaro senza problemi.

Müller - Sì, è una buona idea!

1

▷ *Riascoltate il dialogo e decidete se le seguenti affermazioni sono vere o false:*

		V	F
A. ▷	Il signor Müller vuole cambiare 500 marchi.		
B. ▷	Il signor Müller preferisce i biglietti di grosso taglio.		
C. ▷	Il signor Müller vuole aprire un conto corrente.		
D. ▷	Il signor Müller ha un libretto di assegni.		
E. ▷	Per il signor Müller la carta di credito è comoda per prelevare denaro contante.		

2

▷ *Riascoltate il dialogo leggendo il testo, poi scegliete la corretta alternativa:*

1. ▶ Il signor Müller non capisce ....
   A. quant'è il marco
   B. qual è la quotazione della lira
   C. quali sono i biglietti di grosso taglio

2. ▶ Il signor Müller vuole ....
   A. cambiare lire
   B. avere biglietti di grosso taglio
   C. avere biglietti di piccolo taglio

3. ▶ Il signor Müller ....
   A. ha la residenza in Italia
   B. non ha ancora la residenza in Italia
   C. non vuole prendere la residenza in Italia

3

▷ *Ascoltate e ripetete.*

4

▷ *Provate a ricostruire il dialogo guardando solo le illustrazioni.*

5

▷ *Guardando le illustrazioni, domandate:*

peseta

Scusi, quant'è la peseta oggi?

dollaro 1. ______________________________

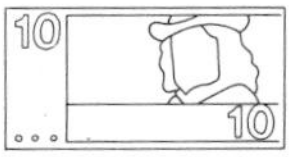

fiorino 2. ______________________________

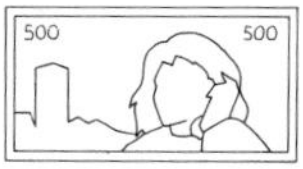

franco francese 3. ______________________________

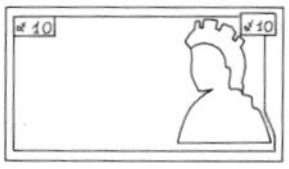

sterlina 4. ______________________________

dracma 5. ______________________________

6

▷ *Guardando le illustrazioni, dite:*

Vorrei cambiare cento marchi.

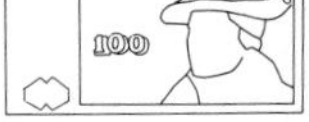

100 marchi

1. ______________________________

100 dollari

2. ______________________________

100 fiorini

3. ______________________________

100 franchi francesi

4. ______________________________

100 franchi svizzeri

5. ______________________________

100 dracme

libretto di risparmio

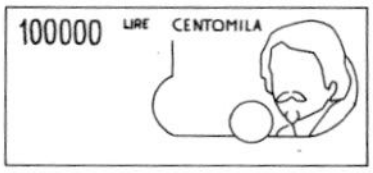

biglietto di taglio grosso

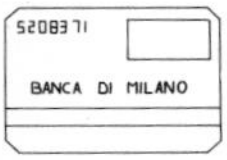

carta di credito

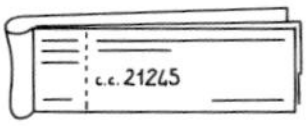

libretto di assegni

biglietto di taglio piccolo

7

▷ *Rispondete secondo il modello:*

> Vorrei aprire un libretto di risparmio: posso?
> *Sì, se vuole, può aprirlo.*

1. Vorrei cambiare un assegno: posso?

   ____

2. Vorrei prendere la residenza: posso?

   ____

3. Vorrei avere biglietti di piccolo taglio: posso?

   ____

4. Vorrei usare la carta di credito: posso?

   ____

8

▷ *Come il precedente:*

Ha il passaporto / la residenza?
Sì, ce l'ho.
Ha altri documenti?
No, non ce li ho.

1. Ha la carta Visa?

   ____

   Ha altre carte di credito?

   ____

2. Ha il libretto di assegni?

   ____

   Ha altri libretti?

   ____

3. Ha un biglietto da centomila?

   ____

   Ha altri biglietti di grosso taglio?

   ____

9

▷ *Trasformate le frasi secondo il modello:*

«Sono in Italia da sei mesi, ma non ho ancora la residenza.»
John dice che è in Italia da sei mesi, ma che non ha ancora la residenza.

1. «Dobbiamo partire lunedì, ma non abbiamo ancora il passaporto.»
   Marco e Anna dicono che ______________________________

   ____

2. «Conosco Rita da un anno, ma non ho ancora il suo indirizzo.»
   Giulio dice che ______________________________

   ____

3. «Sono a Milano da tre mesi, ma non ho ancora il telefono.»
   Angela dice che ______________________________

   ____

10

▷ *Trasformate le frasi secondo il modello:*

> «Sono in Italia solo da due mesi.»
> *John dice che è in Italia solo da due mesi.*

1. «Sono a Firenze solo da una settimana.»
   Anna dice che ______________________________

2. «Ho la macchina solo da un mese.»
   Piero dice che ______________________________

3. «Uso la carta di credito solo da un anno.»
   Giorgio dice che ______________________________

11

▷ *Rispondete secondo il modello:*

> È più comodo il libretto di assegni o la carta di credito?
> *La carta di credito è più comoda del libretto di assegni.*

1. È più comodo il treno o l'aereo?
   ____

2. È più veloce l'espresso o il rapido?
   ____

3. È più silenziosa la camera singola o la doppia?
   ____

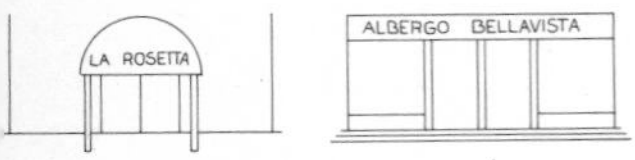

4. È più nuovo l'albergo ''La Rosetta'' o il ''Bellavista''?
   ____

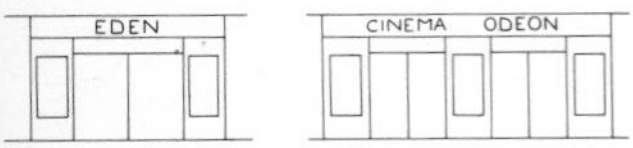

5. È più grande il cinema ''Eden'' o il cinema ''Odeon''?
   ____

12

▷ *Come il precedente:*

> Perché vuoi viaggiare in aereo e non in treno?
> *Perché il treno è meno comodo dell'aereo.* (comodo)

1. Perché vuoi studiare l'italiano e non il tedesco?

   ______________________________ *(facile)*

2. Perché vuoi mangiare il pesce e non la carne?

   ______________________________ *(sana)*

3. Perché vuoi prendere la metropolitana e non l'autobus?

   ______________________________ *(veloce)*

4. Perché vuoi andare al cinema e non al concerto?

   ______________________________ *(divertente)*

13

▷ *Usando gli aggettivi fra parentesi, oralmente, fate paragoni appropriati come nell'esempio:*

> Gianni (1 metro e 80 cm)/Franco (1 m e 70 cm) *(alto)*
> *Gianni è più alto di Franco.*
> *Franco è meno alto di Gianni.*
>
> Pavia (300.000 abitanti)/Ancona (300.000 abitanti) *(popolosa)*
> *Pavia è popolosa come (quanto) Ancona.*

1. Anna (27 anni)/suo fratello (29 anni) *(giovane)*
2. Francesco (Q.I. 110)/Andrea (Q.I. 90) *(intelligente)*
3. biglietto di seconda classe (L. 37.000)/ di prima classe (L. 55.000) *(caro)*
4. quotazione dollaro oggi (2.115 lire)/ieri (2.120 lire) *(bassa)*
5. Fiat Uno (150 km/h)/Fiat Tipo (180 km/h) *(veloce)*

14

▷ *Lavorando in coppia, domandate e rispondete secondo il modello:*

A. Secondo te è più facile parlare o capire una lingua?
B. *Secondo me è più facile capire che parlare.*

1. A. Secondo te è più comodo pagare in contanti o fare un assegno?

   B. ______________________

2. A. Secondo te è più bello stare a Milano o vivere in una città piccola?

   B. ______________________

3. A. Secondo te è più caro prendere il treno o andare in macchina?

   B. ______________________

15

▷ *Osservate la tabella a p. 208 e completate le frasi inserendo DI/DEL oppure CHE in modo appropriato:*

1. Quest'albergo è molto più confortevole ________ bello.
2. Il nuovo professore è più simpatico ________ bravo.
3. Mio marito è più pigro ________ me.
4. Il loro appartamento è un po' più piccolo ________ nostro.
5. La grammatica italiana è certamente più complessa ________ quella inglese.

CONDIZIONALE SEMPLICE

espressione di desiderio

Vorrei	cambiare 1000 marchi biglietti di grosso taglio un'informazione

Avrei intenzione	**di**	aprire un conto corrente prendere la residenza vivere a Roma

ce l'ho • non ce l'ho

Hai Ha Avete	il posto? la cuccetta?
	i biglietti?
	le valigie?

Sì,	**ce**	**l'**	ho/abbiamo
No, non		**li**	ho/abbiamo
		le	ho/abbiamo

PLURALI IRREGOLARI

nomi in -co

Un	mar**co** fran**co**
	ami**co** gre**co**

cento	mar**chi** fran**chi**
molti	ami**ci** gre**ci**

-co → -chi

-co → -ci

nomi in -go

L' Il	alber**go** dialo**go**

Gli I	alber**ghi** dialo**ghi**

-go → -ghi

GRADI DELL'AGGETTIVO: COMPARATIVO DI MAGGIORANZA E DI MINORANZA

L'aereo Il tuo albergo La banca Il vino Giorgio	è	**più** **meno**	comodo bello vicina buono grasso	**del** **del** **dell'** **della** **di**	treno mio ufficio postale birra Luigi

Capire una seconda lingua Viaggiare in treno La vita a Milano Questo regalo	è	**più** **meno**	facile sicuro stressante costoso	**che**	parlarla in macchina a Modena utile

Ho	**più** **meno**	marchi	**che**	franchi

COMPARATIVO DI UGUAGLIANZA

La vita a Milano	è	stressante	**come / quanto**	a Roma
Giulio		gentile		te

PERIODO IPOTETICO CON L'INDICATIVO PRESENTE

ipotesi = presente — conseguenza = presente

	ipotesi	conseguenza
Se	**è** così,	non **è** possibile
	ha la carta di credito,	**è** lo stesso
	vuole,	**può** aprire un libretto

USO DELLE PREPOSIZIONI • a • di • da • in •

Preferisco	biglietti	**di**	grosso/piccolo taglio
		da	centomila/diecimila

Sono	**in** Italia **in** questa città **a** Torino	**da**	due mesi pochi giorni tre settimane

16

▷ *Ascoltate la conversazione e completate le parti mancanti (ogni spazio corrisponde a una parola):*

John Carter - Vorrei ________ un conto corrente.

Cassiere - Lei è ________ , vero?

John Carter - Sì, ma ________ già la residenza qui.

Cassiere - Allora è a posto! Ha con sé il certificato di ________ e il ________ ?

John Carter - Sì, ________ ________ ________

Cassiere - Bene! Quanto ________ versare?

John Carter - ________ dollari.

Cassiere - Se mi ________ i documenti, ________ il modulo che Lei deve firmare.

John Carter - ________ !

Cassiere - Ecco: deve mettere una ________ qui.

John Carter - ________ fatto. Posso avere subito un ________ di ________ ?

Cassiere - Certamente.

John Carter - Grazie ________ !

17

▷ *Osservate la tabella dei cambi della lira e, lavorando in coppia, drammatizzate questa situazione:*

ATS 106.000
BEF 36.000
CAD 985.000
CHF 835.000
DEM 751.000
DKK 194.000
ESP 11.900
FIM 275.000
FRF 223.000
GBP 2185.000
GRD 6.250
ITL -------
JPY 9.250
NLG 665.000
NOK 191.000
PTE 8.750
SEK 205.000
USD 1180.000

Studente A:

Lei va in una banca italiana per cambiare la valuta del Suo paese. Domandi all'impiegato qual è la quotazione del giorno. Poi chieda di cambiare una somma (200 dollari, 300 marchi...).

Studente B:

Lei è l'impiegato. Risponda alla domanda e dica a quanto corrisponde in lire la somma da cambiare.

18

▷ *Fate un paragone fra due persone che conoscete:*

Mio padre è più calmo di mia madre.

Vocaboli utili

giovane - vecchio - timido - socievole - generoso
avaro - calmo - nervoso - dinamico - pigro

19

▷ *Esprimete il vostro parere usando le alternative indicate:*

Secondo me...

A. gli italiani sono

più meno	socievoli	degli	inglesi
(tanto)		quanto gli	

B. la vita in Italia è

più meno	rilassante	della	vita negli Stati Uniti
(tanto)		quanto la	

C. la cucina italiana è

più meno	variata	della	cucina francese
(tanto)		quanto la	

D. i calciatori italiani sono

più meno	bravi	dei	calciatori argentini
(tanto)		quanto i	

E. il clima in Italia è

più meno	caldo	del	clima greco
(tanto)		quanto il	

F. le auto italiane sono

più meno	solide	di	quelle tedesche
(tanto)		quanto	

PRODUZIONE ORALE

Lei è in banca e sta parlando con l'impiegato. Completi il dialogo con le battute mancanti:

Impiegato - Dica pure!

Lei - ______________________________ ?

Impiegato - Bene. Quanti franchi francesi vuole cambiare?

Lei - ______________________________ .

Impiegato - Vediamo... Oggi il franco è 220 lire. In tutto fanno 350.000 lire.

Lei - ______________________________ ?

Impiegato - Spiacente. Oggi abbiamo solo biglietti di grosso taglio.

Lei - ______________________________ .

Impiegato - Ecco. Cento, duecento, trecento e cinquanta. Li può contare.

Lei - ______________________________ ?

Impiegato - No, per i traveller deve andare allo sportello 6.

Lei - ______________________________ ?

Impiegato - Guardi, è in fondo a destra.

Lei - ______________________________ .

Impiegato - Non c'è di che. Buongiorno!

COMPRENSIONE ORALE

1 .... *Ascoltate il dialogo e, seguendo le istruzioni del cassiere, immaginate di riempire un modulo come questo:*

BANCA POPOLARE DI BERGAMO
Societa' Cooperativa a responsabilita' limitata

intestato a ____________________

DISTINTA DI
❑ VERSAMENTO
❑ PRELEVAMENTO
❑ CAMBIO ASSEGNI PER CASSA
❑ RICHIESTA DI ASSEGNI CIRCOLARI (vedi retro)
❑ BONIFICO

su ❑ conto corrente
❑ dep. a risparmio
(in contanti)

N. ________

ASSEGNI BANCARI, CIRCOLARI E VAGLIA					CONTANTI		
N.RO ASSEGNO	BANCA TRASSATA	PIAZZA	EMITTENTE O GIRANTE	IMPORTO	QUANTITA'	TAGLIO	IMPORTO
						100.000	
						50.000	
						10.000	
						5.000	
						2.000	
						1.000	
						....	
						Moneta	
						TOTALE CONTANTI	
						TOT. VAL. DIVERSI	
						IMP. COMPLESSIVO	/TP
						IMP. DA VERSARE	/TV
		TOTALE VALORI DIVERSI				DA RENDERE	/RS

Gli assegni ed i vaglia presentati per l'accreditamento in conto sono accettati dall'Azienda di credito con riserva di verifica e s.b.f. anche se tratti sullo sportello presso il quale si effettua il versamento. E' in facolta' della Banca di rendere disponibile l'importo prima che ne abbia effettuato l'incasso fermo restando il diritto al rimborso in caso di mancato buon fine.

2 .... *Adesso riascoltate il dialogo e, con l'aiuto dell'insegnante, verificate la vostra comprensione.*

COMPRENSIONE SCRITTA

.... *Completate il testo con le parole mancanti:*

per - taglio - nella - quotazione - intenzione - può - da - franchi - la (2) - valgono - al - all'

Pablo va __________ banca vicina __________ albergo per cambiare ventimila pesetas. Non domanda __________ cassiere qual è la __________ , perché __________ sa già: circa dodici lire __________ peseta. Dunque le ventimila pesetas __________ circa duecentoquarantamila lire. Pablo chiede se __________ avere tre biglietti __________ cinquantamila e il resto in biglietti di piccolo __________ . Pablo acquista poi trecento __________ svizzeri, perché ha __________ di partire __________ Ginevra.

PRODUZIONE SCRITTA

1 *Provate a completare le domande:*

1. Che cosa devo fare per ____________________?
2. Se è così, ____________________?
3. Che documenti ci vogliono per ____________________?
4. Scusi, può ____________________?
5. Vorrei ____________________
6. Quanto vuole ____________________?
7. Scusi, ha ____________________?
8. Non so ____________________
9. Senta, però ____________________?

2 *Osservando l'esempio, trovate la parola "estranea" in ogni gruppo e sottolineatela:*

tram - autobus - **banca** - automobile

1. armadio - biglietto - comodino - letto
2. assegno - libretto - doccia - valuta
3. impiegato - moglie - figlio - marito
4. francese - inglese - intelligente - tedesco
5. museo - banca - bagno - cinema
6. strada - via - piazza - taxi

3 *Adesso usate le sei parole "estranee" per scrivere sei brevi frasi:*

1. ______________________________
____

2. ______________________________
____

3. ______________________________
____

4. ______________________________
____

5. ______________________________
____

6. ______________________________
____

CONOSCENZA LESSICALE

Scrivete accanto a ogni parola il suo contrario:

scomodo	________	grosso	________
arrivare	________	facile	________
vicino	________	niente	________
più	________	grasso	________

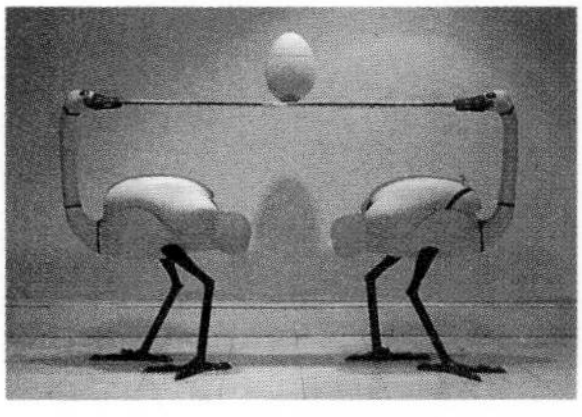

... DI SOLDI E MONETE

1

▷ *Che rapporto hanno gli italiani col denaro? Cerchiamo di scoprirlo insieme.*

1. *Guardate il signore nella fotografia:*

A. Secondo voi, quanti anni ha?
B. Dove si trova?
C. Sta depositando i suoi risparmi o prelevando contanti per spenderli?

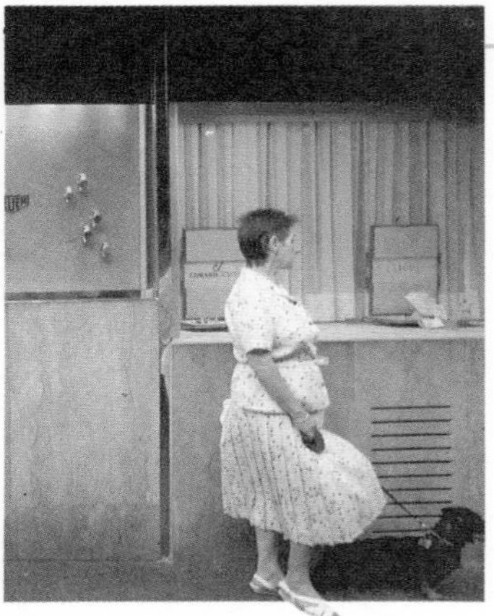

2. *Guardate la signora nella fotografia:*

A. È vestita in modo povero o elegante?
B. Spende molto per vestirsi?
C. Che cosa sta facendo? Che cosa ha intenzione di fare?
D. Di che negozio si tratta?

3. *Secondo voi gli italiani sono mediamente:*

A. ricchi ☐ molto ricchi ☐ poveri ☐ molto poveri ☐
B. risparmiatori ☐ spendaccioni ☐ avari ☐

4. *Su che cosa è basata la vostra opinione?*

A. vostri viaggi in Italia ☐
B. turisti italiani nel vostro paese ☐
C. film, documentari televisivi ☐
D. parenti o amici italiani ☐

2

▷ *Rispondete alle seguenti domande (giustificate la vostra risposta in italiano o anche nella vostra lingua):*

1. Nel Suo paese le carte di credito sono

   poco diffuse ☐

   molto diffuse ☐

   inesistenti ☐

2. Lei ha una carta di credito?

   sì ☐ no ☐

3. Se non ce l'ha, vorrebbe averla?

   sì ☐ no ☐

3

▷ *Guardate il grafico e leggete la didascalia, quindi confrontate i consumi italiani con quelli del vostro paese. Secondo voi quali sono le più importanti differenze? Voi per che cosa preferite spendere? Discutetene in gruppo.*

DOVE VANNO I NOSTRI SOLDI

In questo grafico sono riportati i consumi degli italiani nel 1990. La maggior parte dei nostri soldi viene impiegata per acquistare beni non alimentari. Anzi, la spesa per mangiare è in continuo calo negli ultimi 15 anni. Sono invece aumentate quasi tutte le voci legate alla crescita degli standard di vita delle famiglie.

4 ▷ *Vi proponiamo ora un'intervista a un sociologo.*

- *Con l'aiuto del dizionario cercate il significato delle parole-chiave evidenziate nel brano.*

- *Ora controllate la correttezza delle vostre ipotesi leggendo l'intervista (non cercate di capire ogni parola).*

Senta Professore, gli italiani sono **spendaccioni** o **risparmiatori**?

Mah, dipende. Da tanti fattori: dall'età, da regione a regione... Ad esempio, si sa che gli **anziani** risparmiano più dei giovani.

Ma **mediamente**?
Mediamente... direi che le statistiche ci danno due dati **contraddittori**: da una parte, gli italiani mostrano un'alta tendenza al risparmio, superiore a quella di molti altri popoli europei.

Davvero?! E quali sono le forme di risparmio preferite dagli italiani?

L'italiano medio **investe** prima di tutto in BOT e CCT, poi nel "mattone", cioè nella casa: gli italiani **proprietari** di casa sono circa il 70%, e molti hanno anche una seconda casa al mare, in montagna o al paese d'origine. L'**investimento** in borsa, invece, è ancora una cosa da élite.

E l'altro dato?

Sì, le statistiche sui **consumi** ci dicono che l'italiano medio è terzo, dopo il Giappone e la Germania, nella spesa per beni **voluttuari**, come **abbigliamento**, hi-fi e audiovisivi, automobili veloci, **alimentazione**, arredamento, vacanze. I turisti italiani all'estero sono noti per la loro eleganza, e perché non badano a spese.

Ma Lei come spiega questa ***contraddizione****?*

Vede, non dobbiamo dimenticare che, in poco più di quarant'anni, l'Italia è passata dalla condizione di nazione povera a quella di importante **potenza industriale**. Come tutti i "nuovi ricchi", gli italiani sono divisi tra la voglia di **esibire** la nuova ricchezza — specie le generazioni nate dopo gli anni '50 — e il ricordo ancora recente della povertà, e questo spiega il **bisogno** di risparmiare per il futuro.

Nota: BOT e CCT sono titoli garantiti dallo Stato che danno interessi piuttosto alti.

Rileggete l'intervista una seconda volta e dite se le seguenti affermazioni sono vere o false:

		V	F
A.	I giovani italiani non sono molto interessati al risparmio.		
B.	Gli italiani sono senza dubbio un popolo di risparmiatori.		
C.	La maggior parte degli italiani è proprietaria di una o più case.		
D.	Gli italiani non spendono molto per i vestiti e le automobili.		
E.	Giapponesi e tedeschi spendono meno degli italiani per beni voluttuari.		
F.	Tutti sanno che i turisti italiani all'estero sono spendaccioni.		
G.	La ricchezza in Italia è un fenomeno piuttosto recente.		
H.	L'economia italiana è basata soprattutto sull'agricoltura.		
I.	Non c'è molta differenza fra l'Italia di oggi e l'Italia di quarant'anni fa.		

U N I

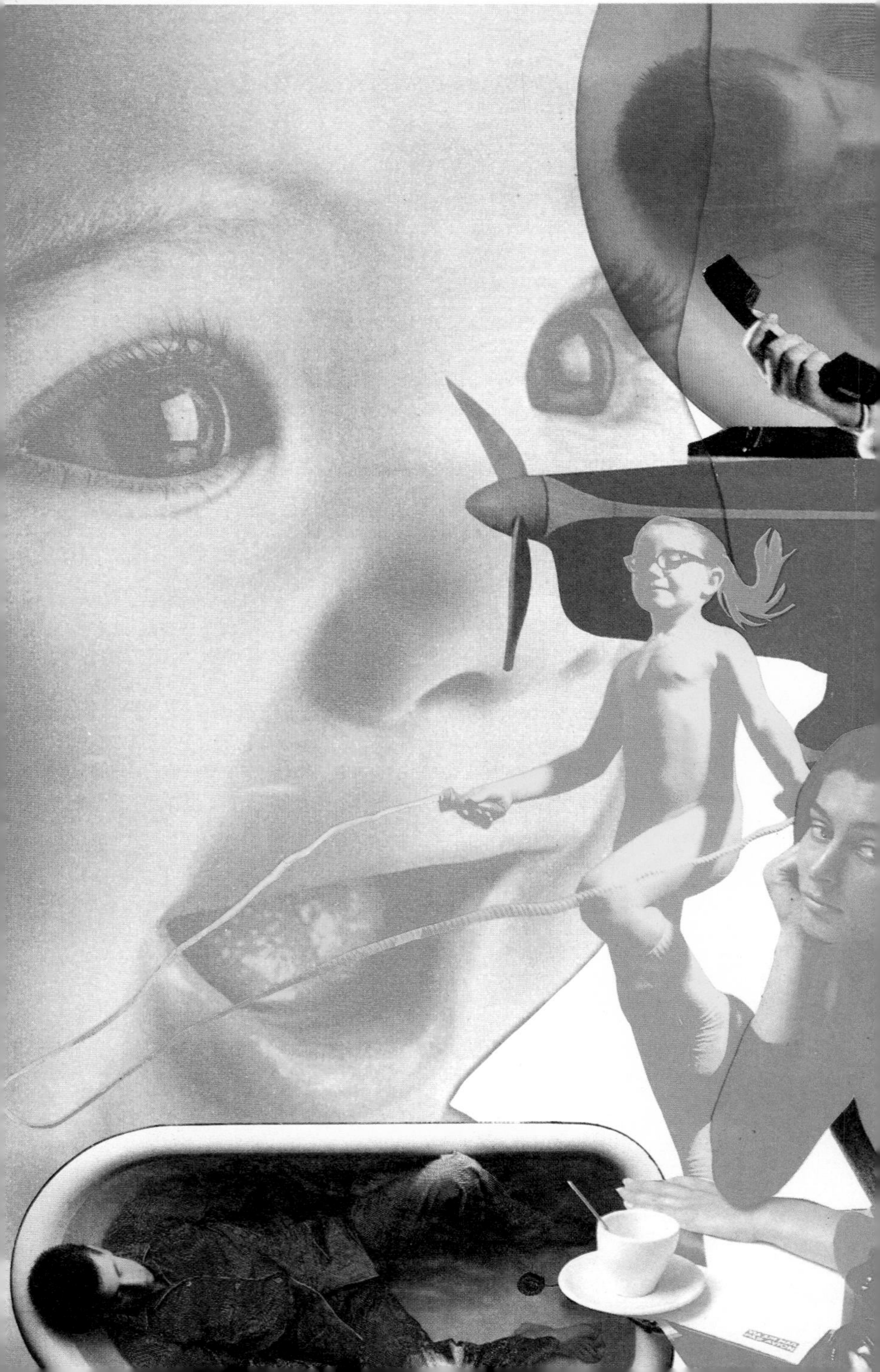

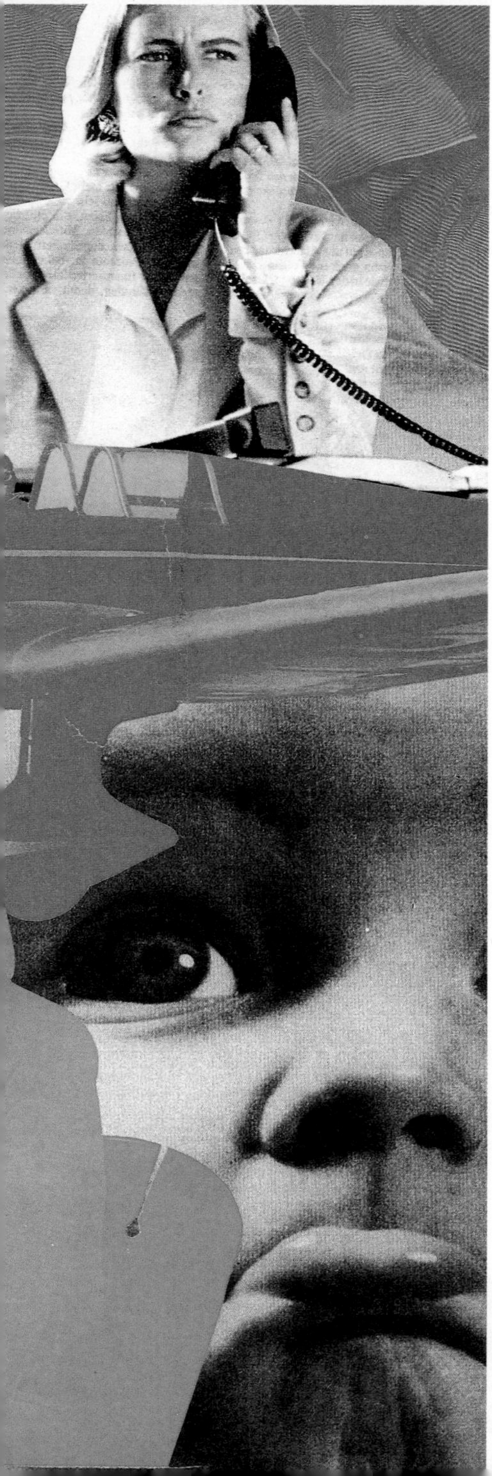

9

NONA UNITÀ

che giornata!

OBIETTIVI

- parlare di eventi passati
- chiedere e dare spiegazioni
- esprimere rassegnazione, sollievo, compassione

GRAMMATICA

- participio passato
- passato prossimo
- posizione dell'avverbio con verbi ai tempi composti
- superlativo assoluto
- verbi riflessivi e pronominali
- particella *ci* (III)

AREA LESSICALE

azioni quotidiane, eventi straordinari

UNA GIORNATA FATICOSA ▶

Ascoltate il dialogo guardando solo le illustrazioni (non cercate di capire ogni parola):

Angela - Ah, finalmente in pace! Sono stanchissima. La notte scorsa ho dormito poco e stamattina ho fatto fatica ad alzarmi.

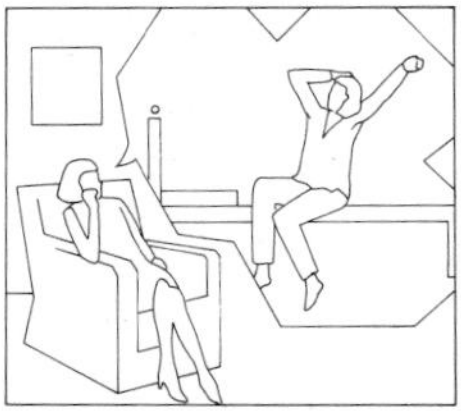

Marisa - Ma sei andata lo stesso a lavorare?

Angela - Per forza, ma sono arrivata tardissimo, quasi alle dieci.

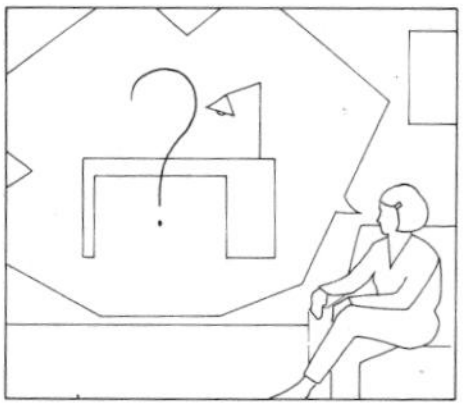

Marisa - Hai avuto qualche problema con il capo?

Angela - No, nessuno. Appena mi ha visto, ha capito e non ha detto niente.

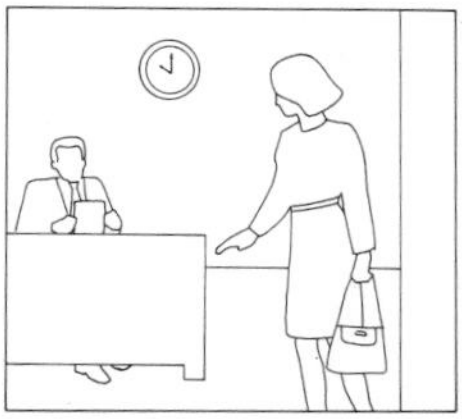

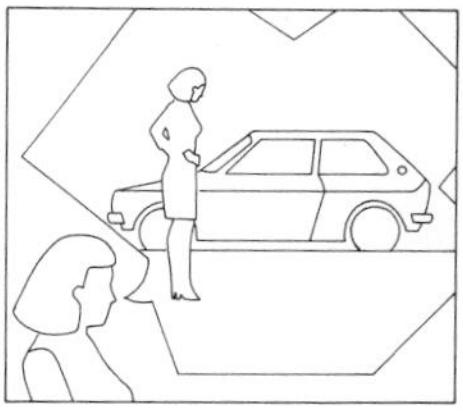

Marisa - Non mi hai detto perché sei arrivata in ritardo. Che ti è successo?

Angela - Niente: la macchina non è partita, perciò ho dovuto chiamare un taxi.

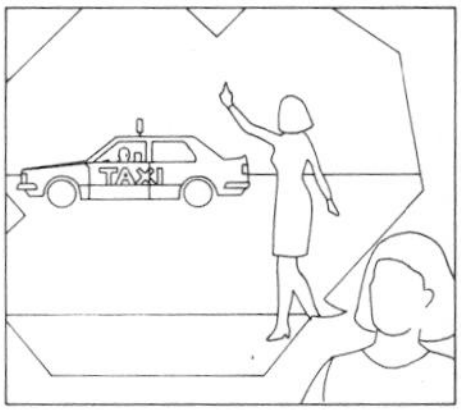

Marisa - Povera te! Come sei riuscita a trovarlo a quell'ora?

Angela - Infatti sono rimasta ad aspettare per strada quasi venti minuti.

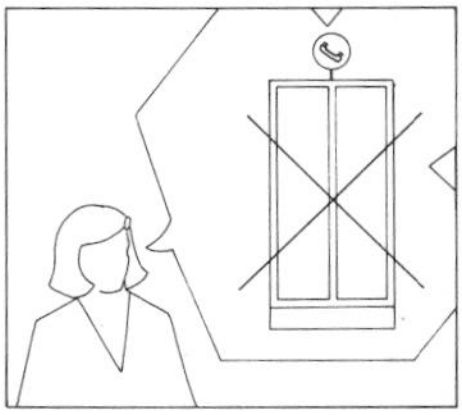

Marisa - Con quel freddo! Perché non mi hai telefonato?

Angela - Beh, ci ho pensato, ma non ho voluto disturbarti.

Marisa - Sei stata sciocca a fare complimenti.

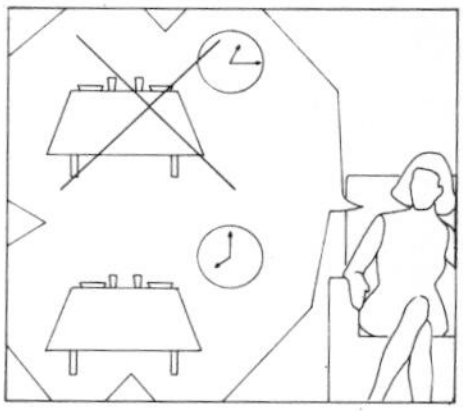

Angela - Ho una fame... Ho mangiato solo un panino al bar. Che hai preparato di buono per cena?

Marisa - Niente di speciale. Ma se hai fame non c'è problema.

1

▷ *Riascoltate il dialogo e decidete se le seguenti affermazioni sono vere o false:*

		V	F
A. ▷	Angela ha fatto fatica ad alzarsi.		
B. ▷	Angela ha trovato subito un taxi.		
C. ▷	Il capo è stato comprensivo con Angela.		
D. ▷	Marisa ha preparato qualcosa di speciale per cena.		

2

▷ *Riascoltate il dialogo leggendo il testo, poi scegliete la corretta alternativa:*

1. ▶ Angela è stanchissima perché ....
   - A. la notte precedente ha dormito poco
   - B. non è riuscita a prendere un taxi
   - C. ha avuto qualche problema con il capo

2. ▶ All'ora di pranzo Angela ....
   - A. ha mangiato moltissimo
   - B. non ha mangiato niente
   - C. ha mangiato solo un panino

3. ▶ Angela ....
   - A. ha telefonato a Marisa
   - B. non ha pensato di telefonare a Marisa
   - C. ci ha pensato, ma non ha voluto disturbarla

3

▷ *Ascoltate e ripetete.*

4

▷ *Provate a ricostruire il dialogo guardando solo le illustrazioni.*

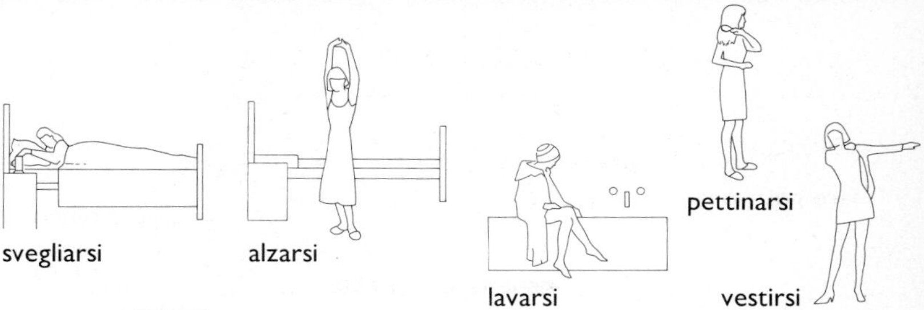

5

▷ *Domandate e rispondete secondo il modello:*

Anna, *quando ti sei alzata?*
Mi sono alzata un'ora fa.
Marco, *quando ti sei alzato?*
Mi sono alzato un'ora fa. *(alzarsi/un'ora fa)*

1. Rita, ____________________? *(svegliarsi/alle nove)*

   ____

2. Ugo, ____________________? *(vestirsi/due ore fa)*

   ____

3. Sara, ____________________? *(pettinarsi/poco fa)*

   ____

6

▷ *Come il precedente:*

Marco e Giulio *si sono già alzati?*
No, non si sono ancora alzati.
Anna e Sara *si sono già alzate?*
No, non si sono ancora alzate. *(alzarsi)*

1. Ugo e Franco ____________________? *(svegliarsi)*

   ____

2. Rita e Marta ____________________? *(vestirsi)*

   ____

3. Sergio e Paolo ____________________? *(lavarsi)*

   ____

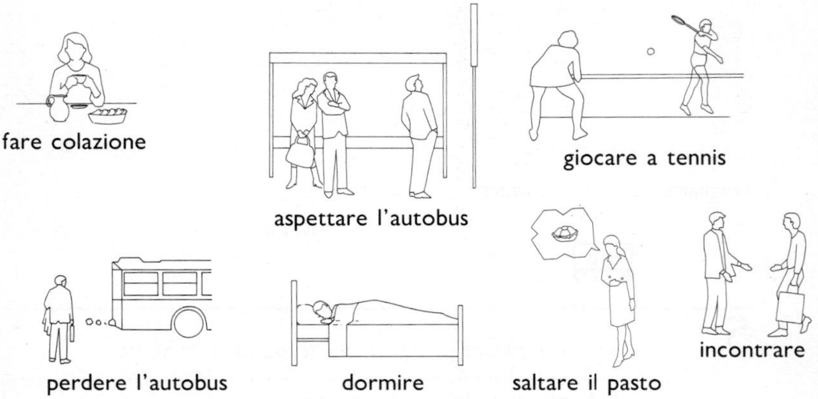

7

▷ *Completate i dialoghi secondo il modello:*

Hai *lavorato* il pomeriggio?	*(lavorare)*
No, ho *giocato* a tennis.	*(giocare)*

1. Hai ______________ bene oggi? *(mangiare)*

   No, ho ______________ il pranzo. *(saltare)*

2. Hai ______________ l'autobus stamattina? *(aspettare)*

   No, ho ______________ un taxi. *(chiamare)*

3. Hai ______________ Paolo ieri? *(incontrare)*

   No, ho ______________ con lui al telefono. *(parlare)*

4. Hai ______________ la colazione stamattina? *(saltare)*

   No, ho ______________ un panino al bar. *(mangiare)*

5. Hai ______________ a tennis sabato? *(giocare)*

   No, ho ______________ la tv. *(guardare)*

8

▷ *Come il precedente:*

Avete *dormito* bene? Sì, abbiamo *dormito* benissimo.	*(dormire)*

1. Avete ______________________ bene? *(capire)*

   Sì, abbiamo ______________________ benissimo.

2. Avete ______________________ bene? *(sentire)*

   Sì, abbiamo ______________________ benissimo.

3. Avete ____________ bene? *(seguire)*

   Sì, abbiamo ____________ benissimo.

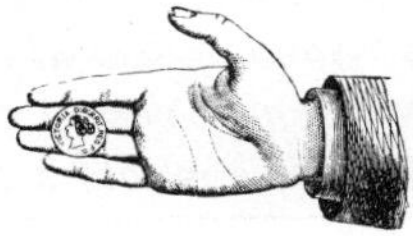

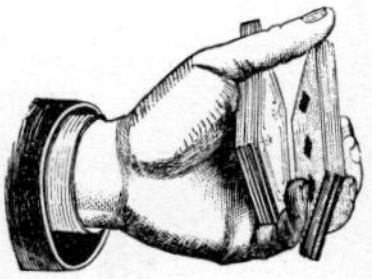

9

▷ *Completate come gli esercizi precedenti:*

Perché è qui, signora? Perché ho *ricevuto* un avviso.	*(ricevere)*

1. Perché è in ritardo, signorina?

   Perché ho ____________ l'autobus. *(perdere)*

2. Perché torna a casa così presto, dottore?

   Perché ho ____________ che mia moglie non sta bene. *(sapere)*

3. Perché è ancora in ufficio, signora?

   Perché ho ____________ finire la relazione. *(volere)*

partire

uscire

tornare

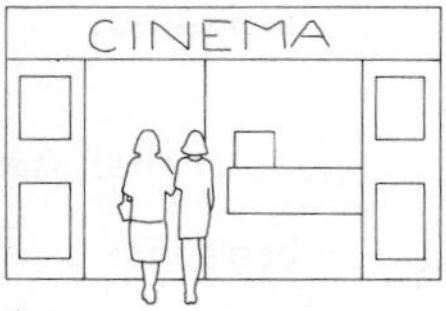

andare
al cinema

restare
a casa

10

▷ *Osservate l'esempio e, in coppia, eseguite mini-dialoghi simili usando le parole-stimolo:*

A. dove andare/Maria?	A. *Dove sei andata, Maria?*
B. cinema	B. *Sono andata al cinema.*
A. Anna/venire con te?	A. *Anna è venuta con te?*
B. no/restare/casa	B. *No, è restata a casa.*

1. A. con chi partire/Rita? ____________________
   B. Marco ____________________
   A. Paola/partire con voi? ____________________
   B. no/andare/mare ____________________

2. A. a che ora uscire/Lia? ____________________
   B. otto ____________________
   A. Carla/uscire con te? ____________________
   B. no/restare/casa di Eva ____________________

3. A. dove andare/Laura? ____________________
   B. Firenze ____________________
   A. Sara/andare con lei? ____________________
   B. no/venire con noi ____________________

11

▷ *Come il precedente:*

A. (voi) fare/ieri sera?	A. *Che avete fatto ieri sera?*
B. uscire/voi?	B. *Siamo usciti, e voi?*
A. andare da Giorgio	A. *Siamo andati da Giorgio.*

1. A. (voi) fare/domenica? ______________________

   B. restare a casa/voi? ______________________

   A. venire qui con Lucio ______________________

2. A. (voi) fare/stamattina? ______________________

   B. andare in centro/voi? ______________________

   A. restare in albergo ______________________

3. A. (voi) fare/estate scorsa? __________

   ____

   B. partire per Parigi/voi? __________

   ____

   A. tornare a Capri __________

   ____

12

▷ *Rispondete secondo il modello:*

Che ha fatto ieri Laura? È *uscita* con Anna.	*(uscire)*

1. Che ha fatto ieri Angela?

   ______________________ al cinema. *(andare)*

2. Che ha fatto ieri Paola?

   ______________________ per Siena. *(partire)*

3. Che ha fatto ieri Marta?

   ______________________ a casa presto. *(tornare)*

13

▷ *Rispondete secondo il modello:*

> Sei già andata a Pisa, Laura?
> *No, non ci sono ancora andata.*

1. Sei già stata a Londra, Anna?

____

____

2. Siete già andati al mare?

____

____

3. Sono già stati a Torino?

____

____

14

▷ *Consultando la tabella a p. 235, completate le risposte secondo il modello:*

> Che cosa vi ha domandato Gianni?
> Dove *abbiamo nascosto* la chiave. *(nascondere)*

1. Come avete passato il pomeriggio?

   ____________________ ad alcune lettere. *(rispondere)*

2. Avete prenotato la camera?

   No, ____________________ solo il prezzo. *(chiedere)*

3. Come avete passato la sera?

   ______________________ un film alla tv. *(vedere)*

15

▷ *Come il precedente:*

Hai *chiuso* la porta senza girare la chiave? *(chiudere)*
Io chiudo sempre così.

1. Hai __________ tanto senza dire niente? *(spendere)*

   Io spendo sempre tanto.

2. Hai ________________ il tè senza limone? *(prendere)*

   Io lo prendo sempre senza.

3. Hai __________ senza pensarci due volte? *(decidere)*

   Io decido sempre così.

4. Hai __________________ il caffè corretto? *(prendere)*

   Io lo prendo sempre corretto.

16

▷ *Come gli esercizi precedenti:*

Come ha detto, signora?
Ho detto che ieri ho fatto tardi. *(fare)*

1. Come ha detto, signora?

   ________________________ molte lettere. *(scritto)*

2. Come ha detto, signorina?

   ___________ il giornale alle dieci di sera. *(leggere)*

3. Come ha detto, dottor Vitali?

   ___________________________ gli occhiali. *(rompere)*

4. Come ha detto, ingegnere?

   ____________________________ un affare. *(fare)*

nervoso calmo povero ricco giovane vecchio

17

▷ *Replicate secondo il modello:*

> Marta ha detto che è molto stanca.
> *Si vede che è stanchissima.*

1. Carla ha detto che è molto calma.

____

2. Gianni ha detto che è molto nervoso.

____

3. Franca ha detto che è molto giovane.

____

18

▷ *Come il precedente:*

> Tutti dicono che quel film è molto bello.
> *Sì, è bellissimo.*

1. Tutti dicono che Paolo è molto povero.

____

2. Tutti dicono che Carla è molto magra.

____

3. Tutti dicono che Ugo è molto grasso.

____

4. Tutti dicono che Anna è molto ricca.

____

19

▷ *Ancora come i precedenti esercizi:*

So che il signor Rossi è stato molto male.
Sì, è stato malissimo.

1. So che il dottor Paoletti ha speso molto poco.

____

2. So che la signora Sarti è uscita molto presto.

____

3. So che i ragazzi sono tornati molto tardi.

____

4. So che qui si mangia molto bene.

____

20

▷ *Osservate l'esempio e, in coppia, eseguite mini-dialoghi simili usando le parole-stimolo:*

A. fare questo lavoro?	A. *Da quanto tempo fai questo lavoro?*
B. tre anni	B. *Da tre anni.*
A. altri lavori/prima?	A. *Hai fatto altri lavori prima?*
B. impiegato/un anno	B. *Sì, ho fatto l'impiegato per un anno.*

1. A. studiare questa lingua? ______________________
   B. sei mesi ______________________
   A. altre lingue/prima? ______________________
   B. francese/sei mesi ______________________

2. A. avere questa macchina? ______________________
   B. un anno ______________________
   A. altre macchine/prima? ______________________
   B. una Fiat/cinque anni ______________________

3. A. leggere questo giornale? ______________________
   B. due anni ______________________
   A. altri giornali/prima? ______________________
   B. "La Stampa"/diversi anni ______________________

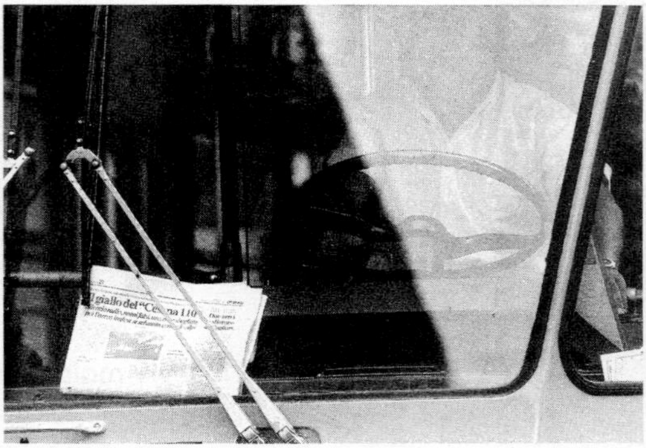

PARTICIPIO PASSATO REGOLARE

lavorare	**lavorato**
ricevere	**ricevuto**
sentire	**sentito**

-are	→	**-ato**
-ere	→	**-uto**
-ire	→	**-ito**

Nota: Come lavorare *si coniugano:* andare, cercare...
Come ricevere *si coniugano:* avere, tenere, vendere...
Come sentire *si coniugano:* preferire, partire...

PARTICIPIO PASSATO IRREGOLARE

essere	**stato**

chiudere	**chiuso**
decidere	**deciso**
prendere	**preso**
scendere	**sceso**
spendere	**speso**
succedere	**successo**
mettere	**messo**
perdere	**perso** (perduto)
dire	**detto**
fare	**fatto**
leggere	**letto**
rompere	**rotto**
scrivere	**scritto**
chiedere	**chiesto**
nascondere	**nascosto**
rimanere	**rimasto**
rispondere	**risposto**
vedere	**visto** (veduto)
aprire	**aperto**
morire	**morto**
offrire	**offerto**
scegliere	**scelto**

A t t e n z i o n e !

bere	be**v**uto
venire	ven**u**to

conoscere	conosc**i**uto
vivere	vi**ss**uto

PASSATO PROSSIMO

con l'ausiliare avere

(io) (tu)	**ho** **hai**	comprato lavorato	molta frutta molte ore
(lui) (lei) (Lei)	**ha**	avuto ricevuto venduto	un'idea tante lettere la casa
(noi) (voi) (loro)	**abbiamo** **avete** **hanno**	capito sentito	la lezione alcune canzoni

con l'ausiliare essere

(io) (tu)	**sono** **sei**	andat**o**/andat**a** sces**o**/sces**a** partit**o**/partit**a**	a casa a Pisa per Roma
(lui) (lei) (Lei)	**è**		
(noi) (voi) (loro)	**siamo** **siete** **sono**	andat**i**/andat**e** sces**i**/sces**e** partit**i**/partit**e**	al cinema a Bologna da Milano

Nota: Come avete visto, il passato prossimo si forma con avere *o con* essere.

1. *Si usa l'ausiliare* essere *con:*
   A. *i verbi che indicano azioni che hanno un punto di partenza o di arrivo, come:* andare, venire, tornare, uscire, *ecc.;*
   B. *i verbi* essere, stare, rimanere*;*
   C. *i verbi* nascere, vivere, morire, diventare*;*
   D. *i verbi* piacere, sembrare, succedere*;*
   E. *i verbi riflessivi e pronominali* (chiamarsi, alzarsi*...).*.

2. *Se il passato prossimo è costruito con* essere *il participio passato si accorda con il soggetto in genere e numero, prendendo le terminazioni* -o, -a, -i, -e.

3. *Si usa l'ausiliare* avere *con tutti gli altri verbi.*

VERBI RIFLESSIVI E PRONOMINALI

alzarsi

presente

Di solito	(io) (tu)	**mi** alzo **ti** alzi	presto
	(lui) (lei) (Lei)	**si** alza	
	(noi) (voi) (loro)	**ci** alziamo **vi** alzate **si** alzano	

passato prossimo

Stamattina, invece,	(io) (tu)	**mi sono** **ti sei**	alzat**o**/**a**	molto tardi
	(lui) (lei) (Lei)	**si è**		
	(noi) (voi) (loro)	**ci siamo** **vi siete** **si sono**	alzat**i**/**e**	

POSIZIONE DELL'AVVERBIO CON VERBI AI TEMPI COMPOSTI

Marco		è	**sempre** **già**	stato arrivato	un buon padre a Torino
	non	è	**ancora**	uscito	di casa
	non	ha	**mai**	visto	la Sicilia
		ha	**appena** **anche**	finito preso	di mangiare il caffè

SUPERLATIVO ASSOLUTO DI

aggettivi

bello buono faticoso vicino	bell- buon- faticos- vicin-	**issimo** **issima** **issimi** **issime**
stan**co** lun**go**	stan**ch**- lun**gh**-	
difficile facile gentile	difficil- facil- gentil-	

avverbi

po**co**	po**ch**-	**issimo**
molto tanto presto tardi bene male	molt- tant- prest- tard- ben- mal-	

PARTICELLA • ci • CON I VERBI

• pensare •
• credere •
• riuscire •

Pensi mai **a Giorgio**?	Sì, **ci** penso sempre
Credi **alla parapsicologia**?	No, non **ci** credo
Riesci **a convivere** con lei?	Sì, **ci** riesco benissimo

Avete pensato **a comprare** il vino?	Sì, **ci** ha pensato Marco
Hai creduto **a quello** che ti ho detto?	Sì, **ci** ho creduto
È riuscita **a trovare** un taxi, signora?	No, non **ci** sono riuscita

21

▷ *Ascoltate la conversazione e completate le parti mancanti (ogni spazio corrisponde a una parola):*

Claudia - Perché sei tornata così tardi ieri sera? Ti ho telefonato alle dieci e non ha __________ nessuno.

Franca - __________ sono rimasta fuori fino a mezzanotte.

Claudia - Posso chiederti dove sei __________ ?

Franca - Niente, quando sono uscita dall' __________ ho __________ Maria e Sergio e sono andata in giro con loro.

Claudia - E poi?

Franca - Poi abbiamo __________ di andare a cena da qualche parte.

Claudia - Che ristorante avete __________ ?

Franca - Lo conosci: __________ siamo state una volta e abbiamo __________ bene.

Claudia - Ho capito. È ''La __________ mia''. Avete mangiato bene anche questa volta?

Franca - Benissimo, e non abbiamo __________ molto. Peccato che non sei __________ anche tu!

22

▷ *Ascoltate attentamente la conversazione, quindi riproducete sul quaderno una tabella simile a questa e completatela inserendovi le azioni fatte da Carla e Pietro:*

	23.00	24.00	6.20	6.30	7.15	7.30	7.45	9.10
Carla								
Pietro								

23

▷ *Lavorando in coppia, drammatizzate la seguente situazione:*

Studente:	Lei sta parlando con un'amica che non ha visto per due giorni. Le chieda che cosa ha fatto ieri.
Studentessa:	Lei è l'amica. Risponda dicendo che cosa ha fatto dalla mattina alla sera.

24

▷ *Rispondete alle seguenti domande personali:*

1. Le è successo di dormire poco di notte?
   Se sì, dica quando e per quale motivo.

2. Ha mai saltato il pranzo per motivi di lavoro?
   Se sì, dica quando è stata l'ultima volta.

3. Almeno una volta la macchina non è partita.
   Dica che cosa ha fatto in quel caso.

▷ *Ora rivolgete le stesse domande al vostro compagno di banco in forma personale.*

25

▷ *Ieri notte il signor Rossi ha sventato una rapina. Ecco la sequenza delle azioni:*

ore 22.00	Il signor Rossi sente dei rumori sospetti.
ore 22.05	Il signor Rossi va alla finestra e vede un uomo sul tetto della casa vicina.
ore 22.15	Il signor Rossi chiama la polizia.
ore 22.25	La polizia arriva subito.
ore 22.25	Il rapinatore sente la sirena della polizia e cerca di fuggire, ma scivola e cade proprio nelle braccia dei poliziotti.

▷ *Lei è il signor Rossi. Racconti a un giornalista quello che è successo ieri sera usando il passato prossimo.*

PRODUZIONE ORALE

1 *Guardando la tabella, dite che cosa ha fatto ieri il signor Negri nelle ore indicate:*

ore 8.00	:	*(fare colazione)*
ore 8.15	:	*(uscire di casa)*
ore 8.20	:	*(prendere l'autobus)*
ore 9.00	:	*(arrivare in ufficio)*
ore 11.00	:	*(mangiare un panino e bere un succo di frutta)*
ore 11.15-12.55	:	*(avere un meeting di lavoro)*
ore 13.00	:	*(andare a pranzo)*
ore 14.30	:	*(tornare in ufficio)*
ore 18.00	:	*(uscire dall'ufficio/tornare a casa)*
ore 18.30	:	*(andare a giocare a tennis)*

2 *Ecco qui sotto una serie di risposte: quali potrebbero essere le domande?*

1. Perché ho aspettato l'autobus più di venti minuti. Mi dispiace!
2. Anch'io l'ho chiesto a Franco, ma lui non mi ha risposto.
3. No, no, grazie, ho già bevuto troppi caffè oggi!
4. Ho preparato la solita pasta. Ma se hai fame non c'è problema.

3 *Parlate dell'ultima festa a cui siete stati. Dite dove siete andati, con chi siete andati, cosa avete mangiato, cosa avete bevuto, chi avete incontrato, cosa avete fatto.*

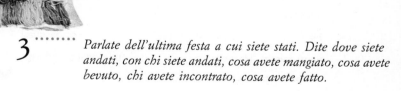

COMPRENSIONE ORALE

Ascoltate attentamente la conversazione, poi scegliete la corretta alternativa:

1. Alessio ....
   - A. fa sempre aspettare le amiche
   - B. è la prima volta che fa aspettare le amiche
   - C. è sempre puntuale

2. Alessio ....
   - A. ha avvertito in tempo le amiche
   - B. ha telefonato troppo tardi
   - C. ha chiamato qualche minuto prima delle sei

3. Marisa e Gianna sono andate all'appuntamento ....
   - A. da sole
   - B. in autobus con Francesco
   - C. in macchina con Francesco

4. Francesco ....
   - A. vive in Brasile da due anni
   - B. ha fatto un lungo viaggio in Brasile
   - C. sta partendo per il Brasile

COMPRENSIONE SCRITTA

1 *Completate il testo con le parole mancanti:*

Ieri Angela __________ arrivata tardissimo in ufficio __________ ha avuto problemi con la macchina. Il capo ha __________ e non ha __________ niente, ma lei ha __________ il pranzo e ha __________ lo stesso tutto il lavoro.

Ha __________ aspettare il taxi __________ strada quasi venti minuti. Ha pensato __________ telefonare a Marisa, ma poi non ha voluto __________ .

2 *Combinate in modo appropriato le parole della colonna A con quelle della colonna B:*

A	B
A. Anna è stanchissima	1. qualche volta fa fatica ad alzarsi.
B. Abbiamo avuto	2. appena mi ha visto.
C. Ha detto che	3. per finire il lavoro.
D. Ha capito tutto	4. perché ha lavorato tutto il giorno.
E. È vissuto a Parigi	5. per alcuni anni.
F. Ha saltato il pranzo	6. una giornata faticosissima.

PRODUZIONE SCRITTA

1 *Completate le frasi usando il passato prossimo:*

1. Di solito la mattina bevo un caffè. Stamattina, invece, __________ un latte caldo.
2. Qualche volta Sara va in ufficio a piedi. Stamattina, invece, __________ con l'autobus.
3. Spesso Sergio e Marco escono con gli amici. Ieri sera, invece, __________ da soli.
4. Normalmente Laura telefona appena arriva. Questa volta, invece, non __________ .
5. Alcune volte dormo male. La notte scorsa, invece, __________ benissimo.

2 *Scrivete una lettera a un amico lontano per raccontargli che cosa avete fatto nell'ultima settimana.*

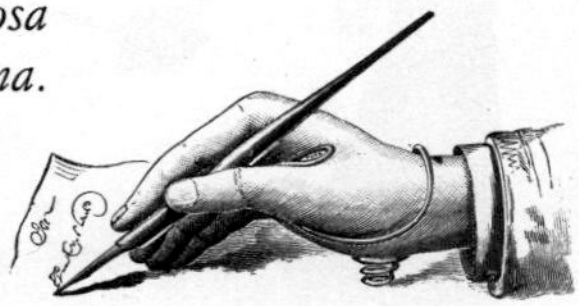

... DEL BAR E DELLA PIAZZA

▷ *Due sono i luoghi dove gli italiani amano andare per rilassarsi, vedere amici e socializzare: il bar e la piazza. Leggete il testo e dite quale paragrafo (o paragrafi) danno informazioni relative a questi aspetti:*

1. analogie esistenti fra i bar italiani e francesi
2. ragioni per cui gli italiani vanno spesso al bar
3. gli italiani e il tempo libero
4. servizi vari offerti dai bar
5. lo stile di vita italiano
6. parità fra i sessi in Italia
7. leggi o regolamenti relativi ai bar
8. ubicazione più comune dei bar italiani

a Molti bar danno su piazze: nella bella stagione gli italiani siedono ai tavolini all'aperto e guardano la gente passeggiare. Giovani e adulti si danno appuntamento in piazza: qui nascono i flirt e i contratti d'affari. C'è infatti uno stretto rapporto fra bar e piazze italiane. Tutti e due i luoghi sono simboli dello stile di vita "all'italiana", dell'importanza che gli italiani danno alla vita sociale. ▶

b I bar (o caffè) italiani non sono diversi dai *bistrot* parigini: si va al bar per fare una rapida colazione, a base di cappuccino e brioche, prima di iniziare il lavoro, si fa un salto al bar — se l'ufficio è vicino — per un caffè, un gelato, o un aperitivo, durante la giornata; il caffè è anche il luogo preferito per il panino di mezzogiorno (non tutti gli uffici hanno la mensa aziendale). ◀

c Dopo cena sono molti gli italiani — soprattutto nei paesi e nelle cittadine di provincia — che passano la serata al bar, a bere vino (più raramente superalcolici), a giocare a carte o a biliardo, o semplicemente a discutere di sport, politica, o di varia umanità.

d Anche le donne, soprattutto se lavorano, sono abituali frequentatrici dei bar (in compagnia, ma anche da sole) durante il giorno. La sera, tuttavia, i bar sono ancora ''territorio maschile'', specie nei piccoli centri.

e Non vi sono limiti di età o di orario per l'accesso ai bar e per il consumo di alcolici: malgrado ciò, o forse proprio per questo, l'alcolismo giovanile non è un problema in Italia.

f Una curiosità: in alcuni bar contrassegnati da una ''T'' si va anche per comprare sale, tabacchi, francobolli, schedine per il totocalcio, e perfino biglietti per il trasporto pubblico urbano e interurbano.

U N I

CIVILISATION FRANÇAISE
VNIVERSITÀ
CATTOLICA
SACRO CVORE

10

DECIMA UNITÀ

festa all'università

OBIETTIVI

- parlare dei propri gusti
- descrivere persone
- esprimere sorpresa, opinioni, disaccordo

GRAMMATICA

- presente e passato prossimo di *piacere*
- pronomi indiretti
- pronomi diretti (IV) e indiretti con verbi al passato
- accordo del participio passato con l'oggetto (I)
- pronomi relativi (I)

AREA LESSICALE

hobby/hobbies, caratteristiche fisiche delle persone, bevande e cibi (I)

FRA AMICI ▶

Ascoltate il dialogo guardando solo le illustrazioni (non cercate di capire ogni parola):

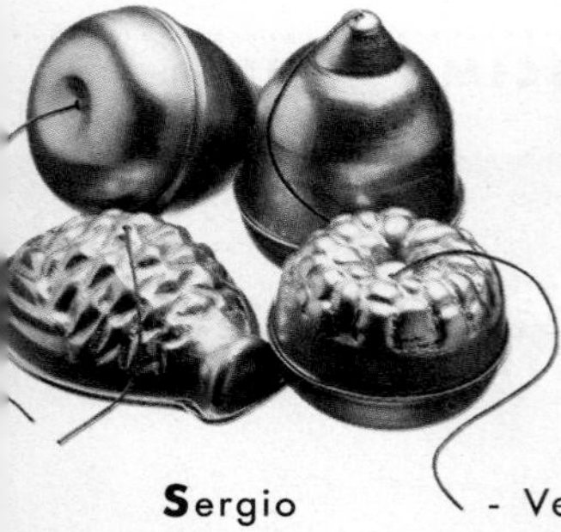

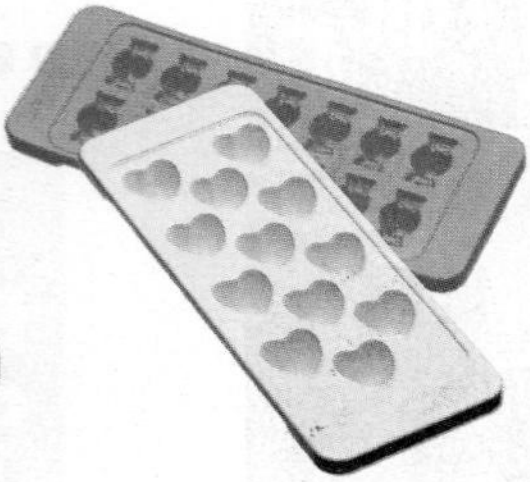

Sergio - Vedi quella ragazza?
Stefano - Quale?
Sergio - Quella che sta ballando con Tommaso.

Stefano - Ah, la bionda! Ma è Marisa, non ricordi? È la ragazza che abbiamo visto al ballo della matricola.
Sergio - Sì, è proprio lei. Ti piace?
Stefano - Uh, non è il mio tipo. Perché, ti interessa?

Sergio - Beh, mi sta dietro. Almeno credo. Mi ha chiesto gli appunti di biologia, poi mi ha telefonato due o tre volte per avere altre spiegazioni...

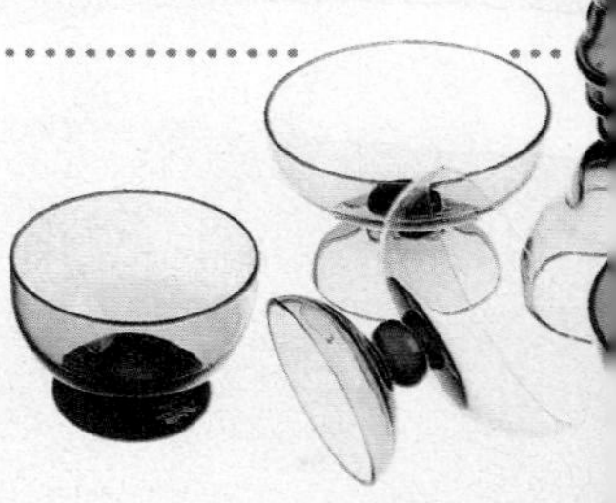

Stefano - E allora?

Sergio - Tutte scuse per parlarmi.

Stefano - Scusa, se è vero che tu le piaci tanto, come mai balla sempre con Tommaso?

Sergio - Perché l'ha invitata lui alla festa, quindi... Guarda, guarda... Sta venendo qui da noi.

Stefano - Chissà? Forse si è decisa a parlarti sul serio...

Marisa - Ciao, Sergio, come va? Bella festa, eh? Ahm, a proposito dei tuoi appunti... Ecco, li ho persi...

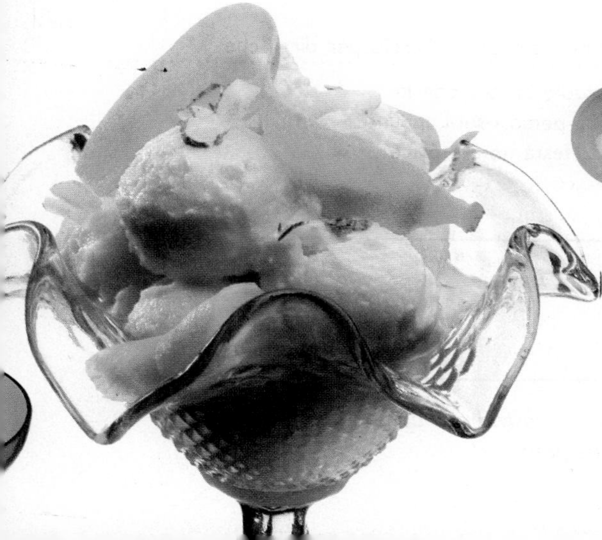

1

▷ *Riascoltate il dialogo e decidete se le seguenti affermazioni sono vere o false:*

		V	F
A. ▷	I ragazzi sono al ballo della matricola.		
B. ▷	Stefano non sa chi è la ragazza bionda.		
C. ▷	Sergio crede di piacere a Marisa.		
D. ▷	Per Stefano, a Marisa piace Tommaso.		
E. ▷	Marisa non trova più gli appunti di Sergio.		

2

▷ *Riascoltate il dialogo leggendo il testo, poi scegliete la corretta alternativa:*

1. ▶ A Stefano Marisa ....
   A. piace veramente
   B. non piace perché si veste male
   C. non piace perché non è il suo tipo

2. ▶ Secondo Sergio, Marisa gli telefona spesso perché ....
   A. lui le piace
   B. vuole gli appunti di biologia
   C. non capisce gli appunti

3. ▶ Marisa si avvicina a Sergio per dirgli che ....
   A. vuole ballare con lui
   B. ha perso i suoi appunti
   C. la festa non le piace

3

▷ *Ascoltate e ripetete.*

4

▷ *Provate a ricostruire il dialogo guardando solo le illustrazioni.*

5

▷ *Rispondete secondo il modello:*

Ti piace il ballo? *Sì, mi piace molto.*

1. Ti piace il golf?

   ____

2. Ti piace la scultura?

   ____

3. Ti piace l'aerobica?

   ____

6

▷ *Fate domande secondo il modello:*

Le piace il tennis, signora?	*(tennis/signora)*
Sì, mi piace più del golf.	

1. ______________________________ *(pittura/professore)*

   Sì, mi piace più della scultura.

2. ______________________________ *(danza classica/signorina)*

   Sì, mi piace più di quella moderna.

3. ______________________________ *(calcio/signor Negri)*

   Sì, mi piace più del pugilato.

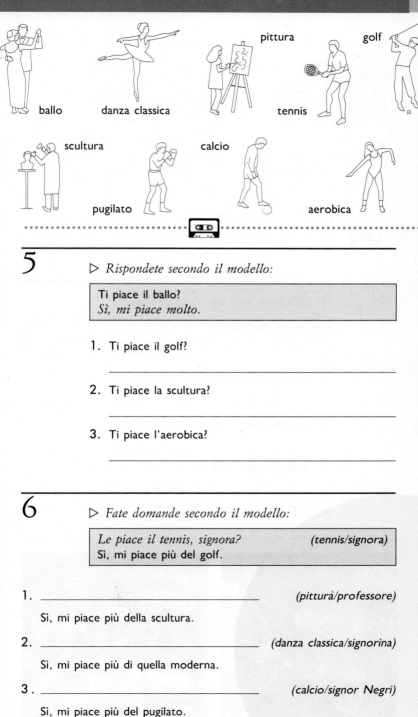

ballare

suonare

cantare

sciare

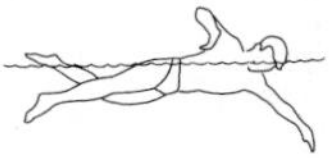

nuotare

7

▷ *Rispondete secondo il modello:*

> A Marco piace ballare?
> *Sì, gli piace moltissimo.*

1. A Sergio piace suonare?
   ____
2. A Giulio piace cantare?
   ____
3. A Bruno piace sciare?
   ____
4. A Paolo piace nuotare?
   ____

8

▷ *Rispondete secondo i modelli:*

A Laura piace la carne?
No, non le piace.

1. A Marta piace il pesce?

   ____

2. A Rita piace la minestra?

   ____

3. A Carla piace il burro?

   ____

Perché Anna e Piero non mangiano la pasta?
Perché non gli piace.

1. Perché Gigi e Marco non mangiano la carne?

   ____

2. Perché Marta e Giulio non prendono il pesce?

   ____

3. Perché Maria e Rita non mangiano la pizza?

   ____

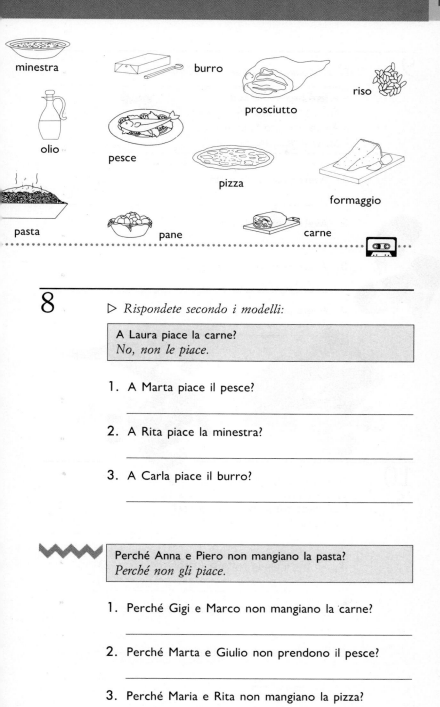

9

▷ *Rispondete secondo il modello:*

Avete provato il pesce?
Sì, ci è piaciuto molto.
Avete provato la carne?
Sì, ci è piaciuta molto.

1. Avete provato la pasta?

____

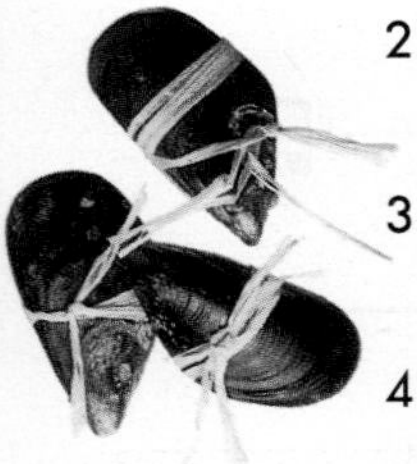

2. Avete provato la pizza?

____

3. Avete provato il formaggio?

____

4. Avete provato il prosciutto?

____

10

▷ *Come il precedente:*

Le piace più la carne o il pesce?
Mi piacciono tutti e due.

1. Le piace più la pasta o il riso?

____

2. Le piace più il formaggio o il prosciutto?

____

3. Le piace più l'olio o il burro?

____

4. Le piace più la pizza o il pane?

____

11

▷ *Domandate e rispondete secondo il modello:*

Vi piacciono gli spaghetti?	*(spaghetti)*
Sì, ci piacciono molto.	

1. ______________________________ ? *(tagliatelle)*
____
2. ______________________________ ? *(verdure)*
____
3. ______________________________ ? *(dolci)*
____

12

▷ *Rispondete secondo il modello:*

> Perché non prende i tortellini, signora?
> *Perché l'altra volta non mi sono piaciuti.*
> Perché non prende le salsicce, signora?
> *Perché l'altra volta non mi sono piaciute.*

1. Perché non prende i dolci siciliani, signora?
____
2. Perché non prende i maccheroni, signora?
____
3. Perché non prende le lasagne, signora?
____

13

▷ *Replicate secondo il modello:*

Ti piace questo whisky?
Non so, non l'ho ancora provato.
Ti piace questa birra?
Non so, non l'ho ancora provata.

1. Ti piace questo cognac?
   ____
2. Ti piace quest'acqua minerale?
   ____
3. Ti piace questa bibita?
   ____

14

▷ *Osservate l'esempio e, in coppia, eseguite mini-dialoghi simili usando le parole-stimolo:*

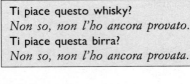

A. conoscere/ragazza/ parlare/con Stefano?	A. *Conosci la ragazza che parla con Stefano?*
B. sì/conoscere/una settimana fa/al bar	B. *Sì, l'ho conosciuta una settimana fa al bar.*

1. A. conoscere/signorina/ ____________________
   ballare/con Aldo? ____________________
   B. sì/vedere/altre volte/ ____________________
   in discoteca ____________________
2. A. conosci/signora/ ____________________
   lavorare/con Gianni? ____________________
   B. sì/incontrare/per ____________________
   strada/con lui ____________________
3. A. conosci/ragazza/ ____________________
   studiare/con Pino? ____________________
   B. sì/conoscere/ ____________________
   all'università ____________________

15

▷ *In coppia, domandate e rispondete secondo il modello:*

> A. *Signora, Le piacciono i tortellini?* (tortellini)
> B. *Non so, non li ho mai mangiati.*
> A. *Signora, Le piacciono le tagliatelle?* (tagliatelle)
> B. *Non so, non le ho mai mangiate.*

1. A. ______________________ ? *(specialità toscane)*
   B. ______________________
2. A. ______________________ ? *(formaggi francesi)*
   B. ______________________
3. A. ______________________ ? *(verdure alla griglia)*
   B. ______________________
4. A. ______________________ ? *(dolci siciliani)*
   B. ______________________

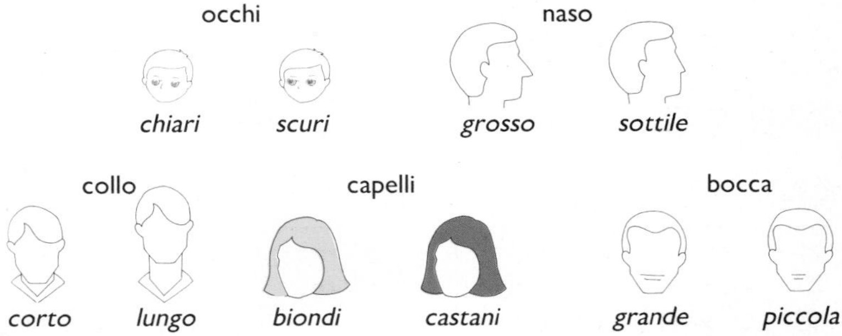

16

▷ *Completate oralmente le frasi secondo il modello:*

> Non mi piacciono le ragazze/i ragazzi con gli occhi scuri.
> *Preferisco quelle/quelli che hanno gli occhi chiari.*
> *(chiari)*

1. Non mi piacciono le ragazze con i capelli biondi. *(castani)*
2. Non mi piacciono le ragazze con la bocca grande. *(piccola)*
3. Non mi piacciono i ragazzi con il naso grosso. *(sottile)*
4. Non mi piacciono le ragazze con il collo corto. *(lungo)*

CONIUGAZIONE IRREGOLARE: • piacere •

presente

mi ti gli le Le ci vi gli	**piace**	l'Italia / questo paese quella ragazza / quel ragazzo il pesce / la carne ballare / nuotare
	piacciono	i tortellini / le tagliatelle le ragazze bionde / i ragazzi alti i balli moderni / tutti gli sport

passato prossimo

ti/Le/vi	è	**piaciuto**	il ball**o**?
		piaciuta	la fest**a**?
	sono	**piaciuti**	i tortellin**i**?
		piaciute	le tagliatell**e**?

Nota: *il participio si accorda in genere e numero con la cosa che piace (la festa, i tortellini, ecc.).*

PRONOMI INDIRETTI

deboli

Mi **Ti** **Gli** **Le**	piace	la pasta
Ci **Vi** **Gli**	piacciono	i dolci

forti

A	**me** **te** **lui** **lei**	piace	la pasta
	Lei **noi** **voi** **loro**	piacciono	i dolci

Nota: *nella lingua parlata si usano quasi sempre i pronomi* deboli. *I pronomi* forti *si usano soltanto*

1. *quando si vuol dare maggiore enfasi al pronome*
   Maria *ti* sta parlando.
   ma Maria sta parlando *a te*, non *a me*.
2. *quando il pronome è preceduto da preposizione (vedi Unità 7).*

PRONOMI DIRETTI • lo • la • li • le • CON VERBI AL PASSATO

Hai chiamato	Mario?
	Laura?
	i ragazzi?
	le ragazze?

Sì	(**lo**) **l'** (**la**)	ho	chiamat**o**
			chiamat**a**
	li	ho	chiamat**i**
	le		chiamat**e**

Nota: il participio si accorda con il pronome diretto che precede il verbo al passato.

PRONOMI INDIRETTI • le • gli • CON VERBI AL PASSATO

Hai chiamato	Laura?
	Marco? i ragazzi? le ragazze?

Sì,	**le**	ho telefonato poco fa
	gli	

PRONOME RELATIVO • che •

soggetto

Pietro	è	il ragazzo	**che**	lavora	con noi
Luisa		la ragazza			
Ugo e Marco	sono	i ragazzi		lavorano	
Anna e Rita		le ragazze			

complemento oggetto

Pietro	è	il ragazzo	**che**	ho conosciuto ieri
Luisa		la ragazza		hai visto alla festa
Ugo e Marco	sono	i ragazzi		ci hanno presentato
Anna e Rita		le ragazze		abbiamo incontrato

17

▷ *Ascoltate la conversazione e completate le parti mancanti (ogni spazio corrisponde a una parola):*

Marta - Guarda, non è la ragazza _________ Marco?
Adele - Sì, è Lidia, ma ora non _________ più con lui.
Marta - Perché, l'ha lasciata?
Adele - No, è il contrario: lei _________ è messa con un altro.
Marta - E sai chi è?
Adele - L'ho visto più volte con lei, ma non so come _________ _________ .
Marta - È un bel ragazzo?
Adele - Secondo me è più bello _________ Marco. È molto alto, ha gli occhi _________ e i capelli biondi.
Marta - E si veste bene?
Adele - L'ho visto sempre in jeans, ma con delle camicie bellissime. Insomma, _________ è sembrato elegante.
Marta - Quanti anni può avere?
Adele - Più o meno ventidue.
Marta - Allora ho capito, o almeno mi _________ . Deve essere Pietro, il ragazzo di Pisa _________ studia con il fratello di lei.
Adele - Come _________ sai?
Marta - Li ho visti insieme al ballo della matricola e dalla tua descrizione mi sembra _________ lui.
Adele - Ma perché ti interessa tanto _________ se è lui?
Marta - Perché Pietro mi piace.
Adele - Puoi sempre _________ con Marco, no?
Marta - No, a me _________ i ragazzi alti e biondi; lui, invece, è basso e bruno.
Adele - Ma tu credi proprio _________ essere bella?
Marta - Bella no, ma _________ sì.

▷ *Ora abbinate le qualità ai due personaggi di cui parlano Marta e Adele:*

	alto	*basso*	*biondo*	*bruno*	*elegante*
Marco					
Pietro					

18

▷ *Che cosa vi piace di più dell'Italia?*
Che cosa non vi piace?
Riempite la prima colonna con i nomi di attori e registi, cantanti, cibi, scrittori che vi piacciono (+) o non vi piacciono (–). Informate il vostro compagno, poi chiedetegli la sua opinione e trascrivetela.

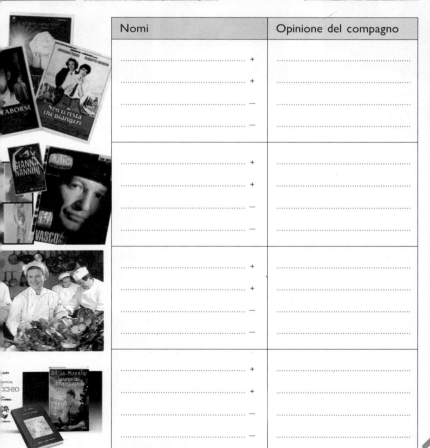

Nomi	Opinione del compagno
.... +	....
.... +	....
.... –	....
.... –	....
.... +	....
.... +	....
.... –	....
.... –	....
.... +	....
.... +	....
.... –	....
.... –	....
.... +	....
.... +	....
.... –	....
.... –	....

19

▷ *In gruppo discutete dei personaggi dello spettacolo che vi piacciono di più e datene una descrizione.*

20

▷ *Lavorando in coppia, drammatizzate la seguente situazione:*

Studente: Lei ha appena conosciuto una ragazza e non sa nulla di lei. Le chieda quali sono i suoi gusti in fatto di cibi e hobby.

Studentessa: Lei è la ragazza. Risponda alle domande dello studente. Gli chieda poi di parlare dei suoi gusti.

Studente: Risponda alle domande della studentessa.

PRODUZIONE ORALE

1 *Rispondete alle seguenti domande personali:*

1. Lei ha un amico italiano? Se sì, descriva le sue caratteristiche fisiche.
2. Qual è il Suo attore / la Sua attrice preferito/a? Dica perché Le piace.
3. Quali sono gli hobby che piacciono particolarmente a Lei e alle altre persone della Sua famiglia?

2 *Domandate al vostro compagno di banco*

1. dove ha conosciuto la sua ragazza / sua moglie
2. qual è stata la prima cosa che gli è piaciuta di lei
3. qual è stata la prima cosa che le ha detto
4. che cosa gli ha risposto lei

COMPRENSIONE ORALE

Ascoltate attentamente la conversazione, poi decidete quale delle tre affermazioni è giusta:

1. Per Sergio la signora Sarti è
   - A. proprio brutta
   - B. piuttosto brutta
   - C. abbastanza carina

2. Per Luca la signora Sarti ha
   - A. una bella bocca
   - B. un bel naso
   - C. delle belle mani

3. Per Sergio la sua ragazza è
   - A. molto bella
   - B. carina
   - C. simpatica

COMPRENSIONE SCRITTA

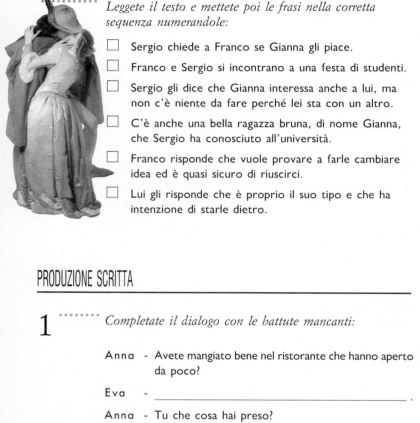

Leggete il testo e mettete poi le frasi nella corretta sequenza numerandole:

- ☐ Sergio chiede a Franco se Gianna gli piace.
- ☐ Franco e Sergio si incontrano a una festa di studenti.
- ☐ Sergio gli dice che Gianna interessa anche a lui, ma non c'è niente da fare perché lei sta con un altro.
- ☐ C'è anche una bella ragazza bruna, di nome Gianna, che Sergio ha conosciuto all'università.
- ☐ Franco risponde che vuole provare a farle cambiare idea ed è quasi sicuro di riuscirci.
- ☐ Lui gli risponde che è proprio il suo tipo e che ha intenzione di starle dietro.

PRODUZIONE SCRITTA

1 *Completate il dialogo con le battute mancanti:*

Anna - Avete mangiato bene nel ristorante che hanno aperto da poco?

Eva - ______________________________.

Anna - Tu che cosa hai preso?

Eva - ______________________________.

Anna - Tu, il pesce? Strano. E Franco?

Eva - ______________________________.

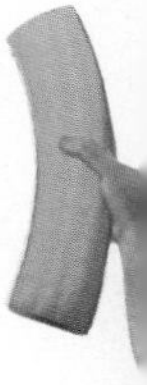

Anna - Gli è piaciuta?

Eva - ______________________________.

Anna - Che altro avete mangiato?

Eva - ______________________________.

Anna - Neppure la verdura?

Eva - ______________________________.

Anna - E da bere?

Eva - ______________________________ .

Anna - Bianco o rosso?

Eva - ______________________________ .

Anna - Avete speso molto?

Eva - ______________________________ .

Anna - Quarantamila lire in due. Davvero niente.

2

Rispondete alle domande, usando il verbo PIACERE:

1. Gianni, è stata bella la festa ieri sera?

____

2. Dottore, come Le è sembrato il nuovo ristorante?

____

3. Avete preso anche voi i tortellini a pranzo?

____

3

Rispondete alle domande, usando i pronomi diretti:

1. Hai notato quella ragazza bionda?

____

2. Avete mai mangiato le tagliatelle?

____

3. Signora, ha provato i dolci siciliani?

____

4

Completate le frasi usando il pronome relativo:

1. Chi è il signore ______________________________ ?
2. Da dove viene la ragazza ______________________________ ?
3. Conosci le due persone ______________________________ ?
4. Ho conosciuto un ragazzo ______________________________ .
5. Ci sono alcuni cibi ______________________________ .

... DEGLI ATENEI

1 ▷ *Molte università italiane hanno origini antiche. Leggete le didascalie che accompagnano le fotografie di queste pagine e dite quali dei seguenti atenei risalgono al medioevo:*

1. *L'università di Pavia, che risale al XIV secolo, con i suoi numerosi collegi e facoltà universitarie potrebbe essere la Oxford italiana.*

2. *All'università di Bologna, già nel medioevo venivano studenti da tutta l'Europa per studiare legge.*

3. *La splendida università di Padova (1222) è sempre stata famosa soprattutto per i suoi studi di medicina.*

4. *L'università di Ca' Foscari a Venezia, nata nel 1868 all'interno di un antico palazzo, è considerata il centro più importante per lo studio delle lingue straniere, ma comprende molte altre facoltà.*

5. *Il moderno college dell'università di Urbino è un'eccezione: gli studenti di solito vivono al di fuori dell'ateneo, in famiglia o in appartamenti in affitto.*

2

▷ *Leggete il testo (non cercate di capire ogni parola):*

L'Italia vanta atenei di antichissime e illustri tradizioni. Le università di Bologna e Salerno risalgono all'XI secolo; l'università di Siena nasce — con il nome di "Studium" — nel 1240. Malgrado la loro venerabile età, questi atenei sono tuttora vitalissimi e offrono un importante contributo alla vita culturale della nazione.

La cultura universitaria ha dunque forti radici in Italia e moltissimi sono i giovani che, dopo il diploma, decidono di iscriversi a una delle numerose facoltà, con l'aspirazione a conquistarsi una laurea e il titolo di "Dottore". Questo titolo, in Italia più che in altri paesi europei, equivale infatti a uno "status symbol": non è infrequente, specialmente al sud, rivolgersi alle persone ritenute importanti con l'appellativo "Dottò" (dottore) come segno di deferenza e riguardo.

Nel sistema educativo italiano tutti gli studenti in possesso di diploma di scuola superiore sono liberi di iscriversi a una facoltà di loro scelta, in genere senza esami di ammissione o restrizioni di alcun tipo, e le spese per gli studi universitari sono molto contenute. Questo purtroppo favorisce anche il sovraffollamento degli atenei.

Il diritto allo studio, sia a livello elementare che superiore, è uno dei principi alla base della vita democratica italiana: di qui deriva la politica di privilegiare le università pubbliche, o statali, e di garantire una serie di aiuti economici agli studenti capaci e meritevoli. Diverso è il discorso per le università private, assai più selettive e costose, ma meno diffuse.

La durata di un corso di laurea varia dai quattro ai cinque anni (anche se adesso è in fase di sperimentazione la cosiddetta "Laurea breve") ma, a causa dei numerosi e difficili esami da superare, non tutti gli studenti arrivano alla meta. Il livello medio di preparazione dei laureati italiani è piuttosto alto, in particolare nelle discipline scientifiche ed economiche.

Le università italiane sono spesso ospitate da antichi edifici: la Statale di Milano, per esempio, era un tempo un ospedale, costruito nel 1457.

Anche gli stranieri che frequentano i corsi di lingua e cultura italiana presso le università di Perugia e Siena possono ammirare la bellezza di queste antiche costruzioni.

▷ *Ora abbinate in modo appropriato le parole della colonna A con quelle della colonna B, in modo da formare frasi di senso compiuto.*

A	B
1. Per iscriversi all'università	A. risalgono all'XI secolo.
2. L'università di Siena	B. al titolo di "Dottore".
3. Gli italiani danno grande importanza	C. ci vuole il diploma di scuola superiore.
4. Per conseguire una laurea in Italia	D. ma pochi si laureano davvero.
5. Grazie ai sussidi statali anche gli studenti più poveri	E. sono necessari almeno quattro anni di studio.
6. Le prime università italiane	F. è un diritto di ogni cittadino.
7. La Costituzione italiana afferma che lo studio	G. possono pagarsi gli studi universitari.
8. Molti si iscrivono all'università	H. è fra le più antiche d'Italia.

U N I

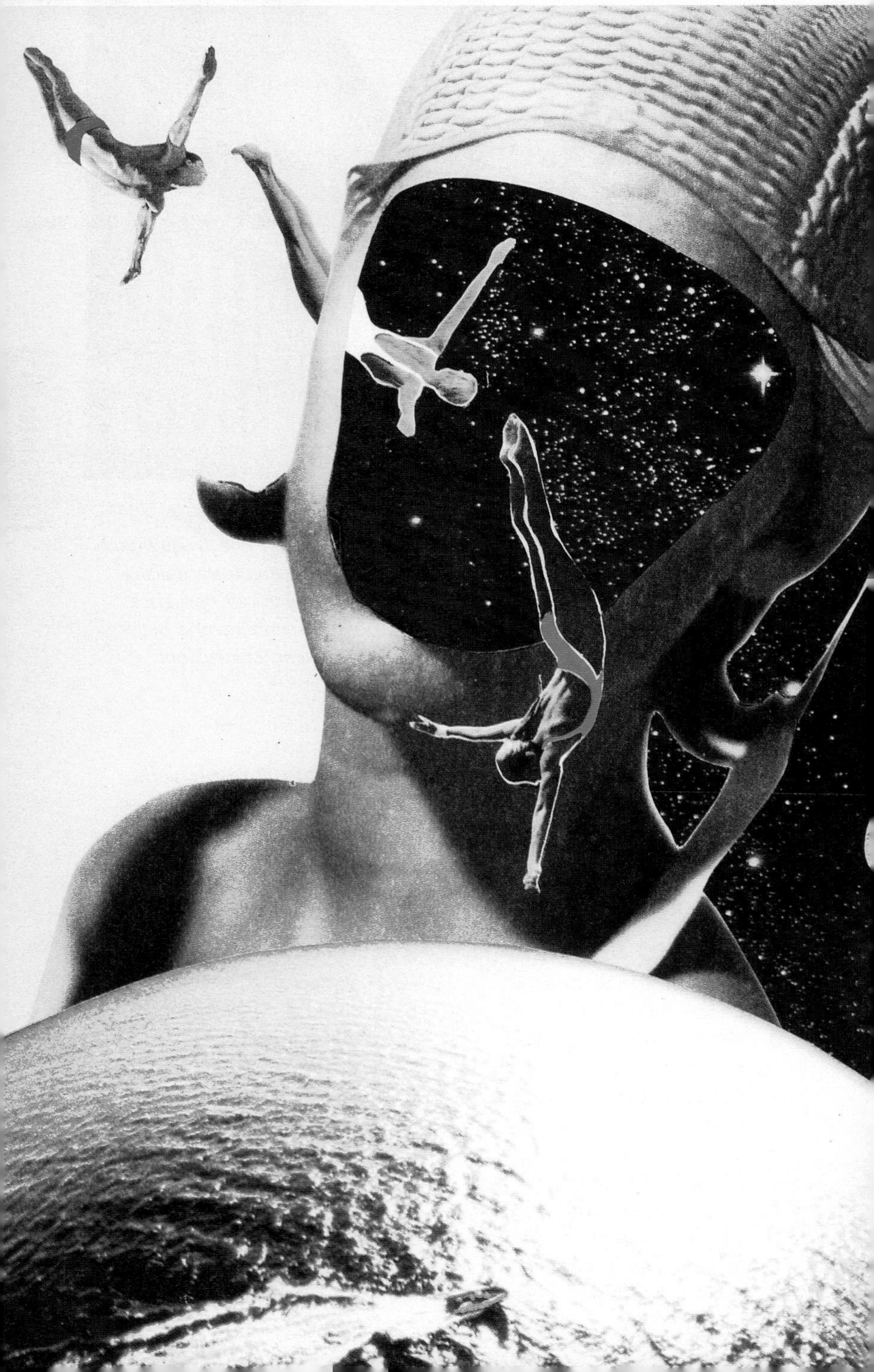

11

UNDICESIMA UNITÀ

presto arriverà l'estate

OBIETTIVI

informare/informarsi su progetti di vacanza

fare supposizioni

esprimere rammarico, approvazione, condizioni

indicare il grado di conoscenza di una lingua

GRAMMATICA

futuro semplice e anteriore

presente con valore di futuro

periodo ipotetico (II) con il futuro

sapere/conoscere

cavarsela

interrogativi (III)

AREA LESSICALE

itinerari, vacanze, svaghi

DIALOGO

PROGETTI PER LE VACANZE ▶

Ascoltate il dialogo guardando solo le illustrazioni (non cercate di capire ogni parola):

Antonio - Quest'anno non vedo l'ora che arrivino le ferie. Non so proprio come farò a resistere fino a luglio con questo tran-tran.

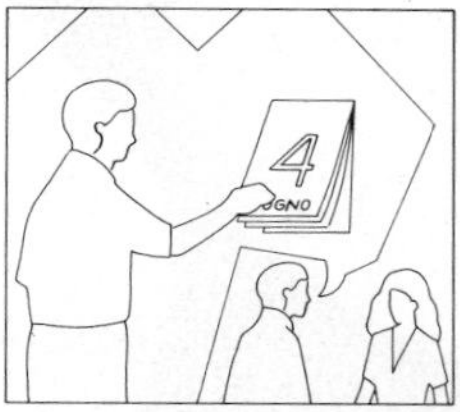

Angela - Intanto avrai fatto dei progetti. Dove andrai, anzi, dove andrete?

Antonio - Io vorrei vedere l'Irlanda; Pietro, invece, preferisce la Danimarca. Cercherò di convincerlo.

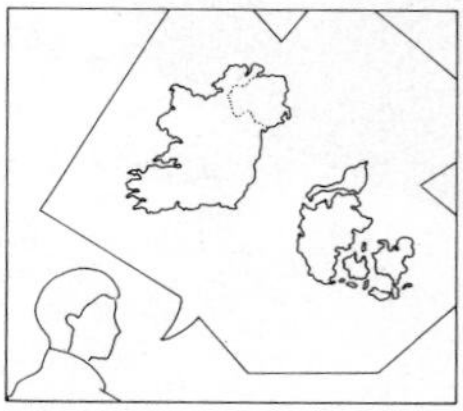

Angela - Che bei posti! E Marta che dice? È contenta?

Antonio - Lei non viene con noi.

Angela - Come! La lasci a casa?

Antonio - Purtroppo lavora da poco, quindi per quest'anno niente ferie.

Angela - Andate in macchina o in aereo?

Antonio - In macchina.

Angela - E non vi stancherete a guidare per tanti chilometri?

Antonio - Penso di no.

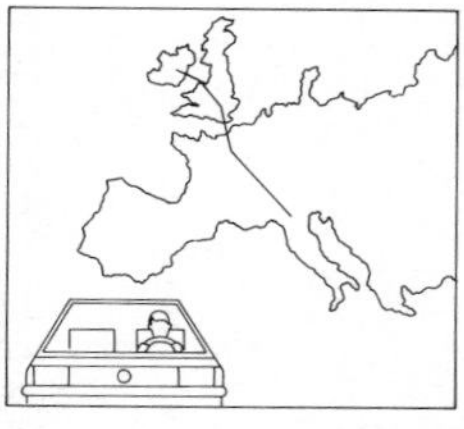

Angela - Quanto starete fuori?

Antonio - Due settimane. Al ritorno passiamo da Ginevra.

Angela - Come mai?

Antonio - Per vedere Brigitte, che frequenta lì la scuola per interpreti.

Angela - Se non sbaglio, tu sai solo il francese. Come farete in Irlanda?

Antonio - Per fortuna Pietro se la cava abbastanza bene con l'inglese.

Angela - Sono sicura che vi divertirete molto.

Antonio - Te lo saprò dire quando saremo tornati. Comunque penso che sarà un viaggio più istruttivo che divertente.

1

▷ *Riascoltate il dialogo e decidete se le seguenti affermazioni sono vere o false:*

		V	F
A. ▷	Antonio passerà certamente le vacanze in Irlanda.		
B. ▷	Antonio pensa di restare un mese in Irlanda.		
C. ▷	Marta non può andare in vacanza.		
D. ▷	Al ritorno i due amici visiteranno Ginevra.		
E. ▷	Antonio è sicuro di divertirsi.		

2

▷ *Riascoltate il dialogo leggendo il testo, poi scegliete la corretta alternativa:*

1. ▶ Antonio partirà per le vacanze ....
   A. da solo
   B. con Pietro
   C. con Pietro e Brigitte

2. ▶ Antonio e Pietro ....
   A. non conoscono nessuno a Ginevra
   B. frequentano la scuola per interpreti a Ginevra
   C. hanno un'amica a Ginevra

3. ▶ Angela è sicura che Antonio e Pietro ....
   A. si divertiranno molto
   B. si stancheranno a guidare
   C. faranno un viaggio istruttivo

3

▷ *Ascoltate e ripetete.*

4

▷ *Provate a ricostruire il dialogo guardando solo le illustrazioni.*

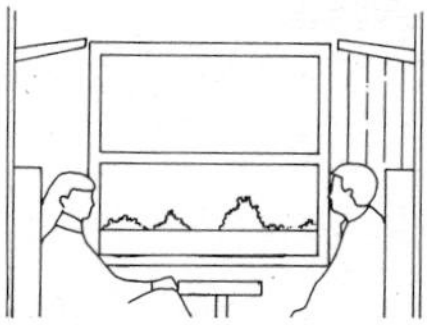

viaggiare in treno

andare al mare

stare in albergo

5

▷ *Rispondete secondo il modello:*

Dove andrai? *Andrò al mare.*	*(mare)*

1. Quando tornerai?

   ________________________ *(a fine luglio)*

2. Come viaggerai?

   ________________________ *(in treno)*

3. Dove starai?

   ________________________ *(in albergo)*

6

▷ *Come il precedente:*

Guiderai solo tu? *No, guiderà anche Pietro.*	*(Pietro)*

1. Parlerai solo tu?

   ________________________ *(Paola)*

2. Tornerai solo tu?

   ________________________ *(Sergio)*

3. Telefonerai solo tu?

   ________________________ *(Chiara)*

7

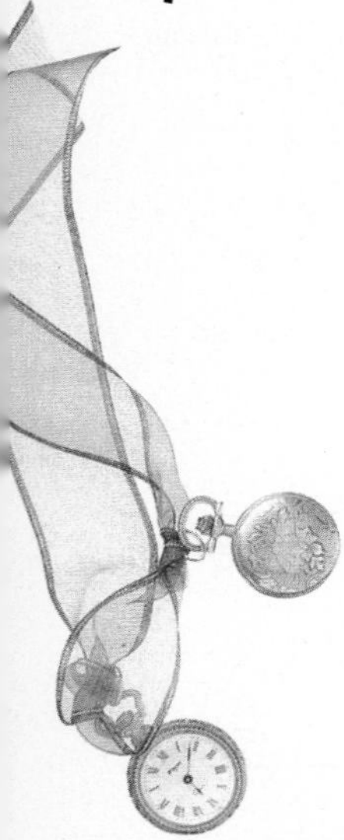

▷ *Rispondete secondo il modello:*

Quando deciderà, signor Neri?
Deciderò prestissimo. (prestissimo)

1. Quanto prenderà, signora?
   ______________________________ *(pochissimo)*
2. Quando scenderà, signorina?
   ______________________________ *(tardissimo)*
3. Quanto spenderà, signor Masi?
   ______________________________ *(moltissimo)*
4. Quanto attenderà, signorina?
   ______________________________ *(pochissimo)*

8

▷ *Come il precedente:*

Partirete in macchina?
No, partiremo in aereo. (in aereo)

1. Finirete alle sei?
   ______________________________ *(più tardi)*

2. Uscirete insieme agli altri?
   ______________________________ *(prima)*

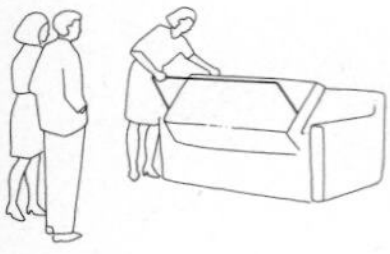

3. Dormirete in albergo?
   ______________________________ *(da amici)*

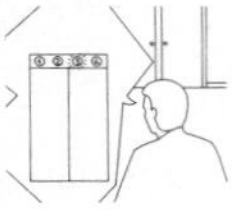

4. Salirete a piedi?
   ______________________________ *(in ascensore)*

9

▷ *Osservate l'esempio e, in coppia, eseguite mini-dialoghi simili usando le parole-stimolo:*

A. dove/essere/domani?	A. *Dove sarà domani, signor Rossi?*
B. vicino a Firenze/voi?	B. *Sarò vicino a Firenze. E voi dove sarete?*
A. ancora qui	A. *Saremo ancora qui.*

1. A. che/fare/domani? ____________________
   B. il giro della città/voi? ____________________
   A. una partita a tennis ____________________

2. A. quando/partire? ____________________
   B. venerdì/voi? ____________________
   A. più tardi ____________________

3. A. che treno/prendere? ____________________
   B. quello delle 10.30/voi? ____________________
   A. quello di mezzogiorno ____________________

4. A. Quando/cominciare? ____________________
   B. domani/voi? ____________________
   A. lunedì ____________________

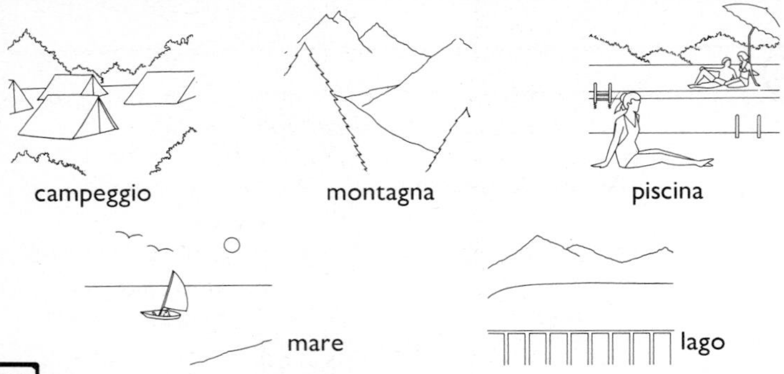

10

▷ *Eseguite mini-dialoghi come nell'esercizio 9:*

A. dove/andare/ domenica?	A. *Dove andrai domenica?*
B. montagna	B. *Andrò in montagna.*
A. Mario?	A. *Andrà in montagna anche Mario?*
B. no/lui e Rita/lago	B. *No, lui e Rita andranno al lago.*

1. A. che/fare/domenica? ________________
   B. andare in piscina ________________
   A. Giorgio? ________________
   B. no/lui e Ugo/andare al mare ________________

2. A. quando/partire? ________________
   B. solo a fine mese ________________
   A. Pietro? ________________
   B. no/lui e Andrea/partire subito ________________

3. A. dove/vivere/Parigi? ________________
   B. da amici ________________
   A. Stefano? ________________
   B. no/lui e Marco/stare in campeggio ________________

11

▷ *Osservate l'esempio e, in gruppi di tre, eseguite mini-dialoghi simili usando le parole-stimolo:*

A. (Lei) potere fare/vacanze?	A. *Quando potrà fare le vacanze?*
B. fra un mese.	B. *Le potrò fare fra un mese.*
A. e voi?	A. *E voi, quando le potrete fare?*
C. fra una settimana	C. *Le potremo fare fra una settimana.*

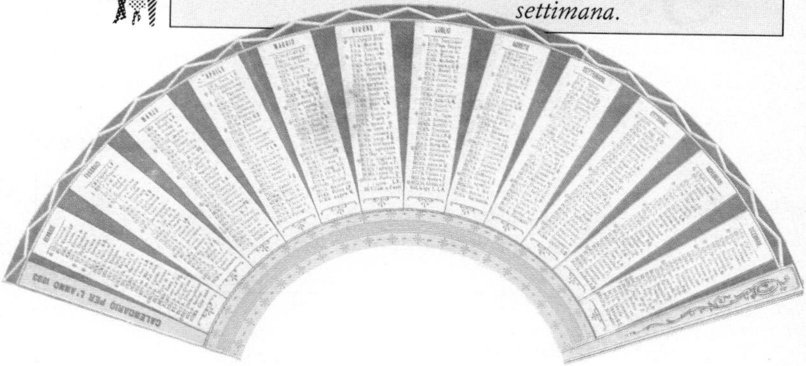

1. A. (Lei) sapere/risposta?
   B. fra dieci giorni
   A. e voi?
   C. più tardi
2. A. (Lei) vedere/Giorgio?
   B. stasera stessa
   A. e voi?
   C. non prima di domani
3. A. (Lei) avere/ferie?
   B. l'anno prossimo
   A. e voi?
   C. la prossima estate
4. A. (Lei) fare/quel lavoro
   B. domani
   A. e voi?
   C. la prossima settimana

12

▷ *Rispondete secondo i modelli:*

Quando prenderai le vacanze?
Le prenderò quando avrò dato l'ultimo esame.
(dare/ultimo esame)

1. Quando cambierai la macchina?

   ________________________ *(comprare/casa)*

2. Quando chiamerai Paolo?

   ________________________ *(leggere/sua lettera)*

3. Quando continuerai il lavoro?

   ________________________ *(dormire/qualche ora)*

Tornerai subito?
Tornerò non appena sarà arrivata Laura.
(Laura/arrivare)

1. Partirai subito?

   ________________________ *(Marisa/tornare)*

2. Verrai subito?

   ________________________ *(Carla/uscire)*

3. Telefonerai subito?

   ________________________ *(Daniela/partire)*

13

▷ *Rispondete secondo il modello:*

Vi siete riposati?
No, ci riposeremo quando avremo più tempo.

1. Vi siete visti?

   ____

2. Vi siete sentiti?

   ____

3. Vi siete incontrati?

   ____

14

▷ *Trasformate le frasi secondo il modello per fare delle supposizioni:*

Di solito Marta si sveglia da sola. *Allora si sveglierà da sola anche questa volta.*

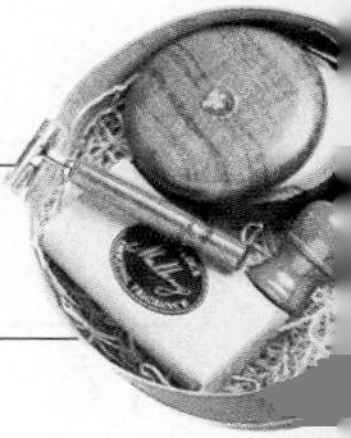

1. Di solito Luisa si alza presto.

   ____

2. Di solito Aldo si prepara in fretta.

   ____

3. Di solito Rita si veste bene.

   ____

15

▷ *Riformulate queste supposizioni usando il futuro:*

Guido non parla da ore. *Forse è stanco.* *Sarà stanco.*	Mario non è venuto ieri. *Forse ha avuto da fare.* *Avrà avuto da fare.*

1. Anna non mangia il pesce.
   Forse non le piace.

   ____

2. I Rossi non prendono mai le vacanze.
   Forse non hanno la possibilità di farle.

   ____

3. Marcella non mi ha fatto vedere le foto.
   Forse non sono ancora pronte.

   ____

4. Ugo è andato a dormire da conoscenti.
   Forse non ha trovato posto in albergo.

   ____

5. Non abbiamo visto l'insegnante per due giorni.
   Forse è stata male e non è potuta venire.

   ____

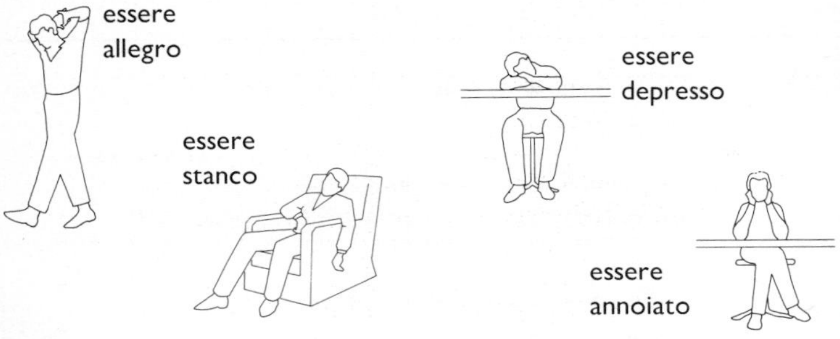

16

▷ *Fate supposizioni come nel modello:*

> Luigi ha spento la televisione: chissà perché?
> *Sarà allegro e non potrà vedere film tristi.*
> *(essere allegro/non poter vedere film tristi)*

1. Luisa non viene: chissà perché?

   ______________________________ *(essere stanca/non volere uscire)*

   ____

2. Marta sta da sola: chissà perché?

   ______________________________ *(essere depressa/non poter sopportare la gente)*

   ____

3. Carlo va già via: chissà perché?

   ____

   ____

   (essere annoiato/non volere aspettare la fine)

17

▷ *Come il precedente:*

> Ieri sera Carlo non è venuto: non capisco perché.
> *Avrà avuto un impegno.* *(avere un impegno)*

1. Domenica scorsa Anna non mi ha telefonato: non capisco perché.

   ______________________ *(andare fuori)*

2. Ieri Paola si è sentita male dopo il pranzo: non capisco perché.

   ______________________ *(mangiare troppo)*

3. Stamattina Piero non ha lavorato: non capisco perché.

   ______________________ *(essere stanco)*

18

▷ *Osservate l'esempio e, in coppia, eseguite mini-dialoghi simili usando le parole-stimolo:*

A. (tu) venire/con me/mare?	A. *Allora, vieni con me al mare?*
B. sapere/dire/domani	B. *Ti saprò dire domani se vengo.*
A. se/non tu/Aldo	A. *Se non vieni tu, viene Aldo.*

1. A. (tu) andare/con Eva/festa? ______________________
   B. sapere/dire/più tardi ______________________
   A. se/non tu/Angela ______________________

2. A. (tu) uscire/con loro? ______________________
   B. sapere/dire/fra poco ______________________
   A. se/non tu/Ugo ______________________

3. A. (tu) giocare a tennis/con i Rossi? ______________________
   B. sapere/dire/stasera ______________________
   A. se/non tu/dottor Guidi ______________________

19

▷ *Osservate l'esempio e, in coppia, eseguite mini-dialoghi simili usando le parole-stimolo:*

A. Lei/inglese?	A. *Lei sa l'inglese?*
B. non bene/cavarsela	B. *Non lo conosco bene, ma me la cavo.*
A. anche/francese?	A. *Parla anche il francese?*
B. no/affatto	B. *No, non lo parlo affatto.*

1. A. tu/tedesco? ________________
   B. non bene/cavarsela ________________
   A. anche/russo? ________________
   B. no/affatto ________________
2. A. Anna/spagnolo? ________________
   B. non bene/cavarsela ________________
   A. anche/portoghese? ________________
   B. no/affatto ________________
3. A. Lei/italiano? ________________
   B. non bene/cavarsela ________________
   A. anche/spagnolo? ________________
   B. no/affatto ________________
4. A. voi/arabo? ________________
   B. non bene/cavarsela ________________
   A. anche/turco? ________________
   B. no/affatto ________________

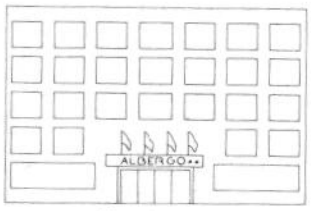

albergo

autostrada

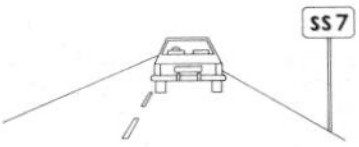

strada statale

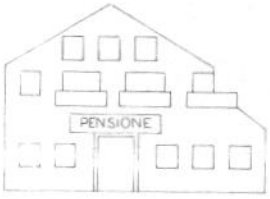

pensione

notte

giorno

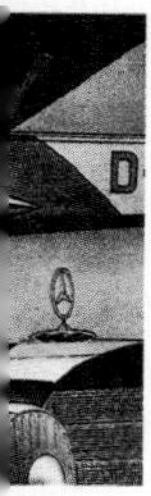

20

▷ *Replicate secondo il modello:*

> Viaggeremo di notte.
> *Se viaggerete di giorno, vi stancherete di meno.* *(di giorno/ stancarsi di meno)*

1. Rimarremo solo un giorno.

   ________________________ *(di più/riposarsi meglio)*

2. Prenderemo la strada statale.

   ________________________ *(l'autostrada/andare più veloci)*

3. Cercheremo un albergo.

   ________________________ *(una pensione/pagare molto di meno)*

21

▷ *Trasformate le frasi secondo il modello:*

> Se viaggerete di giorno, vi stancherete di meno.
> *Se viaggiate di giorno, vi stancate di meno.*

1. Se partirete in treno, spenderete di meno.

   ____

2. Se prenderete l'autostrada, andrete più veloci.

   ____

3. Se cercherete una pensione, pagherete molto di meno.

   ____

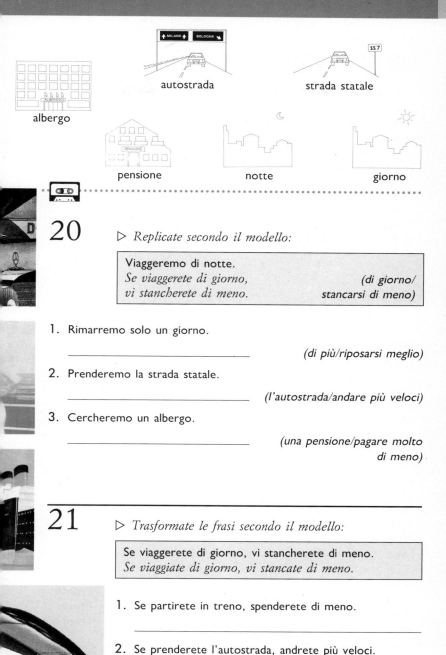

FUTURO SEMPLICE: CONIUGAZIONE REGOLARE

	guidare	decidere	partire	
(io) (tu)	guid**erò** guid**erai**	decid**erò** decid**erai**	part**irò** part**irai**	insieme a un amico
(lui) (lei) (Lei)	guid**erà**	decid**erà**	part**irà**	
(noi) (voi) (loro)	guid**eremo** guid**erete** guid**eranno**	decid**eremo** decid**erete** decid**eranno**	part**iremo** part**irete** part**iranno**	

A t t e n z i o n e !

VERBI IN

-CARE	cercare	cer**ch**-	erò, erai, erà, eremo, erete, eranno
-GARE	pagare	pa**gh**-	
-CIARE	cominciare	comin**c**-	
-GIARE	viaggiare	via**gg**-	

FUTURO SEMPLICE: CONIUGAZIONE IRREGOLARE

avere	av-	**rò**
essere	sa-	
dire	di-	**rai**
dare	da-	
fare	fa-	**rà**
stare	sta-	
potere	pot-	**remo**
sapere	sap-	
dovere	dov-	**rete**
vedere	ved-	
andare	and-	**ranno**

bere	be-	**rrò**
rimanere	rima-	**rrai**
tenere	te-	**rrà**
venire	ve-	**rremo**
volere	vo-	**rrete**
		rranno

Nota: Il futuro semplice si usa per esprimere

1. *un'azione che deve ancora accadere. In questo caso al posto del*

futuro si usa spesso anche il presente indicativo:
La prossima estate faccio un viaggio all'estero.
A che ora parti domani?

2. *una supposizione relativa al presente:*
Marco non risponde. Sarà ancora fuori *(= forse è ancora fuori).*
Brigitte è molto giovane. Avrà vent'anni *(=secondo me ha vent'anni).*

3. *un ordine:*
Stasera andrai a letto presto!
Per domani studierete i verbi al futuro!

FUTURO ANTERIORE

Si deciderà	quando non appena dopo che	**avrò/avrai/avrà/ avremo/avrete/avranno**	**finito** di parlare
		sarò/sarai/sarà saremo/sarete/saranno	**tornato/a tornati/e** in Italia

Nota: Il futuro anteriore si usa per esprimere

1. *un'azione che accadrà prima di un'altra:*
Uscirò non appena avrò finito la relazione.
Dopo che sarà tornata Luisa, faremo una bella festa.

2. *una supposizione relativa al passato:*
Marco non risponde. Sarà uscito *(=forse è uscito).*
Sono tornati tardissimo. Saranno state le due *(=secondo me erano le due).*

PERIODO IPOTETICO AL FUTURO

ipotesi = futuro | conseguenza = futuro

Se	**prenderete**	l'aereo	**arriverete**	in due ore
	cercherai	una pensione	**spenderai**	di meno

SAPERE / CONOSCERE

Sai/conosci	l'inglese?
Sa/conosce	il motivo della sua visita?
Sapete/conoscete	il nome di quel ragazzo?

sapere + infinito = capacità

Sai	**guidare**?	No, non so guidare
Sa	**giocare** a tennis?	Sì, so giocare a tennis

sapere + avverbio o pronome interrogativo = conoscenza

Sai **Sa** **Sapete**	**come** si dice in italiano? **chi** è il Presidente della Repubblica? **che** significa questa parola? **dove** andrà in vacanza Roberto? **quando** arriverà Giulia? **perché** loro non sono venuti? **quanto** costa il biglietto?	Sì, lo so/sappiamo No, non lo so/sappiamo

conoscere luoghi e persone

Conosce	Venezia?	Sì,	la conosco
Conoscete	molte persone qui?	No,	ne conosciamo poche

cavarsela

Sai Sa Sapete Sanno	bene	l'italiano l'inglese? il tedesco? lo spagnolo?	Non bene, ma	**me** **se** **ce** **se**	**la**	**cavo** **cava** **caviamo** **cavano**

22

▷ *La signorina Zanetti sta parlando con il signor Forti. Ascoltate la conversazione (non cercate di capire ogni parola) e associate i luoghi a ciascun personaggio:*

sig.na Zanetti | sig. Forti | Giuliana

23

▷ *Ascoltate il dialogo una seconda volta e dite quali sono i desideri di vacanze non realizzati dal signor Forti e da Giuliana.*

24

▷ *Guardate attentamente le immagini e, lavorando in coppia, drammatizzate le seguenti situazioni:*

SITUAZIONE 1

(usate il Lei)

Studente A: Lei sta per fare una vacanza. Dica a un conoscente dove andrà, quali posti vedrà, dove si fermerà.

Studente B: Lei è il/la conoscente. Chieda allo studente A di spiegare dove si trova il posto che ha descritto, quanto tempo ci starà e se partirà da solo.

SITUAZIONE 2

Studente A: Lei ha saputo che un amico sta facendo progetti per un viaggio di studio in Italia. Gli chieda dove andrà, quanto tempo ci starà, che tipo di scuola frequenterà.

Studente B: Lei è l'amico dello studente A. Risponda alle sue domande, poi gli chieda quali progetti ha lui per le vacanze.

25

▷ *Domandate al vostro compagno di banco*

1. se prenderà le vacanze in estate o in un'altra stagione
2. quanto tempo manca per le vacanze
3. quanto tempo starà in vacanza
4. quale lingua sa oltre la sua e se la conosce bene

26

▷ *Parlate a un amico dei vostri programmi per un viaggio all'estero la prossima estate (i dépliant che vedete qui sotto potranno offrirvi qualche idea).*
Dite

A. perché lo volete fare
B. quando partirete e con chi
C. dove andrete
D. con che mezzo partirete
E. che tipo di viaggio sarà
F. quanto tempo resterete assenti da casa
G. che somma pensate di poter spendere

PRODUZIONE ORALE

1 *Un giorno forse potrete fare un viaggio attraverso l'Italia. Dite come immaginate il vostro viaggio, quali città visiterete, che cosa comprerete.*

2 *Dite come avete intenzione di passare il prossimo week-end.*

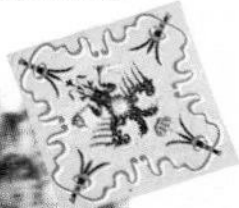

COMPRENSIONE ORALE

Ascoltate attentamente la conversazione, poi decidete quale delle tre affermazioni è corretta:

1. Il marito non ha ancora pensato alle vacanze, perché ....
   - A. non ha avuto tempo
   - B. manca ancora molto tempo
   - C. non ha alcuna idea

2. La moglie ....
   - A. vuole tornare a Riccione
   - B. non ha nessuna intenzione di tornare a Riccione
   - C. non vuole cambiare

3. Il marito e la moglie si mettono d'accordo e decidono di ....
   - A. andare in Sardegna due settimane
   - B. passare un mese in Sardegna in campeggio
   - C. rimanere a casa per non spendere una fortuna

COMPRENSIONE SCRITTA

Leggete questo programma e compilate una scheda di viaggio come quella che trovate più sotto, completandola.

Questo mese il centro turistico studentesco di Perugia propone ai suoi ospiti stranieri un giro di quattro giorni in pullman per la Toscana, regione particolarmente ricca di monumenti artistici e di bellezze naturali.

La partenza è prevista per il giorno 26 luglio alle ore 9 dalla piazza della stazione di Perugia. La puntualità è d'obbligo.

La prima tappa sarà Firenze, dove pernotteremo presso l'Hotel Gloria, non lontano dagli Uffizi. La visita agli Uffizi impegnerà tutto il pomeriggio del primo giorno.

Il giorno successivo è dedicato alla visita ai monumenti più famosi, dal Duomo alla chiesa di Santa Maria Novella, al palazzo della Signoria. La sera dello stesso giorno partiremo per Colle Val d'Elsa, piccolo borgo medievale a circa un'ora di macchina da Firenze. Qui ceneremo e pernotteremo, dopo una visita a piedi della cittadina.

Il giorno 28 è dedicato a un giro in pullman per le colline nei dintorni di Siena. Qui pernotteremo e dedicheremo la giornata successiva alla visita della famosa piazza del Palio, del Duomo e dei musei più importanti.

La partenza da Siena è prevista per le ore 18 e il rientro a Perugia a tarda sera.

1° giorno	*26 luglio*	*h. 9*	*partenza per Firenze*
		pomeriggio	*visita agli Uffizi*
		pernottamento	*Firenze*

PRODUZIONE SCRITTA

Seguendo il modello dell'esercizio precedente, descrivete un percorso di viaggio di 4 giorni in luoghi significativi del vostro paese.

... DI UN POPOLO VACANZIERO

1

▷ *Ecco alcuni grafici che illustrano le abitudini degli italiani in vacanza. Osservateli attentamente e leggete il testo dell'articolo che li accompagna.*
Attenzione! Il testo contiene sei affermazioni sbagliate rispetto ai grafici: scopritele.

Italiani, popolo di poeti, santi e navigatori. Ma anche di turisti e vacanzieri. L'italiano viaggia, infatti, di più e meglio, si concede una bella vacanza almeno due volte l'anno. Cerca di evitare l'esodo di ferragosto, ma non rinuncia a quello di Pasqua o ai ponti 25 aprile-primo maggio, se può va all'estero e adora il treno.

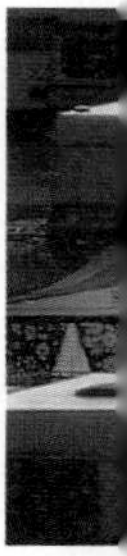

Questi sono alcuni dei dati che emergono dall'ultima indagine della Doxa sulle abitudini degli italiani in fatto di vacanze.

Da un raffronto con le precedenti indagini della Doxa emerge che nell'ultimo ventennio la propensione alle vacanze è praticamente quadruplicata (26% nel 1967, 28% nel 1969, 45% nel 1978, 55% nel 1988 e 56% nel 1990).

Quando e dove in vacanza?
I dati continuano a registrare il 50% delle presenze nei luoghi di villeggiatura in agosto e il 26% in luglio. Tende invece ad aumentare la quota dei turisti che preferiscono il mese di settembre, e soprattutto aumentano i periodi di vacanza supplementari fatti negli altri mesi dell'anno.

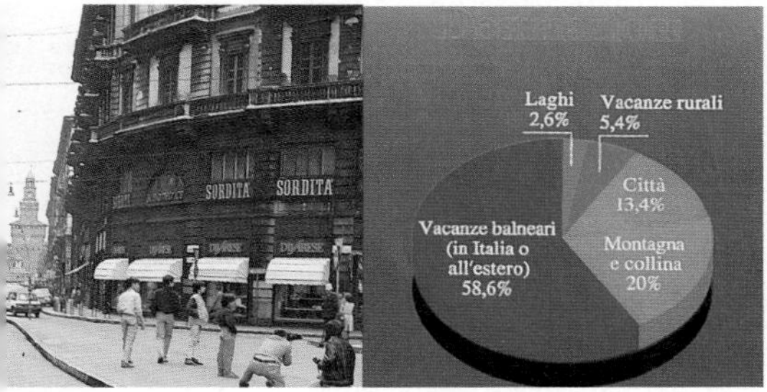

Le destinazioni sono simili a quelle degli anni precedenti, ma è aumentata sensibilmente, dal 10% nel 1985 al 15% nel 1988, al 17% nel 1990, la percentuale degli italiani che vanno all'estero nel più lungo periodo di vacanza.

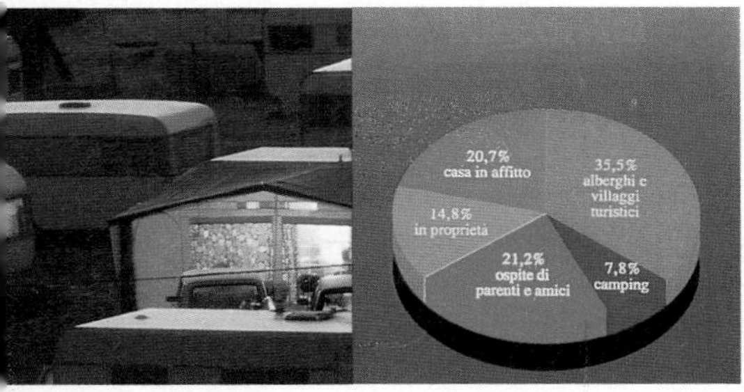

Nel complesso il 59% ha preferito il mare, il 20% la montagna e la collina, l'8% i laghi o la campagna, mentre ben il 13% ha visitato altre città. L'analisi del tipo di ricettività utilizzato indica all'ultimo posto le "seconde case" ove soggiorna il 62% dei residenti che rimangono in Italia (22% in affitto, 17% di proprietà, 22% ospite di parenti e amici). Oltre un terzo (35%) degli italiani alloggia in albergo, in pensione o in un villaggio turistico. La maggioranza preferisce il campeggio o la roulotte.

Come si muovono gli italiani?
Meno della metà degli intervistati sono infine partiti per le vacanze in automobile, il 12% ha viaggiato in treno, il 6% ha preferito l'aereo e altrettanto l'autocorriera, il 4% la nave e il 2% altri mezzi. Si nota quindi una nettissima diminuzione del traffico automobilistico e stradale.

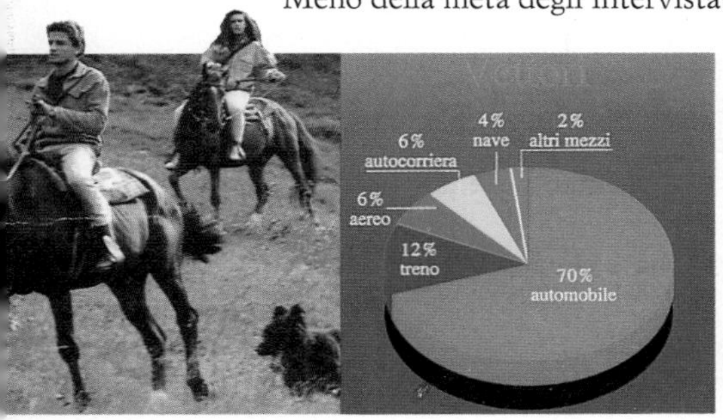

(Testo riadattato e grafici da: *Obiettivo turismo*, in "Qui Touring", aprile 1991).

2

▷ *Accanto alla ricca varietà di bellezze naturali e artistiche, gli italiani (e, con loro, i visitatori stranieri) in vacanza hanno anche moltissime opportunità*

È l'Arena di Verona il centro di maggior richiamo artistico dell'estate italiana: tra l'altro la città è bellissima, a due passi da Venezia, dai monti, dal lago di Garda. L'Arena quest'anno aprirà il 3 luglio con *Rigoletto* di Verdi, un ritorno molto atteso, con la regia di Silvano Bussotti; seguiranno il *Nabucco* di Verdi, allestito da Gianfranco De Bosio, e *Turandot* di Puccini nell'edizione "cinese" di Giuliano Montaldo. Il balletto sarà rappresentato dal *Romeo e Giulietta* di Prokofiev, nella versione coreografica del grande Rudolf Nureiev.

Verona tuttavia non è solo arena, ma anche teatro romano. In questo luogo antico il Festival scespiriano compie 43 anni con un programma eccellente: il 4 luglio andrà in scena *La tempesta* di Shakespeare con la regia di Jerôme Savary, per la prima volta rappresentata all'aperto.

Riflettori puntati anche sulla romagnola Ravenna, dove la vecchia Rocca Brancaleone ospiterà concerti (*Staatskapelle* di Dresda, 28 giugno, direttore Maazel, e Orchestra del Maggio fiorentino, direttore Mehta, il 30) e un'opera, *La muta di Portici* di Auber, con Tiziana Fabbricini soprano.

Passiamo in Toscana, a Firenze e dintorni. Anche qui il punto di maggiore interesse è un teatro romano, quello di

Ora scegliete la corretta alternativa:

1. L'aspetto comune a tutti questi spettacoli è che
   - A. sono tutti all'aperto ☐
   - B. sono tutte opere liriche ☐
   - C. sono tutti ambientati nelle piazze ☐

2. La città di Verona è situata
   - A. al sud ☐
   - B. nell'Italia centrale ☐
   - C. al nord ☐

di godere di esperienze culturali nuove ed eccitanti. Ecco, per esempio, il calendario di alcune iniziative proposte per l'estate 1991. Leggetelo con attenzione.

Fiesole, che ospiterà fra l'altro (nella nuova versione di Mario Luzi) il *Riccardo II* di Shakespeare. Ancora danza, col "Florence Festival", alle Cascine, e concerti in piazza della Signoria, e occasioni d'arte nei giardini di Montepulciano.

Un avvenimento popolare a Roma resta sempre la stagione estiva dell'opera alle Terme di Caracalla: i titoli 1991 sono i soliti di grande richiamo, ovvero *Aida*, *Turandot* e *Carmen*. Molti concerti sono annunciati in altri luoghi storici, dal Tempio di Apollo ai giardini della capitale. Per la prosa, c'è il richiamo del teatro romano di Ostia antica.

Uno straordinario luogo di incontri musicali è il teatro romano di Pompei; altre manifestazioni di musica e danza avverranno nel giro delle Ville vesuviane e, scendendo in Sicilia, nel Teatro di Gibellina. È tuttavia "Taormina Arte" a tenere il primato in agosto, con grandi spettacoli (tra cui i *Sei personaggi* di Pirandello con la regia di Franco Zeffirelli), concerti di orchestre famose, balletti e opere.

Per chi invece preferisce la montagna i castelli del Trentino, al nord, offriranno affascinanti spettacoli di suoni e luci, nei quali musicisti, danzatori, attori, giocolieri ricreeranno le storie, le leggende e i costumi di ciascun castello.

(Riadattato da: Mario Pasi, *Teatri d'estate*, in "Expression" 2/91).

3. Sia Verona che Fiesole metteranno in scena
   - A. balletti africani ☐
   - B. opere di Puccini ☐
   - C. drammi di Shakespeare ☐

4. Per chi ama la lirica l'appuntamento ideale è
   - A. il teatro di Fiesole ☐
   - B. l'Arena di Verona ☐
   - C. il Trentino ☐

12

DODICESIMA UNITÀ

la casa

OBIETTIVI
- descrivere un appartamento
- indicare dimensioni
- indicare pesi

GRAMMATICA
- interrogativi (IV)
- nomi e aggettivi alterati
- *ne:* specificazione
- misure e pesi
- numerali collettivi e moltiplicativi
- congiunzioni con l'indicativo

AREA LESSICALE
tipi di abitazione, arredamento

FINALMENTE HO TROVATO CASA!

Ascoltate il dialogo guardando solo le illustrazioni (non cercate di capire ogni parola):

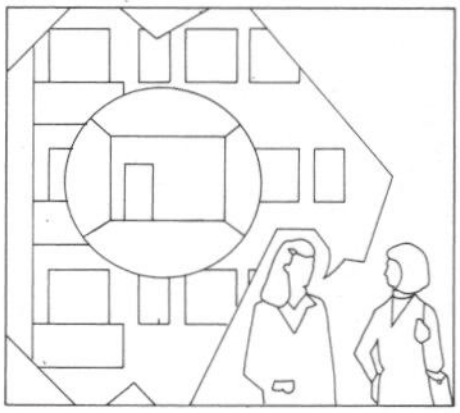

Laura - Sai che presto avrò un appartamentino tutto mio?

Daniela - Che fortuna! Come sei riuscita a trovarlo?

Laura - Una collega d'ufficio ha lasciato l'appartamento perché l'hanno trasferita.

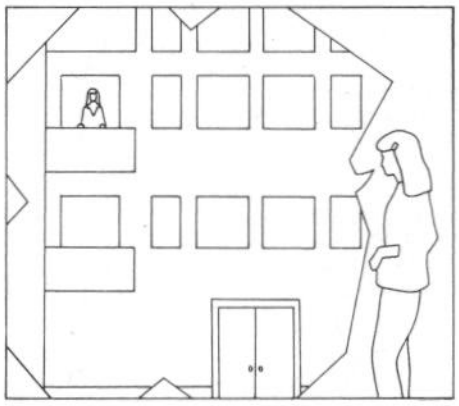

Daniela - Quanto è grande?

Laura - Sono circa sessanta metri quadrati e c'è pure un balconcino.

Daniela - Ottimo. E a che piano è?

Laura - Al secondo, e c'è anche l'ascensore.

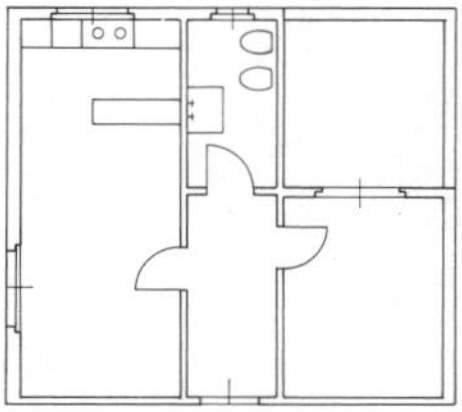

Daniela - Com'è diviso?

Laura - Dunque: a destra dell'ingresso c'è una cameretta, in fondo un bagnetto e a sinistra una camera più grandina, quasi il doppio dell'altra.

Daniela - Dimentichi la cucina...

Laura - Beh, più che una cucina è un cucinotto: sta tutto in tre metri quadrati.

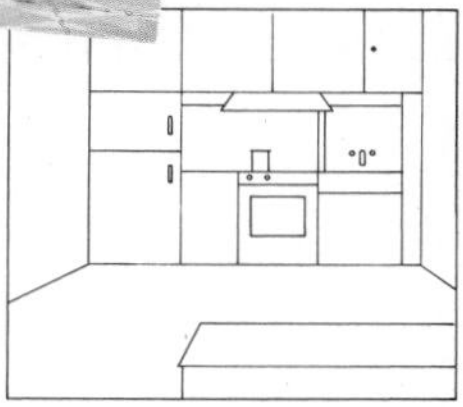

Daniela - Un angolo cottura...

Laura - Sì, è diviso dal soggiorno soltanto da un bancone.

Daniela - Comodissimo. Ma l'appartamento è ammobiliato?

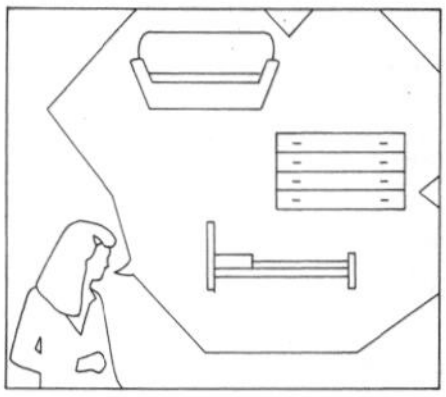

Laura - Sì, è completo di tutto.

Daniela - E quando ci andrai ad abitare?

Laura - Fra un mesetto.

Daniela - Beata te! Posso chiederti quanto paghi d'affitto?

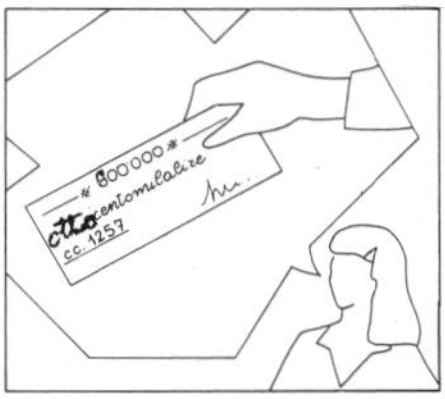

Laura - Ottocentomila lire al mese. Che ne dici: è troppo?

Daniela - Beh, non è poi tanto poco...

Laura - Sai se anche Giulio ha trovato casa?

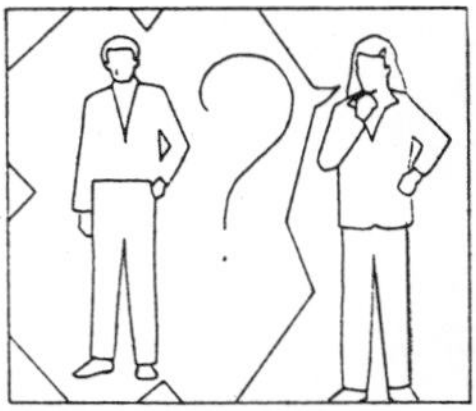

Daniela - No, non ne so niente. Non lo vedo da una decina di giorni.

1

▷ *Riascoltate il dialogo e decidete se le seguenti affermazioni sono vere o false:*

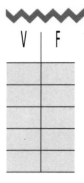

		V	F
A. ▷	Presto Laura andrà a vivere da sola.		
B. ▷	Laura ha trovato l'appartamentino per caso.		
C. ▷	Nell'appartamentino ci sono due camere.		
D. ▷	Laura ci andrà ad abitare fra un mese circa.		
E. ▷	Per Daniela l'affitto è molto basso.		

2

▷ *Riascoltate il dialogo leggendo il testo, poi scegliete la corretta alternativa:*

1. ▶ Laura ha trovato un appartamentino ....
   - A. da comprare
   - B. da prendere in affitto
   - C. da dividere con un'altra persona

2. ▶ La collega ha lasciato l'appartamentino perché ....
   - A. si sposa
   - B. l'hanno trasferita
   - C. va a vivere con un'amica

3. ▶ Nell'appartamentino ....
   - A. solo la cucina è molto piccola
   - B. solo il bagno è molto piccolo
   - C. la cucina e il bagno sono molto piccoli

3

▷ *Ascoltate e ripetete.*

4

▷ *Provate a ricostruire il dialogo guardando solo le illustrazioni.*

casa di campagna

villa

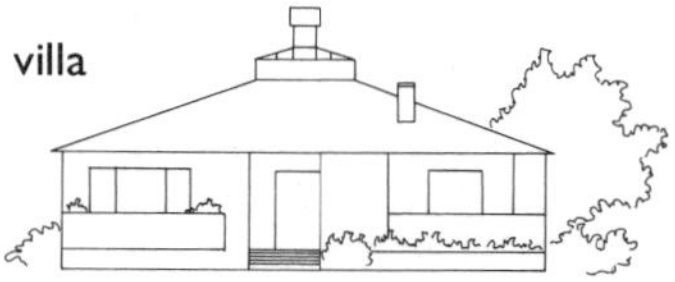

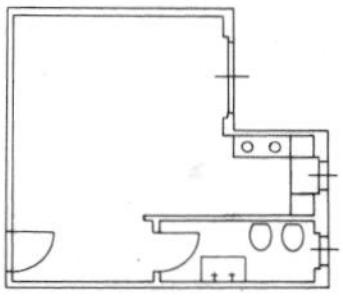

monolocale

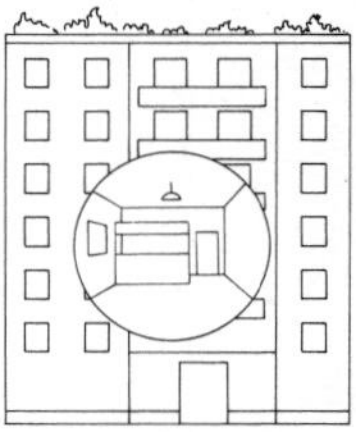

appartamento

5

▷ *Fate domande secondo il modello:*

Il nostro appartamento è costato poco.	
Quanto è costato?	*(quanto)*
Cinquanta milioni.	

1. La nostra casa di campagna è molto grande.

   ______________________________ *(quanto)*

   Centocinquanta metri quadrati.

2. Il mio monolocale è costato molto.

   ______________________________ *(quanto)*

   Cento milioni.

6

▷ *Fate domande secondo il modello:*

Ho trovato un appartamento libero.	
Come l'hai trovato?	*(come)*
Mi ha aiutato una collega d'ufficio.	

1. Roberto ha lasciato la villa dei suoi genitori.

   ______________________________? *(perché)*

   Perché era troppo lontano dalla città.

2. Ho venduto la casa di campagna.

   ______________________________? *(quando)*

   Tre mesi fa.

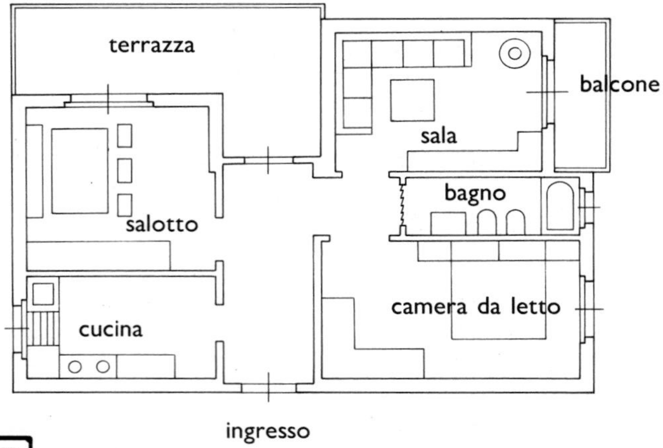

7

▷ *Completate le risposte secondo il modello:*

Lei ha una casa grande? No, ho *un appartamentino* di 70 metri quadrati.	*(appartamento)*

1. Il Suo salotto è grande?

   No, è ___________ di otto metri quadrati. *(salotto)*

2. La Sua casa ha un ingresso grande?

   No, ha ___________ davvero piccolo. *(ingresso)*

3. Lei ha una terrazza grande?

   No, ho ___________ di due metri quadrati. *(balcone)*

8

▷ *Fate domande secondo il modello:*

Ti piace questa saletta? Sì, è piccola ma molto carina.	*(sala)*

1. ______________________________? *(camera)*

   Sì, è piccola ma molto comoda.

2. ______________________________? *(mobile)*
Sì, è piccolo ma molto utile.

3. ______________________________? *(bagno)*
Sì, è piccolo ma molto bello.

9

▷ *Osservate il disegno del negozio dell'antiquario e completate la descrizione:*

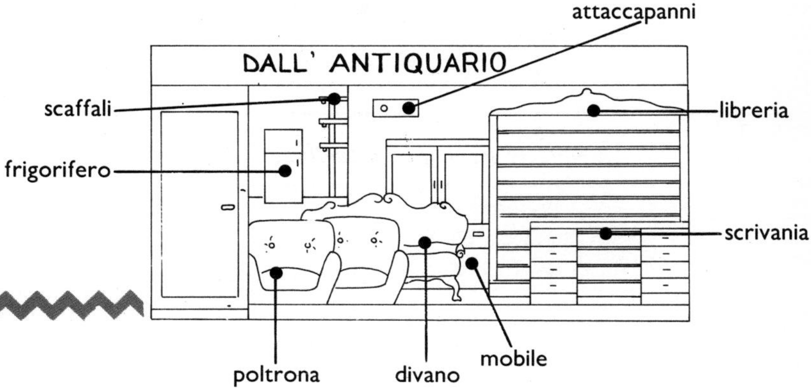

Nel negozio dell'antiquario ci sono due __________ e un __________ in stile Liberty. La __________, che è in stile vittoriano, ha otto comodi cassetti. L' __________ a muro è degli anni '20. Il __________ è un pezzo dell'Ottocento lombardo e ha due grandi sportelli e un comodo cassetto. La __________ è del Settecento e può contenere fino a trecento libri. Il __________ e gli __________, invece, non sono in vendita: sono del negoziante!

10

▷ *Completate le risposte secondo il modello:*

Com'è il ragazzo di Lucia?
È *un ragazzone* alto un metro e ottanta.

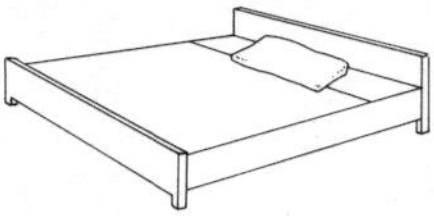

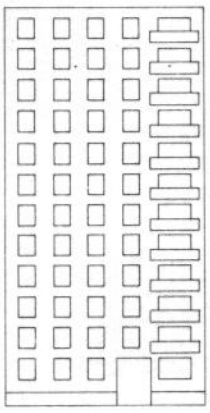

1. Com'è il letto dove dormi?
   È ____________________ largo due metri e mezzo.

2. Com'è il palazzo dove abita Lei?
   È ____________________ di dodici piani.

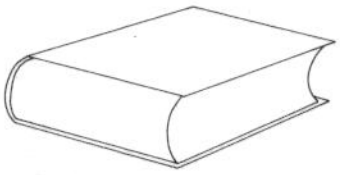

3. Com'è il libro che devi leggere?
   È ____________________ di quattrocento pagine.

11

▷ *Rispondete secondo il modello:*

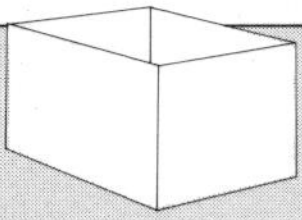

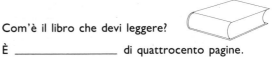

Va bene una scatola così?
No, ci vuole uno scatolone.

1. 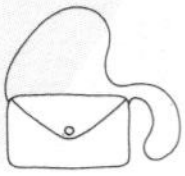 Va bene una borsa così?

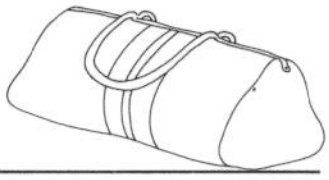

____

2. 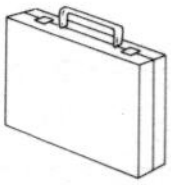 Va bene una valigia così?

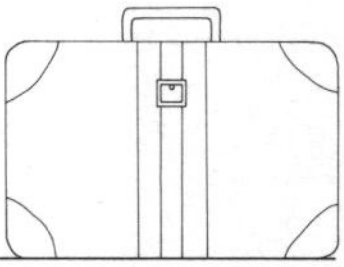

____

3. 

Va bene una bottiglia così?

____

12

▷ *Come l'esercizio precedente:*

Sono 20 metri quadrati? *No, sono il doppio/il triplo.* (40/60)

1. Sono 100 chilometri?

   ______________________________ (200)

2. Sono 30 chili?

   ______________________________ (60)

3. Sono 80 centimetri?

   ____

   ______________ (240)

13

▷ *Fate domande secondo il modello:*

Marco ha deciso di andare all'estero. *Tu che ne dici?* (tu) Secondo me, fa bene.

1. Marta vuole lasciare l'università.

   ______________________________? (Lei)

   Secondo me, sbaglia.

2. Franco ha intenzione di cambiare macchina.

   ______________________________? (voi)

   Secondo noi, deve aspettare ancora.

3. Laura ha voglia di trasferirsi a Milano.

   ______________________________? (tu)

   Secondo me, ha ragione.

14

▷ *Replicate secondo i modelli:*

Questo week-end il traffico sarà intensissimo. *Sì, ne parla anche la radio.* (anche la radio)

1. Negli ultimi tempi i prezzi sono aumentati.

   ____________________ *(anche il giornale)*

2. In questo paese la vita diventa sempre più difficile.

   ____________________ *(tutta la gente)*

3. Domani su tutte le regioni si avrà cielo sereno.

   ____________________ *(anche la tv)*

Con chi hai parlato del tuo problema? *Ne ho parlato solo con Anna.* (Anna)

1. Con chi hai parlato dei tuoi progetti?

   ____________________ *(Giulio)*

2. Con chi hai parlato del tuo viaggio?

   ____________________ *(Sandro)*

3. Con chi hai parlato delle tue vacanze?

   ____________________ *(Paola)*

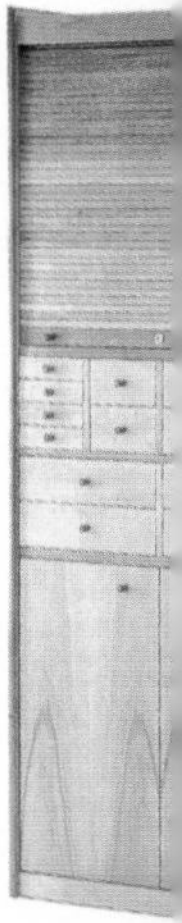

15

▷ *Replicate secondo il modello:*

Quanto tempo rimani qui? *Una decina di giorni.* (circa 10)

1. Quanto è lunga la relazione?

   __________ di pagine. *(circa 20)*

2. Quanto è distante da qui la tua casa?

   __________ di metri. *(circa 15)*

3. Quanta gente viene alla festa?

   __________ di persone. *(circa 60)*

16

▷ *Completate il dialogo con le congiunzioni appropriate, scegliendone una tra le due proposte tra parentesi:*

Anna - Nel tuo paese gli affitti delle case sono alti?
Fred - Sono più o meno (*perché/come*) qui, credo. Per esempio, per un appartamento di quattro stanze in una zona residenziale ci vuole più di un milione e mezzo al mese.
Anna - (*Neppure/Anche*) da noi gli affitti sono molto cari.
Fred - Per questo la gente deve abitare in case piccole, (*ma/mentre*) non è facile trovarle.
Anna - Tu vivi da solo, (*o/anzi*) abiti ancora con i tuoi?
Fred - Per ora sto con i miei, (*dunque/ma*) fra due mesi, (*quando/allora*) andrò a vivere in un'altra città, ho intenzione di trovare un mini-appartamento. Non so (*se/neanche*) ci riuscirò.
Anna - Allora è (*anche/come*) da noi. Ci sono centinaia di case da comprare, (*ma/allora*) non si trova (*né/neppure*) un appartamento da prendere in affitto.

17

▷ *Completate il dialogo:*

Amico - Com'è la tua nuova casa? Grande?
Lei - ______________________________
Amico - Quante camere da letto hai?
Lei - ______________________________
Amico - Io ne ho quattro e ho una grande cucina. La tua cucina com'è?
Lei - ______________________________
Amico - Hai la terrazza?
Lei - ______________________________
Amico - Hai molti mobili nel salotto?
Lei - ______________________________
Amico - Allora quando mi inviti a cena?
Lei - ______________________________
Amico - Grazie, verrò con piacere.

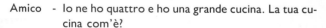

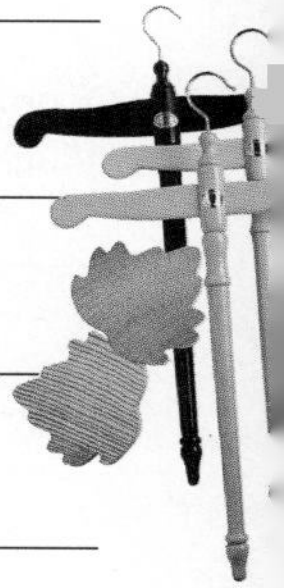

INTERROGATIVI • come? • che? • chi? • quando? • quanto? • perché? •

Come	hai trovato l'appartamento?
A **che**	piano è?
Chi	ti ha aiutato a trovarlo?
Quando	ci andrai ad abitare?
Quanto	paghi d'affitto?
Perché	paghi tanto?

NOMI ALTERATI IN -INO, -ETTO, -OTTO, -ONE, -ACCIO

un piccolo appartamento	→	un appartament**ino**
una piccola strada	→	una strad**ina**
un piccolo bagno	→	un bagn**etto**
una piccola casa	→	una cas**etta**
Circa un anno	→	un ann**etto**
Circa un mese	→	un mes**etto**
Circa un'ora	→	un'or**etta**
un piccolo passero	→	un passer**otto**
una piccola cucina	→	un cucin**otto**
un grande armadio	→	un armadi**one**
una grande scatola	→	uno scatol**one**
un brutto lavoro	→	un lavor**accio**
una cattiva giornata	→	una giornat**accia**

Nota:

con il suffisso -otto o -one i nomi femminili diventano maschili.

AGGETTIVI ALTERATI

piccol- grand- largh- alt- strett-	**ino/a**

car- cald- lontan-	**uccio**

Nota: quando si forma un nome o un aggettivo alterato, normalmente si evita la ripetizione della stessa vocale nella base (strett-) e nel suffisso (-ino, -one, -etto).
stretto → strettino *e non* strettetto.

SPECIFICAZIONE: PARTICELLA • ne •

Possiamo andare insieme.	Che	**ne**	dici / dite?
			pensi / pensate?
È vero che Marco va a stare da solo?	Sì,	**ne**	parla sempre, ma non ci credo
	Non	**ne**	so niente
I prezzi delle case aumenteranno ancora?	Sì,	**ne**	sono sicuro / a
	Non		sono certo/a

MISURE

cm = centimetro *m = metro* *km = chilometro*

Il tavolo	è	lungo largo alto	un metro e ottanta novanta centimetri ottanta centimetri	(m 1.80) (cm 90) (cm 80)
Il soggiorno	è	venti metri quadrati (mq 20)		

Abito	a	quindici chilometri (km 15) da Milano

PESI

gr = grammo *hg = etto* *kg = chilo*

La lettera Il pacchetto Maria	pesa	circa 20 grammi (gr 20) 9 etti (hg 9) 60 chili (kg 60)

NUMERALI COLLETTIVI E MOLTIPLICATIVI

Circa	10	= una **decina** di...
	20	= una **ventina** di...
	100/200	= un **centinaio**/due **centinaia** di...
	1000/3000	= un **migliaio**/tre **migliaia** di...

Il	**doppio**	di 5	è	10
	triplo			15

Un **paio** di	scarpe calze pantaloni occhiali

CONGIUNZIONI CON L'INDICATIVO

anche	**Anche** Lei abita in un appartamento?
o/oppure	C'è il garage **o** (**oppure**) un box?
né...né...	Non c'è **né** il garage **né** il box.
neppure/neanche	Non c'è **neppure** (**neanche**) un balconcino.
ma	La cucina è piccolina, **ma** è completa.
quindi/dunque/ allora/perciò	Sono 90 metri quadrati, **quindi** (**dunque/ allora/perciò**) l'affitto è troppo alto.
come anzi	Il mio appartamento è **come** il tuo, **anzi** è un po' più grandino.
mentre	Il tuo è di 70 metri quadrati, **mentre** il mio è di 80.
cioè perché	La tua camera è migliore, **cioè** è più comoda, **perché** ha il bagno.
quando se	**Quando** cerchi casa devi chiedere **se** ci sono tutte le comodità.

18

▷ *Il signor Marini sta parlando con l'impiegata di un'agenzia immobiliare. Ascoltate attentamente la conversazione e decidete poi quale delle tre affermazioni è corretta:*

1. Il signor Marini cerca un appartamento di ....

   A. 110 metri quadrati
   B. 120 metri quadrati
   C. 90 metri quadrati

2. L'affitto mensile per l'appartamento di 110 metri quadrati è ....

   A. 800.000 lire
   B. 700.000 lire
   C. 400.000 lire

3. L'appartamento di 110 metri quadrati ....

   A. ha il garage
   B. ha il box
   C. non ha né l'uno né l'altro

4. Il signor Marini decide di ....

   A. prendere un appartamento in una zona più lontana
   B. prendere l'appartamento di 110 metri quadrati
   C. ripassare dall'agenzia

19

▷ *Lavorando in coppia, drammatizzate queste situazioni (osservate le piantine, possono esservi utili):*

SITUAZIONE 1

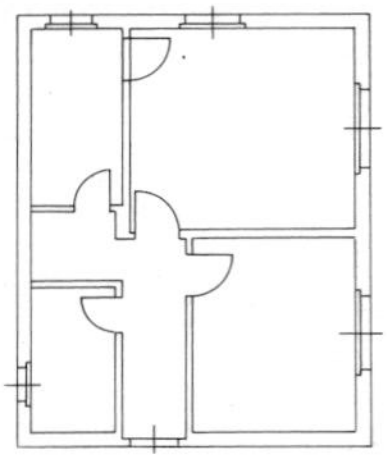

Studente A: Lei è in una agenzia immobiliare. Dica all'impiegato per quale motivo si trova lì.

Studente B: Lei è l'impiegato. Chieda allo studente A che tipo di appartamento sta cercando. Descriva poi quello che la Sua agenzia può offrirgli.

SITUAZIONE 2

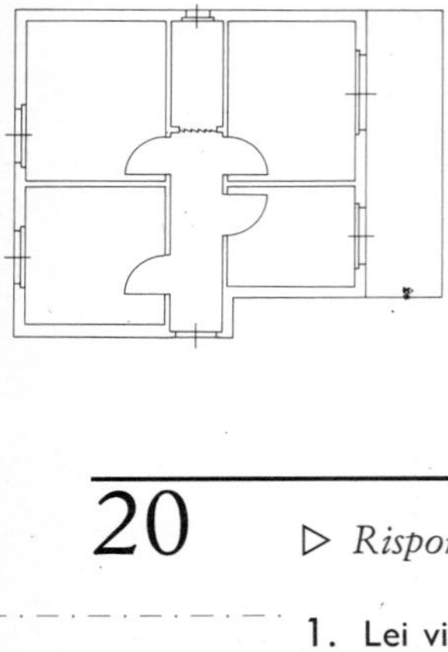

Studente A: Lei ha comprato una casa. La descriva a un amico che non ci è ancora stato.

Studente B: Lei è l'amico. Chieda allo studente A di spiegare che dimensioni hanno le diverse stanze e come ha intenzione di ammobiliarle.

20

▷ *Rispondete alle seguenti domande personali:*

1. Lei vive in un appartamento o in una casa a più piani?
2. Quanti metri quadrati è la Sua abitazione?
3. Ha doppi servizi o un solo bagno?
4. Quali mobili ci sono nella Sua camera da letto?

21

▷ *Domandate al vostro compagno di banco*

1. quanto costano al metro quadrato gli appartamenti in città
2. se è difficile trovare un appartamento libero e perché
3. se l'affitto si paga mese per mese o per periodi più lunghi
4. se lo stato aiuta chi vuole comprare un'abitazione

PRODUZIONE ORALE

Disegnate la piantina della vostra abitazione e descrivete le diverse stanze, indicando come sono ammobiliate. Dite poi che cosa non vi piace del vostro appartamento.

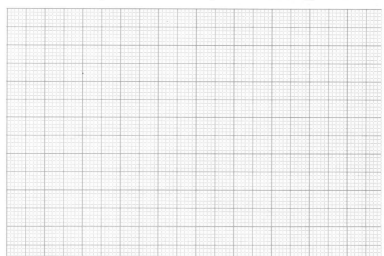

COMPRENSIONE ORALE

Ascoltate il dialogo tra i due coniugi, poi inserite nel disegno i mobili negli spazi in cui sono stati sistemati.

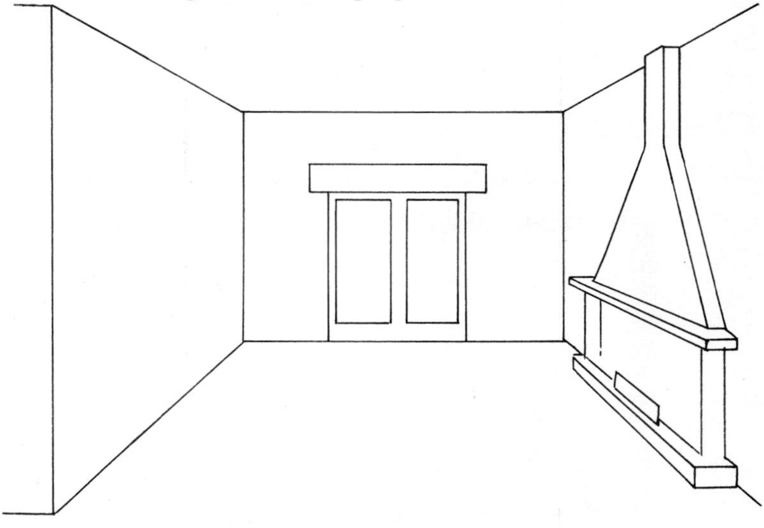

COMPRENSIONE SCRITTA

Il signor Massi vuole vendere il suo appartamento, perché due camere da letto sono poche per una famiglia di cinque persone come la sua e, inoltre, vorrebbe un box posto auto. Leggete attentamente gli annunci e dite poi

A. qual è l'annuncio scritto dal sig. Massi

B. qual è l'appartamento adatto a lui

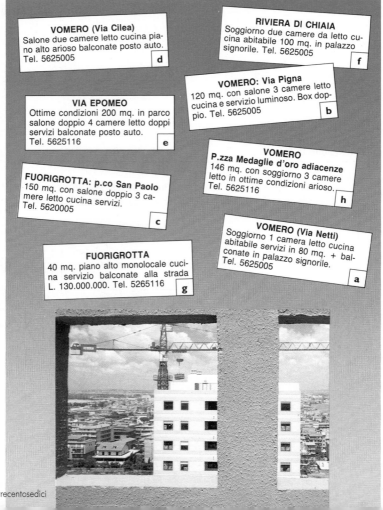

VOMERO (Via Cilea)
Salone due camere letto cucina piano alto arioso balconate posto auto. Tel. 5625005
d

RIVIERA DI CHIAIA
Soggiorno due camere da letto cucina abitabile 100 mq. in palazzo signorile. Tel. 5625005
f

VOMERO: Via Pigna
120 mq. con salone 3 camere letto cucina e servizio luminoso. Box doppio. Tel. 5625005
b

VIA EPOMEO
Ottime condizioni 200 mq. in parco salone doppio 4 camere letto doppi servizi balconate posto auto. Tel. 5625116
e

VOMERO
P.zza Medaglie d'oro adiacenze
146 mq. con soggiorno 3 camere letto in ottime condizioni arioso. Tel. 5625116
h

FUORIGROTTA: p.co San Paolo
150 mq. con salone doppio 3 camere letto cucina servizi. Tel. 5620005
c

VOMERO (Via Netti)
Soggiorno 1 camera letto cucina abitabile servizi in 80 mq. + balconate in palazzo signorile. Tel. 5625005
a

FUORIGROTTA
40 mq. piano alto monolocale cucina servizio balconate alla strada L. 130.000.000. Tel. 5265116
g

PRODUZIONE SCRITTA

1 *Scrivete un annuncio per mettere in vendita il vostro appartamento.*

2 *Scrivete un annuncio per cercare un appartamento adatto alle vostre esigenze.*

3 *Mettete in ordine le seguenti parole e costruite frasi aventi senso compiuto:*

1. ufficio di è il uno mio per quattro metri tre stanzino.
2. in preso una ho ammobiliata affitto casetta.
3. cucina una preferisce abitabile cucinotto oppure pochi di un quadrati metri?
4. siamo non ma sicuri ne Luigi pomeriggio arrivare domani Marta con può.

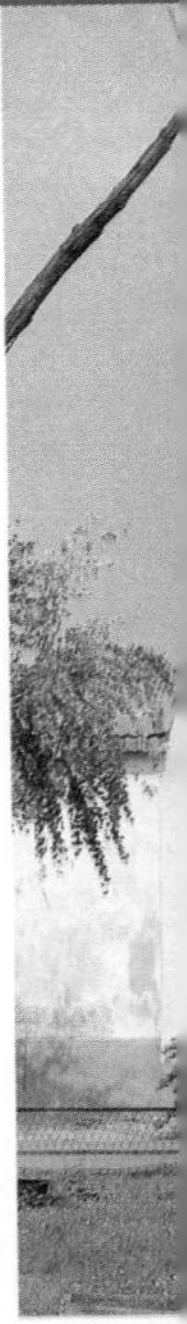

... DELLE "QUATTRO MURA"

1

▷ *Leggete il testo rapidamente (non cercate di capire ogni parola) e decidete se l'articolo dà informazioni sui seguenti punti:*

	SÌ	NO
- l'età di Franco e Luciana	☐	☐
- la data del loro matrimonio	☐	☐
- i loro programmi per il viaggio di nozze	☐	☐
- la professione di Giancarlo	☐	☐
- il costo delle case a Milano	☐	☐
- la nazionalità di Mike	☐	☐
- le ragioni per cui vive in Italia	☐	☐
- le dimensioni della mansarda	☐	☐
- le cause del "problema-casa"	☐	☐
- dati statistici	☐	☐
- le proposte dei partiti politici per risolvere il problema	☐	☐

Franco e Luciana, 22 e 23 anni, di Roma, si sposano a luglio. Hanno già fatto tutti i preparativi per le nozze. E la casa? Eh, quella non c'è. Per il momento staranno con i genitori di lei, che hanno un appartamento piuttosto grande. Poi si vedrà.

Susy e Giancarlo sono sposati da quattro anni e hanno due bimbi piccoli. Sono entrambi nati e cresciuti al Ticinese, uno dei quartieri più caratteristici di Milano. Vorrebbero restarci, ma l'appartamentino dove vivono, di proprietà dei genitori di Giancarlo, è diventato ormai troppo piccolo per loro. Una casa in affitto non si trova assolutamente e comprare in questa zona... sei milioni al metro quadro: neanche a parlarne. E allora, con grande dispiacere, Susy e Giancarlo dovranno spostarsi all'estrema periferia, dove le case costano meno. Ma non potranno più affidare i bambini ai nonni.

Patrizia e Mike vivono in una mansardina a Genova. «Paghiamo un milione di affitto al mese» dice Patrizia. «Per fortuna Mike è straniero: agli stranieri affittano più volentieri, perché così si può aggirare la legge. Certo che per pagare questo affitto facciamo i salti mortali.»

2

▷ *Rileggete il testo più attentamente e abbinate l'effetto nella colonna A con la relativa causa nella colonna B:*

PERCHÈ

1. Susy e Giancarlo andranno a vivere in periferia
2. I proprietari non affittano volentieri
3. Molti giovani restano a vivere con i genitori
4. Oggi le case costano moltissimo
5. Patrizia e Mike hanno trovato un appartamento in affitto

A. è quasi impossibile trovare casa.
B. c'è sempre meno spazio per nuove costruzioni.
C. la gente preferisce affittare agli stranieri.
D. la legge non protegge i loro diritti.
E. non hanno abbastanza denaro per comprare casa nel loro quartiere.

Il problema della casa è tra i più gravi in Italia: la cronica mancanza di spazio, il costo proibitivo delle case in vendita e una legge sull'affitto troppo rigida (la legge dell'"equo canone", che per proteggere gli inquilini da eventuali abusi penalizza eccessivamente i proprietari) lo hanno aggravato sino a renderlo quasi insolubile.

Oggi un giovane che voglia lasciare la famiglia per sposarsi, o per trasferirsi, o semplicemente per andare a vivere da solo, incontra enormi difficoltà a trovare un alloggio, anche modesto, specie nei grandi centri urbani.

Chi può, anche a prezzo di grandi sacrifici e lunghissimi mutui, acquista le sue "quattro mura". Non a caso un'alta percentuale di italiani (circa il 67%) è proprietaria dell'abitazione in cui risiede.

Ma non tutti possono permetterselo: per questo molti giovani restano in famiglia a lungo dopo il compimento della maggiore età e a volte anche dopo il matrimonio. L'indipendenza è certamente un diritto sacrosanto: ma è difficile esercitarlo sotto un ponte...

3

▷ *Leggete attentamente le didascalie che accompagnano le fotografie di queste pagine e dite se le seguenti affermazioni sono vere o false:*

		V	F
1.	In Italia la maggior parte della gente vive in appartamento.		
2.	Il materiale da costruzione più diffuso è il legno.		
3.	L'influenza orientale è particolarmente evidente a Venezia e in molti luoghi del sud.		
4.	Gli italiani tendono a costruire in altezza per mancanza di spazio.		
5.	Nell'Italia centrale è frequente trovare esempi di abitazioni medievali.		
6.	I liguri fanno molto uso di materiali preziosi per decorare le loro case.		
7.	Le ville sono eleganti residenze di città.		
8.	Gli italiani non danno, in genere, grande importanza all'arredamento.		
9.	Oggi andare a vivere in un vecchio cascinale è considerata una cosa molto raffinata.		
10.	Gli spagnoli hanno regnato a lungo in certe parti d'Italia.		

In Italia troviamo una ricca varietà di modelli di abitazione, ciascuno dei quali riflette influenze storiche e rappresenta la risposta a specifiche esigenze diverse.
Dalle vecchie costruzioni in pietra agli edifici più moderni, ogni casa ha una propria storia da raccontare.

1. *Colori forti e trompe l'oeil, la pittura che simula le decorazioni architettoniche, sono le caratteristiche delle case alte e strette di Portofino, in Liguria. Con queste tecniche povere ma ingegnose pescatori e marinai riuscivano ad abbellire le loro semplici case.*

2. *La particolare eleganza decorativa delle case veneziane non si può capire senza ricordare le origini bizantine di Venezia e i rapporti commerciali che la Repubblica marinara aveva con il Medio Oriente.*

3. *Molte cittadine e paesetti del sud Italia riecheggiano anche gli influssi dell'architettura e della dominazione araba.*

4. *Anche la dominazione spagnola in Italia ha lasciato tracce importanti, come in queste abitazioni di Martina Franca (Puglia): balconi in ferro battuto, scale e scalette, porte e finestre decorate sono caratteristiche del barocco spagnolo.*

5. *Nelle città e paesi di Umbria, Marche e Toscana le case dei centri storici conservano ancora l'originaria struttura medievale o quattrocentesca. Sono fatte in pietra, il materiale da costruzione più diffuso in Italia prima dell'avvento del cemento.*

6. *La villa latina, cioè il modello di residenza isolata di campagna, ha ispirato le ville dei Medici nel Quattrocento e le splendide ville venete nel Cinquecento, la cui fama è soprattutto legata al nome dell'architetto neoclassico Andrea Palladio. Villa Barbaro a Maser è una delle opere palladiane più significative.*

7. *Qualunque sia il modello abitativo, il balcone è sempre presente: per stendere il bucato, coltivare fiori e piante, dare uno sguardo a quello che accade in strada, ma soprattutto per godersi il caldo sole italiano.*

8. *Il cascinale, detto anche casa colonica, è tipico delle zone rurali della pianura Padana e dell'Italia centrale. Queste costruzioni includevano, oltre alle abitazioni per le famiglie dei contadini, anche le stalle per gli animali, e locali per la lavorazione di vari prodotti agricoli, come farina, burro, olio o vino. Questo tipo di abitazioni è tornato di gran moda recentemente, grazie alla diffusa nuova passione per l'ecologia, e sempre più numerose sono le persone che acquistano vecchi cascinali e li ristrutturano per andarvi ad abitare.*

9. *Il condominio, cioè l'edificio multipiano suddiviso in appartamenti, è fra le tipologie abitative più diffuse nei centri urbani e ha origini antiche: ne abbiamo esempi già nel XVI secolo. A causa della conformazione geografica dell'Italia, essenzialmente montuosa, l'edilizia popolare si è sviluppata soprattutto in altezza.*

10. *L'interno di un appartamento moderno: gli italiani pongono grande cura e gusto nella scelta dell'arredamento, educati a questo dalla grande tradizione del design nazionale.*

U N I

13

TREDICESIMA UNITÀ

in automobile

OBIETTIVI

- narrare
- formulare ipotesi
- esprimere rincrescimento, disappunto

GRAMMATICA

- accordo del participio passato con l'oggetto (II)
- indicativo imperfetto
- uso dei tempi: imperfetto/passato prossimo
- periodo ipotetico (III) con l'indicativo imperfetto
- verbi modali (III)
- *si* passivante (I)
- partitivo *ne* (II)
- *farcela*

AREA LESSICALE

parti dell'automobile, dinamiche di incidenti, attività di svago

UN INCIDENTE D'AUTO ▶

Ascoltate il dialogo guardando solo le illustrazioni (non cercate di capire ogni parola)

Sig. Cardi - Oh, buongiorno, signora Luzi! Tutto bene?

Sig.ra Luzi - Tutto male, vorrà dire! Ho appena avuto un incidente con la macchina. Mezz'ora fa, mentre venivo a casa dall'ufficio.

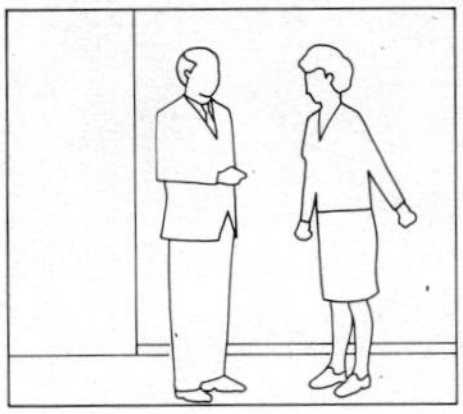

Sig. Cardi - Oh, mi spiace... si è fatta molto male?

Sig.ra Luzi - No, no... Per fortuna avevo la cintura di sicurezza allacciata. Ma la macchina... un disastro!

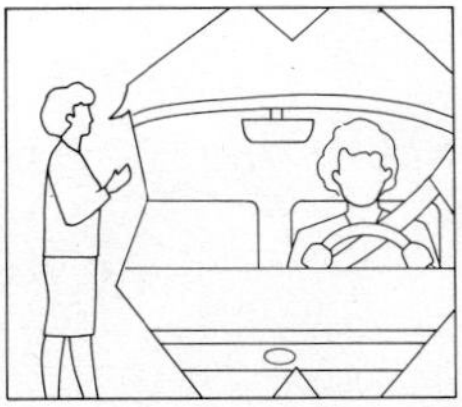

Sig. Cardi - Ma come è successo?

Sig.ra Luzi - Niente, andavo tranquilla per viale Romagna, quando un tizio, un ragazzo, avrà avuto vent'anni, mi ha tagliato la strada.

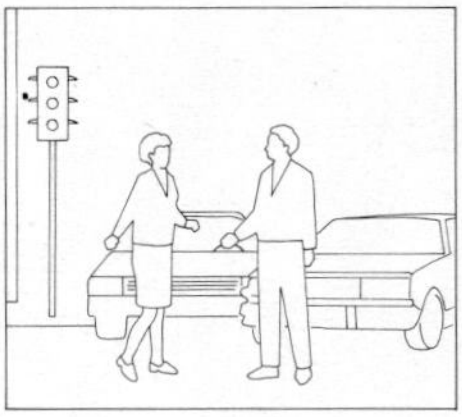

Sig. Cardi - E come mai?

Sig.ra Luzi - Il solito incosciente. Prima mi ha sorpassato a sinistra e poi è rientrato subito a destra a tutta velocità, perché doveva girare al semaforo.

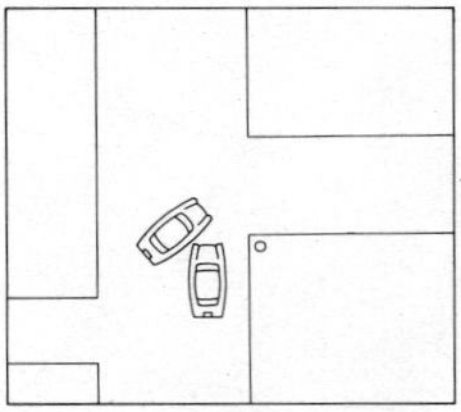

Sig. Cardi - Ma Lei andava molto forte?

Sig.ra Luzi - No, guidavo pianissimo, ma è successo così all'improvviso che... non ce l'ho fatta a frenare in tempo.

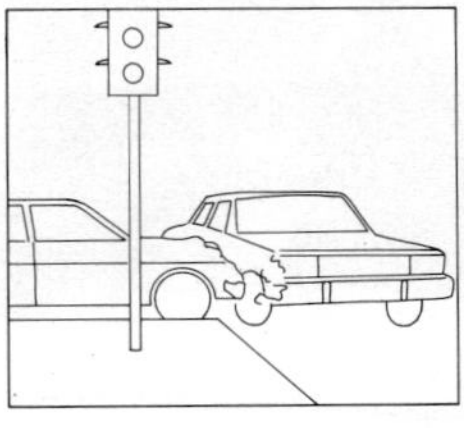

Sig. Cardi - E la Sua macchina? Ha avuto molti danni?

Sig.ra Luzi - Non Le dico! Il cofano sfasciato, la portiera di sinistra tutta rovinata... E pensare che era quasi nuova!

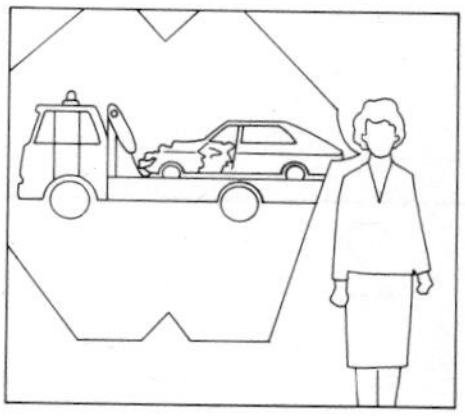

Sig. Cardi - Purtroppo si incontrano molti pazzi al volante. Poteva andare anche peggio, sa!

Sig.ra Luzi - Sì, qui si rischia la vita ogni giorno!

Sig.ra Luzi - Un tempo la gente faceva più attenzione.

Sig. Cardi - Forse sì. Ma c'erano anche meno macchine in circolazione. E poi, ai miei tempi, i ragazzi giravano in bicicletta!

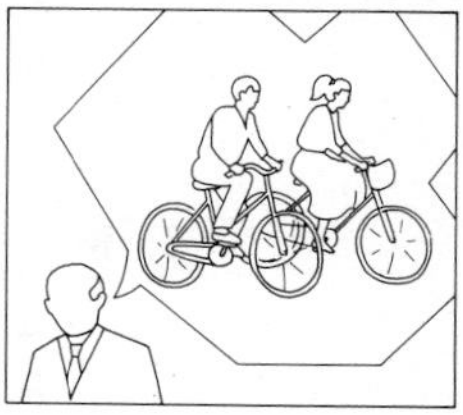

1

▷ *Riascoltate il dialogo e decidete se le seguenti affermazioni sono vere o false:*

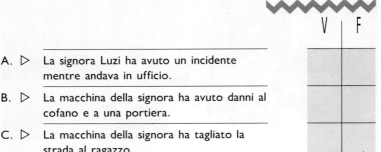

		V	F
A. ▷	La signora Luzi ha avuto un incidente mentre andava in ufficio.		
B. ▷	La macchina della signora ha avuto danni al cofano e a una portiera.		
C. ▷	La macchina della signora ha tagliato la strada al ragazzo.		

2

▷ *Riascoltate il dialogo leggendo il testo, poi scegliete la corretta alternativa:*

1. ▶ La signora Luzi ha i nervi perché ....
   A. le hanno quasi distrutto la macchina
   B. un tizio ha voluto sorpassarla
   C. non è stata prudente

2. ▶ La signora Luzi non si è fatta niente, perché ....
   A. la sua macchina era ferma
   B. aveva la cintura di sicurezza allacciata
   C. ha avuto fortuna

3. ▶ Il signor Cardi dice che ai suoi tempi ....
   A. la gente guidava meglio
   B. non c'erano tante macchine in giro
   C. si incontravano molti pazzi al volante

3

▷ *Ascoltate e ripetete.*

4

▷ *Provate a ricostruire il dialogo guardando solo le illustrazioni.*

volante

cambio

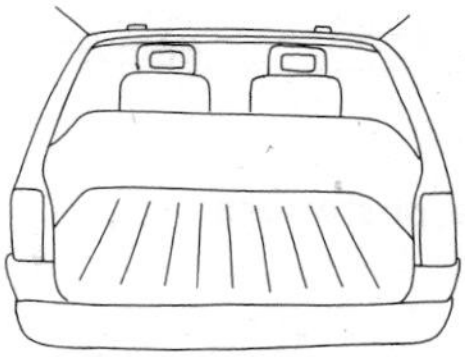
portabagagli

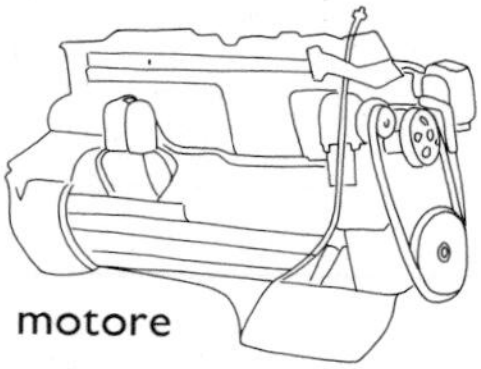
motore

5

▷ *Rispondete secondo il modello:*

Perché ti piace questa macchina?
Perché il volante è grande. *(volante/grande)*

1. Perché vendi questa macchina?

 ________________________ *(motore/vecchio)*

2. Perché scegli questa macchina?

 ________________________ *(cambio/automatico)*

3. Perché preferisci questa macchina?

 ________________________ *(portabagagli/ampio)*

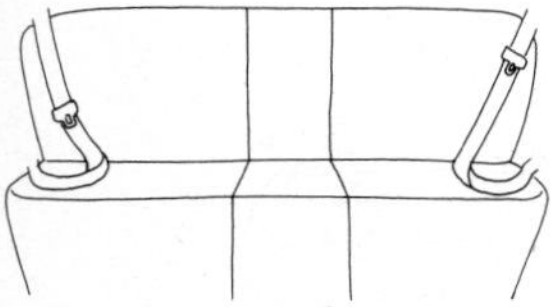

sedile posteriore

parabrezza

specchietto

cruscotto

6

▷ *Rispondete secondo il modello:*

Cosa c'è di speciale nella macchina?
Non vedi? Il sedile posteriore è ampio. *(sedile posteriore/ampio)*

1. Cosa c'è di strano nella macchina?

   ______________________ *(cruscotto/senza luce)*

2. Cosa c'è di speciale nella macchina?

   ______________________ *(parabrezza/scuro)*

3. Cosa c'è di nuovo nella macchina?

   ______________________ *(specchietto/diverso)*

7

▷ *Rispondete secondo il modello:*

Dove hai portato la macchina?
L'ho portata in garage. *(in garage)*
Dove hai visto il tuo amico?
L'ho visto a teatro. *(a teatro)*

1. Dove hai messo la chiave?

   ______________________ *(in borsa)*

2. Dove hai passato la domenica?

   ______________________ *(a casa)*

3. Dove hai incontrato Luigi?

   ______________________ *(in palestra)*

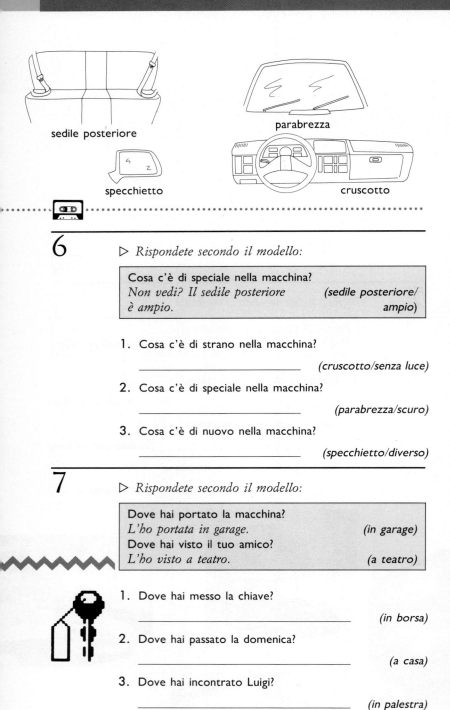

8

▷ *Rispondete secondo il modello:*

Hai comprato i biglietti?
Sì, li ho comprati ieri.
Hai comprato le paste?
Sì, le ho comprate ieri.

1. Hai chiamato i tuoi amici?

   ____

2. Hai incontrato le amiche di Carla?

   ____

3. Hai ritirato i soldi?

   ____

4. Hai sentito le tue sorelle?

   ____

9

▷ *Rispondete secondo il modello:*

Quanti mezzi hai preso?
Ne ho presi due. *(due)*

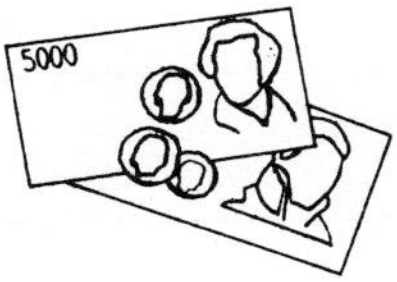

1. Quanti soldi hai speso?

   ______________________________ *(pochi)*

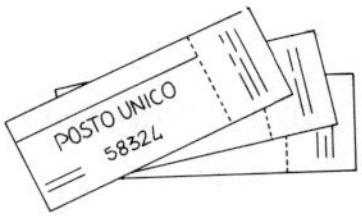

2. Quanti biglietti hai comprato?

   ______________________________ *(tre)*

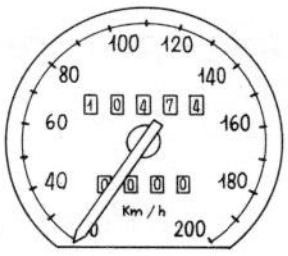

3. Quanti chilometri hai fatto?

   ______________________________ *(molti)*

10

▷ *Rispondete secondo il modello:*

Hai preparato le valigie?
Sì, ne ho preparate due. (due)

1. Hai studiato le lingue?

   ______________________ *(tre)*

2. Hai avuto delle giornate faticose?

   ______________________ *(tante)*

3. Hai scritto le lettere?

   ______________________ *(cinque)*

stare dai nonni

giocare con i cugini

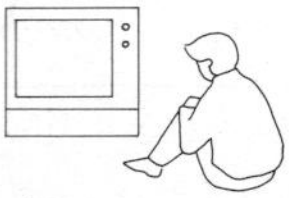
guardare la televisione

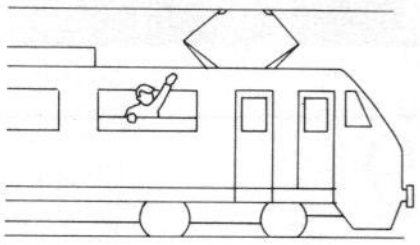
andare in vacanza

11

▷ *Rispondete secondo il modello:*

Con chi stavi da bambino?
Stavo dai nonni. (dai nonni)

1. Con chi giocavi?

   ______________________ *(con i miei cugini)*

2. Quando guardavi la televisione?

   ______________________ *(solo il pomeriggio)*

3. Dove andavi in vacanza?

   ______________________ *(a Portofino)*

12

▷ *Rispondete secondo il modello:*

Che macchina avevi prima? *Avevo una Fiat.* (Fiat)

1. Dove vivevi prima?

   _______________ (Genova)

2. Che mezzo prendevi prima?

   _______________ (metropolitana)

3. Che giornale leggevi prima?

   _______________ ("La Stampa")

13

▷ *Rispondete secondo il modello:*

A che ora finiva di solito? *Finivo alle sei.* (sei)

1. A che ora usciva di solito?

   _______________ (otto)

2. Quando veniva di solito?

   _______________ (tutti i sabati)

3. Dove dormiva di solito?

   _______________ (albergo)

14

▷ *Rispondete secondo il modello:*

Lei non fuma più? *No, in passato fumavo molto, ma ora non fumo più.*

1. Lei non lavora più?

   ____

2. Lei non scrive più?

   ____

3. Lei non beve più?

   ____

4. Lei non esce più la sera?

   ____

15

▷ *Osservate l'esempio e, in gruppi di tre, eseguite mini-dialoghi simili usando le parole-stimolo:*

A. dove/essere/tre?	A. *Dove eri alle tre?*
B. palestra	B. *Ero in palestra.*
A. voi?	A. *E voi dove eravate?*
C. con Piero	C. *Eravamo con Piero.*

1. A. dove/essere/undici? ______________________
   B. mare ______________________
   A. voi? ______________________
   C. da Luisa ______________________
2. A. dove/essere/un'ora fa? ______________________
   B. posta ______________________
   A. voi? ______________________
   C. università ______________________

16

▷ *Fate domande secondo il modello:*

Perché non hai guidato tu?	*(non guidare/tu)*
Perché non avevo con me la patente.	

1. ______________________________ ? *(non accettare/invito a cena)*
   Perché non avevo voglia di fare tardi.
2. ______________________________ ? *(non allacciare/cinture di sicurezza)*
   Perché non sapevo che era obbligatorio.
3. ______________________________ ?*(non finire/lavoro)*
   Perché non stavo bene.

17

▷ *Rispondete secondo il modello:*

> Quando hai incontrato Paola?
> *L'ho incontrata mentre andavo in banca.* *(andare in banca)*

1. Quando hai visto le mie amiche?

   ____

   (aspettare Pino)

2. Quando hai sentito dei rumori?

   ____

   (preparare la cena)

3. Quando hai avuto l'incidente?

   ____

   (tornare a casa)

18

▷ *Completate le frasi secondo il modello:*

> Stavo uscendo, quando è arrivato Marco.
> *Perciò sono rimasto a casa.* *(rimanere a casa)*

1. Stavo aspettando il tram, quando è passato Aldo.

   ______________________ *(chiedergli un passaggio)*

2. Stavo parlando con Luigi, quando è entrata Anna.

   ______________________ *(cambiare discorso)*

3. Stavo guidando, quando Sergio mi ha dato la brutta notizia.

   ______________________ *(sbagliare strada)*

19

▷ *Replicate secondo il modello:*

> Ho avuto un incidente d'auto.
> *Se correvi meno, non l'avevi.* *(correre meno)*

1. Ho perduto il treno.

   ______________________________ *(alzarsi prima)*

2. Ho sbagliato strada.

   ______________________________ *(fare attenzione)*

3. Mi sono stancata a salire.

   ______________________________ *(prendere l'ascensore)*

20

▷ *Completate le frasi secondo il modello:*

> In Austria *si parla* il tedesco.
> In Svizzera *si parlano* più lingue. (parlare)

1. Per la strada ________ pazzi al volante. *(incontrare)*
2. La patente ________ a diciott'anni. *(prendere)*
3. I giornali ________ all'edicola. *(comprare)*
4. La colazione ________ a parte. *(pagare)*
5. In italiano l'acca non ________ . *(pronunciare)*
6. Alla tv ________ spesso dei bei film. *(vedere)*
7. Come ________ il Suo nome? *(scrivere)*

21

▷ *Osservate l'esempio e, in coppia, eseguite mini-dialoghi simili usando le parole-stimolo:*

A. (tu) parlare/capo?	A. *Sei riuscito a parlare con il capo?*
B. no/non farcela/voi?	B. *No, non ce l'ho fatta; e voi?*
A. sì.	A. *Noi sì, ce l'abbiamo fatta.*

1. A. (tu) andare/banca? ________
   B. no/non farcela/voi? ________
   A. sì. ________

2. A. (tu) vedere/film/tv? ________
   B. no/non farcela/voi? ________
   A. sì ________

3. A. tu/prendere/biglietti? ________
   B. no/non farcela/voi? ________
   A. sì ________

ACCORDO DEL PARTICIPIO PASSATO CON L'OGGETTO

Hai visto	Marco?
	Anna?
	i nuovi libri?
	le nuove cassette?

Sì,	**l'ho**		visto vista
	li **le**	ho	visti viste

INDICATIVO IMPERFETTO: CONIUGAZIONE REGOLARE

	parlare	prendere	partire
(io) (tu)	parl**avo** parl**avi**	prend**evo** prend**evi**	part**ivo** part**ivi**
(lui) (lei) (Lei)	parl**ava**	prend**eva**	part**iva**
(noi) (voi) (loro)	parl**avamo** parl**avate** parl**avano**	prend**evamo** prend**evate** prend**evano**	part**ivamo** part**ivate** part**ivano**

Nota: si forma così anche l'imperfetto di molti altri verbi, come andare, avere, venire, *ecc.*

CONIUGAZIONE IRREGOLARE

	essere
(io) (tu)	**ero** **eri**
(lui) (lei) (Lei)	**era**
(noi) (voi) (loro)	**eravamo** **eravate** **erano**

	fare	dire	bere
(io) (tu)	**facevo** **facevi**	**dicevo** **dicevi**	**bevevo** **bevevi**
(lui) (lei) (Lei)	**faceva**	**diceva**	**beveva**
(noi) (voi) (loro)	**facevamo** **facevate** **facevano**	**dicevamo** **dicevate** **dicevano**	**bevevamo** **bevevate** **bevevano**

USO DEI TEMPI: IMPERFETTO (i) E PASSATO PROSSIMO (pp)

a) azioni in atto nel passato / azioni concluse nel passato

i	Alle sette **lavoravo** ancora	.... 7 ....▶
pp	**Ho lavorato** fino alle sette	.... / 7
	tutto il giorno	/ .... /
	fra le due e le nove	/ .... /
	dai 25 ai 60 anni	/ .... /

Nota: *(i) = si parla di un'azione in svolgimento;*
(pp) = si parla di un'azione condotta a termine.

b) azioni contemporanee nel passato / azioni in successione nel passato

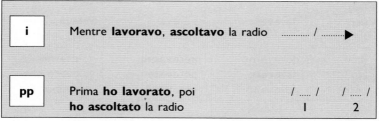

i	Mentre **lavoravo**, **ascoltavo** la radio	.... / ....▶
pp	Prima **ho lavorato**, poi **ho ascoltato** la radio	/ ..... / 1 / ..... / 2

Nota: *(i) = si parla di due (o più) azioni compiute contemporaneamente;*
(pp) = si parla di azioni realizzate una dopo l'altra.

c) azioni interrotte nel passato

i + pp .... / ....▶

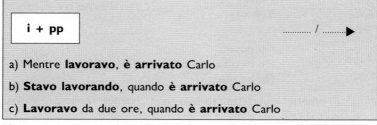

a) Mentre **lavoravo**, **è arrivato** Carlo

b) **Stavo lavorando**, quando **è arrivato** Carlo

c) **Lavoravo** da due ore, quando **è arrivato** Carlo

Nota: *(i) + (pp) = si parla di due azioni passate, una delle quali (pp) è accaduta mentre l'altra (i) era già in svolgimento.*

d) azioni abituali nel passato

i	Da giovane	**fumavo** tanto
	Di solito	**guidava** come un pazzo
	In quegli anni	Milano **era** molto più tranquilla
	Allora	la gente **faceva** più attenzione

IMPERFETTO DEI VERBI MODALI

	dovere	potere	volere
(io) (tu)	dov**evo** dov**evi**	pot**evo** pot**evi**	vol**evo** vol**evi**
(lui) (lei) (Lei)	dov**eva**	pot**eva**	vol**eva**
(noi) (voi) (loro)	dov**evamo** dov**evate** dov**evano**	pot**evamo** pot**evate** pot**evano**	vol**evamo** vol**evate** vol**evano**

USO DEI TEMPI: IMPERFETTO E PASSATO PROSSIMO DEI VERBI MODALI

i + pp	**Dovevo** **Potevo** lavorare **Volevo**	e **ho lavorato** ma non **ho lavorato**
pp	**Ho dovuto** **Ho potuto** lavorare **Ho voluto**	

Nota: (i) + (pp) = l'imperfetto, da solo, non chiarisce se l'azione è stata compiuta o no, quindi il pensiero va completato;
(pp) = il passato prossimo indica chiaramente che l'azione è stata completata.

PERIODO IPOTETICO CON L'INDICATIVO IMPERFETTO

	ipotesi=imperfetto	conseguenza=imperfetto
Se	non **avevo** la cintura,	mi **facevo** male
	andava più piano,	non **aveva** l'incidente

Nota: l'uso dell'imperfetto nel periodo ipotetico al passato è frequente nell'italiano parlato e scritto non formale.

SI PASSIVANTE

La patente	**si** prende	a diciott'anni
A quest'ora	non **si** trov**a**	molta gente

In passato	**si** vedev**ano**	meno macchine
A quest'ora	non **si** trov**ano**	molte persone

farcela

Ce	**la**	**fai**	in un'ora?

Sì,	**ce**	**la**	**faccio**

Sei riuscito	a	frenare in tempo?

Sì,	**ce**	**l'**	**ho fatta**

Nota: al passato il participio prende sempre la terminazione -a.

22

▷ *Il signor Baroni sta parlando con la moglie. Ascoltate la conversazione (non cercate di capire ogni parola) e scegliete le espressioni che descrivono meglio i due personaggi e i loro cambiamenti:*

moglie	prima	ora
umore	A. allegro ☐ B. triste ☐	A. cattivo ☐ B. buono ☐
vestire	A. male ☐ B. alla moda ☐	A. con molta eleganza ☐ B. in modo trascurato ☐
cura della persona	A. molta ☐ B. poca ☐	A. nessuna ☐ B. esagerata ☐
cucinare	A. molto bene ☐ B. senza voglia ☐	A. quasi mai ☐ B. male ☐

marito	prima	ora
atteggiamento	A. affettuoso ☐ B. riservato ☐	A. chiuso ☐ B. espansivo ☐
attenzioni per la moglie	A. generoso ☐ B. avaro ☐	A. attento ☐ B. distratto ☐

23

▷ *Lavorando in coppia, drammatizzate la seguente situazione:*

Studente A:

Lei sta parlando con una persona di una certa età, per esempio il nonno o la nonna. Le chieda che abitudini aveva quando era giovane e com'era la vita in quei tempi.

Studente B:

Lei è la persona di una certa età. Dica:
A. cosa faceva a vent'anni;
B. com'era diversa la vita in quei tempi (parli di abitudini, lavoro, rapporto uomo-donna, famiglia, traffico, tempo libero, ecc.)

24

▷ *Rispondete alle seguenti domande personali:*

1. Quando ha preso la patente?
2. Di solito Lei corre o va piano?
3. Ha mai avuto un incidente d'auto?
4. Quanto paga all'anno per l'assicurazione auto?
5. Lei tiene sempre allacciata la cintura di sicurezza quando guida?

25

▷ *Domandate al vostro compagno di banco*

1. da quanto tempo guida
2. se si stanca facilmente a guidare
3. se l'assicurazione nel suo paese è obbligatoria
4. se gli hanno mai tagliato la strada
5. se fa sorpassi solo per necessità o anche per divertimento

PRODUZIONE ORALE

Raccontate come è successo l'incidente d'auto della signora Luzi.

COMPRENSIONE ORALE

La signora Fini sta parlando con un impiegato dell'assicurazione. Ascoltate il dialogo (non cercate di capire ogni parola) e individuate quindi le parti del modulo che sono oggetto della conversazione.

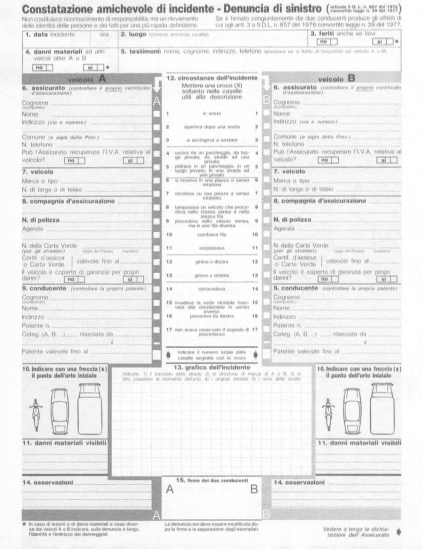

Constatazione amichevole di incidente - Denuncia di sinistro (articolo 5 D. L. n. 857 del 1976 convertito legge n. 39 del 1977)

Non costituisce riconoscimento di responsabilità, ma un rilevamento delle identità delle persone e dei fatti per una più rapida definizione.

Se è firmato congiuntamente dai due conducenti produce gli effetti di cui agli artt. 3 e 5 D.L. n. 857 del 1976 convertito legge n. 39 del 1977.

1. data incidente ora

2. luogo (comune, provincia, località)

3. feriti anche se lievi no ☐ sì ☐ *

4. danni materiali ad altri veicoli oltre A o B no ☐ sì ☐ *

5. testimoni: nome, cognome, indirizzo, telefono (precisare se si tratta di trasportati sul veicolo A o B)

veicolo A

6. assicurato *(controllare il proprio certificato d'assicurazione)*

Cognome (stampatello)
Nome
Indirizzo *(via e numero)*
Comune *(e sigla della Prov.)*
N. telefono
Può l'Assicurato recuperare l'I.V.A. relativa al veicolo? no ☐ sì ☐

7. veicolo

Marca e tipo
N. di targa o di telaio

8. compagnia d'assicurazione

N. di polizza
Agenzia
N. della Carta Verde *(per gli stranieri)* (sigla del Paese) (numero)
Certif. d'assicur. o Carta Verde | valevole fino al
Il veicolo è coperto di garanzia per propri danni? no ☐ sì ☐

9. conducente *(controllare la propria patente)*

Cognome (stampatello)
Nome
Indirizzo
Patente n.
Categ. (A, B, ...) rilasciata da
il
Patente valevole fino al

12. circostanze dell'incidente

Mettere una croce (X) soltanto nelle caselle utili alla descrizione

1 in sosta 1
2 ripartiva dopo una sosta 2
3 si accingeva a sostare 3
4 usciva da un parcheggio, da luogo privato, da strada ad uso privato 4
5 entrava in un parcheggio, in un luogo privato, in una strada ad uso privato 5
6 si inseriva in una piazza a senso rotatorio 6
7 circolava su una piazza a senso rotatorio 7
8 tamponava un veicolo che procedeva nello stesso senso e nella stessa fila 8
9 procedeva nello stesso senso, ma in una fila diversa 9
10 cambiava fila 10
11 sorpassava 11
12 girava a destra 12
13 girava a sinistra 13
14 retrocedeva 14
15 invadeva la sede stradale riservata alla circolazione in senso inverso 15
16 proveniva da destra 16
17 non aveva osservato il segnale di precedenza 17

indicare il numero totale delle caselle segnate con la croce

veicolo B

6. assicurato *(controllare il proprio certificato d'assicurazione)*

Cognome (stampatello)
Nome
Indirizzo *(via e numero)*
Comune *(e sigla della Prov.)*
N. telefono
Può l'Assicurato recuperare l'I.V.A. relativa al veicolo? no ☐ sì ☐

7. veicolo

Marca e tipo
N. di targa o di telaio

8. compagnia d'assicurazione

N. di polizza
Agenzia
N. della Carta Verde *(per gli stranieri)* (sigla del Paese) (numero)
Certif. d'assicur. o Carta Verde | valevole fino al
Il veicolo è coperto di garanzia per propri danni? no ☐ sì ☐

9. conducente *(controllare la propria patente)*

Cognome (stampatello)
Nome
Indirizzo
Patente n.
Categ. (A, B, ...) rilasciata da
il
Patente valevole fino al

10. Indicare con una freccia (➧) il punto dell'urto iniziale

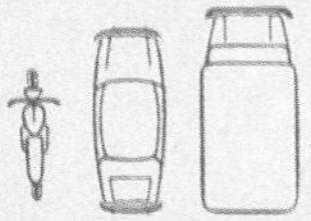

11. danni materiali visibili

13. grafico dell'incidente

Indicare: 1) il tracciato delle strade; 2) la direzione di marcia di A e B; 3) la loro posizione al momento dell'urto; 4) i segnali stradali; 5) i nomi delle strade

10. Indicare con una freccia (➧) il punto dell'urto iniziale

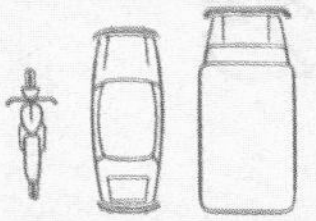

11. danni materiali visibili

14. osservazioni

15. firme dei due conducenti

A B

14. osservazioni

* In caso di lesioni o di danni materiali a cose diverse dai veicoli A e B indicare, sulla denuncia a tergo, l'identità e l'indirizzo dei danneggiati.

La denuncia non deve essere modificata dopo la firma e la separazione degli esemplari.

Vedere a tergo le dichiarazioni dell' Assicurato ➧

COMPRENSIONE SCRITTA

1

Leggete il testo e compilate poi la scheda:

numero degli incidenti	
causa degli incidenti	
numero dei morti	
numero dei feriti	

ECCESSO DI VELOCITÀ

L'alta velocità è costata la vita a due giovani di 21 e 18 anni. Il primo incidente è successo a tarda notte in Sardegna, vicino a Cagliari. Intorno alle quattro del mattino il giovane, con altri quattro amici, stava rientrando in città dopo aver trascorso la notte in un locale dell'hinterland, quando, nell'imboccare una curva, ha perso il controllo dell'auto.
Il secondo incidente è avvenuto a 70 chilometri da Sassari. L'elettricista Marino Sassu, 18 anni, ha perduto il controllo dell'auto in curva ed è finito contro il guardrail.
Mortale incidente anche nei pressi di Taranto. Una Lancia Prisma condotta da Giuseppe Piccoli, 62 anni, si è scontrata frontalmente con una Fiat 127, guidata da Cosimo Giusti, 35 anni. Questi viaggiava con la moglie e i figli di 16 e 13 anni. Nell'urto violentissimo è morta la donna, mentre il marito e i figli, e il conducente della Lancia Prisma, se la sono cavata con qualche ferita e sono ricoverati all'ospedale di Taranto.
Dalle indagini risulta che la Lancia Prisma viaggiava a circa 160 chilometri all'ora.

2

Abbinate i simboli dei cartelli stradali con l'appropriata definizione:

1. Questo segnale indica un parcheggio avanti a sinistra.
2. Questo segnale significa che si deve dare la precedenza.
3. Questo segnale significa che ci si deve fermare all'incrocio.
4. Questo segnale significa che non si può sorpassare.
5. Questo segnale significa che c'è il limite di velocità.

PRODUZIONE SCRITTA

1 *Raccontate come si è svolto un incidente d'auto che avete avuto o al quale avete assistito.*

2 *Completate le frasi con la forma appropriata del passato (passato prossimo o imperfetto), facendo attenzione alle terminazioni:*

1. Ieri Laura __________ perché. __________ bene. *(non uscire/ non sentirsi)*
2. Sai? Mentre __________ in banca __________ Carla. *(andare/ vedere)*
3. Parlo abbastanza bene l'inglese, perché __________ per cinque anni. *(studiarlo)*
4. Fra luglio e agosto __________ più di venti incidenti su questa strada. *(succedere)*
5. Siccome __________ contanti, Giulio __________ con la carta. *(non avere/ (pagare)*

3 *Completate le frasi con la forma passivante:*

1. I segnali stradali ________ rispettare. *(dovere)*
2. Quando succede un incidente, ________ la denuncia all'assicurazione. *(fare)*
3. I biglietti dell'autobus ________ dal tabaccaio o all'edicola. *(comprare)*
4. Nelle case moderne ________ problemi di spazio. *(avere)*
5. Nelle lettere la firma ________ in basso a destra. *(mettere)*

4 *Abbinate ogni domanda nella colonna A con la corretta risposta della colonna B:*

A	B
1. Sa che Lei guida bene?	A. Sì, ce l'ho fatta.
2. Sei riuscita a superare l'esame di guida?	B. Credo di sì, ma non ne sono sicuro.
3. Non ha preso il treno delle sette, signora?	C. Grazie del complimento.
4. Per caso i Rossi hanno cambiato numero di telefono?	D. Insomma, me la cavo.
5. Ho sentito che tu vai bene a scuola.	E. No, non ce l'ho fatta.

CONOSCENZA LESSICALE

Trovate il vocabolo, o l'espressione, corrispondente alla definizione data:

1. _______________ Si tiene allacciata quando si guida.
2. _______________ Parte anteriore di una macchina.
3. _______________ Superare una macchina/più macchine.
4. _______________ Diminuire rapidamente la velocità.
5. _______________ Nome con cui si indica una persona che non si conosce.

... DI VIZI E VIRTÙ DEGLI ITALIANI

1

▷ *Quali sono i difetti e i pregi più caratteristici degli italiani? Abbiamo chiesto l'opinione di tre persone, due italiani e uno straniero che conosce il nostro paese.*

1. *Leggete le tre interviste rapidamente (non cercate di capire ogni parola) e dite poi, secondo voi, quale delle tre persone intervistate ha un'immagine quasi completamente positiva dell'Italia.*

Mah, non è facile... Cominciamo dai difetti.
È un fatto che noi italiani siamo molto indisciplinati, cioè non ci piace rispettare le regole, le leggi. E non solo i cittadini, ma anche le autorità: sono permissive, lasciano correre. Prendiamo la legge sulle cinture di sicurezza. Le prime due settimane le mettevano tutti, perché i vigili controllavano. Adesso non c'è più controllo e non le mette più nessuno.
E poi, come si dice qui da noi, "fatta la legge, trovato l'inganno". Sul mercato sono arrivate subito le magliette inganna-vigile, con la cintura di sicurezza stampata sopra...
I pregi? Beh, non c'è dubbio che noi italiani siamo dei creativi. Abbiamo molta fantasia, molto senso estetico.
Tutti ci invidiano le nostre macchine, la nostra moda, i nostri mobili. E nessun altro paese ha una cucina ricca e varia come quella italiana.

(Marco, 39 anni, Torino)

La cultura italiana mi affascina. Vado pazza per la moda italiana, l'architettura, l'arte romana e del Rinascimento. Anche la lingua è bellissima, così musicale... Per non parlare della cucina: ravioli, lasagne... Wow!!!
Tre anni fa ho passato due mesi in Italia per lavoro. Mi ha colpito la vivacità della gente. Il loro paese è antico, ha un sacco di storia, ma gli italiani sono molto moderni. Voglio dire, sembrano sempre interessati al nuovo, per esempio a nuovi stili di arredamento o nuovi metodi di lavoro.
Una cosa che non capisco è la politica in Italia. Hanno mille partiti, cambiano governo in media ogni due o tre anni, e lo stesso individuo può essere ministro della Difesa un anno, e ministro della Sanità l'anno dopo... Però mi sembra che funzioni lo stesso. Forse anche questo modo di fare politica fa semplicemente parte del temperamento italiano: esuberante e... caotico, ma così simpatico!

(Jill, 34 anni, N.Y.)

Palazzo Marino, la sede del Comune di Milano

Secondo me il peggior difetto di noi italiani è che non abbiamo il senso del bene collettivo, pubblico. Siamo più interessati al bene individuale, della famiglia o del gruppo.
Infatti appena possibile non rispettiamo le leggi, non paghiamo le tasse, buttiamo per terra i mozziconi di sigaretta: tanto pulisce il Comune... E anche i nostri politici non si preoccupano veramente del bene pubblico, ma solo di quello del loro partito... In privato, invece, a casa nostra, vogliamo il meglio.

I pregi? Primo: sappiamo goderci la vita, siamo edonisti, e questa non è cosa da poco. Secondo: abbiamo un senso estetico eccezionale. Basta guardare la nostra arte, il nostro design. Terzo: proprio perché non crediamo nelle regole, nell'obbedienza, raramente diventiamo fanatici o assolutisti.

In fondo siamo degli scettici.

(Daniela, 26 anni, Roma)

2. *Ora rileggete le interviste più attentamente. Quale degli intervistati pensa che*

______ A. Gli italiani sono nemici delle regole e della disciplina.

______ B. In Italia ci sono troppi partiti politici.

______ C. Gli italiani sanno apprezzare i piaceri della vita.

______ D. Gli italiani sono molto individualisti.

______ E. Gli italiani sono grandi artisti e stilisti.

______ F. Gli italiani sono un miscuglio di antico e moderno.

______ G. La cucina italiana è ottima.

______ H. Gli italiani sono troppo individualisti per accettare un leader o una causa in modo fanatico.

Una delle maggiori qualità degli italiani è la capacità di saper ridere dei loro difetti. Infatti sono i creatori di un genere cinematografico diventato un classico nella storia del cinema: la "commedia all'italiana". Tutti i maggiori registi si sono cimentati in questo tipo di film, a metà fra il riso e le lacrime, da cui esce un ritratto dell'italiano medio, con tutti i suoi complessi di inferiorità e superiorità, le sue contraddizioni sociali e umane. Alberto Sordi (al centro nella foto in alto) è fra i maggiori interpreti di questo genere: è anche grazie alla sua straordinaria galleria di personaggi che gli italiani hanno imparato a conoscersi meglio.

2

▷ *Uno dei problemi che turbano i sonni degli italiani, e che è stato spesso oggetto di satira nella commedia all'italiana, è legato alla struttura stessa dello stato, ancora molto centralizzato. Ma i cittadini stanno imparando a difendersi...*
Leggete rapidamente il testo dell'articolo e cercate di capire:

1. di quale problema si tratta
2. che cosa è stato approvato in agosto
3. che cosa succede di solito al Signor Rossi
4. a che cosa gli serviranno i numeri telefonici indicati nell'articolo.

"MA ADESSO DIFENDETEVI COSÌ"

Una nuova legge e un "pronto soccorso" per i cittadini

Sotto il sole d'agosto, con tutta la popolazione italiana in ferie, è stata approvata una legge rivoluzionaria, la 241, passata completamente sotto silenzio. Si tratta di otto articoli semplici semplici, che però potrebbero cambiare la vita di milioni di cittadini: un ombrello per ripararsi dal cattivo funzionamento, dalle lentezze e spesso anche dai soprusi della burocrazia.
Un esempio. Il Signor Rossi chiede un permesso edilizio, oppure il rilascio della nuova patente, o la pensione. La domanda sparisce sotto pile di altre domande: se va bene riapparirà fra qualche mese, se va male anche fra un anno o due. Ma ora con la nuova legge, nel presentare la propria domanda il Signor Rossi può chiedere il nome del funzionario responsabile della pratica e il tempo entro il quale questa sarà ultimata. Se non ottiene risposta entro trenta giorni, per il funzionario potranno scattare sanzioni penali sempre più gravi, fino a un anno di reclusione.
«È ora di reagire», dice Costa, il deputato liberale che col suo partito ha formato un Comitato di assistenza. «Oggi il cittadino ha il pieno diritto di vedere il procedimento amministrativo esaurito nel tempo che gli viene indicato». Ma andiamo, onorevole, lei davvero crede che la gente riuscirà a far andare in galera il funzionario indolente? «Guardi, basta cominciare. Il problema è che la gente non sa nulla di questa legge. Ma è finita l'epoca dell'anonimato dietro il quale si trinceravano i burocrati». 06/687.23.44 e 0174/55.14.19: segnate questi numeri sulla vostra rubrica. Sono i telefoni dell'ufficio di pronto intervento contro gli abusi della burocrazia. Potranno esservi utili.

(Riadattato da un articolo di C. Chiamura, in "*La Repubblica*", 23 ottobre 1990)

U N I

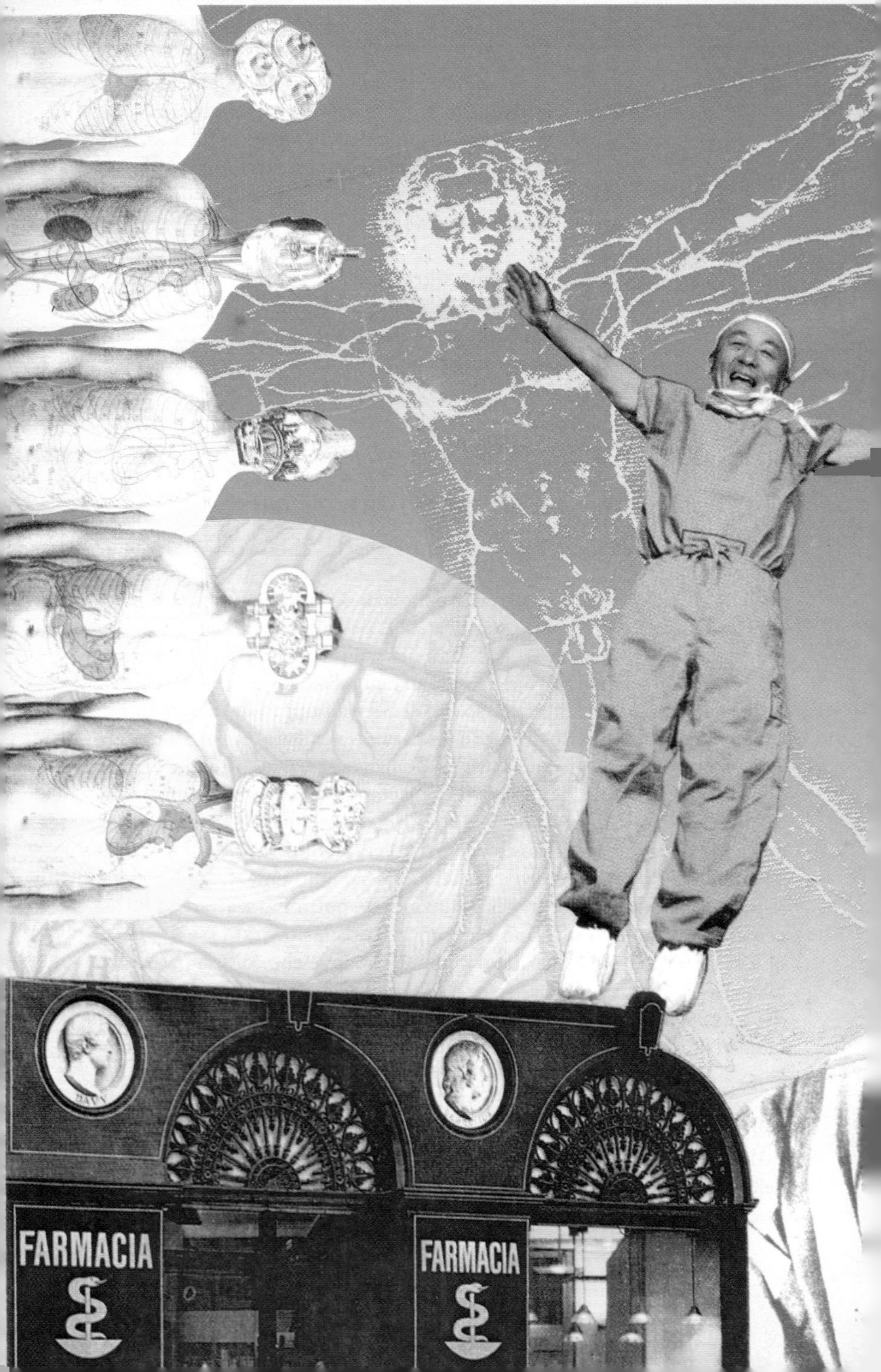

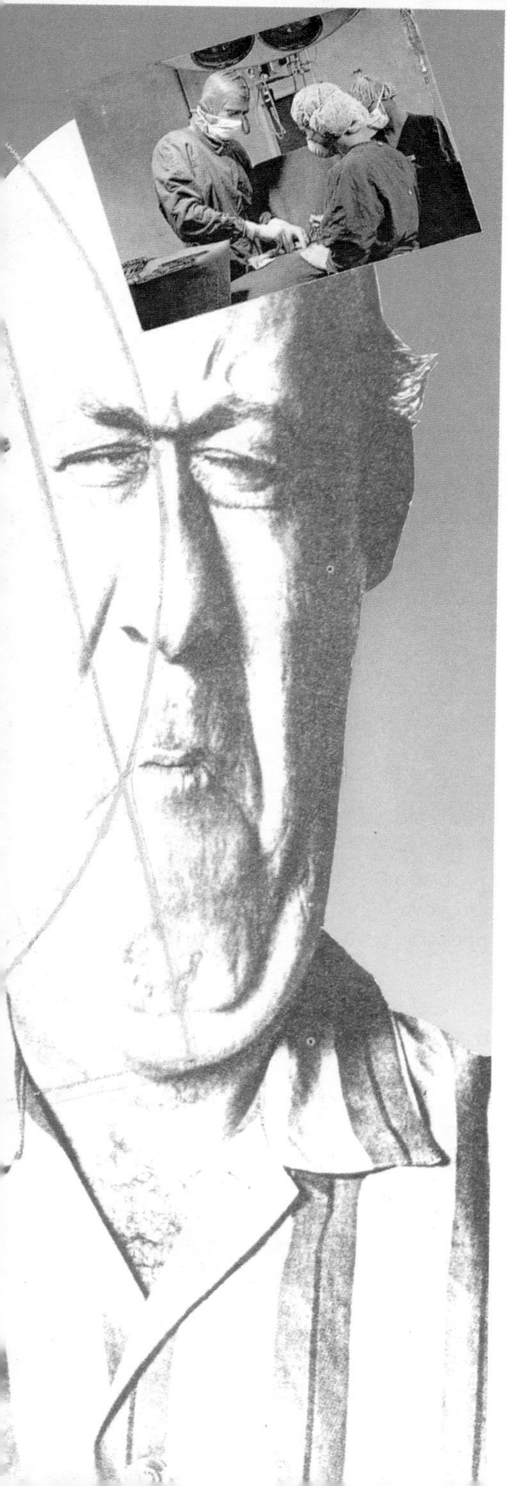

14

QUATTORDICESIMA UNITÀ

come va la salute?

OBIETTIVI

descrivere i sintomi di una malattia

consigliare, rimproverare

fare supposizioni

esprimere impossibilità

chiedere e dare pareri

offrire, accettare

fare richieste

GRAMMATICA

condizionale semplice (II) e composto

plurali irregolari (II)

formazione dei nomi femminili

discorso indiretto (II)

AREA LESSICALE

salute, servizi medici, parentela (III)

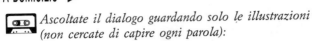

VISITA A DOMICILIO ▶

Ascoltate il dialogo guardando solo le illustrazioni (non cercate di capire ogni parola):

Sig.ra Bruni - Oh, ciao mamma. Luca è a letto con la febbre.
Sig.ra Lanzi - Che ha?
Sig.ra Bruni - Non saprei... Potrebbe essere un'allergia. Ha delle macchie rosse sul petto e sulle braccia...

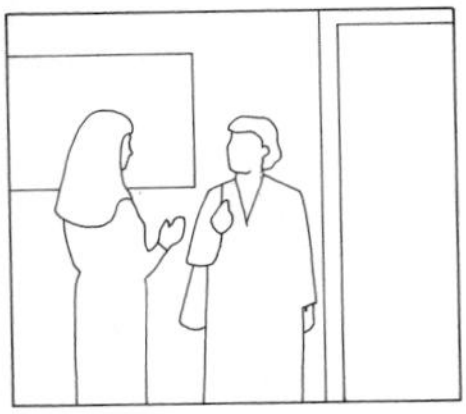

Sig.ra Lanzi - Povero bambino!
Sig.ra Bruni - Dice che gli fa male la testa. Speravo che la febbre sarebbe passata con l'aspirina, ma ha ancora più di trentotto.

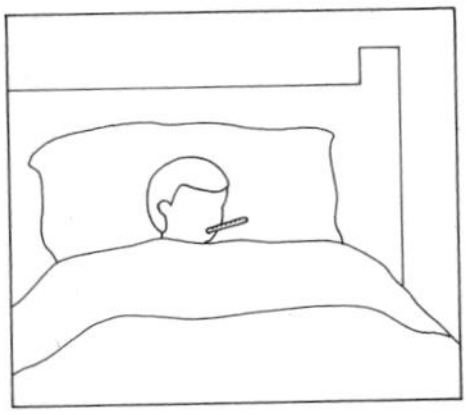

Sig.ra Lanzi - Più di trentotto? E secondo te sarebbe solo un'allergia? Senti che tosse... Per me, ha preso l'influenza. Avresti dovuto chiamare il pediatra.

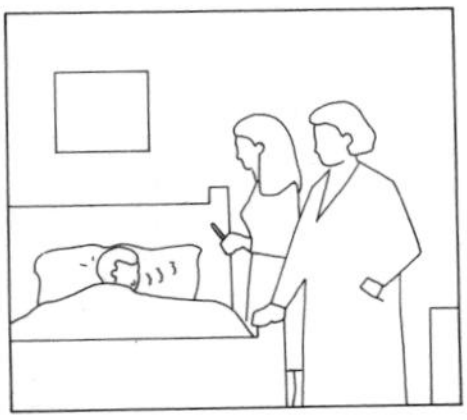

Sig.ra Bruni - L'avrei chiamato anche ieri, ma il dottor Cardi non c'è. La settimana scorsa mi ha detto che sarebbe andato fuori per una ventina di giorni.

Sig.ra Lanzi - Avrà pure un sostituto, no?
Sig.ra Bruni - Certo! È una dottoressa.
Sig.ra Lanzi - Allora, credo che faremmo meglio a chiamarla. Vorrei esserci anch'io quando viene.

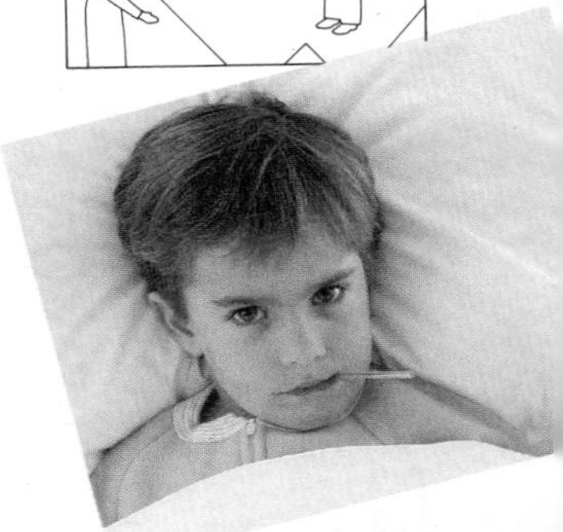

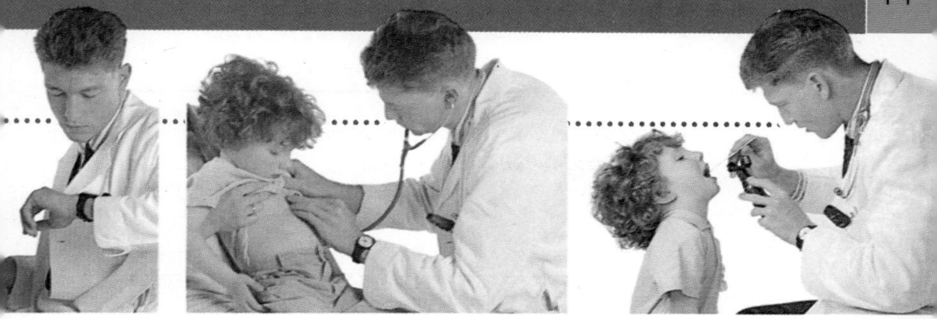

Sig.ra Bruni - Vediamo... cinque-sette-nove-quattro-otto-tre... Strano, non risponde nessuno. Eppure a quest'ora dovrebbe esserci.

Sig.ra Lanzi - Lascia suonare ancora!

Sig.ra Bruni - Ah, ecco... Pronto? Sono la signora Bruni, potrei parlare con la dottoressa?...

Infermiera - Attenda un attimo, per favore: gliela passo subito.

Dottoressa - Buonasera, mi dica!

Sig.ra Bruni - Buonasera. Senta, sono due giorni che il mio bambino non sta bene...

Dottoressa - Ha febbre?

Sig. ra Bruni - Sì, trentotto e due. Potrebbe venire a vederlo?

Dottoressa - Guardi, sarei venuta anche subito, ma ho altre due visite. Potrei passare verso le sette. Le va bene?

Sig.ra Bruni - Sì, certo. Le do il mio indirizzo: viale Brianza 37.

1

▷ *Riascoltate il dialogo e decidete se le seguenti affermazioni sono vere o false:*

		V	F
A. ▷	Il bambino sta male da due giorni.		
B. ▷	La signora Bruni ha chiamato subito il pediatra.		
C. ▷	La signora Bruni è sicura che il bambino ha un'allergia.		
D. ▷	La signora Lanzi insiste per chiamare il sostituto del pediatra.		
E. ▷	Il telefono del medico è occupato.		

2

▷ *Riascoltate il dialogo leggendo il testo, poi scegliete la corretta alternativa:*

1. ▶ La signora Lanzi è ....
   - A. un'amica della signora Bruni
   - B. una vicina della signora Bruni
   - C. la madre della signora Bruni

2. ▶ Il pediatra ha detto alla signora Bruni che sarebbe stato via ....
   - A. per circa venti giorni
   - B. per due mesi
   - C. per venti giorni esatti

3. ▶ La signora Bruni telefona ....
   - A. al pediatra
   - B. al sostituto del pediatra
   - C. a sua madre

3

▷ *Ascoltate e ripetete.*

4

▷ *Provate a ricostruire il dialogo guardando solo le illustrazioni.*

medico

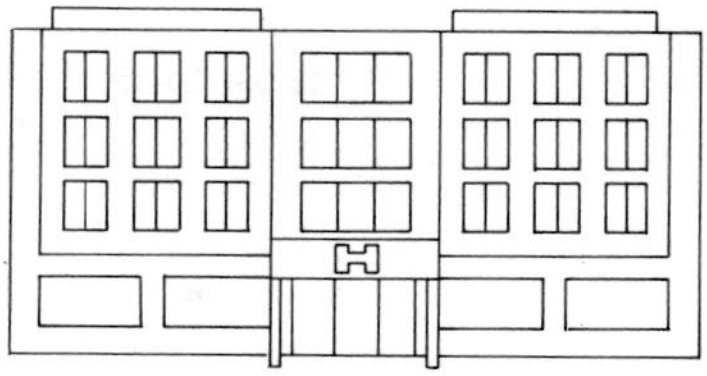

ospedale

pronto soccorso

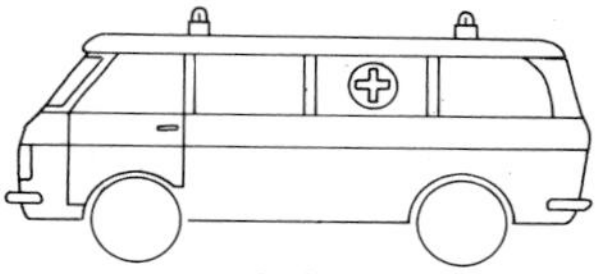

ambulanza

5

▷ *Osservate l'esempio e, in gruppi di tre, eseguite mini-dialoghi simili usando le parole-stimolo:*

A. tu/chiamare/medico?	A. *Tu chiameresti il medico?*
B. sì/chiamarlo subito	B. *Sì, lo chiamerei subito.*
A. Lei?	A. *Lei lo chiamerebbe?*
C. no/aspettare ancora	C. *No, io aspetterei ancora.*

1. A. tu/chiamare/autoambulanza ____________
   B. sì/chiamarla subito ____________
   A. Lei? ____________
   C. no/aspettare un po' ____________

2. A. tu/avvisare/ospedale ____________
   B. sì/avvisarlo subito ____________
   A. Lei? ____________
   C. no/aspettare qualche ora ____________

3. A. tu/chiamare/pronto soccorso ____________
   B. sì/chiamarlo subito ____________
   A. Lei? ____________
   C. no/aspettare ancora ____________

6

▷ *Riformulate le frasi secondo il modello:*

> Di' a Carlo di chiedere l'indirizzo del dottore.
> *Scusa, Carlo, chiederesti l'indirizzo del dottore?*

1. Di' a Pietro di chiudere la porta della camera.

   ____

2. Di' a Laura di mettere un disco di Madonna.

   ____

3. Di' a Lucio di prendere anche il giornale.

   ____

7

▷ *Replicate secondo il modello:*

> Siamo sicuri che Pietro capirà.
> *Io, invece, non so se capirebbe.*

1. Siamo sicuri che Anna uscirà.

   ____

2. Siamo sicuri che Giulio ci riuscirà.

   ____

3. Siamo sicuri che Paola lo seguirà.

   ____

8

▷ *Rispondete secondo il modello:*

> Le andrebbe di bere qualcosa?
> *Sì, berrei volentieri dell'acqua.* *(dell'acqua)*

1. Le andrebbe di rimanere ancora?

   ______________________________ *(un'altra ora)*

2. Le andrebbe di venire da noi?

   ______________________________ *(domani sera)*

3. Le andrebbe di tenere uno di questi libri?

   ______________________________ *(quello d'arte)*

9

▷ *Replicate secondo il modello:*

> Credi che Marco direbbe quello che pensa?
> *Lui non so, io lo direi.* *(dirlo)*

1. Credi che Franco darebbe lezioni di informatica?
   Lui non so, io ____________ *(darle)*
2. Credi che Piero farebbe questa cosa per un amico?
   Lui non so, io ____________ *(farla)*
3. Credi che Giorgio starebbe in una casa come questa?
   Lui non so, io ____________ *(starci)*

10

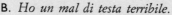

▷ *Osservate l'esempio e, in coppia, eseguite mini-dialoghi simili usando le parole-stimolo:*

> A. Non ti senti bene?
> B. *Ho un mal di testa terribile.* *(mal di testa)*
> A. *Dovresti prendere un'aspirina.* *(prendere un'aspirina)*

1. A. Non ti senti bene?
   B. __________________ *(mal di stomaco)*
   A. __________________ *(andare dal dottore)*
2. A. Non ti senti bene?
   B. __________________ *(mal di denti)*
   A. __________________ *(andare dal dentista)*
3. A. Non ti senti bene?
   B. __________________ *(mal di schiena)*
   A. __________________ *(andare dal fisioterapista)*

11

▷ *Osservate l'esempio e, in gruppi di tre, eseguite mini-dialoghi simili usando le parole-stimolo:*

A. chi/potere/venire?	A. *Chi potrebbe venire?*
B. forse/lui/potere	B. *Forse lui potrebbe.*
A. tu?	A. *E tu potresti?*
C. io/no	C. *No, io non potrei venire.*

1. A. chi/sapere/dirlo? ____________
   B. forse/lei/sapere ____________
   A. tu? ____________
   C. io/no ____________
2. A. chi/dovere/farlo? ____________
   B. forse/loro/dovere ____________
   A. tu? ____________
   C. io/no ____________
3. A. chi/volere/provare? ____________
   B. forse/lui/volere ____________
   A. tu? ____________
   C. io/no ____________

12

▷ *Rispondete secondo il modello:*

Perché non ha chiamato lo stesso medico?
Non era bravo?
L'avrei chiamato, ma era in ferie. (essere in ferie)

1. Perché non ha comprato quel vestito?
   Non Le stava bene?
   ____________ (costare troppo)
2. Perché non ha preso la torta?
   Non Le piaceva?
   ____________ (essere finita)
3. Perché non ha portato Sua moglie?
   Non era libera?
   ____________ (volere riposarsi)

13

▷ *Come l'esercizio precedente:*

Parti domani, Anna?
Sarei partita, ma ho un impegno qui. (avere impegno qui)

1. Vieni domani, Marta?

   ______________________ *(non stare bene)*

2. Torni stasera, Laura?

   ______________________ *(lavorare anche domani)*

3. Vai via domani mattina, Rita?

   ______________________ *(essere troppo stanca)*

14

▷ *Trasformate le frasi secondo il modello:*

Il medico ha detto: «Andrò via per una ventina di giorni».
Il medico ha detto che sarebbe andato via per una ventina di giorni.

1. La signora ha detto: «Partirò per Ginevra con il rapido delle sette».

   ____

   ____

2. Gianni ha detto: «Tornerò a casa dopo le nove».

   ____

   ____

3. Carla ha detto: «Arriverò a Firenze alle due di notte».

   ____

   ____

15

▷ *Rispondete secondo il modello:*

Siete sicuri che Paola chiamerà? *A noi ha detto che avrebbe chiamato.*

1. Siete sicuri che Gianna telefonerà?

____

2. Siete sicuri che Giorgio risponderà?

____

3. Siete sicuri che Anna aspetterà?

____

16

▷ *Guardando la figura, completate le seguenti frasi con le parole date:*

Signor Rossi + Signora Rossi   Anna   Mario + Elena

figlio
moglie
nuora
marito
nubile
figlia

1. Il signor Rossi è il __________ della signora Rossi.
2. La signora Rossi è la __________ del signor Rossi.
3. Mario è il __________ dei signori Rossi.
4. Elena è la __________ di Mario e la __________ dei signori Rossi.
5. Anna è la sorella di Mario e la __________ dei signori Rossi.
6. Anna è __________.

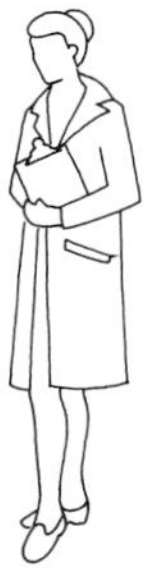

dottoressa

infermiera

scrittrice

pediatra

cameriera

17

▷ *Completate le seguenti frasi secondo il senso:*

1. Il dottor Marchi è il miglior ___________ della città.
2. Per pagarsi gli studi Adele lavora come ___________ in una pizzeria.
3. Il nostro medico di base è la ___________ Alberti.
4. Agatha Christie è una celebre ___________ di romanzi polizieschi.
5. Da giovane la signora Martini faceva la ___________ .

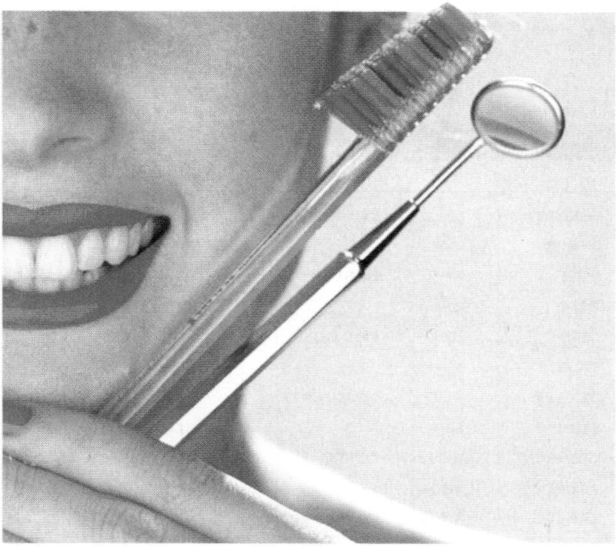

CONDIZIONALE SEMPLICE: CONIUGAZIONE REGOLARE

	chiamare	prendere	finire
(io) (tu)	chiam**erei** chiam**eresti**	prend**erei** prend**eresti**	fin**irei** fin**iresti**
(lui) (lei) (Lei)	chiam**erebbe**	prend**erebbe**	fin**irebbe**
(noi) (voi) (loro)	chiam**eremmo** chiam**ereste** chiam**erebbero**	prend**eremmo** prend**ereste** prend**erebbero**	fin**iremmo** fin**ireste** fin**irebbero**

Nota: per i verbi in -care, -gare, -ciare, -giare *valgono le stesse regole già viste per il futuro.*

Cer*ch*erei una nuova casa, ma non ho soldi.

Pa*gh*erei volentieri, ma non posso.

Comin*c*erei anche subito, ma non si può.

Viag*g*erei in aereo, ma non c'è più posto.

CONIUGAZIONE IRREGOLARE

essere	sa-	**rei**
avere	av-	
dire	di-	**resti**
dare	da-	
fare	fa-	**rebbe**
stare	sta-	
potere	pot-	**remmo**
sapere	sap-	
dovere	dov-	**reste**
vedere	ved-	
andare	and-	**rebbero**

		rrei
bere	be-	
		rresti
tenere	te-	
		rrebbe
venire	ve-	
		rremmo
volere	vo-	
		rreste
rimanere	rima-	
		rrebbero

CONDIZIONALE COMPOSTO

	ausiliare • avere •		ausiliare • essere •	
(io) (tu)	**avrei** **avresti**	chiamato il dottore	**sarei** **saresti**	partito/a
(lui) (lei) (Lei)	**avrebbe**		**sarebbe**	
(noi) (voi) (loro)	**avremmo** **avreste** **avrebbero**		**saremmo** **sareste** **sarebbero**	partiti/e

USI DEL CONDIZIONALE SEMPLICE

a) fare richieste, rispondere, dare consigli in modo gentile

Scusa, mi **daresti** un momento il giornale?
Vorrei parlare con il dottore.
Potresti chiudere la finestra?
Dovresti telefonare subito.

b) fare supposizioni

A quest'ora il dottore **dovrebbe** esserci.
Potrebbe essere un'allergia.

c) esprimere incertezza

Che ha il bambino? Non **saprei**.
È interessante? **Direi** di sì.

d) esprimere desiderio, intenzione

Il medico è fuori, ma **potrei** chiamare il sostituto.
Quest'anno **farei** volentieri le vacanze all'estero.
Per andare a cena fuori **mi metterei** l'abito blu.

USI DEL CONDIZIONALE COMPOSTO

a) esprimere un'azione voluta ma non possibile

L'anno scorso **saremmo andati** in montagna, ma i nostri figli hanno preferito il mare.
Vai in centro? Ci **sarei venuta** anch'io, ma devo aspettare Carla.
Avrei invitato a pranzo Anna, ma so che sta ancora male.

b) esprimere un'intenzione nel passato (futuro nel passato)

Marco	mi disse mi ha detto	che	**sarebbe andato** all'estero.
	mi diceva sempre mi aveva detto		**avrebbe trovato** un lavoro.

Nota: *il futuro nel passato si esprime con il condizionale composto o con l'imperfetto indicativo.*
Non importa se l'azione è accaduta o no.
Il signor Negri mi disse che sarebbe andato (andava) all'estero

— e infatti ci è andato.

— ma poi non ci è andato.

— ma non so se ci è andato veramente.

PLURALI IRREGOLARI

a) nomi in -cia e -gia

la camicia la valigia	le cami**cie** le vali**gie**

la provin**cia** la spiag**gia**	le provin**ce** le spiag**ge**

la farmacìa l'allergìa	le farma**cìe** le aller**gìe**

Note: 1. *al plurale, se la "c" e la "g" sono precedute da consonante, la "i" cade;*
2. *se però la "i" è tonica, resta al plurale in ogni caso.*

b) nomi maschili in -o che al plurale diventano femminili e terminano in -a

il paio	**le** pai**a**
il centinaio	**le** centinai**a**
il migliaio	**le** migliai**a**
il dito	**le** dit**a**
il braccio	**le** bracci**a**

ma l'uomo **gli uomini**

c) nomi invariabili

1. alcuni nomi maschili in -a:

il cinema	i cinema
il vaglia	i vaglia

2. alcuni nomi femminili in -o:

la radio	le radio
l'auto	le auto
la foto	le foto

ma la mano le man**i**

3. i nomi in -i e -ie:

l'analisi	le analisi
la diagnosi	le diagnosi
la serie	le serie

4. i nomi che terminano con vocale accentata:

il caffè	i caffè
la città	le città

5. i nomi che terminano per consonante:

il film	i film
il bar	i bar
lo sport	gli sport

FORMAZIONE DEI NOMI FEMMINILI

a) maschile in -e, femminile in -a

signore	signor**a**
padrone	padron**a**
infermiere	infermier**a**
cameriere	camerier**a**

b) maschile in -tore, femminile in -trice

attore	at**trice**
scrittore	scrit**trice**
lettore	let**trice**

ma dottore dottor**essa**

c) maschile in -e, femminile in -essa

studente	student**essa**
professore	professor**essa**

d) nomi che hanno un'unica forma per il maschile e il femminile:

singolare

il parente	la parente
il cantante	la cantante
il pianista	la pianista
il pediatra	la pediatra
il collega	la collega

plurale

i parenti	le parenti
i cantanti	le cantanti

ma

i pianisti	le pianiste
i pediatri	le pediatre
i colleghi	le colleghe

NOMI INDIPENDENTI

padre	madre
papà	mamma
marito	moglie
fratello	sorella
genero	nuora
celibe	nubile
uomo	donna

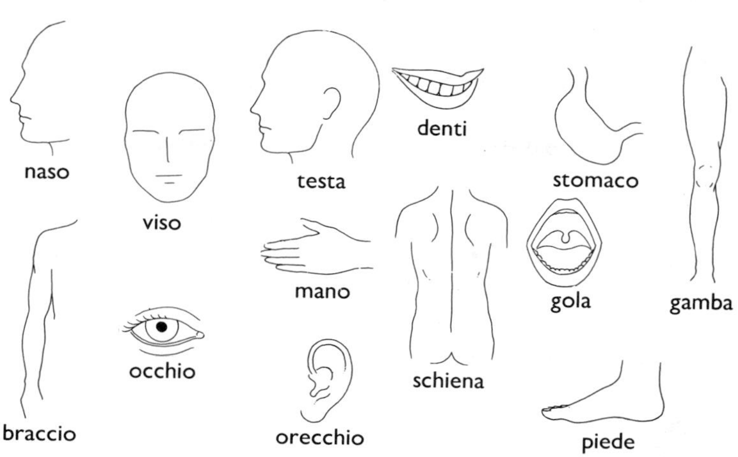

18

▷ *Una paziente, la signorina Daniela Scotti, sta parlando con un medico dei suoi problemi di salute.*

Ascoltate la conversazione (non cercate di capire ogni parola) e indicate i sintomi per le parti del corpo nominate; poi dite che consiglio dà il medico.

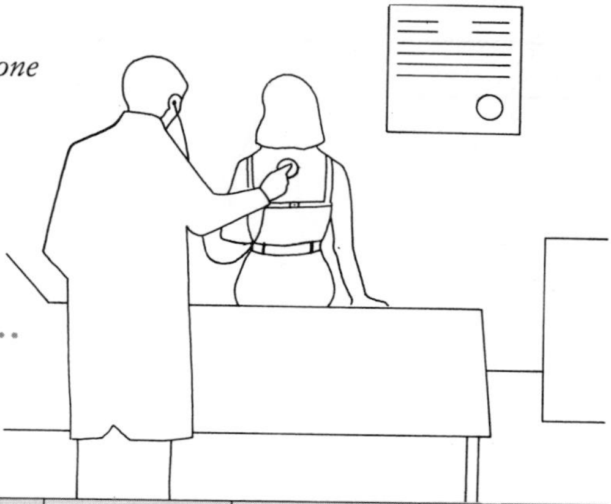

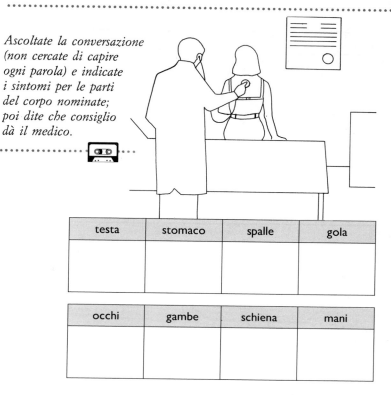

testa	stomaco	spalle	gola

occhi	gambe	schiena	mani

19

▷ *Osservate le immagini e, in coppia, drammatizzate le seguenti situazioni: lo studente A spiega i suoi disagi, lo studente B risponde con consigli e commenti appropriati.*

Studente A *Studente B*

1.

Oggi ho un mal di stomaco terribile!
Potresti andare dal medico. Riceve dalle 2 alle 4 del pomeriggio.

2.

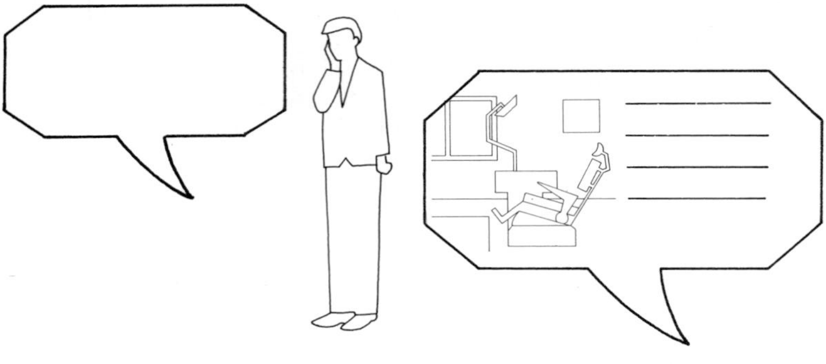

3.

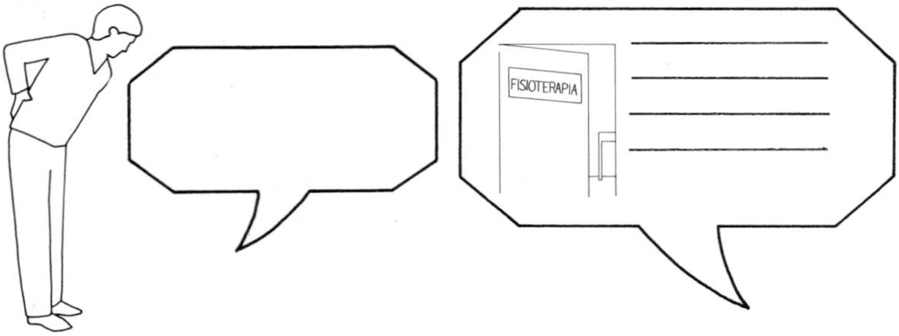
FISIOTERAPIA

20

▷ *Lavorando in coppia, drammatizzate le seguenti situazioni:*

SITUAZIONE 1

Studente A: Lei sta parlando con un medico. Dica quali sintomi ha.

Studente B: Lei è il medico. Chieda allo studente A da quanto tempo ha quei disturbi. Faccia poi altre domande per capire meglio di che si tratta.

SITUAZIONE 2

Studente A: Una persona della Sua famiglia sta male e Lei telefona al medico. Gli spieghi perché lo sta chiamando e gli chieda quando potrebbe passare.

Studente B: Lei è il medico. Dica perché non può andare subito e quando pensa di passare.

21

▷ *Rispondete alle seguenti domande personali:*

1. Lei sta male spesso?
2. Quali disturbi ha in questo periodo?
3. Di solito prende medicine?
4. Nel Suo paese si paga molto per una visita medica?
5. Le piacerebbe fare il medico? Perché?

22

▷ *Domandate al vostro compagno di banco*

1. quando è stato l'ultima volta dal medico
2. per quale motivo si è fatto visitare
3. se continua ad avere gli stessi disturbi
4. se da bambino è stato malato spesso
5. se ha mai avuto qualche allergia

PRODUZIONE ORALE

Ecco le risposte: fate voi le domande!

Ha detto che sarebbe venuto alle sette.
Attenda un attimo: glielo passo subito.
Poca. Ho trentasette e tre.
Sì, infatti ho delle macchie rosse sulle braccia e sulle mani.

COMPRESIONE ORALE

1 *Il signor Melzi sta parlando con il medico di fiducia. Ascoltate attentamente la conversazione (non cercate di capire ogni parola).*

Ora completate la scheda con i dati corretti.

Sig. Melzi		
età ________	statura ________	peso ________

2 *Segnate con un NO i cibi proibiti e con un SÌ i cibi permessi dal medico:*

pane	pasta	carne	dolci	verdura	frutta	pesce

vino	burro	olio	cognac	pollo	latte

COMPRENSIONE SCRITTA

Leggete il testo seguente e dite poi

A. quali sono i sette sintomi della sindrome di cui si parla
B. perché non è facile riconoscerla
C. che cosa potrebbe servire per fare una diagnosi esatta

Quando la stanchezza diventa malattia

La sindrome da stanchezza cronica è un raro insieme di sintomi simili a quelli dell'influenza. Riconoscere questa malattia non è semplice, perché i suoi sintomi possono essere scambiati con quelli di altre affezioni, come l'anemia o le malattie polmonari o cardiache. Compaiono all'improvviso mal di gola, febbre, debolezza muscolare. È, insomma, una stanchezza senza motivo, con frequenti mali di testa associati a dolori delle braccia e delle gambe, disturbi del sonno e cambiamenti di umore. Sulle cause di tale sindrome, per ora si avanzano soltanto ipotesi. Di conseguenza, anche le possibilità di cura sono ancora molto ridotte. Uno strumento prezioso per la diagnosi potrebbe essere un test specifico, messo a punto a San Francisco, che, se risulterà efficace, potrà servire a fare chiarezza sui molti punti oscuri di questa sindrome.
In ogni caso, se si ha febbre e si sente spossatezza, l'ipotesi più probabile è che si è presa una brutta influenza, che, come si sa, può durare anche delle settimane.

PRODUZIONE SCRITTA

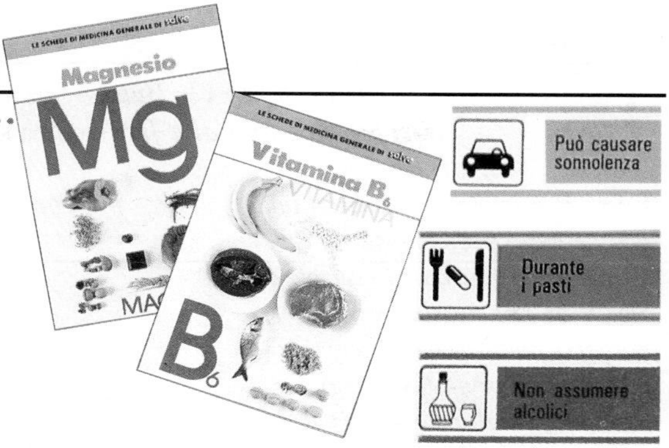

1

Combinate in modo appropriato le parole della colonna A con quelle della colonna B:

A	B
1. A quest'ora tuo fratello	A. che sarebbero venuti stasera.
2. Mia moglie annunciò	B. ma la farmacia era chiusa.
3. Avrei comprato le medicine	C. che avrebbe fatto una dieta.
4. Dai sintomi	D. sembrerebbe l'influenza.
5. Mi dissero	E. dovrebbe essere arrivato.

2

Completate le frasi con il condizionale del verbo tra parentesi:

1. Il medico disse a Marco che con la cura che gli dava ________ subito meglio. *(stare)*
2. ________ Giorgio, ma a quest'ora non è in casa. *(chiamare)*
3. Scusi, signora, ________ dirmi che ore sono? *(sapere)*
4. Credo che domani Anna ________ volentieri a pranzo da noi. *(venire)*
5. Ieri Carla mi ha detto che ________ tutto il giorno a casa. *(rimanere)*

3

Parlate di una malattia che avete avuto, spiegando

A. che sintomi avevate
B. che cura avete fatto
C. quanto tempo è durata

... DEL SISTEMA SANITARIO

1 ▷ *L'assistenza medica in Italia è garantita a tutti i cittadini dalla nascita sino alla fine della vita. Vediamo come funziona.*

Il Sig. P è impiegato presso una grossa industria chimica. Come tutti i cittadini italiani, il Sig. P ha una tessera con un numero personale che certifica la sua iscrizione al Servizio Sanitario Nazionale (SSN). Questa tessera gli dà diritto a visite gratuite presso un medico di fiducia, che il Sig. P ha scelto nell'elenco dei medici convenzionati nella sua zona.

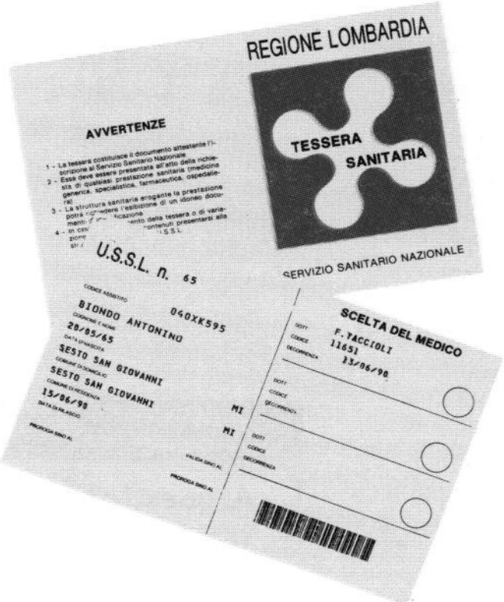

Il medico (detto "medico di base") visita il Sig. P a semplice richiesta, gli prescrive medicine, visite specialistiche, esami diagnostici e, se necessario, anche ricoveri ospedalieri.

Tutti questi servizi sono totalmente o parzialmente gratuiti (il Sig. P deve pagare una quota — detta ticket *— su farmaci e analisi, fino al 50% del loro costo).*

medicine
medico di base
visite specialistiche
esami diagnostici
ricoveri ospedalieri

Oltre alle cure mediche di base, il SSN fornisce moltissimi altri servizi, per esempio la medicina scolastica, i consultori familiari, i centri per la prevenzione di certe malattie, i centri psico-sociali.

L'assistenza sanitaria costa migliaia di miliardi allo stato. Chi paga? In realtà a pagare è sempre il Sig. P con i ticket, *le tasse e con un contributo fisso mensile, che gli viene trattenuto dallo stipendio. Da alcuni anni, però, il SSN è in deficit perché le spese totali superano le entrate, e si sta pensando a una profonda riforma del sistema.*

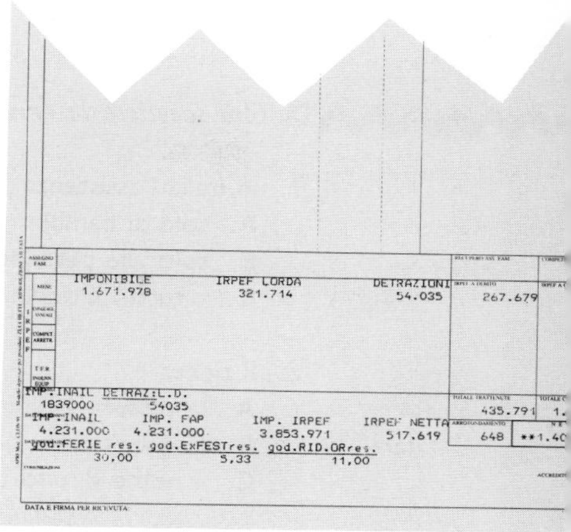

E gli stranieri? I cittadini dei paesi CEE hanno diritto all'assistenza medica gratuita in Italia, a condizione che siano iscritti al servizio sanitario nazionale del paese di origine e che abbiano con loro un modulo apposito, il modello E 111, che può provarlo.
Agli extracomunitari l'assistenza medica è garantita solo se hanno un regolare permesso di soggiorno o un certificato di residenza.
Per quanti non sono in regola con la legge non è previsto alcun tipo di assistenza; vi sono tuttavia molti gruppi di volontari (per esempio il NAGA, a Milano) che cercano di garantire almeno i servizi medici più necessari.

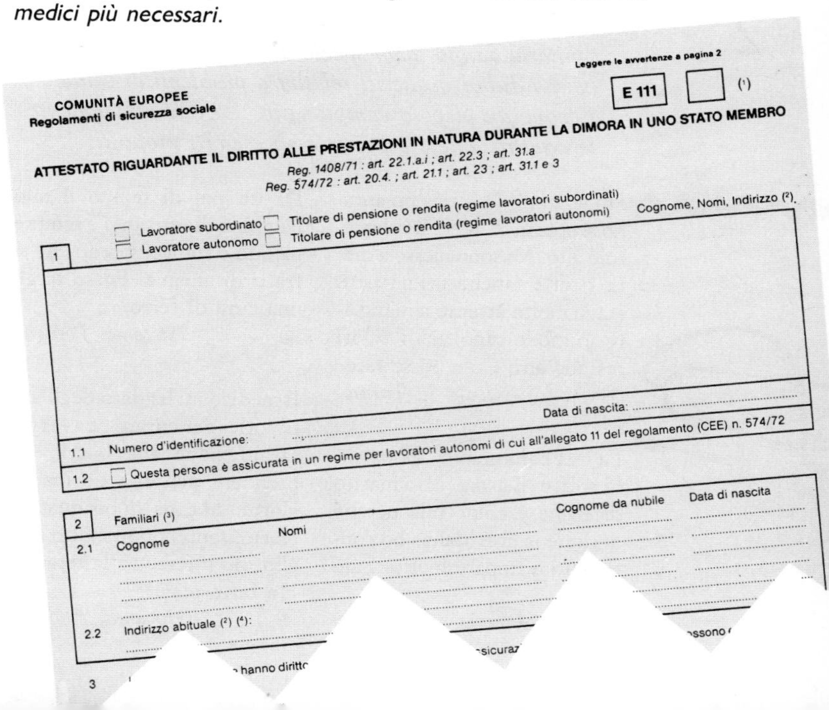

▷ *Ora scegliete la corretta alternativa:*

1. In Italia l'assistenza sanitaria è garantita
   A. solo ai bambini
   B. solo alle persone povere
   C. a tutti i cittadini

2. Il ticket è
   A. la tessera sanitaria
   B. la quota pagata dall'assistito su medicine ed esami
   C. il nome di uno speciale esame diagnostico

3. Il denaro per pagare l'assistenza sanitaria proviene
   A. dalle tasche dei cittadini
   B. dalle vendite delle medicine
   C. da donazioni di volontari

4. Gli stranieri in Italia hanno diritto all'assistenza medica
   A. solo se sono cittadini CEE
   B. solo se sono extracomunitari
   C. solo se sono in regola con la legge

2

▷ *Le numerose riviste che trattano temi di informazione sanitaria danno largo spazio alle lettere di persone che hanno dubbi o quesiti relativi a problemi di salute. Eccone un piccolo campionario. Leggete rapidamente le quattro lettere e poi fate gli esercizi proposti.*

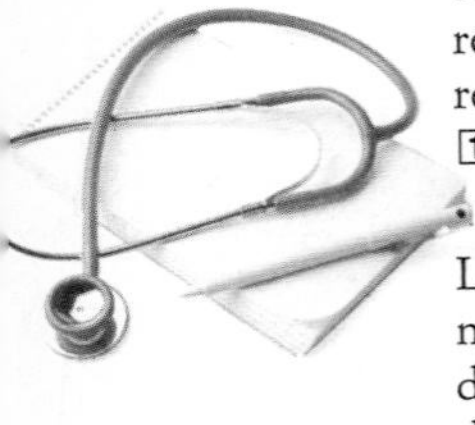

Ho 49 anni. Da circa un anno ho scoperto di avere il colesterolo alto. Mi sono messo a dieta stretta (anche prima però stavo molto attento a mangiare in modo sano) ma i valori restano alti. Cosa posso fare?
1 *(Nicola S., Torino)*

La mia bambina di cinque anni soffre di asma. Mio marito dice che è colpa mia perché durante la gravidanza ho continuato a fumare molto. Sarà vero?
3 *(Mamma preoccupata)*

Da un po' di tempo il mio bambino di otto anni è sempre pallido e stanco. Credo che si tratti di anemia. Posso fargli una cura di ferro?
2 *(Stefania, Perugia)*

Il medico mi ha dato degli antibiotici per curare una leggera infezione alla bocca, da prendere per una decina di giorni. Ma già dopo quattro giorni, sentendomi molto meglio, ho interrotto la terapia. Ho fatto male?
4 *(Giovanni, Ancona)*

1. *Combinate in modo appropriato le parole della colonna A con quelle della colonna B:*

A	B
▼	▼
1. Il lettore di Torino chiede	A. curare suo figlio senza farlo visitare dal medico.
2. "Mamma preoccupata" vuole	B. sapere se ha fatto male a interrompere la terapia prima del tempo.
3. La lettrice di Perugia vorrebbe	C. un consiglio per abbassare il suo livello di colesterolo.
4. Giovanni di Ancona vuole	D. capire se è stata lei a causare la malattia della propria bambina.

2. *Ed ecco le risposte dei vari specialisti. Non sono date nell'ordine giusto: sapreste abbinare ogni risposta con la rispettiva domanda?*

Le indicazioni del suo medico erano corrette, e lei avrebbe dovuto seguirle. La sospensione degli antibiotici troppo presto può causare una recidiva, cioè un ritorno dell'infezione. Ma c'è anche un rischio maggiore, e cioè quello di rendere più resistenti i batteri sopravvissuti. a

È vero che i figli nati da madri che hanno continuato a fumare durante la gravidanza possono essere meno resistenti alle infezioni. Tuttavia non è mai stato provato che il fumo possa essere causa di asma: inoltre vi sono molti bambini, figli di non fumatori, che soffrono d'asma. Al posto suo, smetterei di preoccuparmi. c

Non sempre un alto tasso di colesterolo dipende dal nostro modo di mangiare. Una vita molto sedentaria, lo stress, possono esserne le cause principali. Se questo è il suo caso, dovrebbe cercare di fare ginnastica, di usare meno l'automobile, se possibile, e di prendere un po' meno sul serio il lavoro e i piccoli problemi di ogni giorno. b

Innanzitutto è necessario essere sicuri, con opportune analisi, che si tratti veramente di anemia e non di qualcosa d'altro. Ma, anche in caso positivo, la cura andrebbe fatta sotto stretto controllo medico. Dosi eccessive di ferro, infatti, potrebbero avere effetti tossici. d

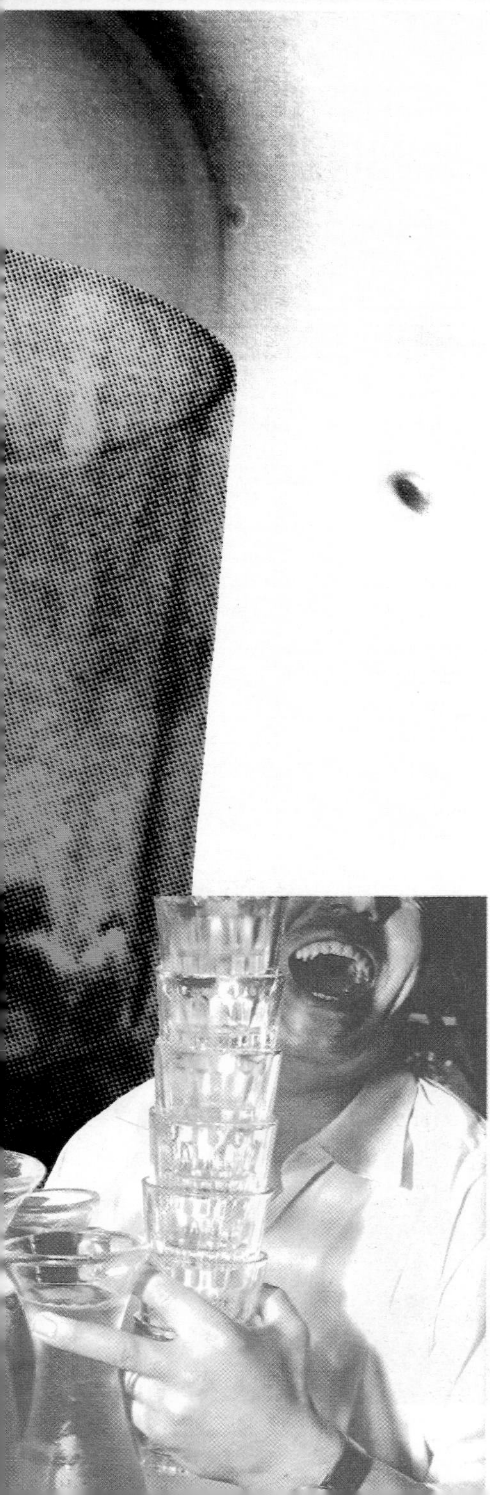

15

QUINDICESIMA UNITÀ

al ristorante

OBIETTIVI

- suggerire, ordinare
- esprimere speranza, dubbi, opinioni
- esprimere accordo, disaccordo
- apprezzare
- comprendere istruzioni

GRAMMATICA

- congiuntivo presente e passato (I)
- concordanza dei tempi e dei modi (I)
- indefiniti (I)
- pronomi combinati (I)
- infinito in funzione di imperativo
- congiunzioni con il congiuntivo (I)

AREA LESSICALE

specialità, ricette, ingredienti

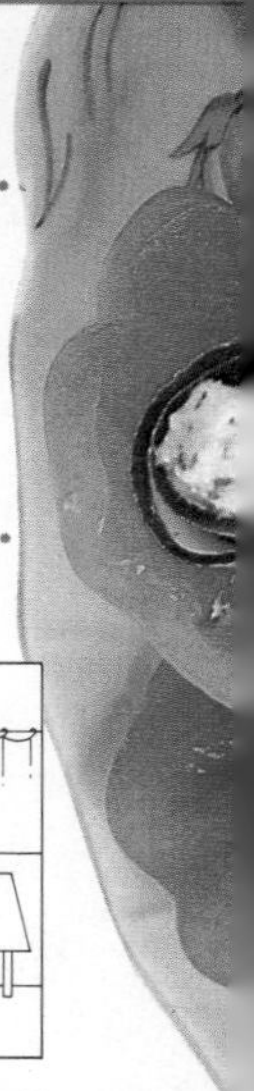

AL "CONVENTO" ▶

Ascoltate il dialogo guardando solo le illustrazioni (non cercate di capire ogni parola):

Antonio - Che ristorante carino! Come l'hai scoperto?

Susanna - Me l'ha consigliato Tommaso. Credo che ci sia venuto anche due giorni fa. Speriamo che la cucina sia buona!

Antonio - Vediamo il menu. I prezzi sembrano ragionevoli. Ti va una grigliata di pesce?

Susanna - No, il pesce non mi piace. E poi tu credi che da queste parti si possa avere del pesce fresco?

Antonio - Hai ragione. Comunque pare che le specialità del ristorante siano i primi a base di verdure.

Susanna - Sì, pasta fatta in casa. Vorrei provare queste tagliatelle alla rucola.

Cameriere - I signori vogliono ordinare?

Antonio - Sì, grazie: per la signorina tagliatelle alla rucola e per me penne ai carciofi.

Cameriere - Hanno già deciso per il secondo?

Antonio - Non ancora. Intanto vorremmo qualche antipasto.

Cameriere - Abbiamo l'antipasto caldo della casa: è a base di verdure al forno.

Antonio - Perfetto. Ce ne porti due. Ci porti anche una bottiglia di vino rosso e due di minerale: una naturale e una gassata.

Cameriere - Grazie.

(Squillo di telefono)

Susanna - Ecco un altro con il telefono portatile! Ti sembra giusto che se lo porti anche al ristorante? Se li tassano, fanno proprio bene!

Antonio - Mah, non sono d'accordo. Per qualcuno sono una necessità. Pensa a un avvocato, un medico...

Susanna - Oh, ecco gli antipasti.

Antonio - Uhm... niente male. Beh, buon appetito!

1

▷ *Riascoltate il dialogo e decidete se le seguenti affermazioni sono vere o false:*

		V	F
A. ▷	Antonio è già stato nel ristorante "Al convento".		
B. ▷	Susanna non crede che lì si possa mangiare pesce fresco.		
C. ▷	L'antipasto della casa è a base di verdure al forno.		
D. ▷	I due bevono vino bianco.		

2

▷ *Riascoltate il dialogo leggendo il testo, poi scegliete la corretta alternativa:*

1. ▶ I prezzi del ristorante sono ....
   A. alti
   B. bassi
   C. non troppo alti

2. ▶ Le specialità sono ....
   A. i primi a base di verdure
   B. le verdure
   C. il pesce

3. ▶ Per Susanna non è giusto che ....
   A. al ristorante si usi il telefono portatile
   B. per i telefoni portatili si paghi una tassa
   C. si usi il telefono mentre si mangia

3

▷ *Ascoltate e ripetete.*

4

▷ *Provate a ricostruire il dialogo guardando solo le illustrazioni.*

5

gelato

▷ *Rispondete secondo il modello:*

> Carlo mangia volentieri il gelato?
> *Sì, credo che lo mangi volentieri.*

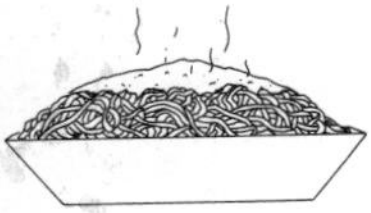
fettuccine

1. Paola mangia spesso le fettuccine?

   ____

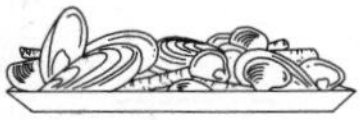
frutti di mare

2. Giulio mangia di rado i frutti di mare?

   ____

salame

3. Laura mangia malvolentieri il salame?

   ____

   ____

6

▷ *Completate le frasi secondo il modello:*

> Mia madre vuole che *io risponda* subito alle sue lettere. *(rispondere)*

1. I miei genitori preferiscono che ____________ con loro. *(vivere)*

2. Mio padre non è d'accordo che ____________ tanti soldi. *(spendere)*

3. Mia sorella è contenta che ____________ con lei di politica. *(discutere)*

7

▷ *Rispondete secondo il modello:*

Che ne dici? Prendo il Valpolicella? *No, è meglio che tu prenda il Sangiovese.*	*(il Sangiovese)*

1. Che ne dici? Prendo il Lambrusco?

   ______________________________ *(il Barbera)*

2. Che ne dici? Prendo il Frascati?

   ______________________________ *(l'Orvieto)*

3. Che ne dici? Prendo il Chianti?

   ______________________________ *(il Verdicchio)*

8

▷ *Rispondete secondo il modello:*

Franco parte domani? *No, penso che parta sabato.*	*(sabato)*

1. La banca apre alle otto?

   ______________________________ *(8.20)*

2. Marco segue un corso di francese?

   ______________________________ *(spagnolo)*

3. Ugo offre da bere anche agli altri?

   ______________________________ *(solo a noi)*

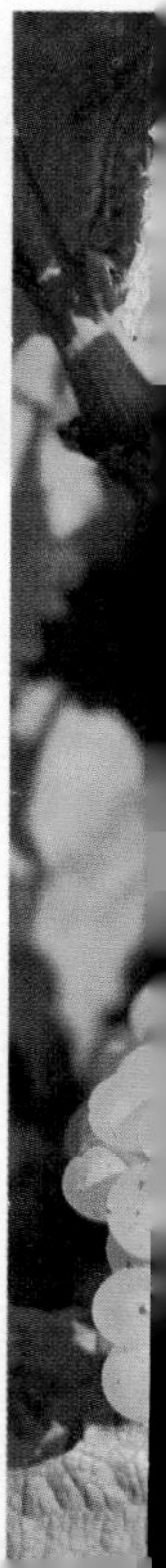

9

▷ *Completate le frasi secondo il modello:*

> Sebbene io *preferisca* la carne, oggi mangerò il pesce. *(preferire)*

1. La lettera non arriverà prima di lunedì, a meno che io non la __________ per espresso. *(spedire)*
2. Mio padre mi regalerà la macchina, a patto che __________ di studiare. *(finire)*
3. Prima che io __________ la camera, tu devi metterla in ordine. *(pulire)*

10

▷ *Rispondete secondo il modello:*

> Quanti anni ha la signora Luzi?
> *Credo che ne abbia quarantasette.* *(47)*

1. Quanti impiegati ha quell'ufficio?
   ______________________________ *(20)*
2. Quanti figli ha il signor Radi?
   ______________________________ *(3)*
3. Quanti giorni di ferie ha il dottor Massi?
   ______________________________ *(25)*

11

▷ *Replicate secondo il modello:*

> Marco e Anna cercano casa.
> *Speriamo che la trovino presto.* *(trovare presto)*

1. Franco e Sergio partono per le vacanze.
   ______________________________ *(passare in pace)*
2. Carla e Rita studiano lo spagnolo.
   ______________________________ *(imparare bene)*
3. Angela e Ugo hanno due bambini.
   ______________________________ *(lasciare a casa)*

piscina

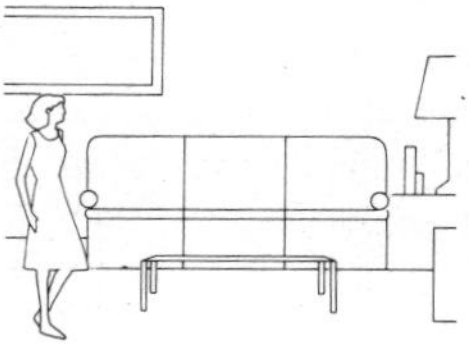

salotto

giardino

sala da pranzo

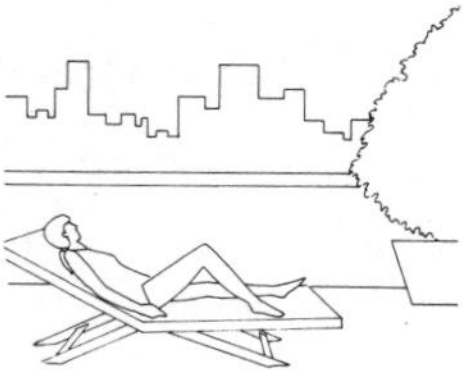

terrazza

camera

12

▷ *Osservate l'esempio, e, in coppia, eseguite mini-dialoghi simili usando le parole-stimolo:*

A. Giorgio?	A. *Dov'è Giorgio?*
B. a casa	B. *Credo che sia a casa.*
A. gli altri?	A. *E gli altri dove sono?*
B. in piscina	B. *Penso che siano in piscina.*

1. A. Anna? ____________________
   B. in cucina ____________________
   A. i bambini? ____________________
   B. in giardino ____________________

2. A. Paolo? ____________________
   B. in camera sua ____________________
   A. Franca e Luisa? ____________________
   B. in sala da pranzo ____________________

3. A. Sara? ____________________
   B. in salotto ____________________
   A. le amiche? ____________________
   B. in terrazza ____________________

13

▷ *Rispondete secondo i modelli:*

Ha molti studenti, professore?
No, ne ho pochi.

1. Ha molti abiti da sera, signorina?

   ____

2. Ha molti libri d'arte, dottore?

   ____

3. Ha molti giorni di ferie, signora?

   ____

Gli spaghetti sono pochi?
No, anzi, sono troppi.

1. Le tagliatelle sono poche?

   ____

2. Gli antipasti sono pochi?

   ____

3. Le verdure sono poche?

   ____

14

▷ *Replicate secondo il modello:*

Forse vado al mare.
Non è meglio che tu vada in montagna? (in montagna)

1. Forse dico di no.

   ______________________________ *(di sì)*

2. Forse vengo in macchina.

   ______________________________ *(in treno)*

3. Forse esco più tardi.

   ______________________________ *(subito)*

15

▷ *Rispondete secondo il modello:*

> Perché Giorgio sta male?
> *È probabile che abbia bevuto troppo.* (bere troppo)

1. Perché Anna ha mal di gola?

   ______________________ *(prendere freddo)*

2. Perché Marco è stanco?

   ______________________ *(dormire poco)*

3. Perché Rita è in ritardo?

   ______________________ *(trovare traffico)*

16

▷ *Trasformate le frasi secondo i modelli:*

> Vorrei sentire alcuni dischi.
> *Vorrei sentire qualche disco.*

1. Vorrei leggere alcuni libri.

   ____

2. Vorrei comprare alcuni vestiti.

   ____

> Mi servono alcune gonne.
> *Mi serve qualche gonna.*

1. Mi servono alcune camicie.

   ____

2. Mi servono alcune cravatte.

   ____

17

▷ *Replicate secondo il modello:*

> Sono buone le tagliatelle?
> *Se vuoi, te le faccio provare.* (provare)

1. Sono belle le canzoni di Conte?

   ______________________ *(ascoltare)*

2. Sono carine le foto delle vacanze?

   ______________________ *(vedere)*

3. Sono simpatiche le due ragazze greche?

   ______________________ *(conoscere)*

18

▷ *Completate le frasi secondo il modello:*

Se Marco preferisce la carne, *gliela ordino.*	*(ordinare)*
Se Mara vuole il pesce, *glielo preparo.*	*(preparare)*

1. Se Ugo preferisce la birra, ____________________ . *(prendere)*
2. Se Franca vuole il menu, ____________________ . *(passare)*
3. Se Pietro preferisce il vino, ____________________ . *(comprare)*
4. Se Franca vuole la pasta, ____________________ . *(dare)*

19

▷ *Nella ricetta sotto riportata le istruzioni vengono date con la forma imperativa del verbo. Sostituite a ogni imperativo l'infinito:*

INSALATA ALLA SICILIANA

ingredienti

3 pomodori rotondi
1 cipolla
1 cetriolo
1 peperoncino verde piccante
6 cucchiai di olio extravergine di oliva
abbondante origano
sale

1. *Lavate* e *asciugate* i pomodori, *tagliateli* a pezzi. *Poneteli* in un'insalatiera insieme alla cipolla sbucciata e tagliata.
2. *Pelate* il cetriolo, *affettatelo* e *unitelo*, insieme al peperoncino ridotto a pezzettini, agli ingredienti già preparati.
3. *Mescolate* bene il tutto e *condite* con sale, abbondante origano e olio extravergine di oliva.
4. *Lasciate* riposare l'insalata per un'ora in frigorifero. *Rimescolate* al momento di servire in tavola.

CONGIUNTIVO PRESENTE REGOLARE

provare • rispondere • partire

		provare	rispondere	partire	
È meglio che	io tu lui lei Lei	prov**i**	rispond**a**	part**a**	subito
	(noi) (voi) (loro)	prov**iamo** prov**iate** prov**ino**	rispond**iamo** rispond**iate** rispond**ano**	part**iamo** part**iate** part**ano**	

Nota: poiché le forme delle prime tre persone coincidono, il pronome personale è necessario per chiarire chi fa l'azione.

CONGIUNTIVO PRESENTE IRREGOLARE

essere • avere

		essere		avere	
Gianni pensa che	io tu lui lei Lei	**sia**	in ufficio	**abbia**	da fare
	(noi) (voi) (loro)	**siamo** **siate** **siano**		**abbiamo** **abbiate** **abbiano**	

Infinito	Indicativo	Congiuntivo presente			
andare	vado	**vada**	**andiamo**	**andiate**	**vadano**
dire	dico	**dica**	**diciamo**	**diciate**	**dicano**
fare	faccio	**faccia**	**facciamo**	**facciate**	**facciano**
salire	salgo	**salga**	**saliamo**	**saliate**	**salgano**
scegliere	scelgo	**scelga**	**scegliamo**	**scegliate**	**scelgano**
uscire	esco	**esca**	**usciamo**	**usciate**	**escano**
venire	vengo	**venga**	**veniamo**	**veniate**	**vengano**
volere	voglio	**voglia**	**vogliamo**	**vogliate**	**vogliano**
potere	posso	**possa**	**possiamo**	**possiate**	**possano**
dare	do	**dia**	**diamo**	**diate**	**diano**
sapere	so	**sappia**	**sappiamo**	**sappiate**	**sappiano**
stare	sto	**stia**	**stiamo**	**stiate**	**stiano**
dovere	devo	**debba**	**dobbiamo**	**dobbiate**	**debbano**

CONGIUNTIVO PASSATO

		ausiliare • AVERE •		ausiliare • ESSERE •	
Luisa spera che	io tu lui lei Lei	**abbia**	**mangiato**	**sia**	**arrivato/a**
	(noi) (voi) (loro)	**abbiamo** **abbiate** **abbiano**		**siamo** **siate** **siano**	**arrivati/e**

USI DEL CONGIUNTIVO

a) in dipendenza da verbi che esprimono

opinione	**Credo / penso / immagino / suppongo / direi**	che Marta **parta**
ipotesi	**Può darsi / pare / sembra**	
speranza	**Spero / aspetto**	
desiderio	**Voglio / preferisco**	
emozione	**Ho paura / sono contento**	

b) con alcune locuzioni seguite dalla congiunzione • che •

È	**meglio** **facile / difficile** **necessario / inutile** **possibile / impossibile**	che	lui **venga**
Non è	**giusto** **detto**		
Peccato **Bisogna** **Si dice**			

c) con alcune congiunzioni come

sebbene / benché / nonostante che **a meno che** **se / a patto che / purché** **perché / affinché** **prima che** **senza che**

CONGIUNTIVO / INFINITO

(Io)	Penso Aspetto Non sono sicuro	**che**	Luigi	**mangi** **beva** **finisca**

(Io)	Penso Aspetto Non sono sicuro	**di**	**mangiare** **bere** **finire**

Nota: *il congiuntivo si trova di solito nella frase dipendente che non ha lo stesso soggetto della frase principale.*
Se il soggetto delle due frasi è lo stesso, non si usa il congiuntivo, ma l'infinito.

CONCORDANZA DEI TEMPI E DEI MODI

frase principale	frase dipendente				
So	che	Giulio	domani oggi ieri	**andrà** **va** **è andato**	a mangiare fuori
Non so	se		domani oggi ieri	**vada** **vada** **sia andato**	

Nota: *nella frase dipendente si ha l'indicativo se la principale esprime una certezza, il congiuntivo se esprime incertezza.*

INDEFINITI

singolare / plurale

singolare	plurale
qualche	alcuni/e
niente, nulla	—
ogni	—
altro/a	altri/e
molto/a, tanto/a	molti/e, tanti/e
poco/a	pochi/e
troppo/a	troppi/e
tutto/a	tutti/e

Nota: *qualche libro = alcuni libri*
qualche sedia = alcune sedie

PRONOMI COMBINATI

Prendi	il pesce, la pasta,	te	lo la	consiglio
Prendete	gli antipasti, le verdure al forno,	ve	li le	
Prendo	il pesce, se proprio	me	lo	consigli
Prendiamo	la pasta, se proprio	ce	la	

Marco Anna Lei	vuole	il riso? la pasta? gli antipasti?
loro	vogliono	le verdure?

Glie-	**lo** **la** **li** **le**	preparo

Nota: *i pronomi indiretti di terza persona (gli/le/Le) si uniscono al pronome diretto prendendo una ''e'' e formando con esso una sola parola.*

Hai preso	il vino? la birra? i dolci? le penne?

Sì,	**me**	**l'** **l'** **li** **le**	ha consigliat-	**o** **a** **i** **e**	Ugo

Ci	metti	il sale? l'acqua?
		gli spaghetti? le fettuccine?

	Sì,	**ce**	**lo** **la**	metto
No,	non		**li** **le**	

Nota: *quando i pronomi indiretti e riflessivi e la particella avverbiale* ci *si combinano con i pronomi diretti o con la particella* ne, *cambiano la ''i'' in ''e''*

Carlo *mi* presta volentieri la macchina. *Me la* presta ogni volta che mi serve.

Mario *si* porta sempre dietro il telefono portatile. *Se lo* porta anche al ristorante.

Se questo vino ti piace, *te ne* regalo una bottiglia.

20

▷ *Ascoltate attentamente il dialogo (non cercate di capire ogni parola) e poi, guardando i disegni, cancellate con una croce gli ingredienti che non sono compresi nella ricetta:*

21

▷ *Lavorando in coppia, drammatizzate le seguenti situazioni (il menù può esservi di aiuto):*

SITUAZIONE 1

Studente A:
Lei è al ristorante con un amico. Vuole mangiare qualcosa di speciale. Chieda un consiglio all'amico.
Studente B:
Lei è l'amico. Guardando il menu, consigli allo studente A un primo piatto.

SITUAZIONE 2

Studente A:
L'amico Le chiede di indicargli un secondo leggero. Cerchi nel menu il piatto giusto e glielo consigli.
Studente B:
Lei non è sicuro che quel piatto sia veramente leggero. Spieghi perché e ne cerchi un altro.

22

▷ *Rispondete alle seguenti domande personali:*

1. Per Lei è importante mangiare bene?
2. Lei va spesso al ristorante?
3. Preferisce i piatti semplici o quelli elaborati?
4. Le piace cucinare? Se sì, qual è la Sua specialità?
5. Cosa beve normalmente a pranzo e a cena?

23

▷ *Domandate al vostro compagno di banco*

1. se conosce la cucina italiana
2. se sa cosa vuol dire "dieta mediterranea"
3. quanti pasti fa al giorno
4. cosa mangia a colazione
5. qual è il suo ristorante preferito e perché

PRODUZIONE ORALE

1 *Parlate di una cena al ristorante. Dite quando, con chi, in quale occasione ci siete andati. Raccontate poi cosa avete mangiato e bevuto.*

2 *Parlate di un ristorante che conoscete bene per consigliarlo o sconsigliarlo ad amici che hanno intenzione di andarci.*

COMPRENSIONE ORALE

Paolo e Grazia sono seduti a tavola. Ascoltate la conversazione e scegliete poi la corretta alternativa:

1. Paolo ha mangiato ....
   - A. solo il primo
   - B. solo il secondo
   - C. il primo e il secondo

2. Grazia ha preparato ....
   - A. il pollo
   - B. una bistecca
   - C. due uova al tegamino

3. Paolo ha preso il pollo ....
   - A. perché gli piaceva
   - B. perché aveva appetito
   - C. per fare contenta sua moglie

COMPRENSIONE SCRITTA

Leggete il testo, poi dite

1. come era diversa la cucina degli antichi romani da quella del medioevo
2. in che cosa consiste la regola cristiana del digiuno
3. in che tempo si è diffuso l'uso delle spezie in Italia
4. su che cosa si basa la cucina moderna
5. quali sono le origini del sugo di pomodoro

La cucina italiana del passato

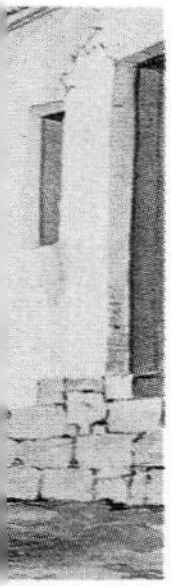

La cucina degli antichi romani era semplicissima. Il popolo mangiava cereali, latticini e raramente carne o pesce.

Nel medioevo, invece, l'alimentazione era soprattutto a base di carne, tanto che la regola cristiana del digiuno del venerdì e della Quaresima sembra suggerita anche da ragioni di salute.

L'uso di frutta, verdura e altri cibi era scarso; il latte serviva per fare il formaggio. Solo verso il XIV secolo (1300) si diffonde l'uso delle paste alimentari, conosciute da secoli in Cina. Il re della cucina è lo spiedo, che gira nella stanza centrale del palazzo, perché non esiste ancora una stanza destinata a sala da pranzo. Nello stesso tempo si diffonde l'uso di spezie, importate dall'Oriente dalle repubbliche marinare e soprattutto da quella di Venezia. Proprio a Venezia comincia il rinnovamento della cucina rinascimentale, base di quella moderna.

Ma la vera rivoluzione nella cucina avviene nel XVII secolo (1600) con l'arrivo dei pomodori dal Messico e dal Perù. Nascono così gli spaghetti "ca' pummarola 'n coppa" (con sopra i pomodori), dei quali Napoli è da allora la capitale indiscussa.

PRODUZIONE SCRITTA

1 *Aiutandovi con il vocabolario, scrivete la ricetta di un piatto tipico del vostro paese.*

2 *Completate il dialogo con le battute mancanti:*

Aldo - Oggi ho ricevuto una bella lettera.

Sara - ______________________________ ?

Aldo - Indovina!

Sara - ______________________________ ?

Aldo - No, non da Luisa.

Sara - ______________________________ ?

Aldo - Sì, proprio da Marta.

Sara - ______________________________ ?

Aldo - No, non posso. Forse lei non è contenta che io la legga ad altri. Mi parla di fatti privati.

Sara - ______________________________ ?

Aldo - Non me ne parla. Dice solo che aspetta che io vada a trovarla.

3 Completate le frasi con la forma corretta del verbo:

1. Immagino che tu ________ voglia di riposare. *(avere)*
2. Prima di decidere, la signora Rossi aspetta che ________ suo marito. *(tornare)*
3. Siamo contenti che ieri Giorgio ________ puntuale all'appuntamento. *(arrivare)*
4. Spero che il ristorante dove andiamo non ________ troppo caro. *(essere)*
5. Non è vero che tutti gli italiani ________ gli spaghetti. *(mangiare)*

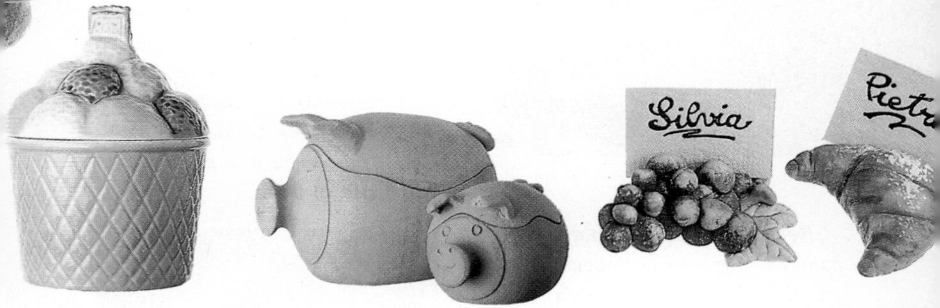

4 Completate le frasi con i corretti pronomi combinati:

1. Vuoi il giornale? ________ do appena ho finito di leggerlo.
2. A mia moglie piacciono i fiori, perciò ________ regalo spesso.
3. Non ha le sigarette, dottore? ________ offro una delle mie.
4. Se vi servono degli spiccioli, ________ do io.
5. Marco non vuole vendere la casa, perché ________ ha lasciata suo nonno.

... DELLA CUCINA

1

▷ *Leggete le didascalie e dite quali sono i piatti base della cucina mediterranea:*

Il pomodoro, sotto forma di pelati o passata, è un elemento insostituibile della nostra cucina.

1. ▶

◀ *2.* *L'Italia è ricca di uliveti. L'olio d'oliva ''extravergine'', usato come condimento, è uno degli ingredienti che rendono inimitabili molti piatti della cucina italiana, dalle verdure ai primi a base di pasta.*

Recentemente i dietologi hanno riscoperto la ''cucina mediterranea'', cioè quella dell'Italia del sud. Sembra che i ''piatti unici'' di quella cucina povera, a base di pasta o focaccia, verdure, olio e formaggio, siano perfetti per la salute, poiché associano gli ingredienti basilari di una dieta sana ed equilibrata: amido, vitamine e grassi vegetali.

3. ▶

Mentre non pochi americani, terrorizzati dal colesterolo, adottano la dieta mediterranea, molti ragazzi italiani mostrano di preferire la moda del fast food *importato dagli Usa. Ma senza rinunciare alla pizza e agli spaghetti!*

◀ *4.*

2

▷ *La seguente tabella mostra quello che una famiglia italiana ha mangiato martedì. Il signor Negri lavora in banca, la moglie è casalinga e i due figli frequentano la scuola superiore. Osservate la tabella e scegliete la corretta alternativa nell'esercizio:*

PASTI	Marco	Daniela	Sig.ra Negri	Sig. Negri
Colazione	caffè e latte biscotti		tè con biscotti	caffè
h. 11.30	*(a scuola)* focaccia	*(a scuola)* merendina succo di frutta	yogurt alla frutta	caffè
Pranzo	*(da Burghy's)* hamburger patatine fritte birra	spaghetti al pomodoro bastoncini di pesce (surgelati) insalata verde e carote frutta fresca acqua minerale - aranciata		*(alla mensa aziendale)* tagliatelle con ragù involtini di carne insalata mista frutta fresca acqua - vino - caffè
h. 16-17	un panino al prosciutto	gelato aranciata	gelato tè	
Cena	tortellini carciofi cotti patatine fritte frutta fresca acqua minerale - Coca Cola - vino			minestra in brodo prosciutto cotto carciofi cotti frutta fresca acqua minerale - vino

1 .... I pasti importanti della giornata sono

colazione ☐
pranzo ☐
cena ☐

2 .... Il pranzo e la cena consistono di

due portate ☐
un piatto unico ☐
tre o più portate ☐

3 .... I cibi che ricorrono più frequentemente nella dieta della famiglia Negri sono

pane ☐ riso ☐ frutta fresca ☐ verdure ☐
carne ☐ latte ☐ focaccia ☐ pasta ☐
uova ☐ pesce ☐ prosciutto ☐ formaggio ☐

4 .... In genere, durante i pasti, la famiglia beve

acqua	☐	succhi di frutta	☐	tè	☐
vino	☐	Coca Cola, Fanta etc.	☐	birra	☐

5 .... La percentuale di piatti pronti (surgelati, in scatola) rispetto a quelli cucinati in casa è

70% ☐
50% ☐
10% ☐

6 .... In genere i membri della famiglia preferiscono consumare i pasti

a casa ☐
fuori casa ☐

3

▷ *Leggete il testo seguente:*

Per gli italiani mangiare è uno dei massimi (e sempre ripetibili) piaceri della vita. Non a caso le statistiche sui consumi mostrano che in Italia la spesa per il cibo è più alta che in qualunque altro paese europeo.

Gli italiani, dunque, si siedono a tavola con piacere: non solo perché sono edonisti, non solo perché i piatti sono in genere fatti con ingredienti freschi, magari comprati al mercato la mattina stessa, e con tutto l'amore della moglie-mamma (la donna italiana, anche quando lavora, passa più tempo ai fornelli delle sue colleghe europee), ma anche perché in Italia il rito del pasto è molto più di una semplice funzione biologica.

Il pasto soddisfa soprattutto un bisogno sociale, cioè la gioia di passare uno o più momenti della giornata in compagnia di parenti o amici. Mentre altri popoli si alzano da tavola appena terminato di mangiare, gli italiani indugiano volentieri attorno al tavolo a scherzare, parlare, confidarsi o discutere, sia a casa che fuori. Un pranzo in trattoria, la domenica, può durare per ore e ore.

L'amore degli italiani per la buona tavola è evidente nella altissima qualità della cucina italiana: a parte i prodotti più caratteristici che gli emigranti hanno esportato e imposto a tutto il

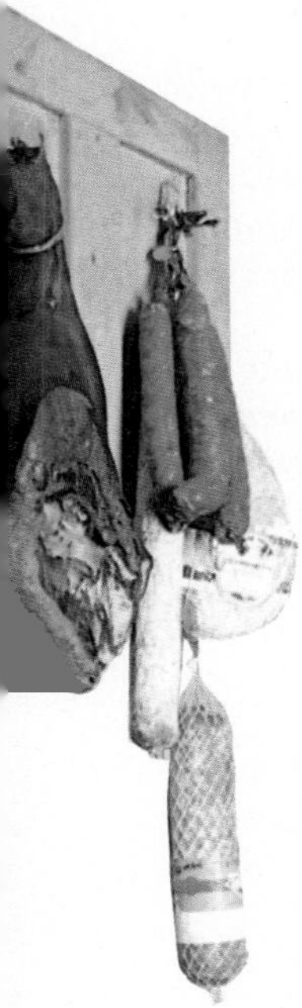

mondo (come gli spaghetti, la pizza, il formaggio grana e gli "insaccati"), i visitatori stranieri sono felicemente sorpresi dalla incredibile ricchezza e varietà delle cucine regionali. È un fenomeno per certi aspetti unico in Occidente e che solo la storia tormentata del nostro paese e la sua disomogeneità geografica possono spiegare.
Ecco allora che può essere curioso e stimolante indagare le vicende della storia italiana attraverso la scoperta dei suoi piatti: scoprire perché si trovano sapori arabi nella cucina siciliana, piatti greci in quella pugliese, specialità ebraiche a Roma e Venezia e ricette austriache in Lombardia.

▷ *Rileggete il testo una seconda volta. Unite ogni frase principale della prima colonna con la relativa frase secondaria della seconda colonna, scegliendo ogni volta le congiunzioni appropriate fra quelle date nella tabella.*

1. Gli italiani restano a tavola per ore
2. La cucina regionale italiana è nata
3. Molti stranieri pensano
4. I cibi italiani sono squisiti anche
5. Gli italiani amano molto mangiare
6. La donna italiana cucina molto
7. Molti italiani hanno dovuto emigrare
8. Le statistiche sui consumi mostrano
9. Dovrà passare ancora molto tempo

CHE
ANCHE SE
PRIMA CHE
MA
A CAUSA
QUANDO
PERCHÉ
E
COME

A. spesso lavora fuori casa.
B. il pasto è un rito sociale.
C. gli italiani spendono il loro denaro.
D. hanno portato con sé la loro cucina.
E. della freschezza degli ingredienti.
F. l'Italia non era ancora uno stato unitario.
G. la cucina italiana sia la migliore del mondo.
H. spendono molto per nutrirsi bene.
I. gli italiani passino ai surgelati.

4

▷ *Il riso è sempre stato una presenza molto importante nella dieta dei milanesi, a causa delle numerose risaie nei pressi della città. Vi proponiamo la ricetta di una specialità della cucina regionale lombarda: lo squisito risotto "alla milanese" (o "allo zafferano") tratta dal libro* Il riso *(Alberto Peruzzo editore, 1981).*
Attenzione: per un errore tipografico le didascalie di fianco alle foto sono nell'ordine sbagliato. Osservate bene la sequenza fotografica e cercate di mettere la corretta didascalia a fianco di ogni foto.

L'oro in bocca

La storia del risotto alla milanese è affascinante quanto controversa. Una interpretazione suggestiva collega l'origine di questa ricetta all'usanza rinascimentale di mettere un po' d'oro nei cibi, come rimedio contro i disturbi di cuore.
Un'altra storia (o leggenda) attribuisce invece la creazione di questo piatto a un giovane artista, vetraio, vissuto nella seconda metà del Cinquecento, soprannominato Zafferano, proprio perché usava la pianta dello zafferano (Crocus Sativus) per comporre il "giallo d'argento" delle vetrate del Duomo.
Il giovane artista, per onorare le nozze della figlia di un suo maestro, fece dorare con il Crocus Sativus anche il piatto di riso cotto per le nozze della damigella.
Da allora il "risotto giallo" di Milano diventò una preziosità per i palati aristocratici.

Risotto alla milanese

GLI INGREDIENTI *(per 4 persone)*

400 gr di riso vialone	brodo di carne
100 gr di burro	½ cipolla
75 gr di parmigiano	zafferano
vino bianco	

DIFFICOLTÀ: media PREPARAZIONE: 15' COTTURA: 25'

1 Quando la cottura sarà quasi ultimata, aggiungete lo zafferano che avevate stemperato, mescolate e lasciate asciugare.

2 Aggiungete il riso e fatelo rosolare per qualche minuto.
Versatevi mezzo bicchiere di vino bianco e lasciate evaporare.

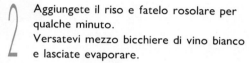

3 In una terrina stemperate circa 15 gr di zafferano o una bustina, con un poco di brodo.

4 Prima di togliere il recipiente dal fuoco, incorporate il rimanente burro e il parmigiano, quindi mescolate e lasciate riposare 5 minuti nella casseruola coperta.

5 Unite un mestolo di brodo e mescolate di tanto in tanto con un cucchiaio di legno, facendo cuocere a fuoco vivo e aggiungendo brodo ogni volta che il riso tenderà ad asciugarsi troppo.

6 Dopo aver tagliato la cipolla a fettine sottilissime, fatela soffriggere in una casseruola dai bordi alti, con 80 gr di burro.

U N I

28
FEBBRAIO
GIOVEDI
April
17
Mittwoch
September
3
Tuesday
Ottobre
21
Lunedì
CARTA DI CR
ITALIAN TELEP
893901 00
NUMERO DI CONTRATTO
00100
VALIDA FINO AL
12/93

16

SEDICESIMA UNITÀ

al telefono

OBIETTIVI

- parlare al telefono
- chiedere informazioni
- chiedere un favore
- richiedere servizi
- proporre

GRAMMATICA

- pronomi combinati (II) con l'imperativo
- gerundio
- particella *ci* (IV) e pronomi diretti (V) con il gerundio
- usi del condizionale semplice e composto (II)
- infinito sostantivato
- infinito con preposizioni improprie
- formazione dell'avverbio

AREA LESSICALE

comunicazioni telefoniche, servizi di emergenza, professioni (II)

Ascoltate i dialoghi guardando solo le illustrazioni (non cercate di capire ogni parola):

PRONTO, CHI PARLA? ▶

Sig. Sarti - Pronto, Alitalia?
Impiegata - Sì, mi dica!
Sig. Sarti - Vorrei prenotare un volo per Milano per lunedì 15. Devo essere lì assolutamente prima delle dieci. Mi pare che ci sia un volo alle otto, no?
Impiegata - Trovare posto sul volo delle otto non è facile, comunque vediamo... glielo dico subito. Sì, fortunatamente c'è ancora un posto libero.
Sig. Sarti - Meno male! Me lo riservi, per favore.
Impiegata - A che nome?
Sig. Sarti - Stefano Sarti.

UN INCONTRO RIMANDATO ▶

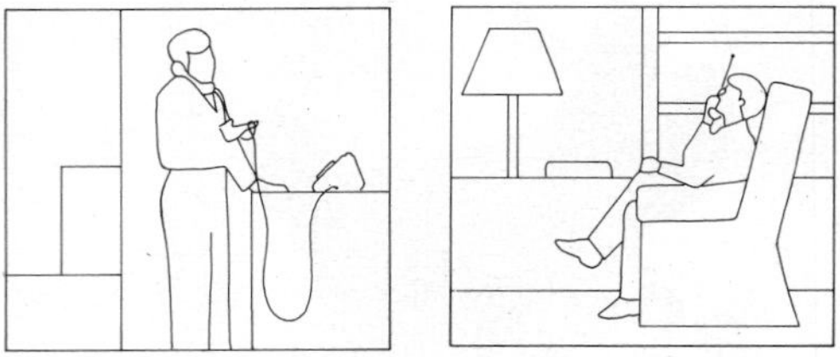

Marco - Pronto? Sono Marco: potrei parlare un momento con Gianni?
Madre - Un attimo: te lo passo subito.
Gianni - Ciao, Marco! Come mai questa telefonata? Non eravamo già d'accordo?
Marco - Ecco... vedi... Volevo dirti che purtroppo stasera non posso uscire con te. Sai, andando in ufficio ho incontrato Laura e... Tu cosa faresti al mio posto?
Gianni - Certo, capisco. Allora rimandiamo l'appuntamento a un altro giorno, va bene?
Marco - Ti ringrazio e scusami di nuovo...
Gianni - Figurati!

SCUSI, VORREI UN'INFORMAZIONE

Susanna - Pronto? Vorrei il numero di un abbonato di Siena.
Operatore - Com'è il cognome?
Susanna - Martelli... Martelli Antonio.
Operatore - Ce ne sono due con questo nome: Martelli ingegner Antonio, via Colombo 23, e...
Susanna - È questo. Che numero ha?
Operatore - Ventitré ottocentoquindici.
Susanna - Scusi, me lo potrebbe ripetere più lentamente?
Operatore - Due-tre-otto-uno-cinque.
Susanna - Grazie mille. Due-tre-otto-uno-cinque. Senta, potrebbe darmi anche il prefisso?
Operatore - Certo, è zero-cinque-sette-sette.

HOTEL DIANA, BUONGIORNO!

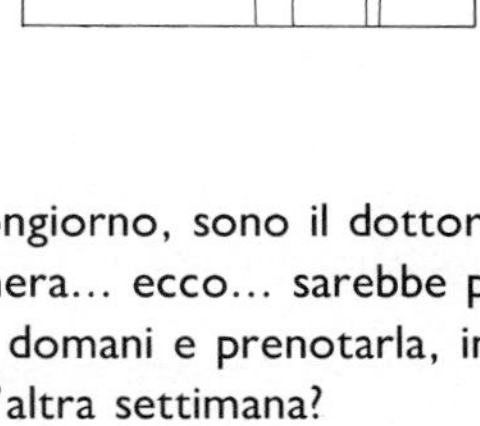

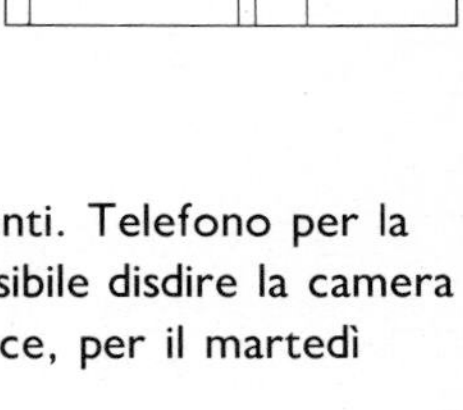

Dott. Vinti - Buongiorno, sono il dottor Vinti. Telefono per la camera... ecco... sarebbe possibile disdire la camera per domani e prenotarla, invece, per il martedì dell'altra settimana?
Addetto - Non c'è problema, dottore. Sa, aspettavamo una Sua telefonata di conferma e, non sentendo niente, abbiamo dato la camera a un'altra persona.
Dott. Vinti - Allora va bene per martedì?
Addetto - Sì, però mi dia la conferma lunedì, per favore, possibilmente entro le diciotto.

1

▷ *Riascoltate i dialoghi e decidete se le seguenti affermazioni sono vere o false:*

		V	F
A. ▷	Stefano Sarti vuole andare a Milano in aereo.		
B. ▷	Marco telefona a Gianni per confermare l'appuntamento che ha con lui.		
C. ▷	Susanna chiede all'operatore se il numero di telefono di un abbonato è esatto.		
D. ▷	Il dott. Vinti telefona all'albergo per cambiare la prenotazione.		

2

▷ *Riascoltate i dialoghi leggendo il testo, poi scegliete la corretta alternativa:*

1. ▶ Il Signor Sarti prenota un posto sul volo ....
   - A. delle dieci
   - B. delle otto
   - C. delle quindici

2. ▶ Gianni ....
   - A. non vuole rimandare l'appuntamento
   - B. ha un altro impegno anche lui
   - C. propone di rimandare l'appuntamento

3. ▶ Susanna conosce ....
   - A. solo il cognome dell'abbonato
   - B. il cognome e l'indirizzo dell'abbonato
   - C. il vecchio numero dell'abbonato

4. ▶ Il dottor Vinti arriverà in albergo ....
   - A. il giorno dopo
   - B. il martedì successivo
   - C. entro le diciotto

3

▷ *Ascoltate e ripetete.*

4

▷ *Provate a ricostruire i dialoghi guardando solo le illustrazioni.*

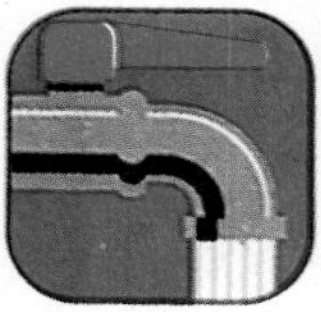
acquedotto

gas

Enel

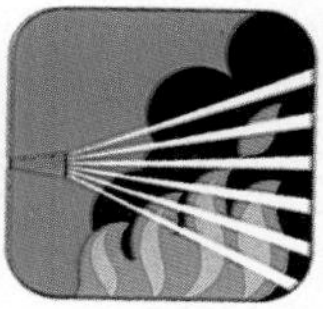
vigili del fuoco

5

▷ *Rispondete secondo il modello:*

Scusi, sa dirmi qual è il numero dell'acquedotto?
Non glielo so dire. Dovrei guardare nella guida.

1. Scusi, sa dirmi qual è il numero del gas?

   ____

2. Scusi, sa dirmi qual è il numero dell'Enel?

   ____

3. Scusi, sa dirmi qual è il numero dei vigili del fuoco?

   ____

dettatura telegrammi

informazioni abbonati

soccorso stradale

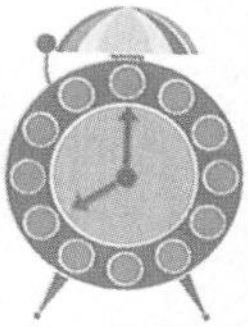
sveglia automatica

6

▷ *Come l'esercizio precedente:*

Che numero devo fare per dettare un telegramma?
Te lo dico subito: il centottantasei. **(186)**

1. Che numero devo fare per sapere il numero di un abbonato?

   ______________________________ *(12)*

2. Che numero devo fare per chiamare il soccorso stradale?

   ______________________________ *(116)*

3. Che numero devo fare per avere la sveglia domattina?

   ______________________________ *(114)*

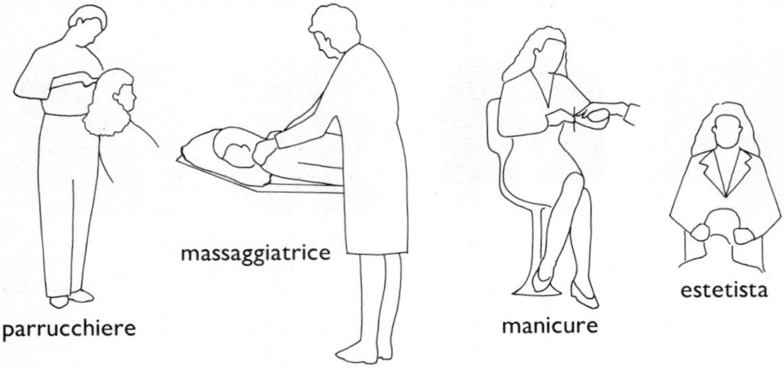

7

▷ *Rispondete secondo il modello:*

> Le devo fissare un appuntamento con il parrucchiere?
> *Sì, me lo fissi per le nove.* *(per le nove)*

1. Le devo fissare un appuntamento con l'estetista?

   ______________________________ *(per venerdì)*

2. Le devo confermare l'appuntamento con la massaggiatrice?

   ______________________________ *(subito)*

3. Le devo rimandare l'appuntamento con la manicure?

   ______________________________ *(a domani)*

8

▷ *Come l'esercizio precedente:*

> Ti porti anche la giacca chiara?
> *Sì, me la metto per il viaggio.* *(viaggio)*

1. Ti porti anche il vestito scuro?

   ______________________________ *(cena)*

2. Ti porti anche i pantaloni neri?

   ______________________________ *(festa)*

3. Ti porti anche le scarpe eleganti?

   ______________________________ *(party)*

9

▷ *Trasformate le frasi secondo il modello:*

> Poiché (siccome/dato che) abito vicino all'ufficio, posso uscire di casa poco prima delle nove.
> *Abitando vicino all'ufficio, posso uscire di casa poco prima delle nove.*

1. Poiché sto a Milano, mi è facile seguire tutte le novità teatrali.

   ____

2. Siccome porto i capelli corti, devo andare spesso dal parrucchiere.

   ____

3. Dato che viaggio spesso, ho bisogno di una macchina comoda.

   ____

10

▷ *Trasformate le frasi secondo il modello:*

> Se si corre troppo, si rischia la vita.
> *Correndo troppo, si rischia la vita.*

1. Se si legge troppo, si stancano gli occhi.

   ____

2. Se si spende troppo, si rimane senza una lira.

   ____

3. Se si chiede troppo, si perdono gli amici.

   ____

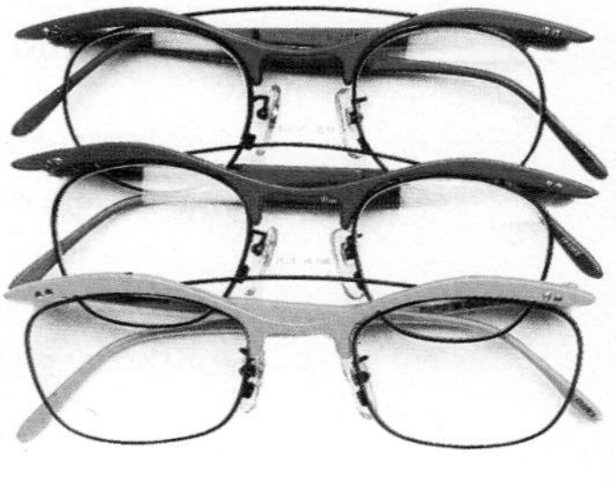

11

▷ *Trasformate le frasi secondo il modello:*

> Ho incontrato Laura mentre uscivo dalla banca.
> *Ho incontrato Laura uscendo dalla banca.*

1. Ho perso i guanti mentre venivo qui.

   ____

2. Ho visto Anna mentre salivo sull'autobus.

   ____

3. Ho trovato dei soldi mentre pulivo la camera.

   ____

12

▷ *Replicate secondo il modello:*

> Vorrei prenotare un volo per il Canada.
> *Prenotandolo subito, non avrai problemi.* (prenotare)

1. Vorrei fare una telefonata ai miei.
   __________ di notte, spenderai di meno. *(fare)*
2. Vorrei dire la verità.
   __________ ora, non cambierai niente. *(dire)*
3. Vorrei dare l'esame il mese prossimo.
   __________ subito, non ci penserai più. *(dare)*

13

▷ *Come l'esercizio precedente:*

> Non ho trovato posto in albergo.
> *Eh, in questo periodo trovare posto*
> *è difficile.* (difficile)

1. Non ho visto dei bei film alla tv.

   ______________________________ *(raro)*

2. Non ho guadagnato molto con gli affari.

   ______________________________ *(impossibile)*

3. Non ho seguito la cronaca politica.

   ______________________________ *(complicato)*

14

▷ *Replicate secondo il modello:*

Sara conosce bene Milano? *Essendoci stata* per diversi anni, dovrebbe conoscerla bene.	*(stare)*

1. Marta conosce bene il museo?

   ________________ molte volte, *(andare)*
   dovrebbe conoscerlo bene.

2. Angela conosce bene la Sicilia?

   ________________ per qualche mese, *(rimanere)*
   dovrebbe conoscerla bene.

3. Carla conosce bene la tua città?

   ________________ spesso, *(venire)*
   dovrebbe conoscerla bene.

15

▷ *Rispondete secondo il modello:*

Qual è stata la cosa più utile per te? *Aver studiato le lingue.*	*(studiare/lingue)*

1. Qual è stata la cosa migliore per te?

   ________________ *(girare/mondo)*

2. Qual è stata la cosa peggiore per te?

   ________________ *(perdere/lavoro)*

3. Qual è stata la cosa più giusta per te?

   ________________ *(dire/sempre/verità)*

16

▷ *Rispondete secondo il modello:*

Qual è stato il vostro errore?
Essere arrivati in ritardo. (arrivare in ritardo)

1. Qual è stato il vostro errore?

   ______________________ (partire troppo presto)

2. Qual è stato il vostro errore?

   ______________________ (rimanere ad aspettare)

3. Qual è stato il vostro errore?

   ______________________ (andare via da Torino)

17

▷ *Rispondete secondo il modello:*

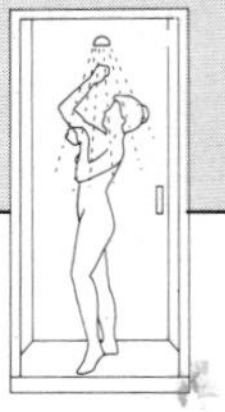

Quando fai la doccia?
La faccio prima di uscire. (uscire)

1. Quando prendi la medicina?

   ______________________ (andare a letto)

2. Quando fai la spesa?

   ______________________ (tornare a casa)

3. Quando lavi la macchina?

   ______________________ (metterla in garage)

18

▷ *Rispondete secondo il modello:*

> È poi andata al cinema, signorina?
> *No, invece di andare al cinema*
> *ho guardato la tv.* (guardare la tv)

1. È poi uscita con gli amici, signorina?

 ______________________ *(rimanere a casa)*

2. È poi venuta in macchina, signorina?

 ______________________ *(prendere il treno)*

3. È poi tornata al mare, signorina?

 ______________________ *(andare in montagna)*

19

▷ *Come l'esercizio precedente:*

> Marta è uscita senza fare colazione?
> *No, è uscita dopo aver fatto colazione.*

1. Carla è andata via senza cenare?

 ____

2. Giulia è venuta senza telefonare?

 ____

3. Anna è partita senza finire il lavoro?

 ____

20

▷ *Rispondete secondo il modello:*

Lei cosa farebbe al posto mio? *Rimanderei il viaggio.* *(rimandare il viaggio)*

1. Lei cosa farebbe al posto mio?
   ______________________ *(rimanere a casa)*
2. Lei cosa farebbe al posto mio?
   ______________________ *(partire in aereo)*
3. Lei cosa farebbe al posto mio?
   ______________________ *(rivolgersi alla SIP)*

21

▷ *Come l'esercizio precedente:*

Non hai prenotato il volo? *L'avrei prenotato, ma la linea è ancora occupata.* *(linea/ancora occupata)*

1. Non hai preso la giacca blu?
   ______________________ *(prezzo/troppo alto)*
2. Non hai firmato la lettera?
   ______________________ *(Ugo/contrario)*
3. Non hai rimandato l'impegno?
   ______________________ *(ormai/troppo tardi)*

22

▷ *Rispondete secondo il modello:*

Marta non viene? *A me ha detto che sarebbe venuta.*

1. Rita non esce?
   ____
2. Cristina non parte?
   ____
3. Marisa non torna?
   ____

23

▷ *Completate le risposte secondo il modello:*

> Sei per sette fa quarantadue, esatto? *(esatto)*
> *Sì, fa esattamente 42.*

1. È una copia perfetta, non ti pare? *(perfetto)*
   Sì, è __________ uguale all'originale.
2. È stato un fatto improvviso, vero? *(improvviso)*
   Sì, è accaduto __________ .
3. Il discorso del capo è stato chiaro, no? *(chiaro)*
   Sì, ha parlato molto __________ .

24

▷ *Replicate secondo il modello:*

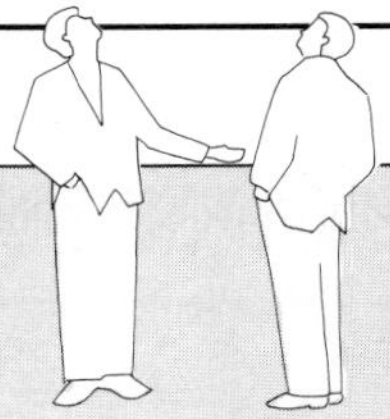

> È probabile che piova anche oggi. *(probabile)*
>
> Sì, *probabilmente* pioverà di nuovo.

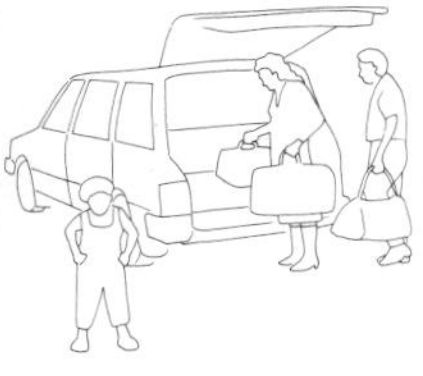

1. È evidente che Marco non è contento. *(evidente)*
   Sì, __________ non vuole partire.

2. Giulio ha un amore particolare per i cani. *(particolare)*
   Sì, li ama __________ .

3. Anna conduce una vita molto semplice. *(semplice)*
   Sì, le è sempre piaciuto vivere __________ .

PRONOMI COMBINATI CON L'IMPERATIVO

Ti Vi Le	prenoto	l'albergo?

Sì,	prenota**melo** prenota**celo** **me lo** prenoti	per favore

Nota: il pronome che accompagna l'imperativo

1. *segue il verbo, formando un'unica parola, con le persone* tu, voi, noi;
2. *precede il verbo con la terza persona* Lei.

GERUNDIO PRESENTE REGOLARE

abitare ricevere partire	abitando ricevendo partendo

-are -ere -ire	→ **-ando** → **-endo** → **-endo**

avere	**avendo**

essere	**essendo**

GERUNDIO PRESENTE IRREGOLARE: fare • dire

fare	**facendo**

dire	**dicendo**

GERUNDIO PASSATO

ausiliare avere

abitare ricevere sentire	**avendo**	**abitato** **ricevuto** **sentito**

ausiliare essere

partire	**essendo**	**partito/a** **partiti/e**

USI DEL GERUNDIO

causale	**abitando** (= poiché abito) in centro	non mi serve la macchina
temporale	**andando** (= mentre andavo) in ufficio	ho incontrato Paolo
modale	**giocando** (= col giocare) in Borsa	uno si può arricchire
condizionale	**agendo** (= se agisci) così	ti farai un sacco di nemici

PARTICELLA • ci • E PRONOMI DIRETTI CON IL GERUNDIO

andando**ci** essendo**ci** andato/a	spesso, conosco bene Parigi

vedendo**lo**, avendo**lo** visto,	gli sono andato incontro

Nota: anche il gerundio, *come l'*infinito *e l'*imperativo *(tu, voi, noi), si lega direttamente alla particella* ci *e ai pronomi personali, formando con essi un'unica parola.*

INFINITO PASSATO

• ausiliare avere •

abitare	→ **avere abitato**
ricevere	→ **avere ricevuto**
sentire	→ **avere sentito**

• ausiliare essere •

andare	→ **essere andato/a/i/e**
cadere	→ **essere caduto/a/i/e**
partire	→ **essere partito/a/i/e**

INFINITO SOSTANTIVATO

presente

Trovare casa in centro **Vivere** con un solo stipendio **Dormire** con questo rumore	è impossibile

passato

È stata una vera fortuna	**aver trovato** casa **essere arrivati** in tempo

INFINITO PRECEDUTO DA PREPOSIZIONI IMPROPRIE

Ho telefonato a Ugo	**senza** aspettare la sua chiamata
	dopo aver parlato con Luigi
	prima di andare in ufficio
	invece di parlare con Franco

USI DEL CONDIZIONALE

a) chiedere consigli, esprimere incertezza

Tu	cosa	**faresti**	al posto mio?
		avresti fatto	

Mah, non **saprei**...

b) futuro nel passato

Due giorni fa Sabato scorso Ieri	Lucia	ha detto	che	**avrebbe telefonato**	oggi
				sarebbe venuta	

FORMAZIONE DELL'AVVERBIO

vero	**veramente**
certo	**certamente**
chiaro	**chiaramente**

grande	**grandemente**
veloce	**velocemente**
semplice	**semplicemente**

facile	**facilmente**
difficile	**difficilmente**
probabile	**probabilmente**

ma

altro	**altrimenti**

Nota: la maggior parte degli avverbi si forma aggiungendo il suffisso -mente

1. *alla forma femminile degli aggettivi*
   vera-mente, certa-mente;
2. *all'unica forma singolare degli aggettivi in* -e
   grande-mente, forte-mente.

Se però l'ultima sillaba dell'aggettivo contiene una "l" o una "r", la "e" cade
faci*le* - facilmente, anterio*re* - anteriormente.

25

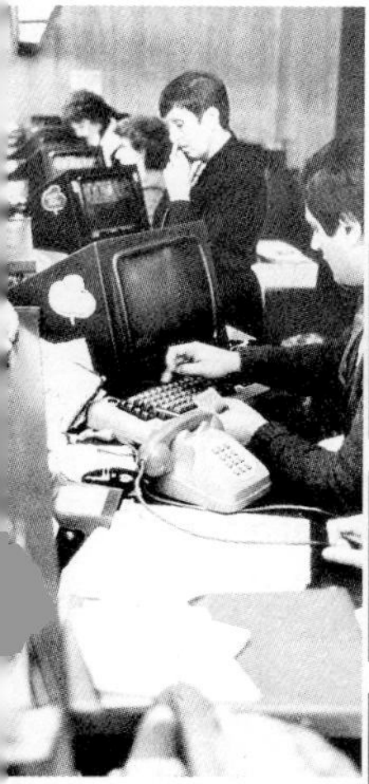

▷ *Ascoltate le seguenti registrazioni di vari servizi telefonici offerti dalla SIP* e cercate di capire di quali servizi si tratta. Abbinate poi ogni messaggio registrato con il numero e il simbolo corretto:*

Messaggio A	 Servizio oroscopo	**195**
Messaggio B	 Fiabe della buonanotte	**1664**
Messaggio C	 Notizie sportive	**1631**

* SIP: Società Italiana per l'Esercizio delle Telecomunicazioni

26

▷ *Ora riascoltate con maggiore attenzione il servizio relativo all'oroscopo: secondo voi, quali situazioni illustrate nelle sei vignette corrispondono ai pronostici per i nati sotto il segno del Leone e del Sagittario?*

☐ a

☐ b

☐ c

☐ d

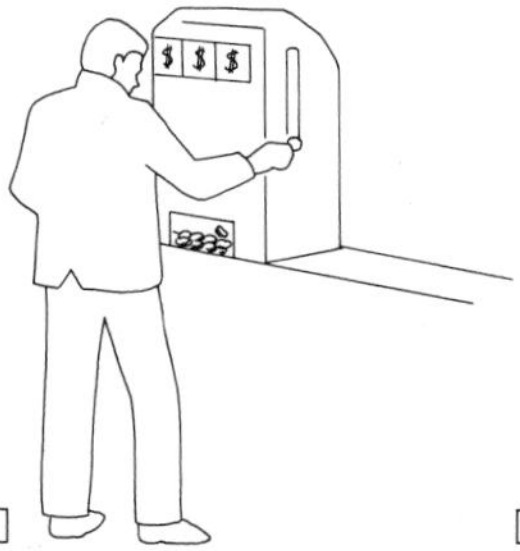

☐ e

☐ f

27

▷ *Lavorando in coppia, drammatizzate le seguenti situazioni:*

SITUAZIONE 1

Studente A: Lei sta parlando al telefono con l'impiegato di un'agenzia di viaggi. Chieda che voli ci sono da Milano per Roma e qual è il prezzo del biglietto. Risponda poi alle domande dell'impiegato.

Studente B: Lei è l'impiegato. Usi il documento per dare allo studente A le informazioni richieste. Gli dica il prezzo del biglietto; gli chieda poi quando vuole partire.

Città Town	Economica andata Economy one way	Sud-Nord andata South-North one way	Fine settimana andata e ritorno Weekend round trip	Domenica andata e ritorno Sunday round trip	Giovani/Studenti andata Young people/Student one way	Italia Senior andata e ritorno round trip	Nastro Verde andata one way
MILANO							
BARI	262.000	262.000	341.000	262.000	197.000	393.000	–
BRINDISI	282.500	282.500	368.000	283.000	212.000	424.000	–
CATANIA	282.500	282.500	368.000	283.000	212.000	424.000	–
FIRENZE	160.000	–	–	–	–	–	–
LAMEZIA T.	282.500	282.500	368.000	283.000	212.000	424.000	–
NAPOLI	237.000	237.000	309.000	237.000	178.000	356.000	178.000
PALERMO	282.500	282.500	368.000	283.000	212.000	424.000	–
PERUGIA	210.000	–	–	–	–	–	–
PESCARA	212.000	–	239.000	212.000	159.000	318.000	–
PISA	127.000	–	166.000	127.000	96.000	191.000	–
REGGIO C.	282.500	282.500	368.000	283.000	212.000	424.000	–
ROMA	209.500	–	257.000	210.000	158.000	315.000	158.000
TRAPANI	–	282.500	368.000	283.000	212.000	424.000	–
TRIESTE	143.500	–	177.000	144.000	108.000	216.000	–
VENEZIA	127.000	–	156.000	127.000	96.000	191.000	–

MILANO Malpensa						
BOLOGNA	29/03-15/06	#	10.30	14.00	AZ1403	BUS
CAGLIARI	07/06-14/06	7	08.25	09.45	IG262	M80
CAGLIARI	06/06-13/06	6	18.30	19.50	IG264	M80
GENOVA	29/03-15/06	#	11.00	13.30	AZ1409	BUS
NUORO	(vedere/see OLBIA)					
OLBIA	12/06-15/06	1567	18.30	19.35	IG212	M80
PALERMO INC.	30/03-15/06	#	10.30	12.10	AZ643	M82
ROMA	30/03-15/06	123456	08.10	09.15	IG1102	M80
ROMA ★	30/03-15/06	123456	12.40	13.45	IG1104	M80
ROMA INC.	31/03-14/06	24567	16.25	17.30	AZ621	M11
ROMA INC.	30/03-15/06	1	18.15	19.20	AZ1787	742
ROMA INC.	04/04-13/06	6	18.15	19.20	AZ1781	742
ROMA INT.	29/03-14/06	67	18.20	19.25	AZ1291	DC9
ROMA	29/03-15/06	123457	18.30	19.35	IG1106	M80
TORINO	29/03-15/06	#	10.30	12.30	AZ1405	BUS

SITUAZIONE 2

Studente A: Lei telefona a un amico per disdire un appuntamento che aveva con lui. Gli spieghi i motivi per cui deve rimandarlo. Si metta poi d'accordo con lui per un altro giorno.

Studente B: Lei è l'amico. Risponda allo studente A, facendogli capire che per Lei non è un problema rimandare l'appuntamento. Gli proponga poi un'altra data e gli chieda se va bene anche per lui.

28

▷ *Rispondete alle seguenti domande personali:*

1. Lei usa più spesso il telefono per motivi privati o per motivi di lavoro?
2. Le piace conversare al telefono con una persona amica o preferisce incontrarla?
3. Racconti un disguido telefonico che Le è capitato.

29

▷ *Domandate al vostro compagno di banco*

1. quanto spende mediamente al mese per il telefono
2. cosa pensa dei telefoni portatili
3. se a una persona amica preferisce telefonare o scrivere, e perché

PRODUZIONE ORALE

1 *Raccontate quando e perché avete dovuto rimandare un appuntamento al quale tenevate molto.*

2 *Raccontate ora cosa avete detto alla persona interessata per scusarvi di dover disdire l'appuntamento.*

COMPRENSIONE ORALE

Ascoltate il dialogo fra Marco e la signora che risponde al telefono (non cercate di capire ogni parola), poi dite

1. perché il numero fatto da Marco è sbagliato
2. perché Marco non crede di aver fatto male il numero dell'agenzia di viaggi
3. come spiega l'errore la signora che gli ha risposto
4. perché Marco alla fine decide di andare all'agenzia.

COMPRENSIONE SCRITTA

Leggete attentamente le istruzioni e scrivete nella corretta sequenza i numeri indicati:

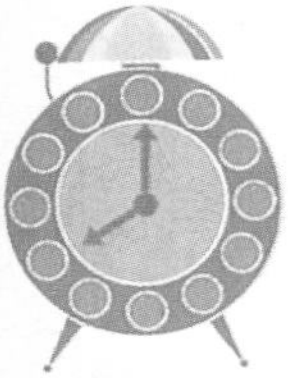

114
Sveglia automatica

Il servizio può essere richiesto soltanto dall'apparecchio telefonico sul quale si chiede di essere svegliati.
L'abbonato che intende essere svegliato ad una determinata ora deve formare tre serie di numeri, consecutivamente, seguendo le istruzioni che di volta in volta l'apparecchiatura automatica fornisce, e cioè:

il **«114»**
il numero dell'ora richiesta
il proprio numero telefonico.

Il servizio si svolge nel seguente modo:
— formando il **«114»** l'abbonato è invitato a comporre, senza riagganciare, le cifre dell'**ora richiesta** (sempre quattro cifre; esempio: per le ore 5 del mattino comporre zero cinque zero zero);
— un secondo messaggio invita l'abbonato a comporre, senza riagganciare, **il proprio numero telefonico**;
— infine un altro messaggio conferma che la prenotazione è stata registrata.
Solo in questo momento si può riagganciare.

Ogni servizio dà luogo ad un addebito pari a cinque scatti.

n. dell'apparecchio: 763 89 15 ora della sveglia: 6 del mattino

PRODUZIONE SCRITTA

1 *Scrivete un messaggio per un amico che non potete raggiungere telefonicamente e al quale volete dire che non vi sarà possibile andare a cena da lui.*

2 *Completate le frasi con i corretti pronomi combinati:*

1. Vorrei un po' di sale: ____________ passi, per favore?
2. Se vi serve la macchina, ____________ presto volentieri.
3. Non ho mai fumato queste sigarette: ____________ fai provare una?
4. Il biglietto sarà pronto fra un'ora. Viene Lei a prenderlo o ____________ mando in ufficio?
5. Non ho sentito l'ultima parola: ____________ potrebbe ripetere, per favore?

3 *Completate le frasi con la forma appropriata del verbo (al gerundio o all'infinito):*

1. ____________ troppe sigarette, si perde la salute. *(fumare)*
2. ____________ il biglietto di andata e ritorno, si risparmia. *(fare)*
3. ____________ è la mia attività preferita. *(cucinare)*
4. ____________ per tante ore stanca. *(guidare)*
5. ____________ di casa ho dimenticato di prendere la chiave. *(uscire)*
6. Non ci è possibile ____________ la Sua proposta. *(accettare)*
7. La ragazza mi ascoltava senza ____________ una parola. *(dire)*
8. Non decido mai niente prima di ____________ il suo parere. *(sentire)*

... DEL SERVIZIO TELEFONICO

1800 SIP informa

1

▷ *Rispondete alle seguenti domande relative al servizio telefonico nel vostro paese:*

1. I telefoni sono gestiti da un'azienda di stato, o da più aziende private?
2. Quali servizi si possono ottenere per telefono nel Suo paese?
3. Esistono tariffe differenziate secondo i giorni della settimana e le diverse ore del giorno?
4. Per fare una telefonata all'estero è necessario chiamare l'operatore?
5. È possibile fare una telefonata a spese della persona che la riceve? Se sì, come si chiama questo servizio?
6. Qual è il prefisso telefonico del Suo paese per chi chiama dall'estero?

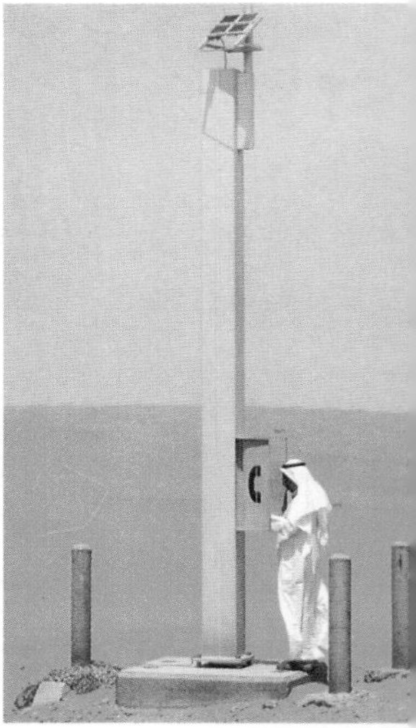

2

▷ *Leggete il testo informativo sul servizio telefonico in Italia:*

"SIP" è un nome familiare e molto importante nella vita degli italiani: è in pratica sinonimo della parola "telefono".
S.I.P. è infatti la sigla della Società Italiana per l'Esercizio delle Telecomunicazioni, un'azienda di stato che ha il monopolio del servizio telefonico nazionale sul territorio italiano. Questo spiega perché le tariffe telefoniche in Italia sono più care che in molti altri paesi.
In Italia è possibile telefonare, oltre che dalle cabine telefoniche per strada, da tutti i luoghi pubblici e, naturalmente, da casa. Gli italiani che hanno almeno un telefono nella propria abitazione sono circa il 99,8%.
Grazie alla teleselezione, telefonare da una città italiana all'altra, o anche dall'Italia verso molti stati europei ed extraeuropei, è un'operazione semplice e veloce.

3

▷ *Osservate la tabella in basso e rispondete:*

1. Quali sono i giorni "feriali"?
2. Quali sono i giorni "festivi" o "non-feriali"?
3. Quali sono le ore "serali"? E quelle "notturne"?
4. È martedì. Dovete fare alcune telefonate da Milano a Firenze. Non avete molto denaro. In quali fasce orarie è più conveniente telefonare
   a un amico? ....
   a un ufficio? ....
   a un parente? ....

TELESELEZIONE nazionale

Teleselezione a tariffa ore di punta	Teleselezione a tariffa ordinaria	Teleselezione a tariffa ridotta serale e festiva	Teleselezione a tariffa ridotta notturna
Dalle 8,30 alle 13.00 dei giorni feriali escluso il sabato	Tutti i giorni feriali dalle 8.00 alle 8.30 e dalle 13.00 alle 18.30 il sabato dalle 8.00 alle 13.00	Dal lunedì al venerdì feriali dalle 18.30 alle 22.00; il sabato dalle 13.00 alle 22.00 e la domenica e i giorni dichiarati festivi dalle 8.00 alle 22.00	Tutti i giorni feriali e festivi dalle 22.00 alle 8.00 del mattino successivo

4

▷ *Ecco alcuni servizi telefonici opzionali:*

1. Quali di questi possono essere utili a uno straniero?
2. Cercate di spiegare che tipo di servizi offrono i numeri 1668 e 175. □
3. Quali di questi servizi vi sembrano

A. tipicamente italiani ....

B. inutili ....

C. utili e intelligenti ....

175

Informazioni

Il **175** fornisce:
- indicativi teleselettivi
- tariffe e relativi orari di applicazione
- durata ed importo delle comunicazioni effettuate tramite operatore nazionale
- indirizzi e orari dei Posti Tel. Pubbl.
- servizi offerti dall'ASST.

176

Informazioni

Il **176** fornisce:
- informazioni sui servizi telefonici internazionali, modalità di effettuazione delle chiamate, elenco abbonati esteri dei paesi europei e del bacino del Mediterraneo (Algeria, Cipro, Egitto, Libia, Marocco, Tunisia e Turchia).

1790

Informazioni

Informazioni per comunicare con i paesi extraeuropei e notizie sui servizi Italcable.
Il servizio è operativo tutti i giorni dalle ore 8 alle 23 e dà luogo all'addebito di cinque scatti.

14505

Protezione animali
(a cura dell'Ente Protezione Animali Sezione Prov. di Milano)

1668

Teleconcerti*
(a cura della Debutto)

Il servizio fornisce informazioni sui concerti di musica leggera

1669

I dischi della settimana
(a cura della RAI)

Il servizio consente di ascoltare i dischi di maggior successo. Seguire le guide foniche.

Ricette di cucina

Ricette regionali (a cura dell'Ass. Maitres Italiani)	**1991**
Ricette dietetiche (a cura della Div. Nutrizione del Centro Internazionale per la Ricerca sull'Uomo e sull'Ambiente)	**1992**
Ricette internazionali (a cura di Savina Roggero)	**1993**

1912

Previsioni meteorologiche
(a cura del Servizio Meteorologico dell'Aeronautica)

1931

Borsa

BORSA DI MILANO
(a cura del CED Borsa)

196

Bollettino nautico
(a cura del Servizio Meteorologico dell'Aeronautica)

Il servizio fornisce osservazioni e previsioni sullo stato dei mari italiani e sulle relative condizioni atmosferiche.

162

Notiziario della neve
(a cura del Touring Club Italiano)

Il servizio, registrato, fornisce informazioni sullo stato della neve nelle principali stazioni sciistiche della Lombardia, Valle d'Aosta, Trentino-Alto Adige.
Per le altre regioni, comporre il numero indicato a fianco di ciascun gruppo:

5

▷ *Osservate rapidamente questa pagina dell'elenco telefonico di Milano, con l'indicazione dei servizi di emergenza e di pubblica utilità forniti dalla SIP.*

1. Evidenziate i numeri dei servizi utili o importanti per uno straniero residente in Italia per turismo o lavoro.
2. Siete in serio pericolo. Quale numero di emergenza chiamate?

   5255 ☐ 326781 ☐ 116 ☐ 7733 ☐

3. Avete un guasto alla macchina sull'autostrada. Quale numero chiamate?

   116 ☐ 3692 ☐ 4212 ☐ 74852200 ☐

4. Avete un forte attacco d'asma. Quali di questi numeri non vi interessano?

   3883 ☐ 112 ☐ 67500 ☐ 7733 ☐

NUMERI DI PUBBLICA UTILITÀ INFORMAZIONI E SERVIZI
COMUNE DI MILANO

Aeroporti

Linate - Malpensa
Informazioni **74852200**

Guardia medica permanente

Croce rossa italiana
Pronto soccorso **3883**

Servizio medico a domicilio **3883**

Centro antiveleni
P.za Osp.le Maggiore, 3 **66101029**

Polizia

Questura centrale **62261**

Polizia stradale **326781**

Ferrovie dello Stato

Informazioni viaggiatori
Stazione centrale (orario 7-23) **675001**
Stazione Porta Garibaldi (orario 6-22) **6552078**

Ferrovie nord Milano

Informazioni viaggiatori
(orario 6,30-20,30) **8511608**

Guardia ostetrica permanente

Istituto Provinciale Maternità
Via Macedonio Melloni, 52 **75231**

Istituto Ostetrico Mangiagalli
Via della Commenda,12 **57991**

77271

Polizia Municipale

Pronto intervento

Pronto soccorso autoambulanze

Coordinamento chiamate urgenti **7733**

(06) **4212**

Automobile Club d'Italia

Centro assistenza telefonica

6236

Comune

Servizi Amministrativi
e Servizi Tecnici

(0342) **901280**

Bollettino nivometeorologico lombardo

U N I

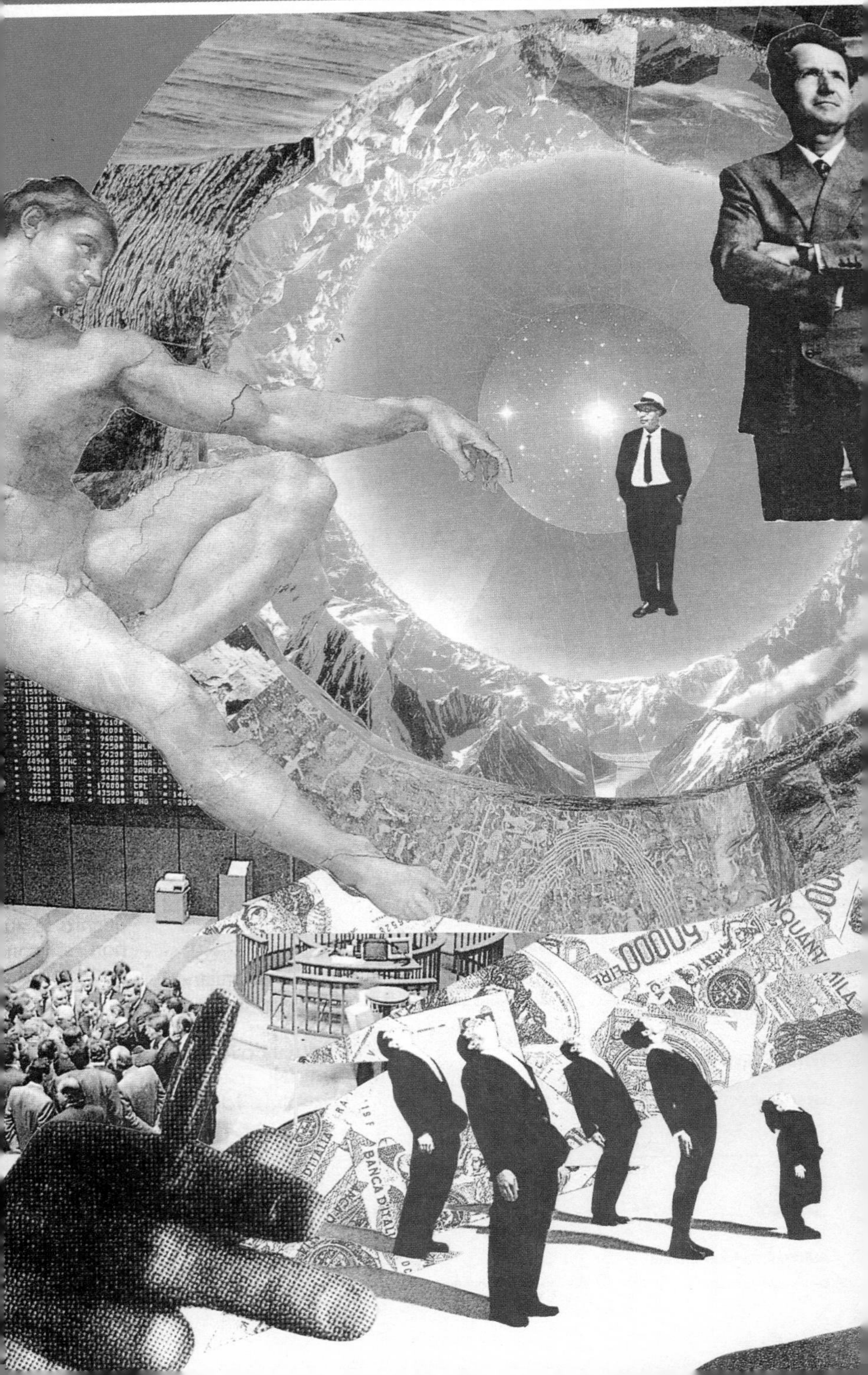

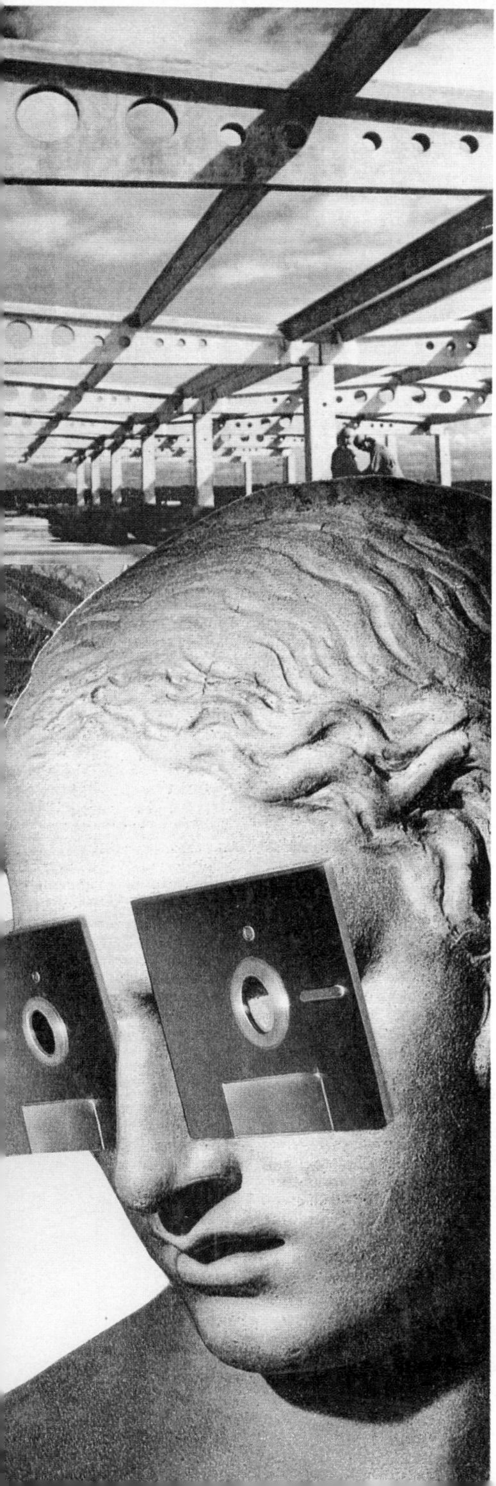

17

DICIASSETTESIMA
UNITÀ

una vita straordinaria

OBIETTIVI

parlare della propria vita

chiedere spiegazioni

esprimere sorpresa

confermare

GRAMMATICA

passato remoto

uso dei tempi: passato remoto/passato prossimo

trapassato prossimo

uso dei tempi: perfetto e imperfetto

superlativo relativo

gradi dell'aggettivo e dell'avverbio: schema

tenerci

AREA LESSICALE

titoli di studio, professioni (III) e mestieri

UNA VITA STRAORDINARIA ▶

Ascoltate il dialogo guardando solo le illustrazioni (non cercate di capire ogni parola):

Presentatore - Buonasera e benvenuti al nostro programma "Italiani di successo". Questa sera abbiamo un ospite eccezionale, il signor Tommy Lo Santo, italo-americano di Boston. Come certo sapete, il signor Lo Santo è ora proprietario della maggiore catena di ristoranti negli Stati Uniti.

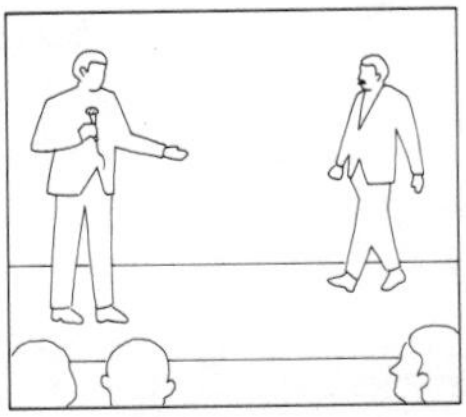

(Applausi)

Presentatore - Signor Lo Santo, ci racconti la sua straordinaria carriera. Dov'è nato?

Sig. Lo Santo - Vicino a Palermo. Ero il maggiore di dodici figli. Mio padre era muratore finché perse il lavoro.

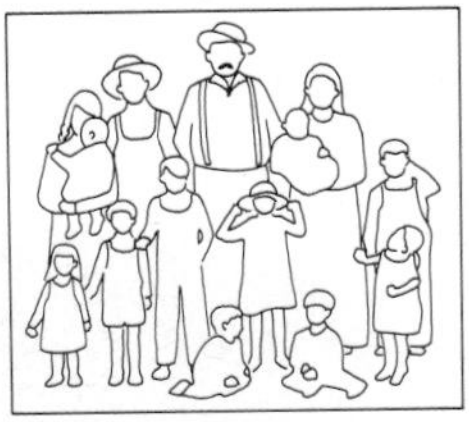

Presentatore - E allora?

Sig. Lo Santo - E allora, come tanti altri italiani, decise di cercare fortuna in America. Partimmo lui e io. Io avevo quattordici anni.

Presentatore - E a Boston?

Sig. Lo Santo - All'inizio non fu facile, anche per via della lingua. Trovai lavoro come cameriere in un ristorante italiano: meglio che niente. Poi mi venne un'idea.

Presentatore - E cioè?

Sig. Lo Santo - Feci venire in America anche mia madre e mettemmo su un ristorantino. Lei era una cuoca eccezionale: il locale diventò il migliore della città.

Presentatore - E adesso i ristoranti sono diventati moltissimi, una catena.

Sig. Lo Santo - Esatto. A trent'anni ero già ricchissimo, ma avevo trascurato gli studi e mi sentivo ignorante. Allora presi un diploma, e poi seguii un corso di economia.

Presentatore - Perbacco! E si laureò?

Sig. Lo Santo - Sì, e ci tengo a dire che presi il massimo dei voti. Ma non è finita qui.

Presentatore - Ah, no?! E cosa fece ancora?

Sig. Lo Santo - Volli fare un'esperienza in un campo nuovo, quello della politica.

Presentatore - Ebbe successo anche qui, naturalmente.

Sig. Lo Santo - Sì, diventai senatore. Lo sono ancora adesso, dopo tanti anni.

Presentatore - Non c'è che dire: la sua carriera è stata davvero straordinaria.

1

▷ *Riascoltate il dialogo e decidete se le seguenti affermazioni sono vere o false:*

		V	F
A. ▷	Il sig. Lo Santo partì per l'America insieme al padre.		
B. ▷	Il sig. Lo Santo fu contento di trovare lavoro come cameriere.		
C. ▷	La madre del sig. Lo Santo sapeva cucinare benissimo.		
D. ▷	Il sig. Lo Santo era soddisfatto di avere tanti soldi e non desiderava altro.		
E. ▷	Il sig. Lo Santo si occupò di politica per un breve periodo.		

2

▷ *Riascoltate il dialogo leggendo il testo, poi scegliete la corretta alternativa:*

1. ▶ Il sig. Lo Santo seguì il padre in America ....
   A. per studiare
   B. perché la sua famiglia era povera e doveva aiutarla
   C. per aprire un ristorantino

2. ▶ Con la catena di ristoranti il sig. Lo Santo ....
   A. diventò un po' più ricco
   B. diventò ricco prima dei trent'anni
   C. diventò il più ricco della città

3. ▶ Il sig. Lo Santo è un italiano di successo perché ....
   A. ha aperto una fabbrica in America
   B. ha comprato un'azienda agricola in Sicilia
   C. è un uomo che si è fatto da solo

3

▷ *Ascoltate e ripetete.*

4

▷ *Provate a ricostruire il dialogo guardando solo le illustrazioni.*

Sistema scolastico italiano:

	anni	**titolo**
scuola elementare	6-11	licenza elementare
scuola media	11-14	licenza media
scuola media superiore	14-19	maturità
università	19-23	laurea

5

▷ *Rispondete alle seguenti domande con dati personali, secondo i modelli:*

Dove frequentasti la scuola elementare? *La frequentai a Roma.*	Quando prendesti la licenza elementare? *La presi nel 1970.*

1. Dove frequentasti la scuola media?

____

2. Dove frequentasti il liceo?

____

3. Dove frequentasti l'università?

____

4. Quando prendesti la licenza media?

____

5. Quando prendesti la maturità?

____

6. Quando prendesti la laurea?

____

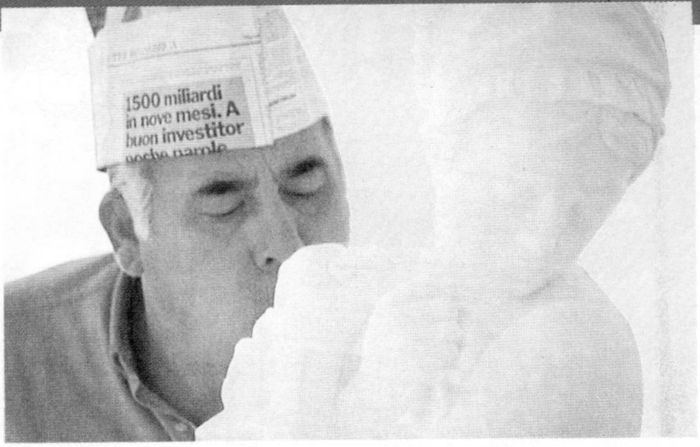

6

▷ *Osservate l'esempio e, in coppia, eseguite mini-dialoghi simili usando le parole-stimolo:*

A. (tu) finire di lavorare?	A. *Quando finisti di lavorare?*
B. 1965	B. *Finii nel 1965.*
A. tua moglie?	A. *E tua moglie quando finì?*
B. un anno dopo	B. *Lei finì un anno dopo.*

1. A. (tu) partire per l'estero? ____________

   B. 1970 ____________

   A. tuo fratello? ____________

   B. due anni dopo ____________

2. A. (tu) tornare dalla Francia? ____________

   B. 1980 ____________

   A. Paolo? ____________

   B. l'anno precedente ____________

3. A. (tu) prendere il primo stipendio? ____________

   B. 1977 ____________

   A. Anna? ____________

   B. l'anno seguente ____________

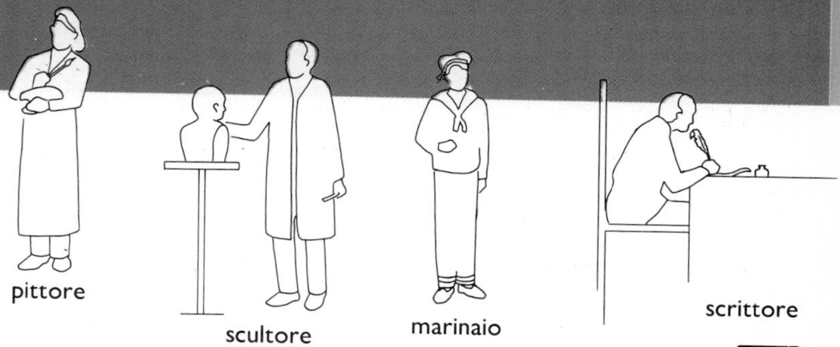

7

▷ *Guardando le immagini, completate il testo con i nomi delle professioni:*

Paul Gauguin, famoso __________ francese, nacque a Parigi nel 1848. A diciassette anni fece il __________ , nel 1871, a ventitré anni, diventò agente di cambio, raggiungendo una certa ricchezza. Il suo interesse per la pittura era forte e presto divenne pittore dilettante. Spinto dal desiderio di evasione, nel 1883 Gauguin lasciò il lavoro e la famiglia per seguire una vita avventurosa. A Tahiti dipinse i suoi quadri più belli e più tardi divenne __________ per raccontare il suo soggiorno tahitiano. Negli ultimi anni fu anche __________

8

▷ *Rispondete secondo il modello:*

> In Canada che lavoro fece, signor Rossi?
> *Feci il falegname.*

1. In Germania che lavoro fece, signor Melzi?

   ______________________ *(l'idraulico)*

2. In Australia che lavoro fece, signor Renzi?

   ______________________ *(il meccanico)*

3. In Svizzera che lavoro fece, signor Cardi?

   ______________________ *(il carrozziere)*

9

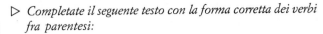

▷ *Completate il seguente testo con la forma corretta dei verbi fra parentesi:*

Cristoforo Colombo (*nascere*) a Genova nel 1451. Come molti genovesi, (*divenire*) marinaio e (*viaggiare*) nel Mediterraneo. Nel 1476, dopo un naufragio, (*raggiungere*) le coste del Portogallo. Nel 1485 (*recarsi*) in Spagna, dove (*trascorrere*) quasi sette anni. Nel 1492, con l'aiuto della regina Isabella I di Castiglia, (*potere*) salpare da Palos, alla ricerca di una via marittima verso l'Asia. Non (*riuscire*) a raggiungere l'Asia, ma le scoperte che (*fare*) (*essere*) più importanti e significative.

10

▷ *Completate le frasi secondo i modelli:*

> Quell'anno *cambiai* lavoro perché *avevo trovato* un posto migliore. *(cambiare/trovare)*

1. Quel giorno ____________ a Piero perché ____________ che stava male. (*telefonare/sapere*)
2. Quella volta ____________ tardi perché ____________ il treno. (*arrivare/perdere*)
3. Quella notte ____________ a dormire da amici perché non ____________ in tempo l'albergo. (*andare/prenotare*)

> Siccome *era rimasta* senza sigarette, Marta *fumò* per tutta la sera le mie. *(rimanere/fumare)*

1. Siccome loro ____________ a letto alle tre, la mattina dopo ____________ fino a tardi. *(andare/dormire)*
2. Siccome ____________ senza ombrello, Clara ____________ a casa prestissimo. *(uscire/tornare)*
3. Siccome (noi) ____________ molto tardi, ____________ programma. *(alzarsi/cambiare)*

11

▷ *Completate le frasi secondo il modello:*

Cambiai lavoro perché *guadagnavo poco.* (cambiare/guadagnare)

1. ____________ a casa perché ____________ lavorare in pace. (*restare/preferire*)
2. ____________ presto perché ____________ finire prima di sera. (*cominciare/volere*)
3. ____________ dal medico perché ____________ poco bene. (*andare/sentirsi*)

12

▷ *Rispondete secondo il modello:*

Carlo è più grande di te? *Sì, è maggiore di me.*

1. La Sicilia è più grande della Sardegna?

   ____

2. Napoli è più grande di Firenze?

   ____

3. Il lago di Garda è più grande del lago di Como?

   ____

13

▷ *Come l'esercizio precedente:*

Per Lei è più buono il vino bianco o quello rosso? *Per me è migliore/meglio il vino bianco.*

1. Per Lei è più buono il tè o il cappuccino?

   ____

2. Per Lei è più buona l'aranciata o il succo di frutta?

   ____

3. Per Lei è più buono il pesce o la carne?

   ____

14

▷ *Replicate secondo il modello:*

> Gino Paoli è il più bravo fra i cantanti italiani.
> *Secondo me, ce ne sono altri bravi quanto Paoli.*

1. Vittorio Gassman è il più famoso fra gli attori italiani.
   ____
2. Il Chianti è il più buono fra i vini italiani.
   ____
3. Venezia è la più cara fra le città italiane.
   ____

15

▷ *Rispondete secondo il modello:*

> Lei parla il francese bene come Giulio?
> *No, Giulio lo parla meglio di me.*

1. Lei conosce la città bene come Aldo?
   ____
2. Lei cucina il pesce bene come Paola?
   ____
3. Lei sa l'inglese bene come Suo padre?
   ____

16

▷ *Come l'esercizio precedente:*

> Lei parla il francese bene come Giulio?
> *No, lo parlo peggio di lui.*

1. Lei conosce la città bene come Aldo?
   ____
2. Lei cucina il pesce bene come Paola?
   ____
3. Lei sa l'inglese bene come Suo padre?
   ____

17

▷ *Completate le frasi con il superlativo appropriato scegliendo fra i seguenti:*

il maggiore	*il peggiore*	*il migliore*	*il massimo*	*il minimo*

1. Shakespeare è __________ drammaturgo inglese.
2. Secondo me, John Lennon era __________ dei Beatles.
3. È avaro. Cerca sempre di spendere __________ .
4. Ho chiesto __________ e me l'hanno dato. Si vede che apprezzano il mio lavoro.
5. __________ periodo della mia vita fu quando mi trovai senza lavoro.

18

▷ *Osservate l'esempio e, in coppia, eseguite mini-dialoghi simili usando le parole-stimolo:*

A. (Lei)/vedere/ultimo film di Fellini?	A. *A Lei interessa vedere l'ultimo film di Fellini?*
B. sì/tenerci/molto	B. *Sì, ci tengo molto a vederlo.*
A. anche/Sua moglie?	A. *Interessa anche a Sua moglie?*
B. sì/più di me	B. *Sì, lei ci tiene più di me.*

1. A. (Lei)/sentire/Paolo Conte in concerto? __________
   B. sì/tenerci/molto __________
   A. anche/Sua figlia? __________
   B. sì/più di me __________

2. A. (Lei)/visitare/la Galleria degli Uffizi? __________
   B. sì/tenerci/molto __________
   A. anche/Suo marito? __________
   B. sì/quanto me __________

PASSATO REMOTO: CONIUGAZIONE REGOLARE

	cercare	ricevere	finire	
(io) (tu)	cerc**ai** cerc**asti**	ricev**ei** (-**etti**) ricev**esti**	fin**ii** fin**isti**	un lavoro
(lui) (lei) (Lei)	cerc**ò**	ricev**é** (-**ette**)	fin**ì**	
(noi) (voi) (loro)	cerc**ammo** cerc**aste** cerc**arono**	ricev**emmo** ricev**este** ricev**erono** (-**ettero**)	fin**immo** fin**iste** fin**irono**	

CONIUGAZIONE IRREGOLARE

	avere		essere	
(io) (tu)	**ebbi** avesti	fortuna	**fui** **fosti**	tra i migliori
(lui) (lei) (Lei)	**ebbe**		**fu**	
(noi) (voi) (loro)	avemmo aveste **ebbero**		**fummo** **foste** **furono**	

stare	dare	vedere	rispondere
stetti **stesti** **stette** **stemmo** **steste** **stettero**	**diedi** (**detti**) **desti** **diede** (**dette**) **demmo** **deste** **diedero** (**dettero**)	**vidi** ved-esti **vide** ved-emmo ved-este **videro**	**risposi** rispond-esti **rispose** rispond-emmo rispond-este **risposero**

chiudere	mettere	leggere	correre
chiusi	**misi**	**lessi**	**corsi**
chiud-esti	mett-esti	legg-esti	corr-esti
chiuse	**mise**	**lesse**	**corse**
chiud-emmo	mett-emmo	legg-emmo	corr-emmo
chiud-este	mett-este	legg-este	corr-este
chiusero	**misero**	**lessero**	**corsero**

venire	fare	bere	dire
venni	**feci**	**bevvi**	**dissi**
ven-isti	fac-esti	bev-esti	dic-esti
venne	**fece**	**bevve**	**disse**
ven-immo	fac-emmo	bev-emmo	dic-emmo
ven-iste	fac-este	bev-este	dic-este
vennero	**fecero**	**bevvero**	**dissero**

Attenzione!

Moltissimi verbi italiani (specie della 2ª coniugazione) formano il passato remoto in modo irregolare, ma solo alla 1ª e 3ª persona singolare e alla 3ª plurale. Le altre tre persone sono regolari e si formano con la radice dell'infinito (cioè l'infinito senza -are, -ere, -ire). È quindi sufficiente memorizzare la forma del passato remoto della 1ª persona singolare per ottenere la coniugazione completa.

Ecco la prima persona dei più comuni verbi irregolari:

chiedere	**chiesi**
decidere	**decisi**
perdere	**persi**
prendere	**presi**
scendere	**scesi**
spendere	**spesi**

conoscere	**conobbi**
nascere	**nacqui**
sapere	**seppi**
scrivere	**scrissi**
vivere	**vissi**
volere	**volli**

USO DEI TEMPI: PASSATO REMOTO (pr) / PASSATO PROSSIMO (pp)

pp	Oggi Stamattina Stasera Stanotte Quest'anno Questo mese Questa settimana	**ho lavorato**	molto

pp **pr**	L'anno scorso Il mese passato La settimana scorsa	**ho lavorato** **lavorai**	molto

Note: 1. *il* passato prossimo *si usa quando si parla di un fatto accaduto in un passato che ha ancora effetti sul presente.*

2. *il* passato remoto *si usa quando si parla di un fatto accaduto in un passato che non ha relazione con il presente.*

3. *non tutti gli italiani usano le due forme nello stesso modo. Al nord si usa il* passato prossimo *anche per parlare di eventi molto lontani nel tempo, mentre al sud si usa il* passato remoto *anche per parlare di fatti appena accaduti.*

4. *nella lingua scritta di tipo letterario è comunemente usato il* passato remoto.

TRAPASSATO PROSSIMO

ausiliare • avere • | ausiliare • essere •

(io) (tu)	**avevo** **avevi**	dormito	poco perché	**ero** **eri**	andato/a	a letto tardi
(lui) (lei) (Lei)	**aveva**			**era**		
(noi) (voi) (loro)	**avevamo** **avevate** **avevano**			**eravamo** **eravate** **erano**	andati/e	

Nota: il trapassato prossimo *si usa quando si parla di un fatto passato, precedente ad altri fatti passati. Può essere in relazione con ogni tipo di* passato, perfetto *o* imperfetto.
Si costruisce con avere *o* essere, *come il* passato prossimo.

USO DEI TEMPI: PERFETTO (p) E IMPERFETTO (i)

p	**Lasciai** **Ho lasciato** **Avevo lasciato**	il lavoro perché	i	**ero** stanco **preferivo** studiare **guadagnavo** poco

Nota: l'imperfetto *si usa in relazione a ogni tipo di* perfetto (passato remoto, passato prossimo, trapassato prossimo) *per esprimere un'azione che accadeva nello stesso tempo.*

GRADI DELL'AGGETTIVO E DELL'AVVERBIO: QUADRO GENERALE

a) comparativo di maggioranza e minoranza

1. fra nomi e pronomi:

Il pesce	è	**più**	buono	**della**	carne
Lui		**meno**	bravo	**di**	lei

2. fra aggettivi o fra verbi all'infinito:

Il mio lavoro	è	**più**	faticoso	**che**	difficile
Lavorare		**meno**			studiare

3. seguito da un verbo coniugato:

Lavorare	è	**più**	faticoso	**di quello che**	pensavo
L'italiano		**meno**	facile		

4. comparativo di quantità:

Bevo	**più**	caffè	**che**	tè
Ci sono	**meno**	ragazze		ragazzi

b) comparativo di uguaglianza

Il pesce	è	buono	**quanto/ come**	la carne
Lui		bravo		lei
Il mio lavoro		faticoso		difficile
Lavorare		impegnativo		studiare

c) superlativo relativo

Giorgio	è	**il**	**più**	bravo	**di** tutti
Questa città		**la**		cara	**d'**Italia

d) superlativo assoluto

aggettivi

bello bravo facile	bell**issimo** brav**issimo** facil**issimo**

avverbi

bene male poco	ben**issimo** mal**issimo** poch**issimo**

e) comparativi e superlativi irregolari

	comparativo	superlativo	
		relativo	assoluto
buono cattivo grande piccolo	**migliore** **peggiore** **maggiore** **minore**	**il migliore** **il peggiore** **il maggiore** **il massimo** **il minore** **il minimo**	**ottimo** **pessimo** **massimo** **minimo**

f) comparativi e superlativi irregolari dell'avverbio

	comparativo	superlativo assoluto
bene male poco molto	**meglio** **peggio** **meno** **più**	**ottimamente (benissimo)** **pessimamente (malissimo)** **pochissimo** **moltissimo**

tenerci

Ti Le	piace	avere dei bei vestiti?
Vi	interessa	vedere quel film?

Sì,	**ci**	**tengo**
No, non		**teniamo**

19

▷ *Ascoltate la conversazione fra una ragazza e un poliziotto alla stazione di polizia.*

1. *Basandovi sull'uso del passato, cercate di capire in quale parte d'Italia si svolge la conversazione:*

centro-nord ☐ sud ☐

2. *Ora riascoltate la conversazione più attentamente e completate il seguente riassunto con le parole appropriate.*

dei - ragazza - ordinato - ospedale - terrorizzata - velocità - giovani - antistante - urlare - hanno - consegnare - ma - aiuto - è - due - parcheggiata - era - che - risaliti - donna - sono ripartiti - scesi - ha visto

Ieri due __________ mascherati __________ aggredito una __________ nel piazzale __________ l'Ospedale di Niguarda. Erano circa le __________ del pomeriggio e il piazzale __________ piuttosto affollato. I due giovani sono __________ da una macchina __________ vicino all' __________ e hanno __________ alla ragazza di __________ loro la borsetta. La ragazza ha obbedito perché era __________ . Una signora __________ era lì vicino __________ la scena e si è messa a __________ , __________ nessuno __________ numerosi passanti __________ intervenuto in __________ della giovane __________ . I due malviventi sono __________ in macchina e __________ a tutta __________ .

3. *Che tempo userebbe, per raccontare il fatto, un passante di Palermo che ha assistito alla scena? Provate a raccontarlo voi come se foste un siciliano.*

20

▷ *Un professore di storia dell'arte sta parlando di Giotto ai suoi studenti.*

1. *Ascoltate attentamente (non cercate di capire ogni parola) e abbinate poi le immagini al numero progressivo in cui vengono citate:*

1 ☐

2 ☐

3 ☐

4 ☐

5 ☐

A. *Crocifisso in Santa Maria Novella*

C. *"La predica agli uccelli"*

D. *"Fuga in Egitto"*

B. *"Ascensione di Gesù"*

E. *Campanile del duomo di Firenze*

2. *Riascoltate il testo e, con l'aiuto dell'insegnante, controllate se le risposte date sono esatte.*

21

▷ *Parlate di Leonardo da Vinci, usando i dati indicati nella scheda. Ricordate che nelle biografie si usa il passato remoto, come nel modello:*

Leonardo da Vinci nacque nel 1452 a Vinci, in provincia di Firenze...

data e luogo di nascita	1452, Vinci (Firenze)
è allievo di Andrea del Verrocchio	1469-1476
vive presso Ludovico Sforza; realizza grandi opere come: "Vergine delle rocce" (Parigi, Louvre), "Cenacolo", "Statua equestre di Francesco Sforza"	1482-1499, Milano
inizia a dipingere "La Gioconda"	1503, Firenze
progetta la chiesetta di Santa Maria della Fontana; studi scientifici: ricerche anatomiche, geofisiche e matematiche	1506, Milano
soggiorno su invito del cardinale Giuliano dei Medici; continuazione degli studi scientifici	1512-1517, Roma
soggiorno su invito di Francesco I	1517, Francia
data e luogo di morte	2 maggio 1519, Cloux (Francia)

22

▷ *Rispondete alle seguenti domande personali:*

1. Conosce qualcuno che è emigrato dall'Italia nel Suo paese? Può raccontarne la storia?
2. Lei ha mai fatto un'esperienza di lavoro all'estero? Se sì, la racconti ai compagni.
3. Conosce qualcuno che ha fatto carriera grazie a un'idea? Racconti come è avvenuto.

PRODUZIONE ORALE

Guardando le coppie di illustrazioni, spiegate perché sono diverse o simili fra loro:

Piero

Lucio

Ferrari

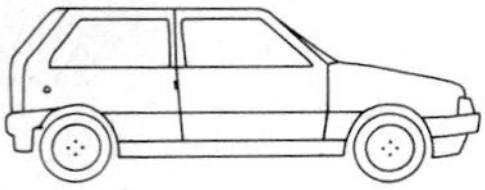
Fiat Uno

Anna

Elvira

Vocaboli utili

più - meno - come/quanto - grande - alto - veloce - magro

COMPRENSIONE ORALE

Il dottor Bellini sta parlando con il professor Andrei. Ascoltate la conversazione (non cercate di capire ogni parola), poi decidete quale delle tre affermazioni è giusta:

1. Il dottor Bellini andò negli Stati Uniti
A. per motivi di lavoro
B. per motivi di studio
C. per sposarsi

2. Il dottor Bellini
A. ha faticato a trovare lavoro
B. non ha trovato lavoro perché era straniero
C. ha avuto un'offerta di lavoro e l'ha accettata

3. Il dottor Bellini non ha mai pensato di tornare in Italia, perché
A. non voleva perdere il lavoro
B. gli piaceva vivere negli Stati Uniti
C. si era sposato negli Stati Uniti

PRODUZIONE SCRITTA

1 *Completate le frasi al passato, usando la forma appropriata del verbo:*

1. Alcuni anni fa mio padre __________ un'esperienza di lavoro all'estero. *(fare)*
2. Siccome non __________ nessuno ad aspettarmi, dovetti prendere un taxi. *(esserci)*
3. Proprio stamattina __________ che Piero ha finalmente trovato lavoro. *(sapere)*

2 *Completate le frasi secondo il senso:*

1. Franco ci disse che il vino bianco era __________ , invece per noi era più buono quello rosso.
2. Marta crede di parlare molto bene l'inglese, ma chi l'ha sentita dice che lo parla __________ .
3. Abbiamo avuto il __________ risultato con il __________ impegno.

3 *Scrivete in breve la vostra storia di lavoro. Se non lavorate, parlate della storia di uno dei vostri genitori.*

CONOSCENZA LESSICALE

Trovate il vocabolo, o l'espressione, corrispondente alla definizione data:

considerare una cosa importante per sé __________

fare progressi nel proprio lavoro __________

persona che serve a tavola nei ristoranti __________

persona eletta in Senato a rappresentare gli elettori __________

professione di chi costruisce case, muri ecc. __________

gruppo di negozi, ristoranti, alberghi con uno stesso proprietario __________

... DI EMIGRANTI ED IMMIGRATI

1

▷ *Rispondete al seguente questionario:*

1. In Italia il fenomeno dell'emigrazione verso paesi stranieri

A. è tuttora molto importante ☐
B. fu importante in passato ☐
C. non è mai esistito ☐

2. In quali di questi paesi stranieri si trova una grande concentrazione di emigranti o figli di emigranti italiani?

A. Europa orientale ☐
B. Nord America e Canada ☐
C. Giappone ☐
D. Africa ☐
E. Europa occidentale ☐
F. Sud America ☐
G. Australia ☐
H. Grecia ☐

3. Secondo voi, quale di queste ragioni può/poteva spingere un italiano a emigrare?

A. povertà ☐
B. persecuzioni politiche o religiose ☐
C. desiderio di avventura ☐

4. Le regioni italiane con il più alto indice di emigrazione sono/erano soprattutto

A. quelle del centro ☐
B. quelle del sud ☐
C. quelle del nord ☐

5. In Italia moltissimi abitanti si trasferiscono/si trasferirono

A. dall'est all'ovest ☐
B. dal nord al sud ☐
C. dal sud al nord ☐

6. Le regioni italiane più ricche e industrializzate si trovano

A. al nord ☐
B. al centro ☐
C. al sud ☐

7. Oggi in Italia ci sono

A. più immigrati che emigranti ☐
B. più emigranti che immigrati ☐
C. tanti immigrati quanti emigranti ☐

8. La maggior parte degli immigrati stranieri proviene da

A. Europa occidentale ☐
B. Australia ☐
C. Sud America ☐
D. Giappone ☐
E. Nord Africa ☐
F. Europa orientale ☐
G. Nord America ☐
H. Cina ☐
I. altri paesi orientali ☐
L. Centro Africa ☐

9. Secondo voi in Italia ci sono problemi razziali?

A. sì ☐
B. no ☐
C. non so ☐

▷ *Ora leggete il testo e osservate le carte riportate, verificando se le vostre risposte sono corrette.*

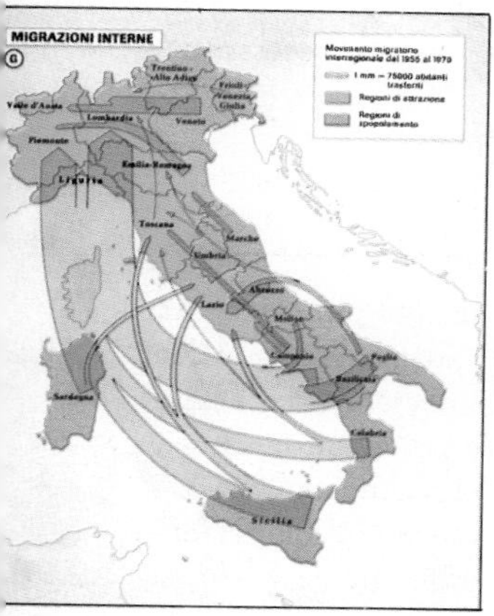

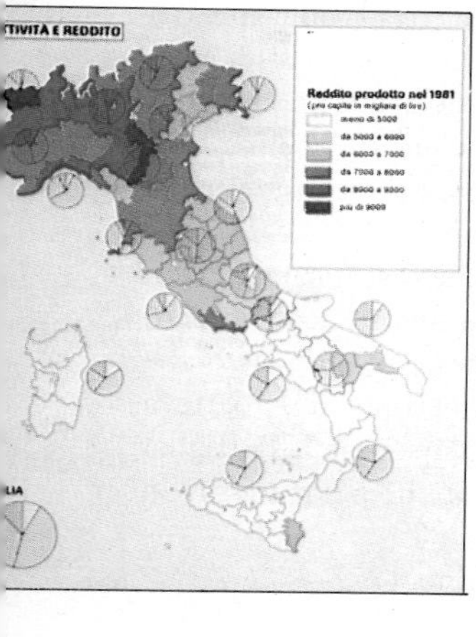

Per tutto il ventesimo secolo, l'Italia è stata terra di grande mobilità sia esterna che interna. La mobilità esterna, cioè l'emigrazione verso altri paesi, fu particolarmente impetuosa nei primi anni del Novecento, quando milioni di emigranti, specie dalle regioni del sud Italia, ma anche dal Veneto, lasciarono la madre patria diretti verso l'Inghilterra, la Germania, gli Stati Uniti, il Canada, l'Australia, l'Argentina in cerca di fortuna o almeno di un lavoro qualsiasi.

Dopo la fine della migrazione esterna si sviluppò, a partire dagli anni '50, e cioè in coincidenza con il *boom* industriale, un grande fenomeno di migrazione interna: milioni di italiani cominciarono a spostarsi dal sud, agricolo e cronicamente povero, al nord, ricco e industrializzato; il mito di questi nuovi "emigranti interni" non era più la Statua della Libertà, come per i loro nonni, ma la Fiat, la grande industria automobilistica di Torino. Ma, a partire dall'ultimo decennio, la tendenza si è invertita: ora sono i popoli di molti paesi del cosiddetto Terzo Mondo (Nord e Centro Africa, Corea, Filippine, Cina ecc.) ma anche dell'Est europeo (Polonia, Albania) che guardano all'Italia come un tempo gli italiani guardavano all'America: come a una terra ricca di promesse, di opportunità di lavoro e ricchezza.

Così sono sempre più numerosi gli immigranti che da questi paesi hanno cominciato ad affluire in Italia. Per gli italiani, che pure non dimenticano il loro passato di emigranti e hanno tradizioni di grande tolleranza civile, questo è un fenomeno nuovo e per certi aspetti inquietante, soprattutto per la rapidità con cui si sta manifestando. È quindi comprensibile che vi siano momenti di insofferenza e tensione sociale, equilibrati però da iniziative di grande e democratica solidarietà.

Molti segnali fanno capire e sperare che, se il fenomeno non diverrà esplosivo, sarà possibile trovare una via italiana all'integrazione di tante culture diverse.

2

▷ *Ecco come uno dei maggiori scrittori italiani, Leonardo Sciascia, descrive attraverso le impressioni di un suo personaggio, il giovane siciliano Candido Munafò, la situazione creatasi a Torino (la città capoluogo del Piemonte) nei tardi anni '60, a seguito della massiccia "invasione" di immigrati dall'Italia del sud.*

Leggete il brano e cercate le risposte a queste domande:

1. Qual è l'attività economica più importante a Torino?
2. Era piacevole vivere a Torino in quegli anni?
3. Com'erano i rapporti fra i lavoratori piemontesi e quelli meridionali?
4. Di che cosa erano prigionieri entrambi i gruppi di lavoratori?
5. Che cos'è il bene "superfluo", ma "a tutti necessario" di cui parla l'autore?
6. Qual è la previsione di Don Antonio?
7. Che cosa pensate che voglia dire?

Intanto, Torino diventava una città sempre più cupa. Era come confusamente sdoppiata, come liquidamente divisa: due città che reciprocamente si assediavano, nevroticamente, senza che di ciascuna si riconoscessero le posizioni, le difese, gli avamposti. Il nord e il sud d'Italia vi si agitavano, pazzamente cercavano di evitarsi e al tempo stesso di colpirsi: entrambi imbottigliati a produrre automobili, un necessario a tutti superfluo, un superfluo a tutti necessario. Propriamente imbottigliati: e Candido applicava alla città l'immagine dei due scorpioni in bottiglia in cui un famoso giornalista americano aveva sintetizzato la situazione delle due potenze atomiche, l'Unione Sovietica e gli Stati Uniti d'America. Anche il nord e il sud d'Italia erano come due scorpioni nella bottiglia: nella bottiglia che era Torino.
Ne scriveva a Don Antonio, di quel che era Torino. E Don Antonio rispondeva che sì, certo, era una situazione terribile: ma se l'erano voluta, i piemontesi; ed era giusto che pagassero. Ma paghiamo anche noi meridionali, ribatteva Candido. Sì, ma ad un certo punto romperemo la bottiglia: rispondeva Don Antonio. Era diventato un po' maoista, un po' maggio francese.
(da L. Sciascia, *Candido*, Einaudi, Torino 1977)

3

▷ *Osservate le fotografie e cercate di abbinare ogni immagine alla didascalia corrispondente:*

A. ☐

☐
F.

C. ☐

E. ☐

D. ☐

B. ☐

1. *Il Festival di San Gennaro, che gli italo-americani tengono ogni anno a Little Italy, N.Y., in memoria delle loro tradizioni italiane.*

2. *Un ambulante marocchino a Milano.*

3. *Mario Cuomo, governatore di New York, fa parte di quella serie di italo-americani, come Madonna, Lee Iacocca, Sylvester Stallone, Frank Sinatra e molti altri, che hanno conquistato successo e fama negli USA. Ma molti di più furono gli italiani per i quali il "sogno americano" non si avverò mai.*

4. *Un immigrato siciliano, appena arrivato a Milano dal sud (1969).*

5. *Una scena dal film "Maccheroni", che racconta l'incontro di due amici — l'uno americano, l'altro italiano — dopo molti anni.*

6. *Famiglia di emigranti al molo di Napoli.*

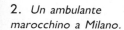

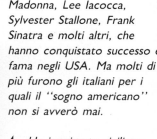

4

▷ *Studiate questi titoli di giornale: quali si riferiscono a episodi di intolleranza razziale? Quali invece danno informazioni incoraggianti per gli immigrati in Italia?*

1.

Sempre più spesso, e a differenza di quanto avveniva fino a qualche anno fa, il partner di colore è l'uomo. A Roma, dall'88 al '90, gli sposalizi misti sono passati da sessanta a quattrocento

Aumentano le unioni tra italiani e stranieri. A Milano il fenomeno riguarda una coppia su dieci

Matrimoni in bianco e nero

2.

Immigrati, uno su due ha trovato un lavoro fisso

Da lavavetri a operai una conquista a metà

3.

Denunciata la ditta che non assunse 4 extracomunitari

"Hai la pelle nera? Non puoi fare il postino"

Bologna, l'odissea di Khalid

5

▷ *Leggete il testo e rispondete alle domande:*

Modena?
È già in bianconero

«Più del 50% delle circa 180 mila persone residenti nel comune di Modena non è nato qui, ma proviene da altre province italiane, specie dal Sud». L'Italia che si interroga sul suo futuro di nazione ad alto tasso d'immigrazione, è in realtà un paese che ha già sperimentato queste turbolenze. Negli anni '60, quello che è avvenuto a Modena si è ripetuto dappertutto nel Nord del paese. Modena ha aperto gli occhi probabilmente per prima sulla nuova ondata migratoria, ed è per questo che si può parlarne già come di una città in bianco e nero.

Gli africani e gli asiatici in effetti non vi sono più numerosi che in qualsiasi altra città italiana in forte sviluppo. La differenza è che Modena ha avviato un approccio pragmatico, mettendo assieme tutte le forze disponibili a risolvere i problemi posti dagli arrivi crescenti di africani e asiatici. Dagli alloggi all'integrazione scolastica, dall'assistenza legale alle aperture culturali, la ricerca di Franchini e Guidi offre un vasto campionario di soluzioni possibili. (*g.l.*)

NA CITTÀ
N BIANCO E NERO
tracomunitari a Modena
ura di Roberto Franchini e Dario Guidi

Una città in bianco e nero. Extracomunitari a Modena

a cura di Roberto Franchini e Dario Guidi, Ediesse,

Roma, 135 pagine, 15.000 lire

(*da "Panorama", 1991*)

1. Secondo voi si tratta
   A. della recensione di un libro
   B. di un dépliant turistico
   C. di un articolo di giornale

2. L'argomento trattato è
   A. l'architettura di Modena
   B. la squadra di calcio di Modena
   C. i problemi sociali a Modena

3. A Modena
   A. non c'è immigrazione
   B. ci sono forti tensioni razziali
   C. c'è la volontà di risolvere i problemi dell'immigrazione

U N I

18

DICIOTTESIMA UNITÀ

seguire la moda

OBIETTIVI

chiedere/dare consigli

chiedere/esprimere approvazione

esprimere riserva

riferire affermazioni altrui

GRAMMATICA

pronomi combinati (III) con l'infinito

pronomi personali e particelle *ne* e *ci* con l'imperativo

imperativo (III)

imperativo (IV) negativo

pronomi personali con l'imperativo: schema

discorso indiretto (III)

andarsene

AREA LESSICALE

abbigliamento, attività domestiche, oggetti per la tavola

UNA SCELTA DIFFICILE ▶

Ascoltate il dialogo guardando solo le illustrazioni (non cercate di capire ogni parola):

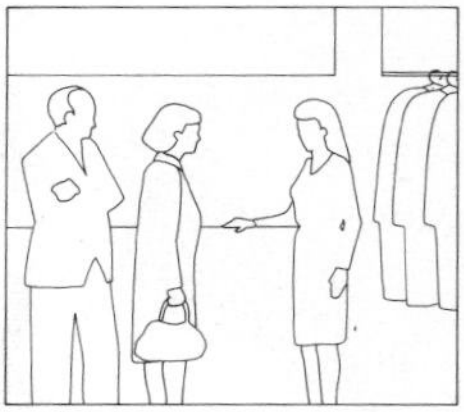

Commessa - Dica pure!
Sig.ra Negri - Avrei bisogno di un abito elegante, da cerimonia. Devo metterlo a un matrimonio.
Commessa - Tinta unita o fantasia?
Sig.ra Negri - Non ho idea. Mi consigli Lei.
Commessa - Attenda un attimo: gliene faccio vedere alcuni veramente belli.

Sig. Negri - Tutti quei modelli? E vuoi provarteli tutti?
Sig.ra Negri - Non mettermi fretta, ti prego.
Sig. Negri - Se non ce ne andiamo fra una mezz'ora, arrivo in ritardo alla banca.

Commessa - Ecco, la taglia quarantotto dovrebbe andarLe bene.
Sig.ra Negri - Vediamo... proverei prima questo verde, poi quello blu. Anche quello rosso non è male, ma i colori vivaci non mi donano.
Commessa - Mi dia retta, se lo provi. È un modello nuovissimo. E guardi che seta...
Sig.ra Negri - Beh, me lo dia, proverò anche questo; anzi, lo provo subito.

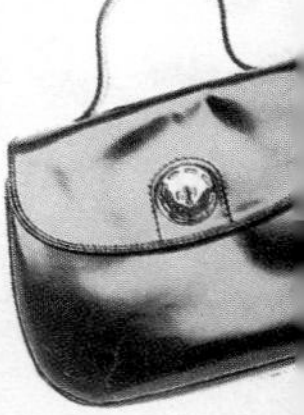

Sig.ra Negri - Allora? Come sto? Non è un po' troppo vivace?

Commessa - Ma no! Lo sapevo che le andava bene.

Sig.ra Negri - Che te ne pare, Giorgio? Dimmi la verità!

Sig. Negri - Se devo essere sincero... non lo prendere. Non sei più una ragazzina. Ci vuole una persona alta e magra...

Sig.ra Negri - Già, dovevo immaginarmelo. Beh, proverò quello blu.

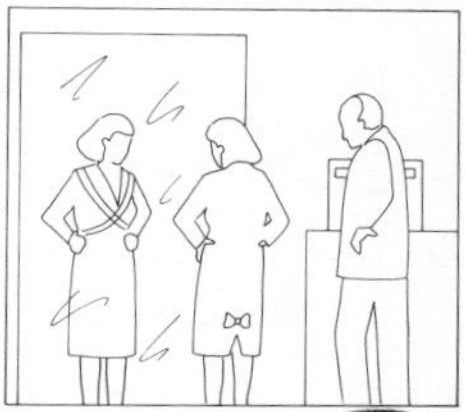

Sig.ra Negri - Come va?

Commessa - Mmm... Le va un po' stretto in vita, ma si può allargare. E poi il blu Le sta d'incanto.

Sig.ra Negri - Già, sembra anche a me. Non dirmi che non ti piace neppure questo!

Sig. Negri - Fatti vedere... Girati... Sì, va bene. Adesso però toglitelo, che ce ne andiamo.

Sig.ra Negri - Può farlo aggiustare?

Commessa - Sì, certo, signora.

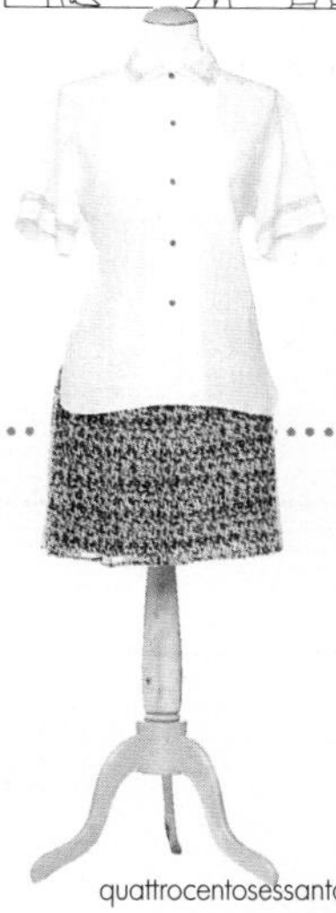

1

▷ *Riascoltate il dialogo e decidete se le seguenti affermazioni sono vere o false:*

		V	F
A. ▷	La signora Negri sa già esattamente che modello vuole.		
B. ▷	La signora Negri vuole scegliere senza fretta.		
C. ▷	La commessa è molto gentile.		
D. ▷	Secondo il signor Negri alla moglie stanno bene gli abiti dai colori vivaci.		
E. ▷	La signora Negri prende l'abito blu.		

2

▷ *Riascoltate il dialogo leggendo il testo, poi scegliete la corretta alternativa:*

1. ▶ Il signor Negri ha fretta perché ....

   A. non gli piace aspettare
   B. teme di arrivare in ritardo
   C. non gli piace scegliere i vestiti

2. ▶ La commessa fa vedere alla signora Negri ....

   A. quattro vestiti
   B. tre vestiti
   C. molti vestiti

3. ▶ La signora Negri prova prima ....

   A. l'abito verde
   B. l'abito rosso
   C. l'abito blu

3

▷ *Ascoltate e ripetete.*

4

▷ *Provate a ricostruire il dialogo guardando solo le illustrazioni.*

scarpe
con i tacchi

impermeabile

maglione

giacca

borsa

5

▷ *Rispondete secondo il modello:*

Ti serve qualcosa? *Sì, portami le scarpe con i tacchi, per favore.*	*(scarpe con i tacchi)*

1. Ti serve qualcosa?

   ______________________ *(borsa)*

2. Ti serve qualcosa?

   ______________________ *(impermeabile)*

3. Ti serve qualcosa?

   ______________________ *(maglione)*

4. Ti serve qualcosa?

   ______________________ *(giacca)*

oliera

saliera

stuzzicadenti

secchiello del ghiaccio

6

▷ *Rispondete secondo il modello:*

Cerchi qualcosa? *Sì, passami l'oliera, per piacere!*	*(oliera)*

1. Cerchi qualcosa?

   ______________________ *(saliera)*

2. Vuoi qualcosa?

   ______________________ *(stuzzicadenti)*

3. Ti serve qualcosa?

   ______________________ *(secchiello del ghiaccio)*

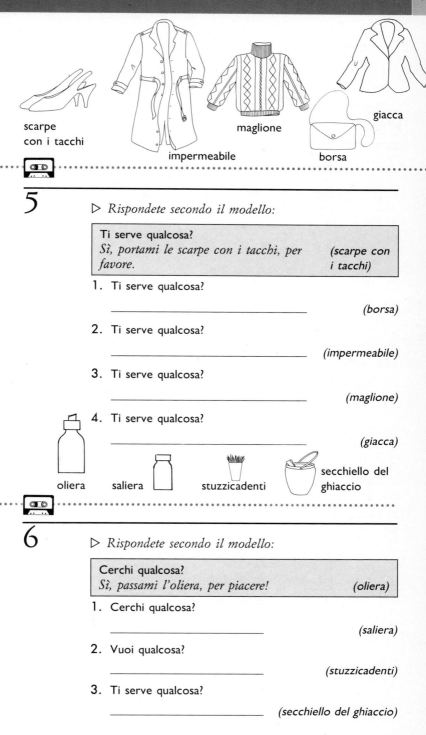

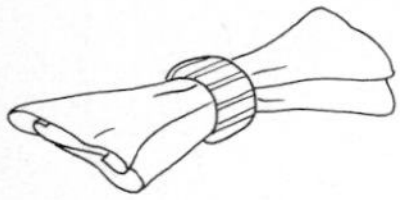

tovagliolo

cucchiaio

forchetta

coltello

7

▷ *Rispondete secondo il modello:*

Le serve qualcosa?
Sì, mi porti un tovagliolo, per favore! (*tovagliolo*)

1. Le serve qualcosa?

   ______________________ (*cucchiaio*)

2. Le serve qualcosa?

   ______________________ (*coltello*)

3. Le serve qualcosa?

   ______________________ (*forchetta*)

pulire la stanza

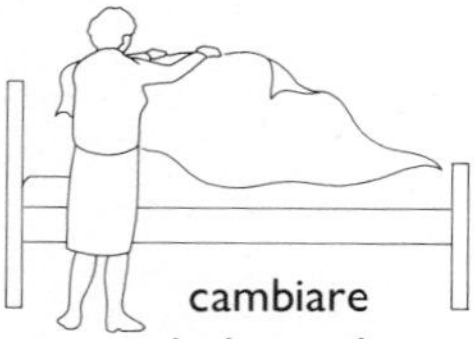

cambiare le lenzuola

lavare la biancheria

stirare un vestito

8

▷ *Come l'esercizio precedente:*

Che posso fare per te?
Fammi pulire la stanza. (*pulire/stanza*)

1. Che posso fare per te?

   ______________________ (*cambiare/lenzuola*)

2. Che posso fare per te?

   ______________________ (*lavare/biancheria*)

3. Che posso fare per te?

   ______________________ (*stirare/vestito*)

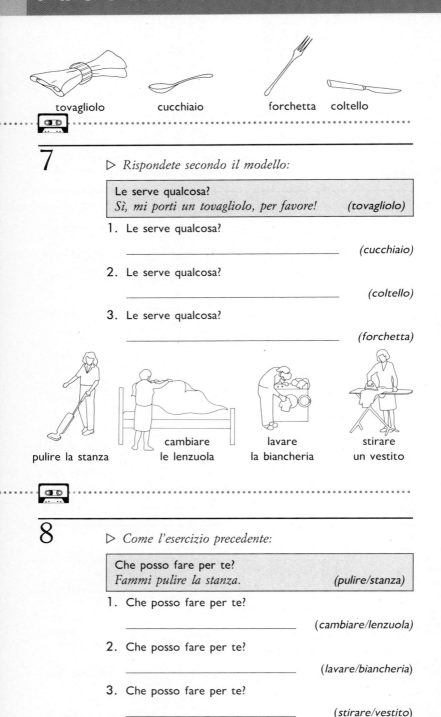

impermeabile

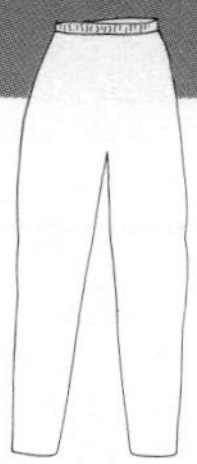
pantacollant

costume da bagno

maglietta

9

▷ *Rispondete secondo il modello:*

Desidera altro? *Sì, mi faccia vedere un impermeabile.* *(un impermeabile)*

1. Desidera altro?

   ________________________ *(una maglietta)*

2. Desidera altro?

   ________________________ *(dei pantacollant)*

3. Desidera altro?

   ________________________ *(un costume da bagno)*

camicetta

cravatta

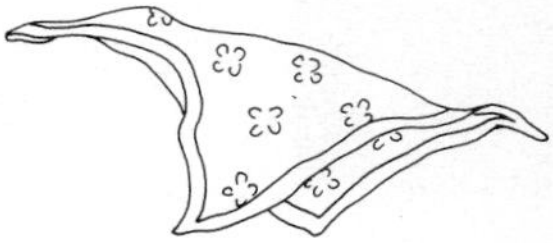
foulard

10

▷ *Rispondete secondo il modello:*

Ti do il vestito? *No, dammi la gonna.* *(gonna)*

1. Ti do la camicetta?

   ______________________________ *(maglione)*

2. Ti do la cravatta?

   ______________________________ *(foulard)*

3. Ti do il cappotto?

   ______________________________ *(giacca)*

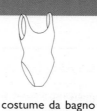

11

▷ *Rispondete secondo il modello:*

Le manca qualcosa, signora?	
Sì, mi dia la saliera, per favore.	*(saliera)*

1. Le manca qualcosa, signora?

   ______________________________ *(stuzzicadenti)*

2. Le manca qualcosa, signora?

   ______________________________ *(oliera)*

3. Le manca qualcosa, signora?

   ______________________________ *(un altro tovagliolo)*

12

▷ *Come l'esercizio precedente:*

Che devo dire a Marco?	
Digli di aspettare.	*(aspettare)*
E a Rita?	
Dille di tornare più tardi.	*(tornare più tardi)*

1. Che devo dire a Sergio?

   ______________________________ *(venire subito)*

   E a Carla?

   ______________________________ *(restare a casa)*

2. Che devo dire a Giulio?

   ______________________________ *(studiare di più)*

   E a Laura?

   ______________________________ *(riposarsi un po')*

13

▷ *Rispondete secondo il modello:*

Devo dire qualcosa a Ugo, signora?	
Sì, gli dica di non aspettarmi.	*(non aspettarmi)*
E a Sandra?	
Le dica di non tornare tardi.	*(non tornare tardi)*

1. Devo dire qualcosa a Stefano, signora?

   ______________________________ *(non correre troppo)*

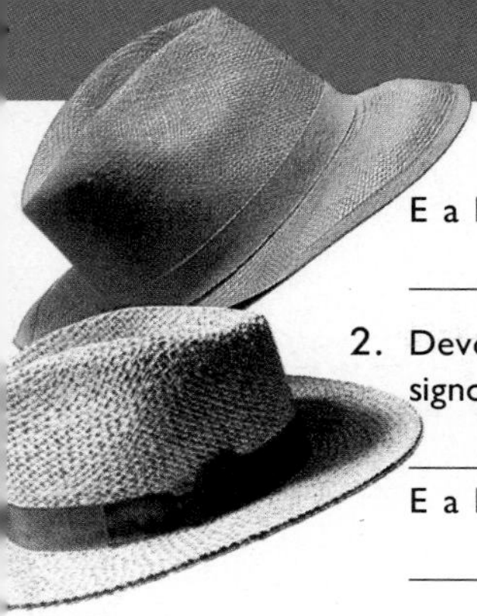

E a Patrizia?

_________________________ *(non uscire da sola)*

2. Devo dire qualcosa a Guido, signor Sarti?

_________________________ *(non fumare tanto)*

E a Luisa?

_________________________ *(non stancarsi troppo)*

14

▷ *Rispondete secondo il modello:*

Hai comprato il giornale?
No, vallo a comprare tu, per favore.
Hai lavato i piatti?
No, valli a lavare tu, per favore.

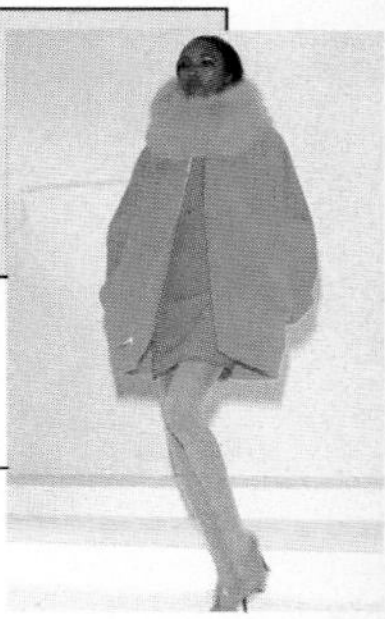

1. Hai preso i biglietti?

____

2. Hai comprato la birra?

____

3. Hai preso le sigarette?

____

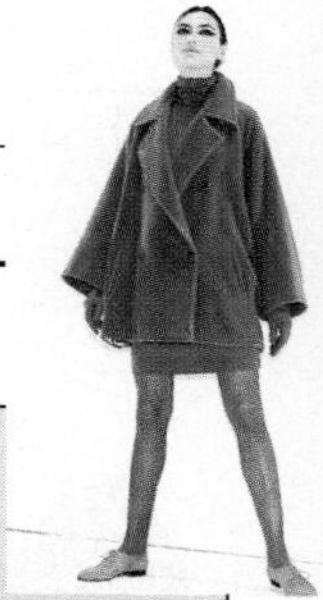

15

▷ *Come l'esercizio precedente:*

Prendi il cappotto?
Sì, dammelo.
Prendi la borsa?
Sì, dammela.

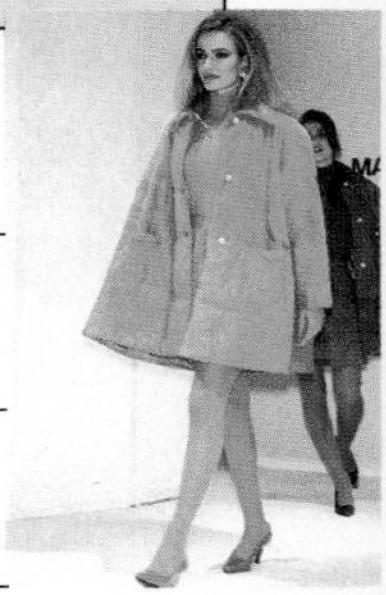

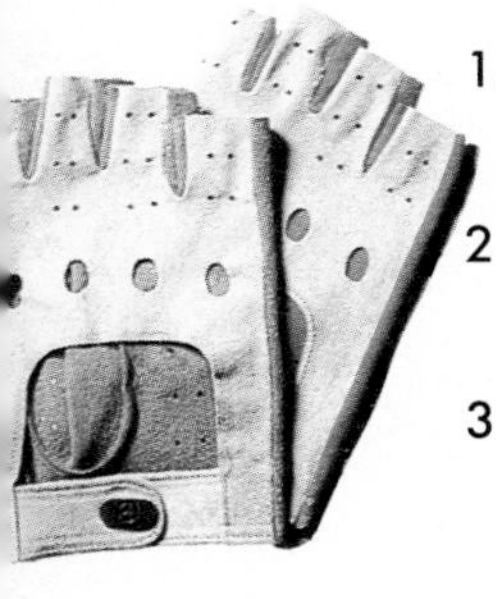

1. Prendi l'ombrello?

____

2. Prendi la sciarpa?

____

3. Prendi i guanti?

____

16

▷ *Replicate secondo il modello:*

Se vuole, Le faccio il biglietto.
Sì, me lo faccia, per favore.

1. Se vuole, Le do l'indirizzo.

____

2. Se vuole, Le dico il numero.

____

3. Se vuole, Le prendo il posto.

____

4. Se vuole, Le compro il giornale.

____

17

▷ *Rispondete secondo il modello:*

Devo fare qualcosa?
No, non fare niente!
Dobbiamo fare qualcosa?
No, non fate niente!

1. Devo prendere qualcosa?

____

2. Dobbiamo comprare qualcosa?

____

3. Devo preparare qualcosa?

____

4. Dobbiamo pagare qualcosa?

____

giubbotto

gonnellina

cappello

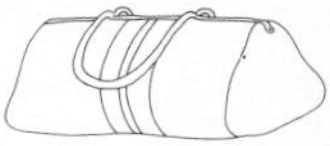

borsa da viaggio

18

▷ *Rispondete secondo il modello:*

Che dici, lo compro *quel giubbotto?*
No, non comprarlo/non lo comprare! (giubbotto)

1. Che dici, la metto ___________ ? (*gonnellina*)

   ____

2. Che dici, lo prendo ___________ ? (*cappello*)

   ____

3. Che dici, la porto ___________? (*borsa da viaggio*)

   ____

19

▷ *Come l'esercizio precedente:*

Dobbiamo aspettare le tue amiche?
No, non aspettatele.
Dobbiamo portare i documenti?
No, non portateli.

1. Dobbiamo chiamare le nostre cugine?

   ____

2. Dobbiamo compilare i moduli?

   ____

3. Dobbiamo aprire le finestre?

   ____

4. Dobbiamo prendere i guanti?

   ____

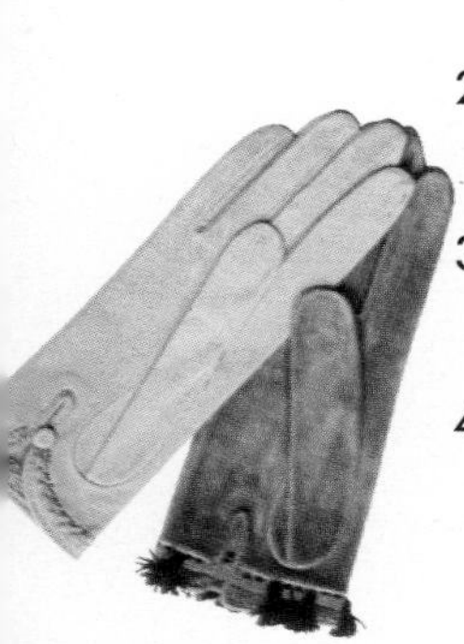

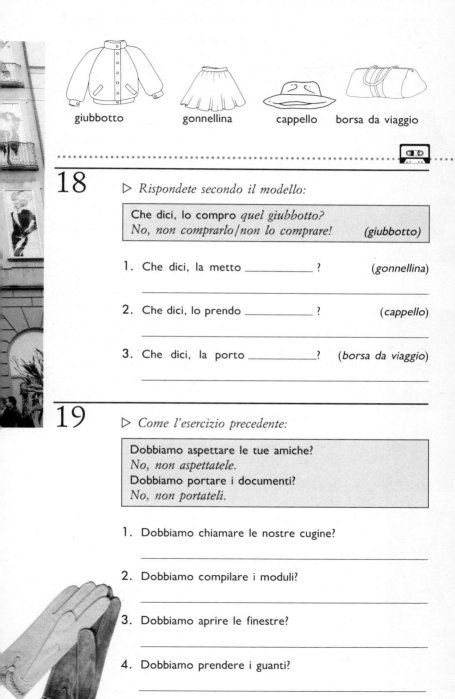

20

▷ *Replicate secondo il modello:*

> Forse dovrei aspettare il dottor Bianchi.
> *No, non lo aspetti, signorina.*

1. Forse dovrei chiamare un taxi.
   ____
2. Forse dovrei scrivere un rapporto.
   ____
3. Forse dovrei disdire l'albergo.
   ____

21

▷ *Osservate l'esempio e, in coppia, eseguite mini-dialoghi simili usando le parole-stimolo:*

A. dare/soldi/Paolo?	A. *Devo dare i soldi a Paolo?*
B. sì	B. *Sì, daglieli!*
A. anche/Lucia?	A. *Devo darli anche a Lucia?*
B. no	B. *No, non darglieli!*

1. A. dire/verità/Ugo? ______________
   B. sì ______________
   A. anche/Clara? ______________
   B. no ______________

2. A. fare/biglietto/Pino? ______________
   B. sì ______________
   A. anche/Marta? ______________
   B. no ______________
3. A. dare/medicine/Mario? ______________
   B. sì ______________
   A. anche/Daniela? ______________
   B. no ______________

22

▷ *Replicate secondo il modello:*

> Quell'abito bianco mi piace molto.
> *Se vuole, può provarselo.*

1. Quella gonna gialla mi piace molto.

   ____

2. Quei pantaloni neri mi piacciono molto.

   ____

3. Quelle scarpe marroni mi piacciono molto.

   ____

23

▷ *Due persone, tra quelle che vedete nei disegni, sono descritte qui sotto: identificatele.*

1. È un ragazzo di 22 anni, alto e magro. Ha un viso piuttosto allungato e i capelli biondi. Ha un'aria un po' depressa.

2. È una persona di una certa età, non molto alta e piuttosto grassa. È quasi pelato, porta gli occhiali e ha un'espressione seria.

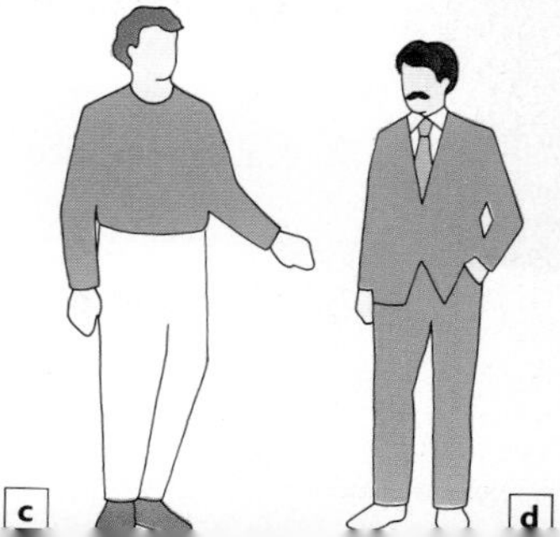

24

▷ *Descrivete le altre due persone che vedete nei disegni dell'esercizio precedente.*

25

▷ *Trasformate le frasi secondo il modello:*

La signora dice: «Sto male con i colori scuri».
La signora dice che sta male con i colori scuri.
La signora disse: «Il vestito mi sembra troppo vivace».
La signora disse che il vestito le sembrava troppo vivace.

1. La signora dice: «Non so quale abito scegliere».

____

2. La signora dice: «Preferisco provarli tutti».

____

3. La signora disse: «Questo vestito mi va un po' stretto».

____

4. La signora disse: «Questo vestito mi piace più dell'altro».

____

26

▷ *Trasformate le frasi secondo il modello:*

La signora dice: «Avrei bisogno di un abito elegante».
La signora dice che avrebbe bisogno di un abito elegante.

1. La signora dice: «Dovrei essere più magra».

____

2. La signora dice: «Vorrei provare prima l'abito verde».

____

3. La signora dice: «Preferirei un abito blu».

____

27

▷ *Trasformate le frasi secondo il modello:*

> La signora disse: «Vorrei vedere un abito elegante».
> *La signora disse che avrebbe voluto vedere un abito elegante.*

1. La signora disse: «Vorrei essere più magra».

____

2. La signora disse: «Preferirei provare l'abito blu».

____

3. La signora disse: «Gradirei sapere subito il prezzo».

____

28

▷ *Come l'esercizio precedente:*

> La commessa disse: «Tornerò immediatamente».
> *La commessa disse che sarebbe tornata immediatamente.*

1. La signora disse: «Proverò tutti i vestiti».

____

2. Il marito disse: «Andrò in ufficio a piedi».

____

3. Paolo disse: «Telefonerò dopo le otto».

____

29

▷ *Trasformate le frasi secondo il modello:*

> La signora dice al marito: «Dimmi la verità!»
> *La signora dice al marito di dirle la verità.*

1. La signora dice alla commessa: «Mi consigli Lei!»

____

2. La signora dice al marito: «Dammi un consiglio!»

____

3. La signora dice alla commessa: «Mi passi l'abito verde!»

____

30

▷ *Osservate l'esempio e, in coppia, eseguite mini-dialoghi simili usando le parole-stimolo:*

A. quando/(tu)/andarsene?	A. *Quando te ne vai?*
B. subito	B. *Me ne vado subito.*
A. perché/non restare?	A. *Perché non resti?*
B. quasi tutti	B. *Perché se ne vanno quasi tutti.*

1. A. quando/(tu)/andarsene? ____________________
   B. fra poco ____________________
   A. perché/non rimanere? ____________________
   B. anche Paolo e Ugo ____________________

2. A. quando/(voi)/andarsene? ____________________
   B. alle sei ____________________
   A. perché/non stare qui? ____________________
   B. anche gli altri ____________________

3. A. quando/(Lei)/andarsene? ____________________
   B. fra pochi minuti ____________________
   A. perché/non aspettare? ____________________
   B. anche i miei amici ____________________

PRONOMI COMBINATI CON L'INFINITO

Quel vestito	mi piace	Potrei provar-	**melo**?
Quella giacca			**mela**?
Quei pantaloni	mi piacciono		**meli**?
Quelle scarpe			**mele**?

Marco	vuole	il vestito blu?	Vado a prender-	**glie-**	**lo**
Luisa		la gonna rossa?			**la**
Lei		altri modelli?			**li**
Ugo e Lisa	vogliono	le scarpe nere?			**le**

PRONOMI PERSONALI E PARTICELLE • ne • ci • CON L'IMPERATIVO

(tu)	prova**lo**!	prendi**lo**!	finisci**lo**!
(voi)	provate**lo**!	prendete**lo**!	finite**lo**!
(noi)	proviamo**lo**!	prendiamo**lo**!	finiamo**lo**!

(Lei)	**lo** provi!	**lo** prenda!	**lo** finisca!

(tu)	prova-	**telo**!	
		tela!	
(voi)	provate-	**veli**!	
(noi)	proviamo-	**cele**!	
		ne	un paio!

(Lei)	**se lo**	provi!	
	se la		
	se li		
	se le		
	se ne	provi	due!

Ugo	non riesce ad aprire la porta

Prova**ci**	tu!
Provate**ci**	voi!
Proviamo**ci**	noi!

Ci	provi	Lei!

IMPERATIVO: FORME TRONCHE (TU)

dare	**da'**	da**mm**i!	da**mm**eli!
dire	**di'**	di**cc**i!	di**cc**elo!
fare	**fa'**	fa**tt**i!	fa**tt**ele!
andare	**va'**	va**ll**i!	va**cc**ela!
stare	**sta'**	sta**cc**i!	

dagli	il giornale!	daglielo!
digli	quello che sai!	diglielo!
fagli	questo favore!	faglielo!
vagli	a fare il caffè!	vaglielo a fare!

Note: 1. *le forme tronche dell'imperativo non seguite dal pronome si scrivono con l'apostrofo, che indica la caduta della seconda sillaba.*
2. *i pronomi, uniti alle forme tronche dell'imperativo, raddoppiano la consonante. Unica eccezione, il pronome* gli *e i suoi composti.*

IMPERATIVO NEGATIVO

	tu	Lei	noi	voi
girare	**non girare**!	non giri!	non giriamo!	non girate!
prendere	**non prendere**!	non prenda!	non prendiamo!	non prendete!
sentire	**non sentire**!	non senta!	non sentiamo!	non sentite!

Nota: l'imperativo negativo di Lei, noi, voi *si costruisce così* "non + imperativo affermativo";
l'imperativo negativo di tu, *invece, si costruisce così* "non + infinito presente".

andarsene

io		tu	Lei
Me ne vado?	Sì,	va**ttene!**	**se ne** vada!
	No,	non andar**tene!**	non **se ne** vada!

PRONOMI PERSONALI E PARTICELLE • ne • ci • CON L'IMPERATIVO NEGATIVO

	tu	noi	voi
non	**girarlo!** **lo girare!**	**giriamolo!** **lo giriamo!**	**giratelo!** **lo girate!**
non	**parlarne!** **ne parlare!**	**parliamone!** **ne parliamo!**	**parlatene!** **ne parlate!**
non	**andarci!** **ci andare!**	**andiamoci!** **ci andiamo!**	**andateci!** **ci andate!**

Lei
non lo giri!
non ne parli!
non ci vada!

Nota: con le persone tu, noi, voi *dell'imperativo negativo il pronome può precedere o seguire il verbo.*

PRONOMI PERSONALI CON L'IMPERATIVO: QUADRO GENERALE

forma affermativa

tu	Lei
fa'!	faccia!
fa**llo**!	**lo** faccia!
fa**mmi**!	**mi** faccia!
fa**mmelo**!	**me lo** faccia!
fa**glielo**!	**glielo** faccia!

forma negativa

tu		Lei
Non fare!		Non faccia!
Non far**lo**!	Non **lo** fare!	Non **lo** faccia!
Non far**mi**!	Non **mi** fare!	Non **mi** faccia!
Non far**melo**	Non **me lo** fare!	Non **me lo** faccia!
Non far**glielo**!	Non **glielo** fare!	Non **glielo** faccia!

		noi	voi
Ce ne andiamo?	Sì,	andiamo**cene**!	andate**vene**!
	No,	non andiamo**cene**!	non andate**vene**!

DISCORSO DIRETTO → DISCORSO INDIRETTO

a) verbo principale al presente

La signora **dice**:	La signora **dice che**
«**Ho** bisogno di un abito» «Quello **è** troppo vivace» «**Ho capito**» «**Proverei** l'abito verde» «**Proverò** anche l'altro»	**ha** bisogno di un abito quello **è** troppo vivace **ha capito** **proverebbe** l'abito verde **proverà** anche l'altro

b) verbo principale al passato

La signora **disse**:	La signora **disse che**
«**Ho** bisogno di un abito» «Quello **è** troppo vivace» «**Ho capito**» «**Proverei** l'abito verde» «**Proverò** anche l'altro»	**aveva** bisogno di un abito quello **era** troppo vivace **aveva capito** **avrebbe provato** l'abito verde **avrebbe provato** anche l'altro

c) verbo principale al presente e al passato

La commessa **dice/disse**:	La commessa **dice/disse che**
«Lo **sapevo**»	lo **sapeva**

d) verbo principale al presente e al passato

La commessa **dice/disse** alla signora:	La commessa **dice/disse** alla signora **di**
«**Attenda** un attimo!» «**Mi dia** retta!» «**Se lo provi**!»	**attendere** un attimo **darle** retta **provarselo**

Il marito **dice /disse** alla moglie:	Il marito **dice/disse** alla moglie **di**
«**Girati**!» «**Toglitelo**!»	**girarsi** **togliersela**

La moglie **dice/disse** al marito:	La moglie **dice/disse** al marito **di**
«**Non mettermi** fretta!»	**non metterle** fretta

31

Il signor Rattazzi sta cercando la moglie, che è scomparsa da dieci giorni. Ascoltate l'appello e, guardando i tre disegni, dite quale potrebbe essere la signora Rattazzi:

a ☐ b ☐ c ☐

32

Quali parole vi hanno aiutato nella comprensione? Elencatele.

1. ____________ 3. ____________ 5. ____________

2. ____________ 4. ____________ 6. ____________

33

▷ *Lavorando in coppia, drammatizzate le seguenti situazioni:*

SITUAZIONE 1

Studente A: Lei è in un negozio di abbigliamento con una amica che vuole comprare un vestito. Risponda alle sue domande ed esprima il Suo parere sui vari vestiti e su come le stanno.

Studente B: Lei è l'amica. Guardi le figure e chieda allo studente A di darLe dei consigli.

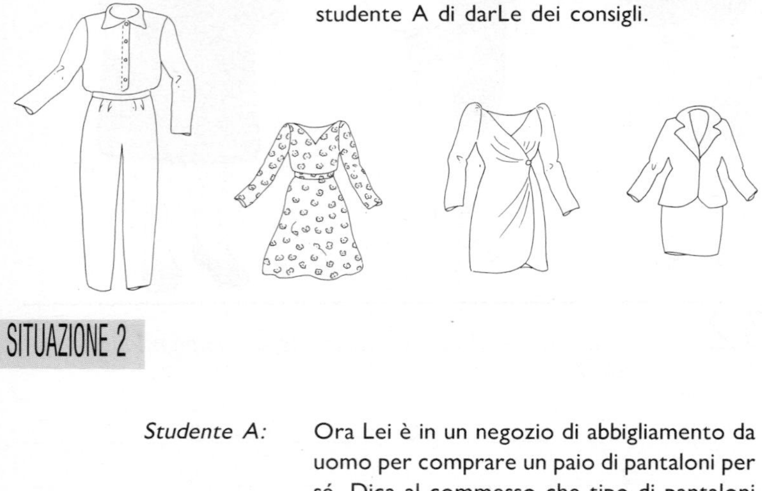

SITUAZIONE 2

Studente A: Ora Lei è in un negozio di abbigliamento da uomo per comprare un paio di pantaloni per sé. Dica al commesso che tipo di pantaloni vuole e quale colore preferisce.

Studente B: Lei è il commesso. Domandi allo studente A che taglia ha e gli consigli un tipo di pantaloni diverso da quello che chiede.

34

▷ *Rispondete alle seguenti domande personali:*

1. Le piace seguire la moda?
2. Preferisce gli abiti eleganti o sportivi?
3. Quanto spende mediamente per l'abbigliamento?
4. Le stanno bene i colori vivaci?
5. Accompagna volentieri un'altra persona a comprare dei vestiti?

PRODUZIONE ORALE

Guardando i disegni, dite come sono vestiti i tre personaggi:

a b c

Vocaboli utili

gonna - giacca - camicetta - pantaloni - camicia - cravatta - largo - stretto - lungo - corto - elegante - sportivo - grigio - nero - bianco - verde - arancione - rosso

COMPRENSIONE ORALE

Anna è in un negozio di abbigliamento. Ascoltate la conversazione con la commessa (non cercate di capire ogni parola) e indicate poi i capi comprati e il prezzo totale degli acquisti.

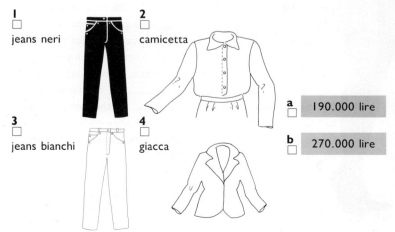

1 ☐ jeans neri

2 ☐ camicetta

3 ☐ jeans bianchi

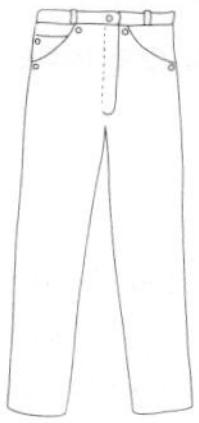

4 ☐ giacca

a ☐ 190.000 lire

b ☐ 270.000 lire

COMPRENSIONE SCRITTA

Completate il testo inserendo correttamente le seguenti parole:

occasioni - note - simili - firmati - acquisti - spendere - camicia - uomini - tengono - prezzi - dipendere - senso - raro - comprare - colori - magazzini

Alta moda e *prêt-à-porter*

Solo poche donne fortunate possono permettersi un capo[1] di alta moda. Molte altre, in grado di __________ abbastanza ma non troppo per vestire, fanno i loro __________ nelle boutique dove si vende il *prêt-à-porter* firmato da grandi sarti[2], a __________ decisamente più bassi di quelli dei capi esclusivi. Altre ancora, e sono la maggioranza, si accontentano di __________ i vestiti in normali negozi di abbigliamento, o nei grandi __________ . Anche le ditte di abbigliamento meno __________ seguono, infatti, le tendenze della moda e cercano di creare capi in tutto e per tutto __________ a quelli usciti da celebri sartorie[3]. Per le italiane, in generale, essere eleganti è molto importante. Ciò vale non solo per le grandi __________ , ma anche per la vita di ogni giorno. Per tale motivo è abbastanza __________ vedere donne vestite male o con addosso __________ che non vanno bene insieme. Il buon gusto sembra essere, insomma, una caratteristica comune alle donne italiane, ma non solo a loro. Anche gli __________ italiani, infatti, hanno un notevole __________ dell'eleganza e ci __________ a essere vestiti in modo appropriato alle varie circostanze, perché sanno che spesso il loro successo può __________ dall'abito perfettamente stirato e dalla __________ all'ultima moda, o anche dai costosissimi jeans __________ di Valentino.

[1] *capo*: abito
[2] *grandi sarti*: stilisti famosi
[3] *sartorie*: case di moda

PRODUZIONE SCRITTA

1 *Completate le frasi con i pronomi combinati appropriati:*

1. Puoi prendere un biglietto anche per me?
   Sì, ___________ prendo senz'altro.
2. Anna vorrebbe la macchina, ma io non ___________ do.
3. Perché non dici ai tuoi amici di venire al party?
   Se vuoi, ___________ dico io.
4. Non ha la penna? Aspetti, ___________ do io.
5. Non ho capito bene il Suo nome: ___________ può ripetere lettera per lettera?

2 *Volgete l'intera frase alla forma negativa:*

1. Carlo ha bisogno di soldi: daglieli!
   ____
2. La torta è buona: la prenda!
   ____
3. La relazione è interessante: leggetela!
   ____

3 *Completate il racconto (ogni spazio può corrispondere a più parole):*

La signora Negri e il marito sono in un negozio di abbigliamento per scegliere un abito da cerimonia.
La signora chiede alla commessa ___________ , perché non ha un'idea precisa. Mentre la commessa va a prendere alcuni vestiti ___________ vedere, il marito invita la moglie ___________ perché ___________ . La commessa torna con tre vestiti, uno verde, ___________ blu e il ___________ rosso. La signora dice ___________ , perché i colori vivaci non ___________ . La commessa insiste e allora la signora lo prova, ma il marito dice che ___________ perché ___________ , quindi la signora prova l'abito blu. Finalmente il marito è d'accordo e le dice ___________ , così possono ___________ in tempo alla banca.

... DI MODI E MODE

Chi ha detto che per fare grandi affari ci vogliono grandi capitali? Spesso bastano solo risorse povere, ma abbinate a ingegno, gusto e tanta fantasia. L'"arte di arrangiarsi" degli italiani ha scritto due capitoli fra i più originali e conosciuti, anche a livello internazionale, dell'industria della moda italiana: vediamoli insieme.

1

Leggete il testo dell'articolo nella pagina a lato e dite poi se le affermazioni seguenti vi sembrano vere o false:

		V	F
A. ▷	Nel dialetto di Positano, "pezze" vuol dire "donne".		
B. ▷	La signora Maria è di origini nobili.		
C. ▷	Positano è una località marina situata vicino a Napoli.		
D. ▷	Il vero cognome della signora Maria era Barba.		
E. ▷	Per avere un costume fatto da Maria ci vogliono circa due giorni di tempo.		
F. ▷	Maria confezionava i costumi mentre i clienti facevano il bagno.		
G. ▷	La moda di Positano è nata ai primi del Novecento.		
H. ▷	Quella della signora Maria è l'unica sartoria di confezioni esistente a Positano.		
I. ▷	I modelli di Positano costano molto di più all'estero che in Italia.		

Pane, stracci e fantasia

«Vede, questo è uno dei nostri fazzoletti tradizionali, come quelli che portavano un tempo le donne del paese. Il disegno, la fattura è la stessa da tanto tempo. Noi li chiamiamo "pezze". Una "pezza", come per dire uno straccetto. Qualcosa di poco valore. Chi l'avrebbe detto che da questo straccetto sarebbe nata un giorno la fortuna di Positano.»
Che bel personaggio, la signora Maria. Ride con gli occhi, ma forse un poco si commuove, quando, nella sua boutique vicino alla celebre "Piazzetta", mi racconta la sua storia. Che è anche la storia della celebre moda positanese. E, in fondo, anche del paese stesso. Alle sue spalle, appesi alle pareti in un turbinio di colori, gli abiti di quest'anno. Il filo conduttore sono i fiori. Fiori gialli, rossi, azzurri, viola. Stampati sopra minigonne, lunghe sottane, *fuseaux*. E poi camicie, giacche, pantaloni, costumi da bagno.
Ecco, fu un costume da bagno il primo prodotto della moda di Positano. Lo fece, usando le vecchie pezze, i fazzoletti tradizionali, la marchesa Laura Caraffa, nobildonna partenopea con villa a Positano. S'era nei primi anni del dopoguerra, la Costiera cominciava a essere frequentata dai primi, raffinati e ricchi turisti. Per la marchesa Caraffa fu un gioco, senza nessun fine speculativo, ma forse fu l'inizio di tutto. Poi venne la signora Maria, che non era marchesa e neppure contessa, ma solo una povera figlia di pescatori, ma di finissimo ingegno e grande determinazione. Ebbe, con il marito, una geniale intuizione: inventò la "sartoria veloce". «I nostri clienti erano turisti o forestieri di passaggio» racconta la signora Maria. «Dicevamo ai clienti "Pecché nun ve facite o' bagno, signò (*)" e loro andavano giù alla spiaggetta, facevano il bagno e quando tornavano dopo un paio d'ore i pantaloni erano fatti, stirati e pronti da indossare.» Da allora per tutti Maria, nata Barba, è diventata Maria Lampo. E dal suo intuito è nato questo impero commerciale. Infatti, a poco a poco, ai celebri pantaloni in due ore si aggiunsero altre proposte, altri capi. E sull'onda del travolgente successo altre "sartorie" vennero aperte, ricavando minuscoli laboratori nelle suggestive case a picco sul magnifico mare positanese. Non più solo pezze. Ogni sartoria inventava i propri modelli, seguendo la propria fantasia. Così piano piano prendeva forma la "moda di Positano" ormai conosciuta anche all'estero: Austria, Francia, Giappone, Germania, Australia e nelle Americhe. Anche se poi, in questi Paesi, un costume che qui costa 50 o 100 mila lire si vende al triplo del prezzo d'origine.

* «Perché non vi fate il bagno, signore?» (dialetto napoletano)

(riadattato da: J. Luc Beauregard, *La moda di Positano*, in "Expression" 2/91)

2 .... *Ora rileggete l'articolo più attentamente e numerate nella corretta sequenza i paragrafi dati, in modo da costruire un breve riassunto del brano:*

☐ **a** Ma la vera creatrice della moda di Positano fu la figlia di un pescatore, Maria Barba.

☐ **b** Fu soltanto nel secondo dopoguerra che i turisti scoprirono le bellezze di Positano.

☐ **c** Così ebbe origine la celebre moda di Positano, che ora viene venduta anche all'estero a prezzi carissimi.

☐ **d** La prima ad avere l'idea di fare un costume da bagno con le pezze fu una ricca nobildonna di Napoli.

☐ **e** Visto il successo di Maria, anche molte altre donne di Positano decisero di aprire dei mini-laboratori nelle proprie case.

☐ **f** In breve Maria divenne famosa, e i turisti cominciarono ad arrivare da ogni parte.

☐ **g** Fino a cinquant'anni fa Positano era solo un piccolo paese di pescatori sulla Costiera amalfitana.

☐ **h** Questo cambiò la sua vita, e perfino il suo nome: ormai tutti la conoscevano come Maria Lampo.

☐ **i** Insieme al marito Maria aprì un piccolo laboratorio, dove confezionava in poche ore costumi su misura per i clienti di passaggio.

☐ **l** Le donne del paese indossavano fazzoletti dai colori vivaci, chiamati "pezze".

I cenci di Prato

Anche la cittadina di Prato, in Toscana, è dagli anni '50 la sede di un'originalissima industria tessile, che ha raggiunto ormai un fatturato di 1,5 bilioni di dollari. Già nel XIV secolo alcuni mercanti di Prato vendevano "cenci" (stracci) ai tessitori di Londra, Bruges e Firenze. Con lo stesso spirito di libera iniziativa moltissimi abitanti di Prato decisero di affrontare le difficoltà del dopoguerra. Essi aprirono, ciascuno a casa propria, e con l'aiuto dei soli familiari, un'infinità di mini-laboratori tessili, dove si riciclavano gli stracci per trasformarli in abiti da poco prezzo per l'esportazione. L'esempio più stupefacente di cosa si possa fare con gli stracci e tanta creatività è dato appunto dal celeberrimo marchio *Benetton*, il cui fondatore si dice abbia iniziato la propria fortuna comprando gli stracci di lana a Prato, per trasformarli poi in coloratissimi e originali golfini a basso costo nella sua azienda di Treviso.

Sono stati proprio i fenomeni come Prato e Positano a formare le basi di quella "industria sommersa" (cioè: nascosta nelle case) che tanto ha contribuito alla buona salute dell'economia italiana, anche quando le industrie più tradizionali sembravano in crisi.

U N I

19

DICIANNOVESIMA UNITÀ

calcio, che passione!

OBIETTIVI

informare / informarsi sull'esito di una partita

chiedere spiegazioni

esprimere delusione

GRAMMATICA

forma passiva

forma passiva coi verbi modali

si passivante (II)

forma perifrastica (II)

pronomi relativi (II)

AREA LESSICALE

sport, professioni (IV) (commercianti)

UNA DOMENICA ALLO STADIO ▶

Ascoltate il dialogo guardando solo le illustrazioni (non cercate di capire ogni parola):

Giulio - Ieri non ti ho visto allo stadio.

Pietro - Infatti non c'ero. E pensare che era una partita a cui tenevo tanto!

Giulio - Allora spiegami perché non sei venuto.

Pietro - Semplice. Chi fa la mia professione, qualche volta lavora anche di domenica.

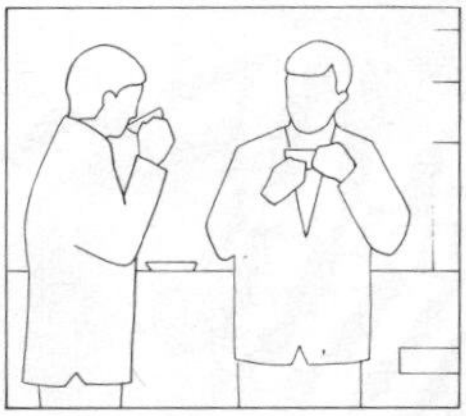

Giulio - È stata una partita di cui si parlerà molto. Guarda, è successo di tutto.

Pietro - Ho appunto comprato il giornale per leggere la cronaca.

Giulio - Credo che almeno la sintesi verrà trasmessa alla tv mercoledì sera.

Pietro - Beh, meno male! Intanto dimmi com'è andata... ha vinto il Lecce?

Giulio - No, purtroppo ha vinto la Roma; per tre a due, ma la vittoria è stata contestata.

Pietro - E quale sarebbe il motivo della contestazione?

Giulio - Perché uno dei goal è stato segnato in modo scorretto.

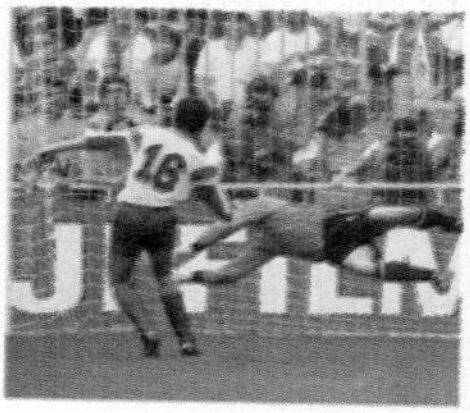

Pietro - Cioè?

Giulio - Il portiere del Lecce è stato colpito a una gamba da un giocatore della Roma mentre stava per fare una parata in uscita.

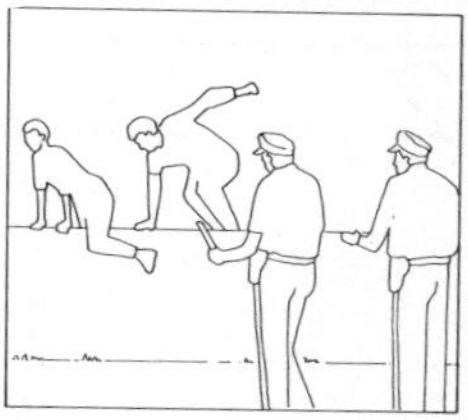

Pietro - L'arbitro avrà fischiato il fallo, spero.

Giulio - Sì, ma non subito, perciò i tifosi del Lecce hanno tentato di invadere il campo; però è intervenuta in tempo la polizia.

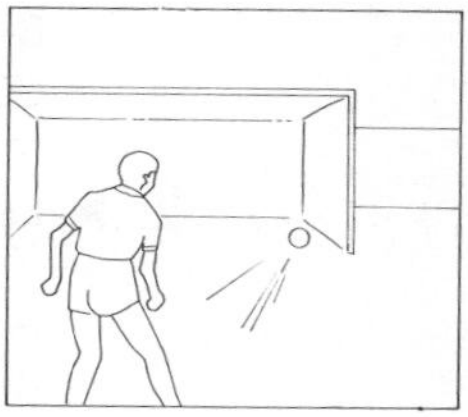

Pietro - Se il goal è stato segnato in questo modo, andava annullato... e basta.

Giulio - Infatti è stato annullato, ma poi la Roma ne ha segnato un altro.

Pietro - Ormai si sa: ogni volta che si gioca una partita dalla quale dipende lo scudetto, la promozione o la retrocessione, succedono incidenti fra i tifosi delle due squadre.

Giulio - Beh, gli incidenti vengono provocati da chi contesta il risultato.

Pietro - Vediamo se il giornale riporta tutti i fatti.

Giulio - Sì, leggi a voce alta, così sento anch'io.

1

▷ *Riascoltate il dialogo e decidete se le seguenti affermazioni sono vere o false:*

		V	F
A. ▷	Giulio ha visto la partita allo stadio.		
B. ▷	Pietro sa già chi ha vinto.		
C. ▷	Il portiere del Lecce è stato colpito mentre stava per parare un goal.		
D. ▷	Pietro e Giulio sono tifosi della Roma.		
E. ▷	La Roma ha segnato in tutto quattro goal.		

2

▷ *Riascoltate il dialogo leggendo il testo, poi scegliete la corretta alternativa:*

1. ▶ Pietro ....

   A. non ha visto la partita
   B. ha visto la partita allo stadio
   C. ha visto la partita alla tv

2. ▶ La vittoria della Roma è stata contestata perché ....

   A. un goal è stato segnato in modo scorretto
   B. l'arbitro ha fischiato il fallo
   C. i tifosi hanno tentato di invadere il campo

3. ▶ Secondo Pietro, succedono incidenti ....

   A. ogni volta che c'è una partita
   B. quando c'è una partita decisiva
   C. quando si contesta l'arbitro

3

▷ *Ascoltate e ripetete.*

4

▷ *Provate a ricostruire il dialogo guardando solo le illustrazioni.*

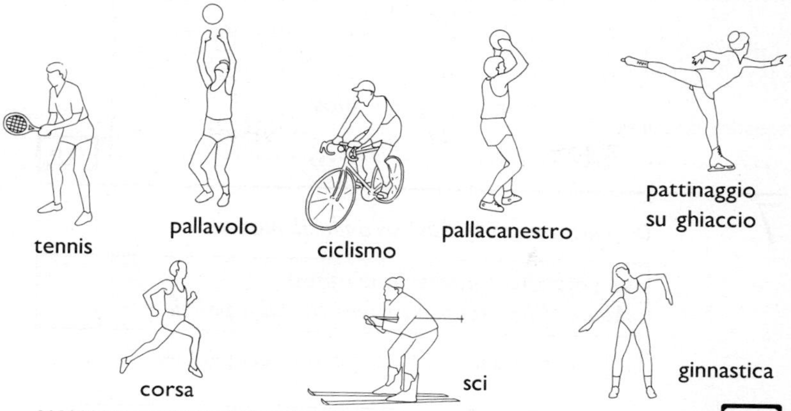

5

▷ *Trasformate le frasi secondo il modello:*

La pallacanestro è considerata lo sport di squadra più diffuso dopo il calcio. *La pallacanestro viene considerata lo sport di squadra più diffuso dopo il calcio.*

1. Il pattinaggio è praticato anche su ghiaccio.

   ____

2. La pallavolo per i minori di 14 anni è chiamata *minivolley*.

   ____

3. Il tennis è giudicato uno sport abbastanza completo.

   ____

6

▷ *Trasformate le frasi secondo il modello:*

Con il ciclismo si sviluppano i muscoli delle gambe. *Con il ciclismo vengono sviluppati i muscoli delle gambe.*

1. Con la ginnastica si esercitano tutti i muscoli.

   ____

2. Con lo sci si rafforzano soprattutto le gambe.

   ____

3. Nell'atletica leggera si praticano diverse discipline sportive, tra cui la corsa.

   ____

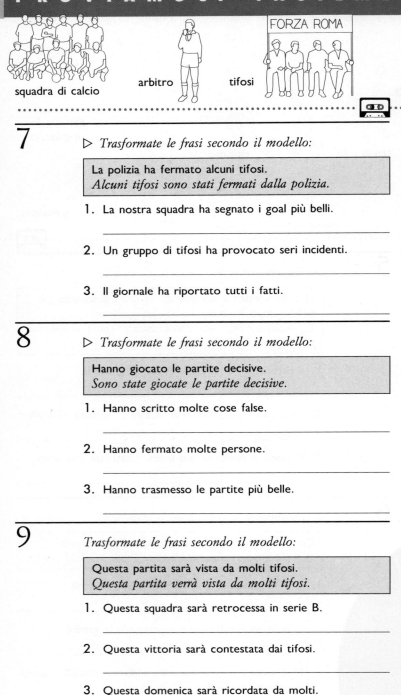

squadra di calcio

arbitro

tifosi

7

▷ *Trasformate le frasi secondo il modello:*

> La polizia ha fermato alcuni tifosi.
> *Alcuni tifosi sono stati fermati dalla polizia.*

1. La nostra squadra ha segnato i goal più belli.

   ____

2. Un gruppo di tifosi ha provocato seri incidenti.

   ____

3. Il giornale ha riportato tutti i fatti.

   ____

8

▷ *Trasformate le frasi secondo il modello:*

> Hanno giocato le partite decisive.
> *Sono state giocate le partite decisive.*

1. Hanno scritto molte cose false.

   ____

2. Hanno fermato molte persone.

   ____

3. Hanno trasmesso le partite più belle.

   ____

9

Trasformate le frasi secondo il modello:

> Questa partita sarà vista da molti tifosi.
> *Questa partita verrà vista da molti tifosi.*

1. Questa squadra sarà retrocessa in serie B.

   ____

2. Questa vittoria sarà contestata dai tifosi.

   ____

3. Questa domenica sarà ricordata da molti.

   ____

10

▷ *Trasformate le frasi secondo il modello:*

> Il macellaio vende la carne.
> *La carne è/viene venduta dal macellaio.*
> Il vetraio lavora il vetro.
> *Il vetro è/viene lavorato dal vetraio.*
> Il salumiere vende i salumi.
> *I salumi sono/vengono venduti dal salumiere.*
> Il calzolaio ripara le scarpe.
> *Le scarpe sono/vengono riparate dal calzolaio.*

1. Il panettiere fa il pane.

____

2. Il fruttivendolo vende la frutta.

____

3. Il pasticciere fa i dolci.

____

4. Il droghiere vende le spezie.

____

5. Il gelataio fa i gelati.

____

11

▷ *Trasformate le frasi secondo il modello:*

La partita si gioca allo stadio.
La partita viene giocata allo stadio.

1. La firma si mette in basso a destra.

____

2. La data si scrive in alto a destra.

____

3. La colazione si paga a parte.

____

12

▷ *Come l'esercizio precedente:*

Qui si accettano tutte le carte di credito.
Qui vengono accettate tutte le carte di credito.

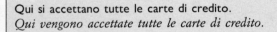

1. Per questo lavoro si spendono molti soldi.

____

2. Le vacanze si prendono soprattutto in agosto.

____

3. Negli ultimi tempi i giornali si leggono poco.

____

13

▷ *Fate domande secondo il modello:*

La lettera deve essere scritta a macchina? (*lettera/ a macchina*)
No, si può scrivere anche a mano.

1. ______________________________? (*conto/in contanti*)
   No, si può pagare anche con un assegno.
2. ______________________________? (*denuncia/subito*)
   No, si può fare anche il giorno dopo.
3. ______________________________? (*lavoro/per domani*)
   No, si può finire anche dopodomani.

14

▷ *Fate domande secondo il modello:*

> *I francobolli devono essere comprati all'ufficio postale?*
> (francobolli/ufficio postale)
> No, si possono comprare anche dal tabaccaio.

1. ____________________? (foto/molta luce)
   No, si possono fare anche con poca luce.
2. ____________________? (valigie/subito)
   No, si possono chiudere anche dopo.
3. ____________________? (permessi/capo)
   No, si possono chiedere anche alla segretaria.

15

▷ *Rispondete secondo il modello:*

> È già cominciata la partita?
> *No, ma sta per cominciare.*

1. È già arrivata Anna?
   ____
2. È già partito Luigi?
   ____
3. È già uscita Daniela?
   ____

16

▷ *Rispondete secondo il modello:*

> Hai già finito la lettera?
> *No, sto per finirla.*

1. Hai già mangiato la torta?
   ____
2. Hai già chiamato Marisa?
   ____
3. Hai già cambiato casa?
   ____

17

▷ *Rispondete secondo il modello:*

> I tifosi hanno invaso il campo?
> *No, stavano per invaderlo* ma è intervenuta la polizia.

1. Marco ha comprato un altro computer?
   ______________________ ma ha cambiato idea.
2. La Roma ha vinto lo scudetto?
   ______________________ ma ha perso gli ultimi incontri.
3. I Rossi hanno venduto l'appartamento?
   ______________________ ma hanno deciso di affittarlo.
4. Franco ha prenotato l'albergo?
   ______________________ ma ha preferito aspettare.

18

▷ *Osservate la figura e componete frasi come nel modello:*

> La signora con il cappello *sta per sedersi al tavolino.*
> Il signore anziano *sta bevendo un caffè.*

1. I bambini ______________________________ .
2. La signorina ____________________________ .
3. Il ragazzo ______________________________ .
4. I due signori ____________________________ .

19

▷ *Replicate secondo il modello:*

Non ricordo chi sia Paolo Fabbri. *È il ragazzo a cui/al quale ho presentato Lucia.*	*(ragazzo/ presentare Lucia)*

1. Non ricordo chi sia Sergio Fanti.

   __________________________ *(signore/affittare l'appartamento)*

2. Non ricordo chi sia Marco Parini.

   __________________________ *(dottore/chiedere un appuntamento)*

3. Non ricordo chi sia Federico Rossi.

   __________________________ *(collega/prestare la macchina)*

20

▷ *Rispondete secondo il modello:*

Da chi è andata Franca? *Dalla ragazza con cui/ con la quale studia.*	*(ragazza/studiare)*

1. Da chi è andata Paola?

   __________________________ *(signora/fare pratica d'inglese)*

2. Da chi è andata Rosanna?

   __________________________ *(amica/giocare a tennis)*

3. Da chi è andata Angela?

   __________________________ *(collega/uscire di solito)*

21

▷ *Completate le frasi secondo il modello:*

> Venga, che Le presento i signori *di cui/dei quali* Le ho parlato.

1. Ho conosciuto due ragazzi __________ non ricordo più il nome.
2. Sciascia e Moravia sono gli scrittori __________ ho letto tutte le opere.
3. Questi sono fatti privati __________ preferirei non parlare.

22

▷ *Trasformate le frasi secondo il modello:*

> Le persone che arrivano in ritardo non possono entrare.
> *Chi arriva in ritardo non può entrare.*

1. Le persone che abitano in questa zona sono fortunate.
   ____
2. Le persone che fanno sport restano giovani più a lungo.
   ____
3. Le persone che hanno molti soldi fanno una bella vita.
   ____

23

▷ *Trasformate le frasi secondo il modello:*

> Ci sono persone povere.
> *Dobbiamo pensare a chi è povero.* *(pensare a)*

1. Ci sono persone malate.
   ______________________________ *(preoccuparsi di)*
2. Ci sono persone esperte.
   ______________________________ *(parlare con)*
3. Ci sono persone false.
   ______________________________ *(stare lontani da)*

DALLA FORMA ATTIVA ALLA FORMA PASSIVA

forma attiva	Donadoni	**segna**		il primo goal
forma passiva	Il primo goal	**è** / **viene**	**segnato**	da Donadoni

FORMA PASSIVA

La partit**a**	**è** **viene**	trasmess**a**	alla tv da RAI 2 in diretta
	sarà **verrà**		
	fu **venne**		
	è stata		

I campionat**i**	**sono** **vengono**	seguit**i**	da moltissimi tifosi
	saranno **verranno**		
	furono **vennero**		
	sono stati		

Nota: il significato di una frase di forma passiva *non è sempre uguale a quello della corrispondente frase di* forma attiva.
Si sceglie la forma passiva quando si vuole mettere in primo piano l'elemento che subisce l'azione:

forma attiva I giocatori hanno contestato l'arbitro.

forma passiva L'arbitro è stato contestato dai giocatori.

Naturalmente, quando non viene indicato chi fa/ha fatto l'azione, si usa soltanto la forma passiva:

forma passiva L'arbitro è stato contestato.

FORMA PASSIVA CON I VERBI MODALI

Il goal	**deve**	**essere**	annullat**o**
La vittoria	**può**		contestat**a**
I tifosi	**devono**	**venire**	controllat**i**
Le squadre	**possono**		retrocess**e**

Il goal	**deve essere**	annullato
	va	

si PASSIVANTE

La partita	**si** gioca **si** giocherà **si** giocava **si** giocò **si** era giocata	allo Stadio Olimpico

Ogni volta	**si** provocano **si** provocheranno **si** provocavano **si** provocarono **si** erano provocati	incidenti fra i tifosi

FORMA PERIFRASTICA stare per + infinito

presente

Rimani	ancora molto a Roma?	No,		**sto**	**per**	**partire**
Avete	già venduto l'appartamento?	No,	ma	**stiamo**	**per**	**venderlo**

imperfetto

Stavo	**per**	**uscire**,	quando è squillato il telefono

PRONOMI RELATIVI:

• cui • il quale •

È lo sport	**a cui** **al quale**	gli italiani tengono di più
È la partita	**di cui** **della quale**	verrà trasmessa una sintesi
Sono giocatori	**da cui** **dai quali**	dipende la vittoria
Sono squadre	**su cui** **sulle quali**	tutti contano molto

a	di	da	in
su	con	per	tra

cui =

al alla	del della	dal dalla	nel nella
sul sulla	con il con la	per il per la	—

quale

ai alle	dei delle	dai dalle	nei nelle
sui sulle	con i con le	per i per le	tra i tra le

quali

Note 1. *Il pronome relativo* cui *è invariabile. Normalmente è preceduto da una preposizione semplice. Fanno eccezione due casi:*

A. *quando la preposizione che lo precede è* a, *si può omettere*
È una partita cui (a cui) tengo molto.

B. *quando* cui *si trova fra l'articolo determinativo e il nome (con il significato di* "del/della quale, dei/delle quali"), *l'articolo si accorda con il nome che segue*
Ho conosciuto un signore, *la cui* moglie è parente di Franco.
Le persone *i cui* stipendi sono troppo bassi per vivere devono per forza fare altri lavori.

2. *Il pronome relativo* il quale *è variabile. È sempre preceduto dall'articolo determinativo o da una preposizione articolata.*

3. *Sebbene l'uso del pronome* cui *sia più frequente, in certi casi è preferibile usare* il quale *per motivi di chiarezza. Per esempio, la frase*

Siamo andati alla partita con il figlio della signora Rossi, da cui abitiamo.

può avere due significati:
- Siamo andati alla partita con il figlio della signora Rossi, *dal quale* abitiamo.
- Siamo andati alla partita con il figlio della signora Rossi, *dalla quale* abitiamo.

chi

Le persone che	non hanno	il biglietto	non possono	entrare
Chi	non **ha**		non **può**	

Non sopporto	le persone che	parlano	troppo
	chi	**parla**	

Ci sono	alcuni che	credono	che tutto vada bene
C'è	**chi**	**crede**	

Regalo questi guanti	**a**	**chi**	li vuole
Fatti consigliare	**da**	**chi**	ha più esperienza di te
Parlate di questo	**con**	**chi**	vi può capire
Vorrei fare qualcosa	**per**	**chi**	ha bisogno di aiuto

Nota: *Il pronome* chi *è invariabile e si usa al singolare.*
Può essere preceduto da una preposizione semplice.

24

▷ *Ascoltate attentamente le tre notizie date dalla radio, e completate poi con i dati corretti, sul quaderno, uno schema di questo tipo:*

	che cosa	quando	dove
1ª notizia			
2ª notizia			
3ª notizia			

25

▷ *Giulio e Franco stanno parlando di calcio. Ascoltate attentamente la conversazione (non cercate di capire ogni parola), poi decidete quale delle tre affermazioni è corretta:*

1. Secondo Giulio, il calcio italiano
   A. sta andando tutto male
   B. sta andando male a livello di Nazionale
   C. sta andando male a livello di serie A, B e C

2. Franco
   A. è d'accordo con Giulio su tutto
   B. non è assolutamente d'accordo con Giulio
   C. è d'accordo con Giulio solo in parte

3. Per Giulio i mali del calcio italiano dipendono
   A. dalla vendita dei migliori giocatori ad altre squadre
   B. dal continuo cambiamento degli allenatori
   C. da tutti e due i fatti insieme

Lascia o raddoppia?

26

▷ *Gli studenti si dividono in due squadre di giocatori. Ogni squadra prepara una serie di almeno 10 domande (in forma passiva), alle quali i membri dell'altra squadra devono saper rispondere, come nel modello:*

> *Da chi è stato inventato il telefono?*
> *Quando è stato assassinato il presidente Kennedy?*
> *Da chi è detenuto il record mondiale di salto in alto?*

Se un giocatore risponde correttamente alle prime due domande, totalizza 10 punti. Allora deve decidere se rinunciare (cioè passare il gioco a uno della squadra avversaria) o raddoppiare il punteggio rispondendo a una terza domanda. Ma in questo caso, se sbaglia, perde tutto.
Vince la squadra che totalizza 30 punti per prima.

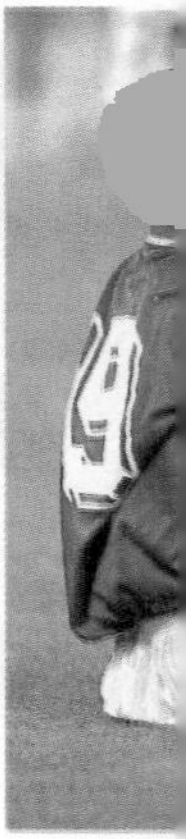

27

▷ *Rispondete alle seguenti domande personali:*

1. Nel Suo paese è possibile vedere la tv italiana?
2. Conosce il nome di alcuni giocatori italiani? Quali?
3. Le piace vedere dal vivo gli spettacoli sportivi?
4. In quale giorno della settimana si gioca nel Suo paese?
5. In Italia esiste il Totocalcio, un gioco che permette di vincere molti milioni. C'è qualcosa di simile nel Suo paese? Come funziona?

28

▷ *Domandate al vostro compagno di banco*

1. qual è il suo giocatore preferito
2. se sa da quanti giocatori è formata una squadra di calcio
3. se sa quanti punti si devono fare per vincere al Totocalcio
4. dove sono stati giocati gli ultimi Campionati mondiali
5. se pratica qualche sport

PRODUZIONE ORALE

Raccontate uno spettacolo sportivo al quale avete assistito dal vivo o alla tv, dicendo

1. di che sport si trattava
2. chi ha vinto
3. se ci sono stati incidenti

COMPRENSIONE ORALE

Ascoltate attentamente il dialogo fra Marco e Sergio, poi indicate le corrette alternative:

1. Marco
   A. ha visto solo la parte finale della partita alla tv
   B. non ha potuto guardare la partita alla tv
   C. ha guardato la partita con i suoi parenti

2. Il dialogo si svolge
   A. a casa di Marco
   B. a casa dei parenti di Marco
   C. a casa di Sergio

3. Il portiere
   A. non ha parato il tiro
   B. ha parato il tiro
   C. ha fatto una parata eccezionale

PRODUZIONE SCRITTA

Completate le frasi con la forma passiva o il SI passivante del verbo tra parentesi:

1. Se ____________ tredici punti, si vince al Totocalcio. *(fare)*
2. Le partite più importanti ____________ alla tv. *(trasmettere)*
3. Il Campionato ____________ dal Milan. *(vincere)*
4. La notizia ____________ da tutti i giornali. *(riportare)*
5. Domani ____________ la partita decisiva. *(giocare)*

...DI SPORTIVI E TIFOSI

1 ········ *Osservando nella pagina sotto riprodotta le diverse dimensioni dei titoli, dite quali sport secondo voi godono di maggiore popolarità fra gli italiani.*

La Gazzetta dello Sport

FE-NO-ME-NA-LE!

Mondiali di atletica

Damilano oro antico

Marcia trionfale di 20 chilometri

L'Italia ha aperto con l'oro di Maurizio Damilano nella 20 km di marcia i mondiali di Tokyo. Il trentaquattrenne atleta di Scarnafigi ha ripetuto sotto la pioggia il successo ottenuto ai precedenti mondiali di Roma nel 1987, undici anni dopo il suo trionfo olimpico a Mosca. Nella sua scia gli azzurri De Benedictis (4°) e Arena (7°)

Lewis sbalordisce Antibo corre bene

Fra gli altri azzurri, bella la batteria di Antibo nei 10.000, in vista della finale di domani contro gli africani. Ma stamattina gli occhi sono puntati su semifinali e finale dei 100: il primatista del mondo Burrell sfida un Lewis superbo (9"80 con vento di oltre 4 metri). Dirette Tv su Montecarlo e Tv2 a partire rispettivamente dalle 8 e dalle 9.55

Alle pagine 13, 14 e 15 servizi da Tokyo di C. GREGORI, G. MERLO, P. MOLINARO

La felicità di Maurizio Damilano, 34 anni, trionfatore a Tokyo nella 20 chilometri di marcia

Ciclo iridato: argento al dilettante Rebellin

Grand'Italia vai!

Davide Rebellin, 20 anni

Argentin-Bugno-Chiappucci-Fondriest oggi all'assalto

Sfiorato l'oro nella gara su strada dei dilettanti vinta in volata dal sovietico Riaksinski, il ciclismo azzurro ci riprova con i «pro» - I quattro moschettieri azzurri sono tra i grandi favoriti dell'atteso appuntamento iridato - Dirette Tv su Rai 3 alle 9.55 e alle 14.45, arrivo su Rai 2 dalle 16 ALLE PAGINE 17 e 18

Supercoppa: Roma battuta 1-0

Samp regina

Uno splendido gol di Mancini al 31' del secondo tempo riscatta una sfida molto scorbutica e poco spettacolare: i campioni conquistano «l'Oscar d'Italia», cioè il trofeo messo in palio tra le vincitrici dello scudetto e della coppa Italia Alle pagine 3 e 4 servizi di L. MARADEI, F. TOMATI e V. PICCIONI

Volontà nella semplicità

C'era la pioggia anche 27 anni fa, mentre un fulmine d'italica fierezza strappava con rabbia il filo di lana — relitto d'una atletica del passato — dopo aver sconfitto la sua nemesi inglese, Paul Nihill, e quei tremendi brontolii all'intestino che l'avevano costretto a fermarsi dopo 35 chilometri per cedere alle esigenze della natura. Abdon Pamich scagliava dopo l'arrivo la sua ira sui giornalisti, su chi aveva continuato a far da detrattore di una disciplina senza soldi, senza ribalte, solo votata al sacrificio. Ventisette anni dopo, Maurizio Damilano ha completato un arco di successi che si estende oltre un decennio, da quell'oro olimpico a Mosca '80: e per la prima volta questo profondo e silente uomo della Provincia Granda cuneese ha voluto alzare la testa. In sguardo, oltre la vittoria. Ha avuto un moto d'orgoglio, s'è inserito al primo posto in una graduatoria ideale improponibile e fascinosa tra i grandi dell'atletica italiana.

Due titoli mondiali, un oro e due bronzi olimpici, una straordinaria carriera di vittorie: io non so se Maurizio sia davvero il più titolato atleta italiano di sempre. So però che ha il diritto di dirlo, di proporsi ad alta voce come straordinario esempio di dedizione a una disciplina condannata forse per sempre a sgomitare per guadagnarsi il proscenio. Un'intera famiglia ha dedicato alla marcia energie e sogni, speranze e salute, e oggi si stringe in un unico abbraccio cui sarei orgoglioso di poter partecipare.

Mancava poco alle 3 del mattino, nell'afa delle nostre città deserte e nelle località di villeggiatura dalla mente sgombra e dalle discoteche piene; eppure qualcuno di certo, fra Gorbaciov e Eltsin, si sarà pur soffermato, piegato su questo campione che supera le angustie spettacolari della sua disciplina e sa proporre il suo esempio, la sua educazione alla sofferenza, il suo sorriso, quel sorriso che esplose sul tabellone dello stadio Lenin, undici anni fa, e che la storia ci riconsegna oggi più splendente e più maturo. A 34 anni, mettere in fila il mondo è impresa che vale la storia e accende la leggenda, grazie al fuoco negli occhi di un ex ragazzo che si è costruito, giorno dopo giorno, con un solo, invincibile motto: volontà nella semplicità.

Elio Trifari

Coppa Italia: Bari promosso

Partite di ritorno e risultati dell'andata

EMPOLI-BARI 1-1	(giocata ieri)	PESCARA-BRESCIA	(0-2)
PIACENZA-MODENA	(0-1)	LECCE-CASARANO	(0-0)
COSENZA-REGGIANA	(0-1)	BARLETTA-ANCONA	(0-1)
VENEZIA-LUCCHESE	(1-3)	ANDRIA-BOLOGNA	(3-2)
PERUGIA-CESENA	(0-2)	SALERNITANA-PADOVA	(0-1)
PALERMO-MESSINA	(0-1)	TRIESTINA-UDINESE	(1-3)
MONZA-PISA	(0-2)	COMO-CAGLIARI	(1-0)
REGGINA-TARANTO	(1-3)	CASERTANA-AVELLINO	(0-0)

La bellezza nascosta

Lo scudetto della Samp trova un primo avallo in questa Supercoppa che vale sì e no quanto un'amichevole di lusso, ma non c'è nessuna ragione perché venga disprezzata. La famosa «bellezza doriana» che illuminò il nostro calcio nella stagione delle favole trova piccoli e sparuti riscontri, il più importante dei quali è il tiro di destro, mira e dosaggio perfetti, col quale Mancini ha risolto la sfida con la Roma. Come dire: il timbro della Real Casa funziona anche nelle serate di magra.

Mi pare che il «sottotono» della Samp vada ricercato, più che in problemi tecnici, in una certa compassatezza complessiva e forse anche in una scarsa propensione a quello che, nella scorsa stagione, era considerato un sano divertimento. Non vorremmo che, felicemente scomparsa la Samp immatura, le subentri di colpo una Samp quasi senatoriale.

La finale di Marassi sarebbe stata certamente più gradevole e più equilibrata se la Roma non avesse perso Voeller per infortunio a metà del primo tempo. Fuori il focoso e brillante tedesco, il «bianchismo», che è parente stretto del «trapattonismo», ha perso il suo unico appiglio offensivo. Tiri in porta, uno solo. Un capitolo a parte meriterebbero l'acrimonia e i volgari insulti che taluni giocatori della nazionale si sono scambiati. Rivedetevi in tv, cari azzurri, e vergognatevi un po'.

Candido Cannavò

Fiorentina-Boca Juniors 2-0

Batistuta batte i suoi «fratelli»

Fischi nel primo tempo, poi debutta Batistuta e la Fiorentina lo festeggia con i gol di Carobbi e Mazinho. Nel Boca deludono Latorre e Mohamed, acquistati per il futuro. Oggi ultime amichevoli per Torino e Cremonese: da mercoledì coppa Italia per tutti e domenica prossima il campionato

A pagina 8 il servizio di FRANCO CALAMAI

F.1 in Belgio: c'è una Ferrari in prima fila

Prost al fianco di Senna

Il francese è secondo al posto di Patrese retrocesso per irregolarità

La Ferrari rifiorisce e sfiora il colpo grosso: nel corso dell'ultima sessione di prove Alesi viaggia più forte di Senna, ma rimane frenato da cinque macchine quando il tempo migliore era alla sua portata. E Prost parte al fianco di Senna (ancora in «pole position») e davanti a Mansell perché i commissari registrano irregolarità sulla Williams di Patrese: il padovano è così costretto a partire in nona fila. Diretta Tv2 alle 13.30

Alle pagine 20 e 21 servizi di PINO ALLIEVI, GIANCARLO GALAVOTTI e ALBERTO SABBATINI

Canottaggio

Tv3 ore 14.15 Gli Abbagnale remano ancora cercando l'oro

A pagina 16 ENRICO CAMPANA

Motomondiale

A Brno e in Tv assalti iridati di Capirossi e di Cadalora

A pagina 22 FILIPPO FALSAPERLA

Europei nuoto

La Sossi terza sale sul podio La pallanuoto perde il bronzo

I SERVIZI A PAGINA 19

Una pagina de "La Gazzetta dello Sport", il più completo e importante quotidiano sportivo italiano. Nato nel lontano 1896, il giornale ha una tiratura (fra 700.000 e 1.000.000 di copie) pari a quella dei maggiori quotidiani d'informazione. Oltre alla "Gazzetta" esistono altri due quotidiani sportivi, e anche i più qualificati giornali di informazione contengono inserti dedicati allo sport.

2 Guardate il titolo e il sottotitolo dell'articolo e rispondete:

1. L'articolo parla di
   A. una rivolta popolare per ragioni politiche
   B. una rivolta popolare per ragioni di tifo sportivo
2. Un "illecito" sportivo è
   A. un'azione non permessa dai regolamenti sportivi
   B. un incidente sportivo

Ora leggete l'articolo (non cercate di capire ogni parola):

La squadra retrocessa in Serie C-2 dalla Caf per illecito: tifosi in piazza, politici in lite con Roma...

Catanzaro, rivolta da calcio

Ricorso al Tar, minacciate "clamorose rivelazioni"

di FILIPPO VELTRI

CATANZARO — Mattinata calda quella di ieri a Catanzaro dove un centinaio di tifosi della squadra di calcio ha dato vita a una serie di manifestazioni, con incidenti a catena, in segno di protesta contro la decisione della Commissione d'appello federale (Caf) che ha inflitto alla società, per illecito sportivo, tre punti di penalizzazione da scontare in questo campionato, decretandone così la retrocessione in C2. Gruppi di tifosi hanno iniziato nei quartieri nord a rovesciare i bidoni della spazzatura, continuando poi la loro opera nella zona del centro. Traffico bloccato e penalizzato per alcune ore, con i commercianti che in segno di solidarietà hanno abbassato le saracinesche dei negozi, polizia e carabinieri in gran numero e poi tutti sotto il Comune dove una delegazione è stata ricevuta dall'assessore allo sport.
Quella di ieri mattina è stata la più eclatante forma di protesta dei tifosi del Catanzaro che da quattro giorni sono in rivolta per la decisione della Caf (giunta tre giorni dopo il vittorioso spareggio per la permanenza in C1 giocato a Lecce il 16 giugno contro il Nola). Tutto il mondo politico locale è sceso in campo: il sindaco, il senatore, il sottosegretario, anche il Coni provinciale che sollecita l'intervento di Gattai.
Ieri sera sono stati ricevuti addirittura dalla giunta comunale.

(Da: "La Repubblica", 25 giugno 1991)

Dopo aver letto il testo dell'articolo alla pagina precedente, decidete se le seguenti affermazioni sono vere o false:

		V	F
1.	A Catanzaro c'è stata una manifestazione di tifosi.		
2.	La manifestazione è stata pacifica e civile.		
3.	I tifosi hanno bloccato il traffico per ore.		
4.	La Caf ha deciso di far retrocedere la squadra da C1 a C2.		
5.	I politici locali non si sono interessati alla cosa.		

Fino ai primi anni '60 queste immagini esprimevano bene il significato della parola "sport" per l'italiano medio: lo sport si identificava con la mania italiana per eccellenza, il gioco del calcio, che era l'unico sport ad essere praticato da quasi tutti i giovani maschi italiani un po' dovunque — nei campetti, nei cortili, ma anche nella piazza del paese o per strada. Le partite delle squadre favorite, assieme all'altra grande passione italiana, le gare di ciclismo, erano anche i grandi eventi sportivi "da vedere", per cui appassionarsi e tifare, spesso in modo spropositato. Con la diffusione della televisione, negli anni '60 e '70, gli "sport da vedere" sono considerevolmente aumentati, ma gli sportivi "attivi" sono rimasti un numero ancora piuttosto esiguo. Per milioni di italiani cresciuti nel primo e nel secondo dopoguerra, sport come il tennis o lo sci erano lussi per ricchi.
Ma oggi, grazie al nuovo benessere, le cose stanno finalmente cambiando. Molti sono i giovani che praticano sport, all'aria aperta o presso palestre e piscine pubbliche e private, e sempre più numerosi sono i genitori disposti a investire tempo e denaro per educare i figli all'esercizio di attività sportive.

3 ········· *In quali regioni e in quali sport sono più "attivi" gli italiani? Cercate di capirlo confrontando i grafici che vedete qui sotto e rispondete quindi alle domande:*

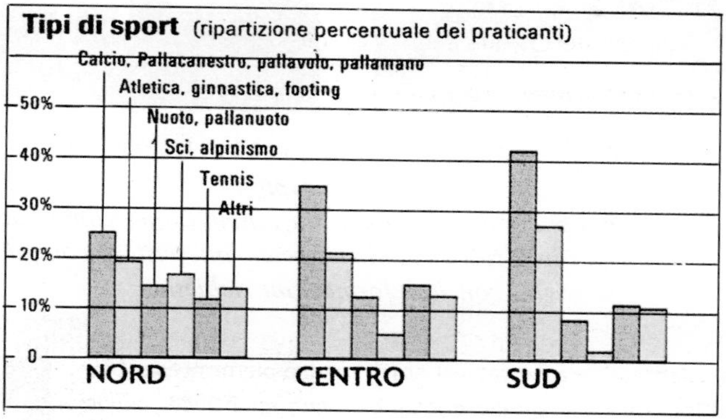

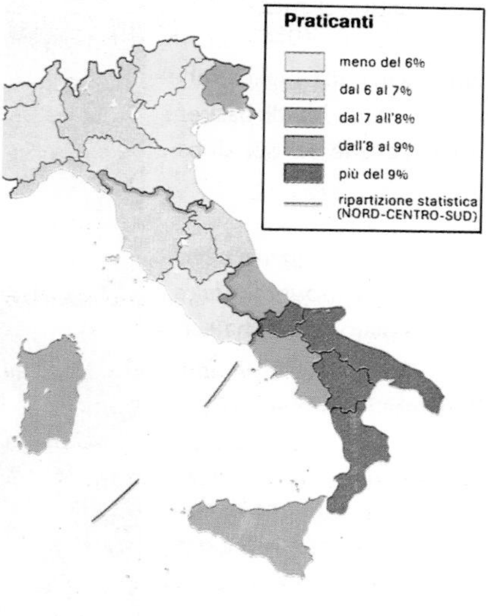

1. In quali regioni troviamo la più alta percentuale di praticanti di sport?

2. In quali regioni viene praticato maggiormente il gioco del calcio? In quali regioni lo si pratica di meno?

3. In quali regioni vengono praticati tutti gli altri sport in misura non inferiore al 15%?

4. In quali regioni il nuoto sembra essere meno popolare? Dove sono situate queste regioni rispetto al mare?

4 .... *Marco e Massimo Galluzzo, 17 e 16 anni, fratelli, rappresentano un perfetto campione delle nuove generazioni italiane e di quello che sta mutando nei comportamenti sportivi degli italiani. Leggete l'intervista e compilate la griglia con le informazioni richieste.*

Papà calabrese, trapiantato al nord, madre piemontese, Marco e Massimo frequentano entrambi il liceo scientifico, più per volontà della madre che per scelta personale. Poca passione per lo studio, ma molta per gli sport. I due fratelli giocano nella *Sesto Basket*, categoria "juniores". Si allenano tre sere alla settimana e giocano in media una partita al mese.

Domanda: *Perché il basket?*

Marco: Un po' per caso. Papà è impiegato alla Philips, che è lo sponsor ufficiale di una importante squadra di basket. Quando eravamo piccoli ci portava a vedere le partite di basket, e ci siamo appassionati.

D: *Praticate altri sport?*

Marco: Certo, ma non in modo sistematico. Andiamo regolarmente in piscina e quando si può facciamo *mountain bike*. Io gioco un po' a tennis e Massimo da un paio d'anni ha scoperto i cavalli, cioè l'equitazione. Ma solo d'estate, quando andiamo in montagna, perché vicino a casa nostra c'è un piccolo maneggio che costa pochissimo.

D: *È la scuola che vi ha incoraggiato a fare tutti questi sport?*

Marco: Ma va'. A scuola è tanto se abbiamo due ore di educazione fisica la settimana. Ma non si fanno sport, solo ginnastica. E poi nella scuola italiana l'educazione fisica non conta niente, o quasi. Se uno, poniamo, ha cinque in ginnastica, ma sette in italiano, per i professori è okay. Ma se hai otto in ginnastica e cinque in italiano o latino, per loro sei uno che non

composizione della famiglia Galluzzo	
professione del padre	
professione della madre	
sport praticati da Marco	
sport praticati da Massimo	
sport praticati dal padre in passato	
sport praticati dal padre adesso	
sport praticati dalla madre	
sport che i Galluzzo guardano alla tv	
importanza data allo sport dalla scuola italiana	
interesse delle ragazze italiane per la pratica degli sport	

vale niente. Invece so che in Inghilterra e negli Stati Uniti le scuole organizzano un sacco di attività sportive, di gare. Ci sono persino partite amichevoli fra professori e studenti. Vuol dire che là gli insegnanti capiscono sul serio l'importanza degli sport per i giovani.

D: *Non mi avete ancora parlato di calcio...*

Massimo: Beh, quello lo giocavamo all'oratorio* quando eravamo più piccoli. Però lo guardiamo sempre alla tv.

D: *E guardate anche altri sport?*

Marco: Beh, sì, le partite di basket, il catch e anche la Formula Uno. Papà è un patito di motori.

D: *I vostri genitori fanno qualche sport?*

Massimo: Papà da giovane faceva un po' d'atletica, ma poi ha dovuto smettere per via del mal di schiena. La mamma no, non fa nessuno sport. Dice sempre che dovrebbe fare ginnastica per dimagrire, ma non ha mai tempo. Sa, abbiamo anche una sorellina più piccola.

D: *E lei? Fa qualche sport?*

Massimo: Emanuela? Per ora è un po' presto: ha solo sette anni. Ma abbiamo cominciato a portarla in piscina con noi. Però in genere le ragazze fanno meno sport di noi maschi...

* *oratorio*: luogo di incontro e di ricreazione per la comunità di una parrocchia.

U N I

20

VENTESIMA UNITÀ

in autostrada

OBIETTIVI

- proporre
- esprimere desideri
- esprimere perplessità
- richiedere servizi
- formulare ipotesi

GRAMMATICA

- congiuntivo presente e passato (II)
- congiuntivo imperfetto (I) (regolare)
- congiunzioni con il congiuntivo (II)
- indefiniti (II)
- periodo ipotetico (IV) con il congiuntivo imperfetto
- forma impersonale (III)

AREA LESSICALE

- servizi autostradali

UNA SOSTA ALL'AUTOGRILL ▶

Ascoltate il dialogo guardando solo le illustrazioni (non cercate di capire ogni parola):

Mario - Fra due chilometri c'è una stazione di servizio. Che ne dici, ci fermiamo?

Anna - Sì, è una buona idea. Vorrei bere qualcosa di fresco e fare due passi.

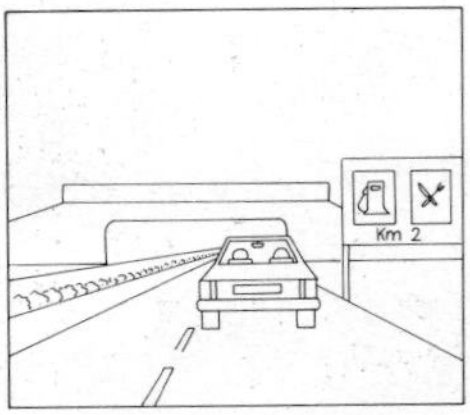

Mario - Anch'io ho bisogno di sgranchirmi le gambe. Mi sento un po' stanco.

Anna - Con questo caldo! Se poi uno viaggia a questa velocità, è chiaro che si stanca anche di più.

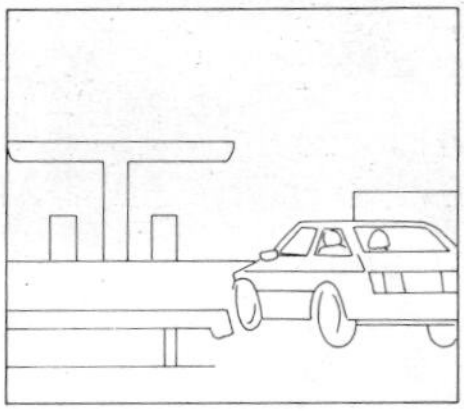

Mario - Oh... Eccoci qua! Prima che si formi la coda, credo che ci convenga fare anche benzina.

Addetto - Quanta?

Mario - Il pieno.

Addetto - L'olio e l'acqua sono a posto?

Mario - Credo di sì, comunque sarebbe meglio che li controllasse. Non si sa mai...

Addetto - L'olio è al minimo. Ne manca almeno un chilo.

Mario - Com'è possibile? Ci deve essere qualcosa che non va. L'ho fatto cambiare prima di partire...

Addetto - Non so quanti chilometri abbia fatto, ma...

Mario - Ne ho fatti appena quattrocento.

Addetto - Allora forse il filtro è sporco. Se avesse tempo, si potrebbe guardare.

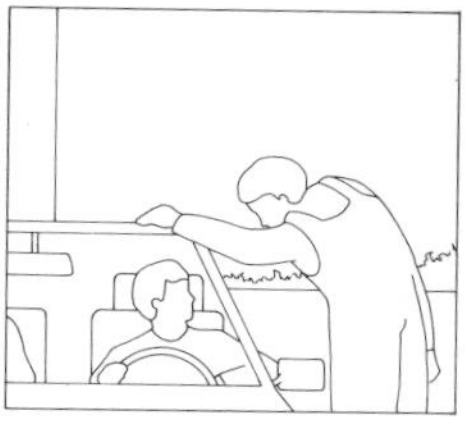

Mario - Ma a quest'ora c'è un meccanico, o comunque qualcuno che possa farlo?

Addetto - Sì, l'officina è sempre aperta.

Mario - Bene! Mi controlli anche la pressione delle gomme, per favore. Mi pare che sia un po' alta.

Addetto - Porti la macchina dall'altra parte, vicino alla pompa del gasolio.

Mario - Subito!... Ecco. Senta, quanto ci vorrà a sostituire il filtro?

Addetto - Una ventina di minuti.

Anna - E se intanto ci mangiassimo un panino?

Mario - Buona idea!

1

▷ *Riascoltate il dialogo e decidete se le seguenti affermazioni sono vere o false:*

		V	F
A. ▷	Mario decide di fermarsi per fare contenta Anna.		
B. ▷	Anna è stanca di stare seduta.		
C. ▷	Mario fa controllare la pressione delle gomme.		
D. ▷	Mario chiede all'addetto di pulire il filtro dell'olio.		
E. ▷	Mario e Anna hanno fatto moltissimi chilometri.		

2

▷ *Riascoltate il dialogo leggendo il testo, poi scegliete la corretta alternativa:*

1. ▶ Mario ....
   A. corre molto
   B. va troppo piano
   C. tiene una velocità normale

2. ▶ Mario è sorpreso ....
   A. che l'olio sia al minimo
   B. che manchi l'acqua
   C. che la pressione delle gomme sia alta

3. ▶ Mentre aspettano che venga sostituito il filtro, Anna propone di ....
   A. andare a bere qualcosa di fresco
   B. fare due passi
   C. mangiare un panino

3

▷ *Ascoltate e ripetete.*

4

▷ *Provate a ricostruire il dialogo guardando solo le illustrazioni.*

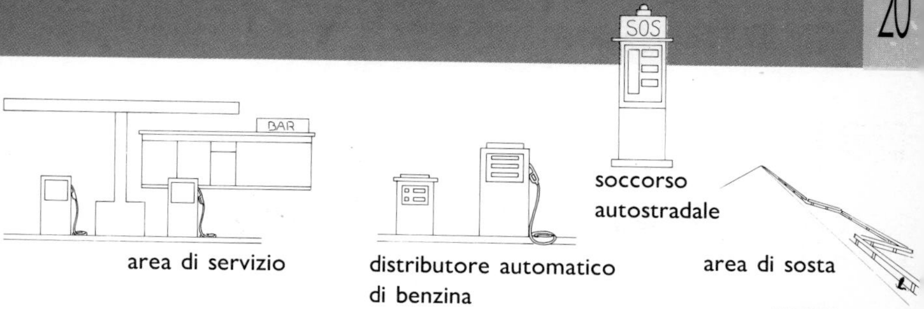

5

▷ *Rispondete secondo il modello:*

> Facciamo benzina.
> *Non credo che ci sia un distributore automatico qui vicino.*

1. Beviamo qualcosa.

   ____

2. Fermiamoci un po'.

   ____

3. Facciamoci aiutare per questo guasto.

   ____

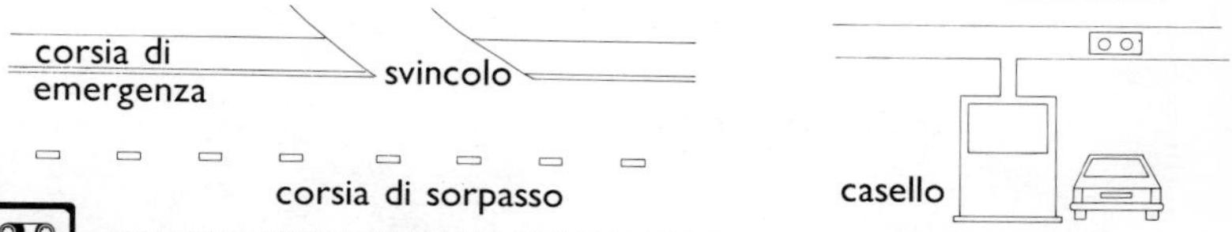

6

▷ *Completate le frasi secondo il modello:*

> Se ti succede un piccolo guasto in autostrada, è meglio che tu *vada nella corsia di emergenza.*
> *(andare/corsia di emergenza)*

1. Se vai così piano, è inutile che tu

   ________________________ *(stare/corsia di sorpasso)*

2. Se vuoi entrare in autostrada a quest'ora, bisogna che tu

   ________________________ *(fare la fila/casello)*

3. Se devi uscire a Mantova centro, è meglio che tu

   ________________________ *(prendere/primo svincolo)*

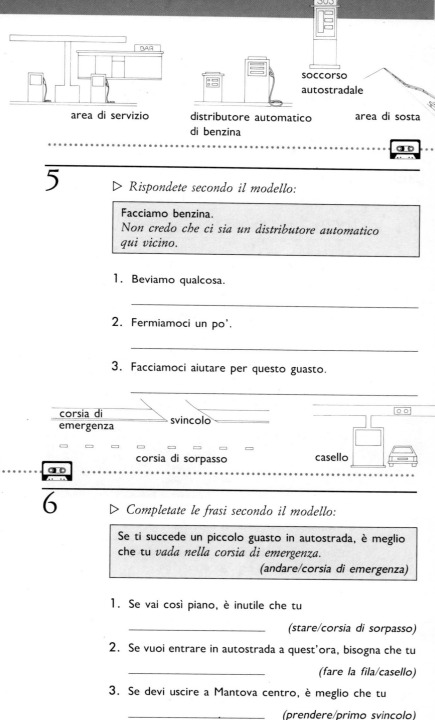

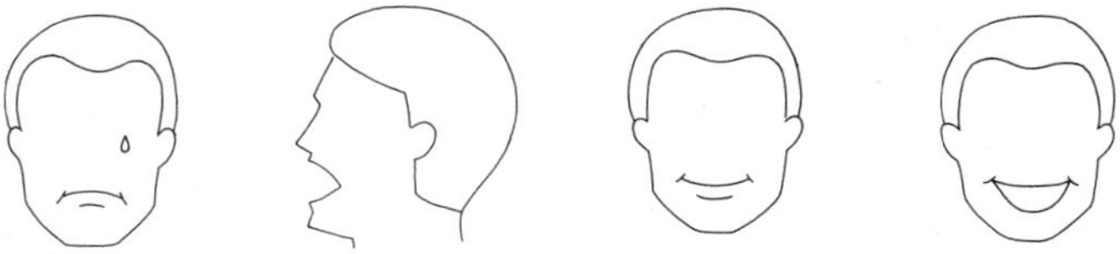

7

▷ *Completate i dialoghi secondo il modello:*

Non capisco perché Laura pianga. *(Laura/piangere)* Piange perché le è andato male l'esame.

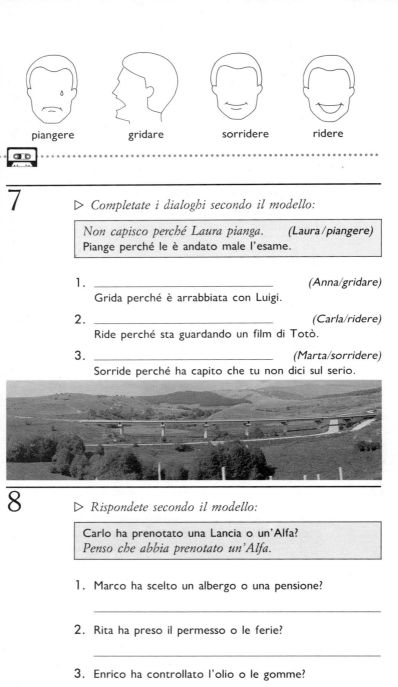

1. ______________________________ *(Anna/gridare)*
   Grida perché è arrabbiata con Luigi.
2. ______________________________ *(Carla/ridere)*
   Ride perché sta guardando un film di Totò.
3. ______________________________ *(Marta/sorridere)*
   Sorride perché ha capito che tu non dici sul serio.

8

▷ *Rispondete secondo il modello:*

Carlo ha prenotato una Lancia o un'Alfa? *Penso che abbia prenotato un'Alfa.*

1. Marco ha scelto un albergo o una pensione?

   ____

2. Rita ha preso il permesso o le ferie?

   ____

3. Enrico ha controllato l'olio o le gomme?

   ____

9

▷ *Replicate secondo il modello:*

> Forse i Suoi amici si sono fermati per strada.
> *Sì, può darsi che si siano fermati.* *(può darsi)*

1. Forse i Suoi figli si sono stancati di aspettare.

   ______________________________ *(è probabile)*

2. Forse i Suoi vicini si sono arrabbiati per il rumore.

   ______________________________ *(non è escluso)*

3. Forse i Suoi colleghi si sono incontrati senza dirLe niente.

   ______________________________ *(ho l'impressione)*

10

▷ *Replicate secondo il modello:*

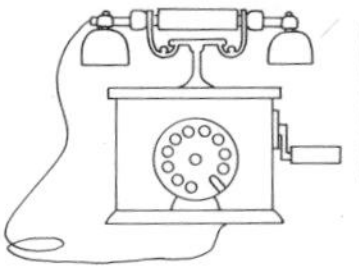

> Non ricordo chi abbia inventato il telefono.
> *Mi pare che sia stato inventato da Bell.* *(Bell)*

1. Non ricordo chi abbia scoperto la penicillina.

   ____

   (Fleming)

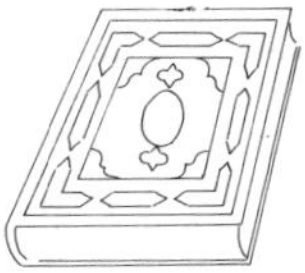

2. Non ricordo chi abbia stampato il primo libro in Europa.

   ____

   (Gutenberg)

3. Non ricordo chi abbia composto *La Bohème*.

   ____

   (Puccini)

11

▷ *Replicate secondo il modello:*

> Rita abita fuori città.
> *Ah, sì? Io credevo che abitasse in centro.* (in centro)

1. Marco lavora in uno studio commerciale.

   ______________________ *(in banca)*

2. Anna viaggia da sola.

   ______________________ *(con il marito)*

3. Franco parla tre lingue.

   ______________________ *(solo l'inglese)*

12

▷ *Replicate secondo il modello:*

> Prendo anch'io il cognac.
> *Ah, non sapevo che Lei lo prendesse.*

1. Leggo anch'io "Tuttosport".

   ____

2. Bevo anch'io il vino.

   ____

3. Conosco anch'io il russo.

   ____

13

▷ *Come l'esercizio precedente:*

> Purtroppo Giorgio non ha finito.
> *Peccato! Speravo proprio che finisse.*

1. Purtroppo Sergio non è venuto.

   ____

2. Purtroppo Carlo non è uscito.

   ____

3. Purtroppo Mario non ha capito.

   ____

14

▷ *Completate le frasi secondo il modello:*

Se Luca partisse molto presto, potrebbe arrivare in tempo.	*(Luca/partire)*

1. ______________________ meno, *(Anna/mangiare)* potrebbe mantenersi in forma.
2. ______________________ a cena stasera, *(tu/venire)* potremmo parlare del nostro progetto.
3. ______________________ *(Marco e Luigi/prendere)* l'autostrada, potrebbero arrivare in mattinata.
4. ______________________ una casa *(noi/avere)* al mare, potremmo invitare gli amici.

15

▷ *Riformulate le frasi secondo il modello:*

> Paola non esce con noi perché non è libera.
> *Se fosse libera, Paola uscirebbe con noi.*

1. Laura non va a lavorare perché non sta bene.

   ____

2. Piero non è contento perché non ha un buon lavoro.

   ____

3. Franco non guida perché non ha con sé la patente.

   ____

16

▷ *Completate le frasi in modo logico:*

1. Se tu lo conoscessi meglio, ______________________

   ____

2. Se avessi i soldi che ha lui, ______________________

   ____

3. Se i miei amici sapessero la verità, ______________________

   ____

17

▷ *Rispondete secondo il modello:*

Chi può iscriversi all'università? *Chiunque abbia un diploma di scuola superiore.*	*(avere un diploma di scuola superiore)*

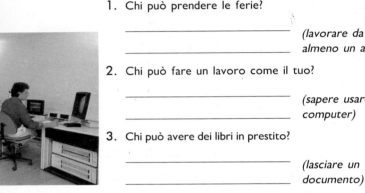

1. Chi può prendere le ferie?

   ______________________ *(lavorare da almeno un anno)*

2. Chi può fare un lavoro come il tuo?

   ______________________ *(sapere usare bene il computer)*

3. Chi può avere dei libri in prestito?

   ______________________ *(lasciare un documento)*

18

▷ *Rispondete secondo il modello:*

Devo mettermi un vestito elegante? *No, va bene un vestito qualunque/qualsiasi.*

1. Devo comprare un vino speciale?

   ____

2. Devo portarti un libro specifico?

   ____

3. Devo fissare un giorno preciso?

   ____

19

▷ *Rispondete secondo il modello:*

Cosa posso darLe da leggere, signora? *Non so, mi dia una rivista qualunque/ qualsiasi.*	*(rivista)*

1. Cosa posso farLe sentire, signorina?

   ______________________ *(canzone)*

2. Cosa posso portarLe da bere, signora?

   ______________________ *(bibita)*

3. Cosa posso farLe portare, signor Neri?

   ______________________ *(pizza)*

20

▷ *Trasformate le frasi secondo il modello:*

> Marta ricorda ogni cosa che legge.
> *Marta ricorda qualsiasi cosa legga.*

1. Marco rompe ogni cosa che tocca.

   ____

2. Rita compra ogni cosa che vuole.

   ____

3. Giulio sbaglia ogni cosa che fa.

   ____

21

▷ *Rispondete secondo il modello:*

> C'è qualcuno fra voi che sappia il russo?
> *No, non c'è nessuno che lo sappia.*

1. C'è qualcuno fra voi che conosca il Giappone?

   ____

2. C'è qualcuno fra voi che capisca l'arabo?

   ____

3. C'è qualcuno fra voi che usi il computer?

   ____

22

▷ *Rispondete secondo il modello:*

> Hai qualcosa da dire?
> *No, non ho niente da dire.*

1. Hai qualcosa da fare?

   ____

2. Hai qualcosa da prendere?

   ____

23

▷ *Rispondete secondo i modelli:*

> Desidera un abito elegante, signora?
> *No, vorrei qualcosa di più sportivo.* (sportivo)
>
> Che ne dice di questa valigia, signorina?
> *Non avete niente di più piccolo?* (piccolo)

1. Desidera una borsetta di pelle, signorina?

   ______________________________ *(economico)*

2. Desidera un vino della Sicilia, dottore?

   ______________________________ *(leggero)*

3. Che ne dice di questo modello, signora?

   ______________________________ *(originale)*

4. Che ne dice di questo appartamento, signore?

   ______________________________ *(lussuoso)*

24

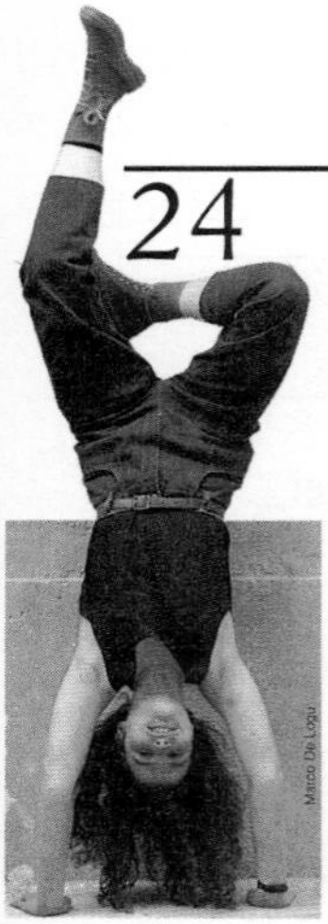

▷ *Guardate la tabella a pag. 535 e completate le frasi con la forma impersonale appropriata del verbo tra parentesi, come nel modello:*

> In una poltrona così *si sta/uno sta* comodi/o. *(stare)*
> In un letto così *ci si/uno si riposa* davvero. *(riposarsi)*

1. In questo albergo __________ bene ma __________ molto. *(mangiare/spendere)*
2. In quel club __________ sempre. *(divertirsi)*
3. Con Alberto non __________ mai. *(annoiarsi)*

USI DEL CONGIUNTIVO PRESENTE E PASSATO

a) con gli indefiniti

	Chiunque		**abbia** la patente, può guidare qualsiasi macchina
			abbia visto questo film, non può che apprezzarlo
	Qualunque **Qualsiasi**	cosa	io gli **dica**, Marco non mi ascolta
Cerco	**qualcuno**		che **sia stato** all'estero
Non conosco	**nessuno**		che **possa** aiutarmi

b) con alcuni verbi

Credo	che	il telefono	**sia stato** inventato	da	Bell
Mi pare		la radio	**sia stata** inventata		Marconi
Si dice		i fiammiferi	**siano stati** inventati		Walker
Sembra		le piramidi	**siano state** costruite	in circa 11 anni	

c) con alcune locuzioni o verbi seguiti dalla congiunzione • che •

Bisogna	che	tu **rientri** presto
È probabile		le cose **siano andate** così

d) con alcune congiunzioni

Mi chiedo	**perché**	**si alzino** sempre tardi
Non capisco		**si siano alzati** così presto
Partirò subito	**purché**	tutto **sia** pronto
		tutto **sia stato preparato**
Andiamo	**prima che**	**piova** a dirotto

CONGIUNTIVO IMPERFETTO REGOLARE

• cambiare • • mettere • • pulire •

Marco vorrebbe che	io tu	cambi**assi**	mett**essi**	pul**issi**	il filtro
	(lui) (lei) (Lei)	cambi**asse**	mett**esse**	pul**isse**	
	(noi)	cambi**assimo**	mett**essimo**	pul**issimo**	
	(voi)	cambi**aste**	mett**este**	pul**iste**	
	(loro)	cambi**assero**	mett**essero**	pul**issero**	

• avere •

Anna pensava che	io tu	av**essi**	ragione
	(lui) (lei) (Lei)	av**esse**	
	(noi)	av**essimo**	
	(voi)	av**este**	
	(loro)	av**essero**	

Nota: per le prime due persone il pronome personale è necessario per chiarire chi fa l'azione
Era meglio che *io/tu restassi* a casa.

USI DEL CONGIUNTIVO IMPERFETTO

a) con gli indefiniti

Qualunque cosa	io gli **dicessi**, Marco non mi ascoltava

Non conoscevo **nessuno**	che **potesse** aiutarmi

b) con alcuni verbi

Credevo	che	**arrivasse** in tempo
Mi è sembrato		**dicesse** la verità

c) con alcune locuzioni o verbi seguiti dalla congiunzione « che »

Sarebbe inutile	che	**andasse** a Roma
Bisognerebbe		**sostituisse** il filtro

d) con alcune congiunzioni

È partito	**nonostante**	**fosse** stanco
Glielo dissi	**a patto che**	non lo **raccontasse** in giro

Nota: il congiuntivo imperfetto *si usa negli stessi casi del* congiuntivo presente, *ma in dipendenza da un* tempo passato *o da un* condizionale.

e) con la congiunzione « se »
PERIODO IPOTETICO CON IL CONGIUNTIVO IMPERFETTO

ipotesi = congiuntivo   conseguenza = condizionale

Se	(io)	**vincessi** un miliardo,	mi **comprerei** un'isola
	(tu)	**andassi** più piano,	non **avresti** incidenti
	Giulio	**dormisse** di più,	non **sarebbe** così nervoso

Note: 1. *Il* periodo ipotetico *con il* congiuntivo imperfetto *esprime ipotesi possibili o irreali. La conseguenza viene espressa dal* condizionale.

2. *Questa stessa costruzione esprime anche*

A. *suggerimenti*

Se fossi in te, le scriverei.

Se venissi in aereo, risparmieresti tempo.

B. *critiche, rimproveri*

Se parlassi un po' meno, sarebbe meglio per tutti.

Se non ti truccassi tanto, sembreresti più giovane.

INDEFINITI

maschile	femminile
uno ognuno nessuno qualcuno	una ognuna nessuna qualcuna

maschile e femminile
chiunque qualunque qualsiasi

neutro
tutto niente qualcosa

Note: 1. *L'indefinito* tutto (tutta/i/e) *può essere anche aggettivo. In questo caso è seguito dall'articolo determinativo*
Lavoro *tutto il* giorno.
Studio *tutti i* giorni.

2. *L'indefinito* tutto (tutta/i/e) *non può precedere direttamente il pronome relativo* che
Ti ho mandato *tutto quello che* avevi lasciato qui.

3. *Gli indefiniti* qualcosa *e* niente (nulla) *sono di solito seguiti dalle preposizioni* di *e* da
C'è *qualcosa*/Non c'è *niente di* nuovo?
Vuoi *qualcosa*/Non vuoi *niente da* bere?

4. *Gli indefiniti* niente (nulla) *e* nessuno
   A. *seguono il verbo preceduto da* non
      Non ti ha visto *nessuno*.
      Non mi fa paura *niente*.
   B. *precedono il verbo alla forma affermativa*
      Nessuno ti ha visto.
      Niente mi fa paura.

FORMA IMPERSONALE

a) tempi semplici

1. verbi non riflessivi:

In questo posto	**uno** / **si**	mangia bene spende poco vive comodamente

2. verbi riflessivi:

In questo posto	**uno** / **ci**	**si** annoia **si** riposa **si** diverte

3. verbi *essere*, *rimanere*, *stare* seguiti da un aggettivo:

In un posto come questo	**si**	**è** felic**i** **rimane** tranquill**i** per ore **sta** comod**i**

Note: 1. *Qualunque verbo può essere usato impersonalmente, premettendo la particella* si *alla terza persona singolare di ogni tempo.*

2. *Con i verbi riflessivi il* si *impersonale diventa* ci *per evitare la ripetizione della stessa particella.*

3. *L'aggettivo che segue la forma impersonale prende sempre la terminazione plurale, mentre il verbo è sempre alla terza persona singolare.*

b) tempi composti

Quella volta	**si è**	lavorat**o** molto parlat**o** poco finit**o** presto
		stat**i** bene arrivat**i** in tempo
	ci si è	divertit**i** molto

Note: 1. *Con la forma impersonale* si *il passato prossimo di tutti* i *verbi si costruisce con l'ausiliare* essere.

2. *Ha la terminazione plurale* (-i) *solo il participio passato dei verbi* di norma *coniugati con l'ausiliare* essere.

25

▷ *Ascoltate attentamente la conversazione fra Mario e Anna e dite poi:*

1. di quali oggetti parlano
2. qual è l'atteggiamento di Mario
3. che cosa vuole comprare

26

▷ *Guardate queste immagini e... esprimete i vostri desideri più segreti.*

Se avessi...
Se potessi comprare...

Villa progettata da A. Palladio

Castello in Trentino

Barca a vela

Ferrari

27

▷ *Vi trovate nell'area di servizio di un'autostrada. Lavorando in coppia fate proposte, esprimete desideri e perplessità rispetto ai servizi e ai prodotti offerti.*

28

▷ *Rispondete alle seguenti domande personali:*

1. Ci sono molte autostrade nel Suo paese?
2. Ogni quanti chilometri si trova mediamente una stazione di servizio?
3. Quali sono le marche di benzina più vendute nel Suo paese?
4. L'uso delle autostrade è gratuito o si paga?

29

▷ *Domandate al vostro compagno di banco*

1. se gli piace viaggiare in autostrada e perché
2. se la sua macchina consuma troppa benzina
3. ogni quanti chilometri fa controllare la pressione delle gomme
4. se è stato mai fermato dalla polizia stradale e perché

PRODUZIONE ORALE

Raccontate un vostro viaggio in autostrada, dicendo

1. dove eravate diretti
2. se avete guidato solo voi
3. se vi siete fermati a una stazione di servizio
4. quanto è durato il viaggio
5. se è accaduto qualcosa d'imprevisto
6. com'è stato complessivamente il viaggio

COMPRENSIONE ORALE

Ascoltate attentamente la conversazione tra Francesca e Gianna e scegliete, tra le ipotesi presentate sotto, quella fatta da Francesca:

Secondo Francesca probabilmente...

1. Marco ha deciso di fermarsi a Roma un altro giorno
2. Marco ha avuto un incidente in autostrada
3. Marco ha telefonato quando Gianna non era in casa

COMPRENSIONE SCRITTA

Leggete il testo a p. 540 e completate poi le seguenti frasi:

1. Le autostrade a due corsie di marcia si cominciarono a costruire nel ________ .
2. Le prime autostrade erano diverse da quelle attuali, perché ________________________ .
3. L'autostrada del Sole fu aperta al traffico nel ________ e andava ________________________ .
4. Il pedaggio è ________________________ .
5. Il pedaggio si paga in base ________________________ .

Autostrade ieri e oggi

La prima autostrada del mondo, cioè la prima strada riservata ai veicoli a motore, fu costruita in Italia tra il 1923 e il 1925. Lunga circa 80 chilometri, collegava Milano a Varese, a Como e a Sesto Calende, sul Lago Maggiore. Altre tratte di autostrada furono realizzate tra il 1927 e il 1935. Ideatore della strada riservata al traffico motorizzato fu l'ingegner Piero Puricelli. Le autostrade di allora erano realizzate a un'unica corsia della larghezza totale di soli 10-11 metri. Dopo una pausa di vent'anni, dovuta a vari motivi, fra cui la guerra, i lavori ripresero e, nel 1956, fu inaugurata l'autostrada Genova-Savona. Fu l'inizio della costruzione di autostrade a due carreggiate a senso unico, separate da spartitraffico, ciascuna con due corsie di marcia, più una di emergenza. Nel 1966 fu aperta al traffico l'autostrada del Sole (Milano-Roma-Napoli, 755 km). In Europa, alla stessa data, l'Italia era al secondo posto dopo la Germania per estensione della rete autostradale. Oggi la penisola è percorsa da 5.600 chilometri di autostrade, per usufruire delle quali è generalmente necessario pagare un pedaggio, cioè un diritto di transito fissato in base alla potenza del motore o al peso del veicolo.

PRODUZIONE SCRITTA

1 .... *Completate le frasi con i verbi fra parentesi nella corretta forma del congiuntivo presente e passato:*

1. Il signor Franchi è laureato?
   No, credo che ____________ solo la scuola superiore. *(fare)*
2. Sai se Giulio andrà alla partita?
   Credo che ____________ di vederla alla tv. *(decidere)*
3. Carino l'appartamento di Sara, vero?
   Sì; peccato che ____________ lasciarlo fra poco! *(dovere)*
4. Oggi Marco non si sente bene e non ha voglia di alzarsi.
   Allora è meglio che ____________ a letto. *(rimanere)*
5. Non vedo i signori Martini da qualche giorno.
   È probabile che ____________ per le vacanze. *(partire)*

2 .... *Completate le frasi scegliendo il pronome o l'aggettivo indefinito appropriato:*

qualcuno	*qualunque*	*uno*	*qualcosa*	*chiunque*

1. Quando ____________ viaggia in aereo, può portare poco bagaglio.
2. Cerco ____________ di originale da regalare a una signora di una certa età.
3. Conoscete ____________ che abbia un appartamento da affittare?
4. Si tratta di un lavoro molto semplice, che ____________ può fare.
5. Possiamo vederci un giorno ____________ della prossima settimana.

... DELL'AUTOMOBILE, CROCE E DELIZIA

Assieme al turismo e agli articoli di abbigliamento, l'industria automobilistica è sempre stata uno dei grandi "motori" dell'economia italiana, non solo sul mercato interno ma anche su quello estero, dove nomi come Lamborghini, Maserati, Ferrari da tempo rappresentano la perfezione del design e dell'alta tecnologia italiana.
Oggi però la supremazia delle case automobilistiche italiane, la maggiore delle quali è senza dubbio la Fiat, è minacciata, anche in Italia, dalle agguerrite rivali straniere, in particolare tedesche e giapponesi.

1 *Ecco alcune fra le vetture più famose prodotte in Italia nel corso del secolo. Guardate le immagini e abbinate ogni vettura con la corretta didascalia.*

☐ a

☐ b

☐ c

☐ d

1. *La mitica "Cinquecento", la più piccola e perfetta utilitaria d'Europa. Fu il sogno di milioni di giovani italiani negli anni '60.*
2. *L'ultimissima versione della Panda è il modello Selecta. Presentata nel 1980, dieci anni dopo l'utilitaria ha quasi raggiunto il terzo milione di esemplari prodotti.*
3. *Una Ferrari rosso fiammante: il classico colore italiano nelle gare internazionali. Queste raffinatissime e costosissime automobili vengono prodotte in numero limitato soprattutto per l'esportazione.*
4. *Il prototipo da corsa Fiat F2 di 130 HP, preparato per partecipare al Gran Premio di Francia del 1907.*

2

I titoli riportati sotto vi danno una breve panoramica dei maggiori mali causati da un uso eccessivo e improprio dell'automobile. Osservateli e leggete il testo seguente. Poi decidete a quale dei problemi elencati nel testo (a, b, c) si riferisce ogni titolo.

Il peso centrale che l'industria automobilistica ha sempre avuto in Italia ha finito per condizionare, nel bene ma anche nel male, la vita e lo sviluppo del nostro paese. Se è vero che alla Fiat, e alle sue sorelle, gli italiani debbono una buona parte del loro attuale benessere, a loro si devono anche

a) il mito negativo dell'alta velocità con i conseguenti incidenti mortali che ogni anno insanguinano le strade italiane;
b) l'enorme numero di strade e autostrade costruite in Italia con gravi danni per la salute e l'ambiente;
c) l'eccessiva dipendenza dal trasporto su ruote (e quindi anche dal petrolio) per le persone e per le merci.

1 ☐ **Malattie da coda**
Un'ora nel traffico tra tanti veleni

2 ☐ *Ieri l'incidente più grave: sei vittime sulla Serenissima*
Strage sulle autostrade sono quaranta i morti degli ultimi 3 giorni

3 ☐ *Ottocentomila automobilisti circolano ogni giorno a Milano rischiando stress, asma, mal di schiena e bronchiti*
Linea dura antismog l'assessore conferma 'Bloccheremo le auto'

4 ☐ *Camionisti, quarto giorno di sciopero*
L'Italia paralizzata

5 ☐ *Altri cinque miliardi stanziati per autostrade inutili. Il deficit statale alle stelle.*
Poveri, ma in autostrada

3

Leggete l'articolo nella pagina a fianco e scegliete la corretta alternativa fra quelle proposte:

1. Oggi l'uso dell'automobile è visto da tutti come
   - A. un segno di progresso ☐
   - B. un male ☐
   - C. un simbolo di ricchezza ☐

2. Oggi guidare è sempre più
   - A. faticoso ☐
   - B. facile ☐
   - C. divertente ☐

3. In Italia l'uso della bicicletta è
   - A. scoraggiato ☐
   - B. vietato ☐ dalla mancanza di piste ciclabili
   - C. incoraggiato ☐

4. Molti italiani continuano a usare l'auto perché
   - A. sono pigri ☐
   - B. non hanno altra alternativa ☐
   - C. amano guidare ☐

5. Secondo l'autore, per educare la gente ad abbandonare la macchina bisognerebbe
   - A. mettere più tasse sulle auto ☐
   - B. tenere dei corsi speciali ☐
   - C. non fare tanta pubblicità alle automobili ☐

La notte dell'auto

Vittima o colpevole del disastro ecologico?

di MARIO SCONCERTI

Ci sono profonde contraddizioni nelle cose che si fanno e si dicono sulla circolazione in Italia. Non c'è dubbio che siamo di fronte a una controtendenza. L'auto è brutta, fa male, è usata peggio, inquina, isola la gente nel proprio abitacolo...

Guidare è diventato un po' come fumare: ormai si sta al volante non più con gioia, soddisfazione e orgoglio, ma con sensi di colpa, più o meno grandi.

L'auto è diventata culturalmente un oggetto nemico, qualcosa che fa male e di cui bisogna imparare a fare sempre più a meno.

Si dice poi, lo dice anzi il ministro per le aree urbane, Carmelo Conte, che l'Italia ha una densità troppo alta di auto per ogni chilometro (circa 80 contro le 50 della media europea), nonostante abbia poche strade a disposizione del cittadino (5 chilometri per mille abitanti contro la media europea di quasi 9). L'Italia è inoltre al penultimo posto tra i paesi comunitari per estensione delle reti metropolitane: una sessantina di chilometri complessivi (divisi per tre città) contro i 170 di Madrid, i 320 di Monaco e Parigi, i 420 di Londra.

Non solo, ma in Italia, dove si invita sempre più la gente ad usare i mezzi di trasporto innocenti e alternativi come la bicicletta, ci sono in tutto poco più di trecento chilometri di piste ciclabili. Cioè niente in assoluto, ma meno che niente se paragonati ai novemila chilometri della Francia, ai dodicimila dell'Olanda ed ai venticinquemila della Germania. Viene allora spontanea una domanda. Ci sono troppe auto, vero, ma non è che tante auto abbiano soprattutto cercato di coprire un'oggettiva mancanza di possibilità alternative di spostamenti? Se non si prende l'auto come si arriva?

E poi: l'auto viene presentata dai nostri amministratori, dalla stampa, come oggetto di diseducazione sociale, una specie di "totem" del male di vivere metropolitano. E allora: perché l'auto è il prodotto più reclamizzato, quello per il quale si accettano i più massicci investimenti pubblicitari, è la prima ad essere supertassata in qualunque momento di crisi economica?

Chiedono tutti, perché andare in auto al lavoro? E se la risposta fosse, perché no? Perché non usare il diritto di muoversi come si crede dopo esserselo pagato in modo salato?

È proprio giusto convincere la gente a comprare l'auto, farle pagare in tutti i modi il dovere di averla e poi pretendere di svolgere una funzione morale obbligandola a lasciarla immobile?

(Riadattato da: Mario Sconcerti,
La notte dell'auto
in "La Repubblica", 26/6/1991)

U N I

21

VENTUNESIMA UNITÀ

il sistema politico

OBIETTIVI

- esprimere sollievo, speranza, timore, delusione
- esprimere riprovazione
- chiedere conferma di una supposizione
- riferire opinioni altrui
- formulare ipotesi al passato

GRAMMATICA

- congiuntivo imperfetto (II) (irregolare) e trapassato
- periodo ipotetico (V) con il congiuntivo trapassato
- periodo ipotetico: schema
- uso dei modi: congiuntivo/infinito
- concordanza dei tempi e dei modi (II)

AREA LESSICALE

istituzioni politiche

TEMPO DI ELEZIONI ▶

Ascoltate il dialogo guardando solo le illustrazioni (non cercate di capire ogni parola):

Alberto - Oh, finalmente le sei! Non vedevo l'ora che finisse, questa settimana!

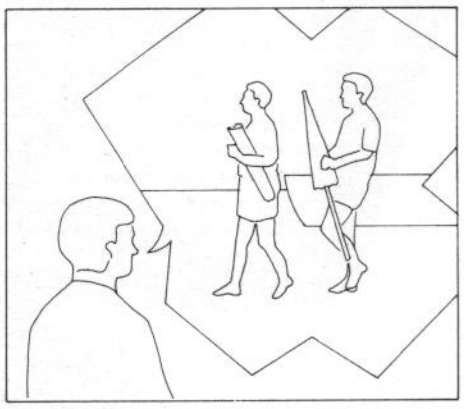

Stefano - Sì, è stata pesante.

Alberto - Per fortuna domani vado al mare e per due giorni non si parla di lavoro.

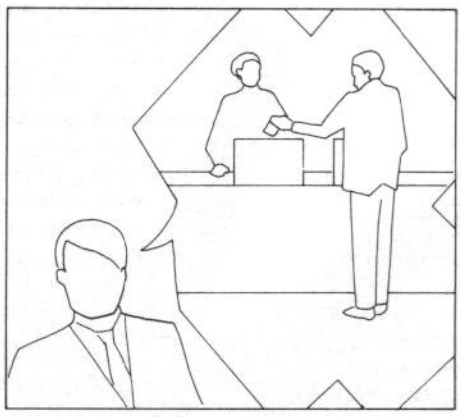

Stefano - Al mare? E a votare quando ci vai?

Alberto - Semplice: non ci vado proprio.

Stefano - Bravo! Se tutti facessero come te, l'Italia andrebbe a rotoli!

Alberto - Come se ora stesse andando bene...

Stefano - Su questo siamo perfettamente d'accordo, ma se si astenessero pure quelli che vogliono migliorare le cose, staremmo anche peggio.

Alberto - Senti, un tempo ragionavo come te. Pensavo che il mio voto fosse importante, cioè che potesse servire a cambiare le cose. Ma adesso...

Stefano - Adesso cosa? Hai visto il referendum sul nucleare? Molti credevano che non sarebbe servito a niente e invece... via le centrali! Se la gente non fosse andata a votare, avremmo perso la battaglia.

Alberto - Ma i referendum sono un'altra cosa. Le elezioni politiche, invece... lo sai: si vota e tutto continua come prima. Magari cambiasse qualcosa!

Stefano - Capisco. Tu vorresti che la gente votasse diversamente... insomma che tutti dessero il voto a un certo partito, eh? Allora sai che ti dico? Piuttosto che far vincere quelli lì, sarebbe davvero meglio che tanti non andassero a votare.

Alberto - Senti, è inutile discuterne, tanto ciascuno resta della sua idea.

Capufficio - Ah, Marconi! Temevo che fosse già uscito. A che punto siamo con la pratica della SAA?

Stefano - Sarà pronta lunedì sera, dottore.

Capufficio - Peccato! Speravo che l'avesse già completata. Sa che è della massima urgenza. Non potrebbe lavorarci domani?

Stefano - Ma domani è sabato...

Capufficio - Sì, ma tanto Lei resta in città per votare, no?

1

▷ *Riascoltate il dialogo e decidete se le seguenti affermazioni sono vere o false:*

		V	F
A. ▷	Alberto e Stefano sono colleghi di ufficio.		
B. ▷	Stefano non trova giusto che Alberto non vada a votare.		
C. ▷	Alberto crede nei referendum ma non nelle elezioni politiche.		
D. ▷	Stefano pensa che votare sia meglio che astenersi.		

2

▷ *Riascoltate il dialogo leggendo il testo, poi scegliete la corretta alternativa:*

1. ▶ Alberto non vede l'ora che la settimana finisca perché ....
   A. non si sente molto bene
   B. ha avuto una settimana faticosa
   C. vuole andare al mare con Stefano

2. ▶ Stefano dice «Bravo!» ad Alberto perché ....
   A. non approva la sua decisione
   B. è d'accordo con lui
   C. vuole fargli un complimento

3. ▶ Alberto non vuole votare perché ....
   A. non sa a chi dare il voto
   B. pensa che il suo voto non serva a niente
   C. non ha intenzione di restare in città

4. ▶ Il capufficio chiede a Stefano di completare la pratica il giorno dopo perché ....
   A. non ricorda che è sabato
   B. è sicuro che Stefano passerà il week-end in città
   C. sa che Stefano non andrà a votare

3

▷ *Ascoltate e ripetete.*

4

▷ *Provate a ricostruire il dialogo guardando solo le illustrazioni.*

5

▷ *Replicate secondo il modello:*

> Paolo apprezza le vecchie trattorie.
> *Ah, sì? Io credevo che le disprezzasse.*
> *(disprezzare)*

1. Marco adora la musica moderna.

   ____
   (detestare)

2. Anna va matta per gli animali.

   ____
   (non sopportare)

3. Andrea ama le vacanze in campeggio.

   ____
   (odiare)

6

▷ *Rispondete secondo il modello:*

> Hai preso la tessera?
> *Sì, e sarebbe bene che la prendessi anche tu.*

1. Hai visto la lista dei candidati?

   ____

2. Hai letto i risultati delle elezioni?

   ____

3. Hai richiesto il certificato elettorale?

   ____

7

▷ *Replicate secondo il modello:*

> Vengo domani.
> *Non mi aspettavo che Lei venisse così presto.*

1. Parto domani.

____

2. Finisco domani.

____

3. Riapro domani.

____

8

▷ *Osservate l'esempio e, in coppia, eseguite mini-dialoghi simili usando le parole-stimolo:*

A. Ugo/sapere/tu e Anna/qui?	A. *Ugo sapeva che tu e Anna eravate qui?*
B. no/credere/io/da Luigi/Anna/a casa	B. *No, credeva che io fossi da Luigi e che Anna fosse a casa.*

1. A. Eva/sapere/tu e Rita/lì?

____

B. no/credere/io/da te/Rita/in centro

____

2. A. Leo/sapere/tu e Marta/da me?

____

B. no/credere/io/con Laura/Marta/in palestra

____

3. A. Mara/sapere/tu e Carla/in piscina?

____

B. no/credere/io/all'università/Carla/dal parrucchiere

____

9

▷ *Come l'esercizio precedente:*

A. (tu)/volere/da Franco?	A. *Cosa volevi da Franco?*
B. dare/radio	B. *Volevo che mi desse la radio.*
A. lui/da te?	A. *E lui cosa voleva da te?*
B. dare/lezioni di informatica	B. *Voleva che gli dessi lezioni di informatica.*

1. A. (tu)/volere/da Sergio? ______________________
   B. dare/macchina ______________________
   A. lui/da te? ______________________
   B. dare/moto ______________________
2. A. (tu)/volere/da Marisa? ______________________
   B. dare/dischi di Paolo Conte ______________________
   A. lei/da te? ______________________
   B. dare/libro d'inglese ______________________
3. A. (tu)/volere/da Stefania? ______________________
   B. dare/telefono portatile ______________________
   A. lei/da te? ______________________
   B. dare/numero di Anna ______________________

10

▷ *Replicate secondo il modello:*

Carlo sta per laurearsi in medicina.
Non immaginavo che facesse l'ultimo anno. (fare l'ultimo anno)

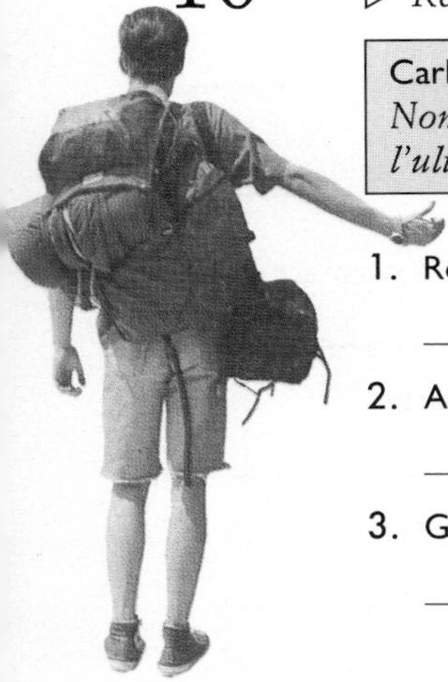

1. Roberto sta per arrivare a casa.
   ______________________________ (fare così tardi)
2. Angela sta per completare la pratica.
   ______________________________ (fare tanto presto)
3. Giulio sta per venire qui.
   ______________________________ (fare in tempo)

11

▷ *Rispondete secondo il modello:*

> Non sei ancora pronta, Laura?
> *Scusami, non sapevo che stessi aspettando me.* (aspettare me)

1. Non vedi che sono occupato, Giulia?
   ______________________ *(parlare al telefono)*
2. Non ti sembra troppo alto il volume della radio, Piero?
   ______________________ *(riposare sul divano)*
3. Non potevi venire un po' più tardi, Marta?
   ______________________ *(dormire ancora)*

12

▷ *Rispondete secondo il modello:*

> Ha visto quanta birra ha bevuto Aldo?
> *Incredibile! Sapevo che gli piaceva, ma non immaginavo che ne bevesse tanta.*

1. Ha visto quanto tè ha bevuto Franco?
   ____

2. Ha visto quanto vino ha bevuto Marco?
   ____
3. Ha visto quanta coca-cola ha bevuto Luca?
   ____

13

▷ *Replicate secondo il modello:*

> Non so se dire a Mario che cerco lavoro.
> *Sarebbe meglio che glielo dicessi.*

1. Non so se dire a Carlo che non andrò a votare.
   ____
2. Non so se dire a Rita che darò un party.
   ____
3. Non so se dire ai miei che partirò in moto.
   ____

14

▷ *Rispondete secondo il modello:*

> È contento che Sua figlia faccia l'architetto?
> *Sì, ma avrei preferito che facesse l'insegnante.* (l'insegnante)

1. È contento che Sua moglie lavori in banca?
 ______________________________ *(nel mio ufficio)*
2. È contento che Suo figlio giochi a calcio?
 ______________________________ *(a tennis)*
3. È contento che Suo nipote abbia la moto?
 ______________________________ *(la macchina)*

15

▷ *Rispondete secondo il modello:*

> Hai comprato il giornale?
> *No, credevo che l'avessi comprato tu.*

1. Hai preso il pane?
 ____
2. Hai aggiunto l'olio?
 ____
3. Hai portato l'ombrello?
 ____

16

▷ *Replicate secondo il modello:*

> Maria è già uscita.
> *Peccato! Speravo che non fosse ancora uscita.*

1. Sara è già partita.
 ____
2. Antonio è già andato via.
 ____
3. Angelo è già passato.
 ____

17

▷ *Trasformate le frasi secondo il modello:*

> È rimasto a cena, ma nessuno lo ha invitato.
> *È rimasto a cena senza che nessuno lo invitasse.*

1. Ha chiesto aiuto, ma nessuno lo ha sentito.

   ____

2. È andato via, ma nessuno lo ha visto.

   ____

3. È uscito di corsa, ma nessuno lo ha notato.

   ____

18

▷ *Come l'esercizio precedente:*

> Anche se era ricco, era molto avaro.
> *Benché fosse ricco, era molto avaro.*

1. Anche se era l'ultimo della classe, riuscì a fare un'ottima carriera.

   ____

2. Anche se prendeva tante medicine, stava sempre male.

   ____

3. Anche se aveva la febbre, rimase fuori fino a tardi.

   ____

19

▷ *Fate domande secondo il modello:*

> *Lei che farebbe se avesse vent'anni?* *(vent'anni)*
> Penserei solo a divertirmi.

1. ____________________________ *(cento milioni)*
   Comprerei tutto quello che mi piace.
2. ____________________________ *(due mesi di ferie)*
   Farei un lungo viaggio in vari paesi.
3. ____________________________ *(problemi con il capo)*
   Cercherei un altro lavoro.

20

▷ *Completate le frasi secondo il modello:*

Sebbene *avesse* molto da fare, Marco è andato lo stesso in palestra.	*(avere)*

1. Ho prestato centomila lire a Carla, a patto che me le __________ entro dieci giorni. *(restituire)*
2. Prima che me la __________ , ho detto a Giulio che la macchina serviva a me. *(chiedere)*
3. La signora Marchi parlava in fretta, come se __________ tante cose da dire. *(avere)*
4. Ho fatto tutto da me, senza che nessuno mi __________ . *(aiutare)*
5. Lia chiamò il medico perché __________ il bambino che aveva la febbre alta. *(visitare)*

21

▷ *Completate le frasi, scegliendo l'espressione appropriata tra le seguenti:*

benché	*senza che*	*come se*	*affinché*	*a meno che*

1. Mario scrisse a sua madre __________ gli mandasse altri soldi.
2. Il capufficio mi dette finalmente un giorno di permesso, __________ gliel'avessi chiesto.
3. Carlo continuava a guardarsi intorno, __________ cercasse qualcuno.
4. In quel periodo Anna non usciva mai, __________ non avesse impegni urgenti.
5. __________ non fosse sicuro di farcela, Antonio ha voluto provare lo stesso a finire tutto da solo.

22

▷ *Replicate secondo i modelli:*

Sembra che Piero abbia voglia di tornare.
Magari tornasse!
Sembra che Piero sia tornato.
Magari fosse tornato!

1. Sembra che Roberto abbia intenzione di votare.

   ______________________________!

2. Sembra che Anna abbia smesso di fumare.

   ______________________________!

3. Sembra che Carlo abbia deciso di rimanere.

   ______________________________!

4. Sembra che Paola accetti di aiutarci.

   ______________________________!

23

▷ *Replicate secondo il modello:*

Forse Paolo va in campagna.
Se ci andasse, si riposerebbe. *(riposarsi)*

1. Forse Carlo viene in discoteca.

   ____

   (divertirsi)

2. Forse Anna rimane a casa dei nonni.

   ____

   (annoiarsi)

3. Forse Giulio torna in America.

   ____

   (trovarsi bene)

24

▷ *Replicate secondo i modelli:*

Purtroppo ho perduto tempo.
Già, se non avessi perduto tempo, avresti finito. *(finire)*

1. Purtroppo ho capito male.

   ______________________________ *(trovare la strada)*

2. Purtroppo ho cenato tardi.

   ______________________________ *(dormire meglio)*

Laura è andata via proprio ora.
Se fosse rimasta ancora un po', l'avrei accompagnata io. *(rimanere ancora un po'/accompagnarla io)*

1. Daniela è stata tutto il giorno a casa.

   ______________________________ *(venire da noi/passare una bella giornata)*
   ____

2. Giovanna ha avuto un incidente d'auto.

   ______________________________ *(stare più attenta/forse/evitarlo)*
   ____

Marta non è pronta.
Se si fosse alzata in tempo, adesso sarebbe pronta. *(alzarsi in tempo)*

1. Franca non è felice.

   ______________________________ *(sposarsi con l'uomo giusto)*
   ____

2. Paola non è tranquilla.

   ______________________________ *(prepararsi bene per l'esame)*
   ____

CONGIUNTIVO IMPERFETTO IRREGOLARE

• essere •

Loro credevano che	io tu	**fossi**	in ufficio
	(lui) (lei) (Lei)	**fosse**	
	(noi)	**fossimo**	
	(voi)	**foste**	
	(loro)	**fossero**	

Infinito	Congiuntivo imperfetto				
dare stare	**dessi** **stessi**	**desse** **stesse**	**dessimo** **stessimo**	**deste** **steste**	**dessero** **stessero**
bere dire fare	**bevessi** **dicessi** **facessi**	**bevesse** **dicesse** **facesse**	**bevessimo** **dicessimo** **facessimo**	**beveste** **diceste** **faceste**	**bevessero** **dicessero** **facessero**

CONGIUNTIVO TRAPASSATO

• ausiliare avere • • ausiliare essere •

Marco credeva che	io tu	**avessi**	**capito**	**fossi**	**andato/a**	via
	(lui) (lei) (Lei)	**avesse**		**fosse**		
	(noi)	**avessimo**		**fossimo**	**andati/e**	
	(voi)	**aveste**		**foste**		
	(loro)	**avessero**		**fossero**		

USI DEL CONGIUNTIVO IMPERFETTO E TRAPASSATO
a) con alcuni verbi e congiunzioni

	congiuntivo imperfetto azione contemporanea o futura	congiuntivo trapassato azione anteriore
Credevo che	**arrivassero** subito	**fossero** già **arrivati**
Mi **sembrava** che	**finiste** presto	**aveste** già **finito**
Non **capii perché**	**dicesse** la verità	**avesse detto** la verità

Note: 1. *Il* congiuntivo trapassato *si usa negli stessi casi del* congiuntivo imperfetto (*vedi Unità 20*) *quando l'azione espressa dalla frase dipendente* (congiuntivo) precede *l'azione espressa dalla frase principale* (*espressioni come*: credevo che *ecc.*).

2. *Alcune particolarità:*

A. *con le espressioni* come se *e* magari *si usa soltanto il* congiuntivo imperfetto *o* trapassato, *anche se sono in relazione al presente*

Marco si veste *come se fosse* ancora un ragazzo.
Allora vai in vacanza? *Magari potessi* andarci!
Anna racconta le cose, *come se fosse stata* presente ai fatti.

B. *con la locuzione* anche se, *che ha lo stesso significato di* sebbene (benché, nonostante che), *si usa l'* indicativo *e non il* congiuntivo

Franco è venuto da noi *anche se aveva* molto da fare.
Franco è venuto da noi *sebbene avesse* molto da fare.

b) con la congiunzione • se •
PERIODO IPOTETICO CON IL CONGIUNTIVO IMPERFETTO E TRAPASSATO

ipotesi = congiuntivo — conseguenza = condizionale

Se	(tu)	**fossi stato** più gentile con lui,	non **avrebbe agito** così
	(noi)	**fossimo partiti** prima,	l'**avremmo trovata**
	(io)	**avessi avuto** i soldi,	lo **avrei comprato**

Nota: il periodo ipotetico *con il* congiuntivo trapassato *esprime ipotesi irreali e ormai irrealizzabili perché relative al passato. La conseguenza viene espressa dal* condizionale composto.

PERIODO IPOTETICO: QUADRO GENERALE

ipotesi	conseguenza
a) Se la gente non **vota**	**perdiamo** il referendum
b) Se la gente non **voterà**	**perderemo** il referendum
c) Se la gente non **votasse**	**perderemmo** il referendum
d) Se io **fossi** il Presidente	**abolirei** le tasse
e) Se **avessimo votato** per lui	**avremmo fatto** meglio

Note: 1. *Il* periodo ipotetico *è di due tipi:*
A. *riferito al presente/futuro*
B. *riferito al passato*
Quando è riferito al presente/futuro può esprimere:
— *realtà (a-b)*
— *possibilità effettiva (c)*
— *possibilità immaginaria (d).*
Quando è riferito al passato, si costruisce soltanto con il congiuntivo trapassato *e il* condizionale composto *(e).*

2. *Nell'italiano parlato e scritto non formale il periodo ipotetico riferito al passato viene espresso anche con l'*indicativo imperfetto*:*
Se *votavamo* per lui, *facevamo* meglio.

USO DEI MODI: CONGIUNTIVO E INFINITO

(Io)	pensavo	che	Luigi	**votasse** lunedì mattina
	aspettavo			**leggesse** i risultati
	avevo paura			**avesse perso** il certificato
	volevo			**scrivesse** le lettere per me

(Io)	pensavo	di	**votare** lunedì mattina
	aspettavo		**leggere** i risultati
	avevo paura		**aver perso** il certificato
	volevo	**scrivere** le lettere personalmente	

Nota: se il soggetto della frase principale e della frase dipendente è lo stesso, non si usa il congiuntivo *ma l'*infinito.

CONCORDANZA DEI TEMPI E DEI MODI

certezza

Frase principale	Frase dipendente			
Sono sicuro **So** **Ho saputo**	che	domani oggi ieri	**arriverà/arriva** **arriva** **è arrivato**	Giulio
Ero sicuro **Sapevo** **Seppi** **Avevo saputo**	che	il giorno dopo quel giorno il giorno prima	**sarebbe arrivato** **arrivava** **era arrivato**	

incertezza

Frase principale	Frase dipendente			
Credo **Penso**	che	domani oggi ieri	**arrivi/arriverà** **arrivi** **sia arrivato**	Giulio
Non so	se			
Credevo **Pensavo**	che	il giorno dopo quel giorno il giorno prima	**sarebbe arrivato** **arrivasse** **fosse arrivato**	
Non sapevo	se			

25

▷ *Ascoltate attentamente il dialogo (non cercate di capire ogni parola), poi decidete se le seguenti affermazioni sono vere o false:*

		V	F
A. ▷	Franco vive lontano dalla famiglia.		
B. ▷	Franco è tornato nella sua città solo per votare.		
C. ▷	Daniela conosce già la ragazza di Franco.		
D. ▷	Massimo pensa che Franco abbia intenzione di sposarsi.		
E. ▷	Franco ha chiesto a Massimo di dire tutto a Daniela.		

26

▷ *Dite cosa succederebbe, secondo ciascuno di voi, se si realizzassero le ipotesi espresse nei balloon:*

27

▷ *Franco ha ricevuto questa cartolina dai suoi amici Mario e Luca, che si trovano in Scozia in vacanza. Franco non è voluto andare con loro perché avevano intenzione di fare l'autostop.*

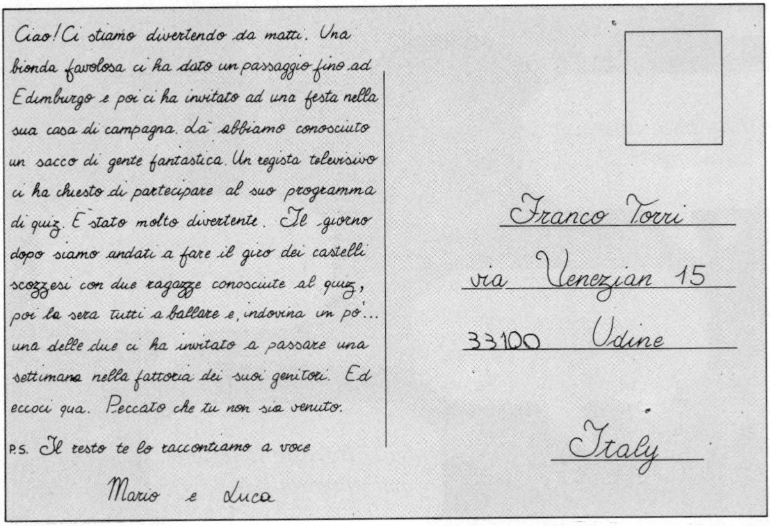
Ciao! Ci stiamo divertendo da matti. Una bionda favolosa ci ha dato un passaggio fino ad Edimburgo e poi ci ha invitato ad una festa nella sua casa di campagna. Là abbiamo conosciuto un sacco di gente fantastica. Un regista televisivo ci ha chiesto di partecipare al suo programma di quiz. È stato molto divertente. Il giorno dopo siamo andati a fare il giro dei castelli scozzesi con due ragazze conosciute al quiz, poi la sera tutti a ballare e, indovina un po'... una delle due ci ha invitato a passare una settimana nella fattoria dei suoi genitori. Ed eccoci qua. Peccato che tu non sia venuto.

P.S. Il resto te lo raccontiamo a voce

Mario e Luca

Franco Torri
via Venezian 15
33100 Udine
Italy

Ora Franco sta pensando: «Che stupido! Se fossi andato con i miei amici mi sarei divertito molto. Avrei conosciuto...»

Sapreste continuare a dire quello che pensa Franco?

28

▷ *Rispondete alle seguenti domande personali:*

1. Quanti partiti ci sono nel Suo paese?
2. Qual è il partito che governa attualmente?
3. Ogni quanti anni si fanno le elezioni?
4. A che età si può votare per la prima volta?

29

▷ *Domandate al vostro compagno di banco*

1. se va sempre a votare quando ci sono le elezioni
2. se molta gente va a votare nel suo paese
3. qual è il suo partito preferito e perché
4. cosa pensa degli uomini politici del suo paese

PRODUZIONE ORALE

Studente A: Alle ultime elezioni Lei ha deciso di non votare. Risponda alle domande del Suo amico.

Studente B: Lei è l'amico. Chieda allo studente A perché si è astenuto e se pensa di non votare neppure la prossima volta.

COMPRENSIONE ORALE

Ascoltate attentamente il dialogo fra Margie, una ragazza inglese, e Patrizia, una sua amica italiana, e rispondete:

1. Quale di questi partiti è al governo da anni in Italia?
   Democrazia Cristiana (DC) ☐
   Partito Comunista Italiano (PCI) ☐

2. Abbinate ai partiti le percentuali di voto corrispondenti:

   DC ______________________

   PCI ______________________

3. Qual è il simbolo del Partito Democratico della Sinistra?

a b c d

PRODUZIONE SCRITTA

Combinate le parole della colonna A con quelle della colonna B (le combinazioni possono essere più di una):

A	B
1. Non sapevo	A. che mi avvertisse prima.
2. Temevo	B. prima che uscisse.
3. Beveva e mangiava	C. che avrebbero vinto gli stessi.
4. Si comportavano	D. quale fosse la sede del governo.
5. Ho voluto parlargli	E. di aver perduto il passaporto.
6. Si sapeva già	F. che il problema si fosse risolto.
7. Avrei preferito	G. come se fossero i padroni.
8. Eravamo contenti	H. sebbene dovesse stare a dieta.

... DELLA VITA POLITICA

1

▷ *Osservate i titoli in prima pagina dei giornali all'indomani delle elezioni in Sicilia e il grafico riprodotto nella pagina a fianco, cercando le seguenti informazioni:*

1. I dati si riferiscono a elezioni nazionali?

2. Quale partito, o partiti, hanno avuto più voti in queste elezioni? Quale, o quali, hanno perso voti? Quale partito si aspettava molto di più dalle elezioni?

3. Quanti partiti esistono in Italia?

4. Quali partiti sono "appena nati"?

MARTEDÌ 18 GIUGNO 1991 - L. 1.200

CORRIERE DELLA SERA

SUCCESSO SCUDOCROCIATO, LA PROTESTA RESTA NELLA «RETE», UN ELETTORE SU QUATTRO NON HA VOTATO

La Sicilia premia Dc e Orlando

Crollano il Pds di Occhetto e il Msi di Rauti, che annuncia le dimissioni. Il Psi manca il successo sperato

Bene il Psdi e male i repubblicani dopo la cura del rinnovamento. Rifondazione al 3,2. Verdi quasi dimenticati

IL VINCITORE E' UNO SOLO

di GIANFRANCO PIAZZESI

Elezioni regionali siciliane - Quadro generale

Tra rinvio pensioni e stop al decretone

rafforzata la coalizione di governo

GERANI

la Repubblica

Anno 16 - Numero 126 - L. 1200

Direttore Eugenio Scalfari

martedì 18 giugno 1991

Dopo il referendum, nuove sorprese dal voto dell'elettorato siciliano

Vincono la Dc e Orlando

Si è fermata l'onda lunga di Craxi

Sconfitta del Pds, crolla il Msi

Le quattro risposte della Sicilia

di EUGENIO SCALFARI

L'ex sindaco di Palermo abbatte il muro delle centomila preferenze. Il leader socialista: "In mezzo alla tempesta resistiamo". Il Psdi avanza, Rauti si dimette da segretario

Questa la nuova Regione

Mentre il presidente riceve Iotti e Spadolini e confe...

"Galloni...

Questa la nuova Regione

%	DC	PDS	Rifond.	PSI	MSI	PRI	PSDI	PLI	Rete	Verdi	ALTRI
Reg. '91 %	42,3	11,9	3,2	15,2	4,8	3,6	5,3	2,7	7,3	1,2	2,5
seggi	**39**	**13**	**1**	**15**	**5**	**3**	**6**	**2**	**5**	**—**	**1**
Prov. '90	+0,6	−3,4	—	−2,2	−0,4	−2,7	−0,2	−0,6	—	−1,8	+0,7
Pol. '87	+3,5	−7,9	—	+0,3	−4,1	−1,2	+1,2	−0,3	—	—	−0,7
Reg. '86 %	+3,5	−7,5	—	+0,2	−4,4	−0,3	+1	−0,1	—	+0,6	−1,1
seggi	**+3**	**−6**	**+1**	**+1**	**−3**	**−2**	**+2**	**−1**	**+5**	**—**	**—**

Il risultato del Pds è stato confrontato con i precedenti del Pci. I verdi si sono presentati con due liste che hanno ottenuto lo 0,9% (Sole che ride) e lo 0,3% (Verdi siciliani). Nella voce "Altri" è stato inserito uno 0,5% di una lista Pri-Pli, mentre il seggio è stato conquistato da una formazione denominata "Movimento repubblicano". Infine, nella disciolta assemblea, un seggio era dei demoproletari

5. Osservando i simboli dei vari partiti, sapreste dire quali di essi si ispirano a
ideali progressisti o di sinistra?
ideali conservatori o di destra?
ideali ecologici?
ideali religiosi?

6. Dalle percentuali e dal numero dei seggi, quali partiti vi sembrano i più importanti?

7. Quali partiti hanno ottenuto seggi (cioè loro rappresentanti) al governo: solo i partiti maggiori o anche quelli minori? Il numero dei seggi ottenuti vi sembra proporzionato alla percentuale di voti ottenuta?

8. A quale partito si riferisce l'espressione "successo scudocrociato"?

9. Prendete nota delle sigle dei partiti e cercatene i nomi corrispondenti in questa lista:
Partito Socialista Italiano
Democrazia Cristiana
Movimento Sociale Italiano
Partito Socialdemocratico Italiano
Partito Repubblicano Italiano
Partito Democratico della Sinistra
Partito Liberale Italiano

10. Secondo voi, chi, o che cosa, è "Orlando"?

11. Chi pensate che siano Occhetto, Craxi e Rauti?

12. Come sono andate le elezioni per il partito dei Verdi?

2

▷ *Dopo aver studiato attentamente il grafico cancellate le alternative errate nel testo che segue.*

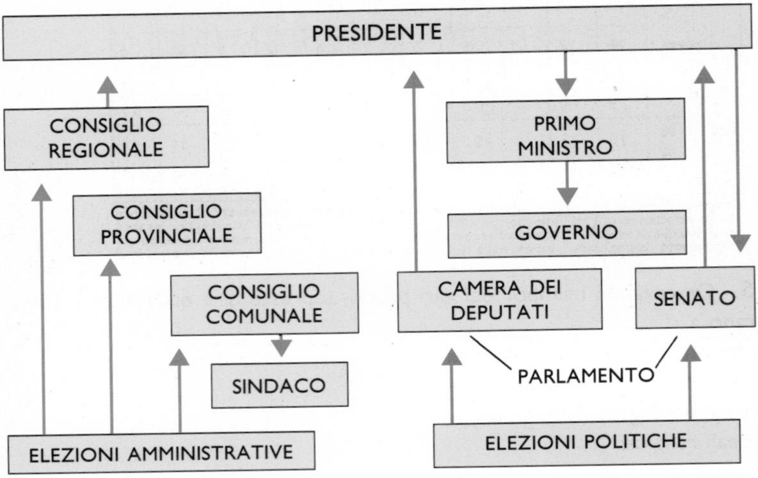

L'Italia è una *repubblica/monarchia* parlamentare. Il capo dello stato è il *re/presidente*, eletto con un mandato di sette anni *dal popolo/dal parlamento*. Il presidente però ha solo la funzione di "garante" della costituzione e non partecipa direttamente alle decisioni del governo. Il potere esecutivo è rappresentato dal primo ministro, nominato *dalla camera dei deputati/dal presidente* con il consenso dei partiti e da un gabinetto, formato da ministri scelti *dal primo ministro/dal senato*. Il parlamento è formato da *tre/due* camere di pari importanza, — la camera dei deputati e la camera dei senatori. I rappresentanti delle due camere sono eletti *dal popolo/dal gabinetto dei ministri* tramite le elezioni politiche, ma alcuni senatori sono nominati direttamente *dal presidente/dal primo ministro*. Il parlamento discute e approva le leggi proposte dall'esecutivo e dibatte tutti i problemi di interesse nazionale. L'Italia è suddivisa in regioni. Queste a loro volta sono suddivise in province, e le province in comuni. I governi locali si occupano di tutti i problemi legati alla gestione della vita quotidiana, come la regolamentazione del traffico, i servizi sociosanitari, i rifiuti. I vari consiglieri comunali, provinciali e regionali vengono anch'essi scelti *dall'elettorato/dal parlamento* con le elezioni amministrative. Nei comuni c'è anche una specie di "governatore", detto sindaco, che viene nominato *dai cittadini/dal Consiglio Comunale*.

3

▷ *Leggete il testo che segue e dite poi se le alternative che trovate a p. 573 sono vere o false:*

Molti sono gli aspetti del sistema politico italiano che risultano incomprensibili agli stranieri: tra questi la miriade di partiti, partitelli e partitini, in perenne lite fra loro, che con i loro conflitti di potere o di opinione arrivano spesso a paralizzare l'attività politica e amministrativa a tutti i livelli, sia locale che nazionale; o le frequenti crisi di governo, con conseguenti nuove elezioni, da cui escono governi che sono spesso la fotocopia di quelli appena caduti. Particolarmente misterioso appare agli osservatori esterni il "pianeta Italia" quando poi si accorgono che, malgrado tutto, il paese gode di notevole stabilità politica (un partito, la DC, è al potere ininterrottamente da cinquant'anni, mentre l'altro grande partito, il PDS, ex Partito Comunista, è all'opposizione ininterrottamente dallo stesso tempo) e che la macchina è sempre riuscita a funzionare, sinora in modo piuttosto efficace, almeno a giudicare dalla qualità media della vita e dai progressi conseguiti in molti i campi.

In realtà le cose sono più razionali di quanto possa apparire. Quando, nel 1946, all'indomani della seconda guerra mondiale e dopo la tragica dittatura fascista di Mussolini, gli italiani — con un referendum popolare — abolirono la monarchia e scelsero la repubblica, essi decisero anche di darsi una costituzione che era, allora, fra le più democratiche e avanzate del mondo. Tra i principi-cardine della costituzione italiana sono la libertà di pensiero e di espressione, il rispetto e la tolleranza di ogni opinione, anche di quella delle minoranze: questo ispirò la legge elettorale con sistema proporzionale, secondo cui ogni partito o gruppo, anche il più piccolo, ha diritto a essere rappresentato in parlamento, con un numero di seggi proporzionale al numero di voti ricevuti. Ciò spiega perché in parlamento siedano i rappresentanti di tanti partiti. Un altro principio dice che per governare in Italia occorre avere ottenuto la "maggioranza relativa", cioè almeno il 51% dei consensi. Ma poiché nessun partito, da solo, ha mai ottenuto questa percentuale di voti nelle elezioni, per governare è necessario che due o più partiti formino una "coalizione di governo", cioè si raggruppino assieme per raggiungere la maggioranza. Si formano così, a seconda dei casi, governi tri-partito, quadri-partito o addirittura penta-partito, come nel 1990. Tutti gli altri restano all'opposizione.

Accade però che anche fra i partiti della coalizione nascano forti contrasti su questioni importanti. È sufficiente che uno di questi partiti decida di "negare la fiducia", cioè di ritirarsi dal governo, perché gli altri membri della coalizione non abbiano più la maggioranza necessaria: ecco allora la necessità di formare una nuova coalizione, oppure, se questo risulta impossibile, di indire nuove elezioni anticipate.

Da alcuni anni però questo sistema sta mostrando limiti sempre più seri e sembra poco adeguato a far fronte ai complessi problemi di una società industrializzata alle soglie del 2000. Da più parti perciò si stanno invocando misure capaci di correggere, almeno in parte, i meccanismi elettorali, e di rafforzare l'esecutivo in senso più agile e moderno. Anche in Italia infatti dopo la prima Repubblica, come la Francia insegna, ce ne possono essere altre.

		V	F
1.	La Repubblica italiana ha solo mezzo secolo di vita.		
2.	Prima di diventare una repubblica, l'Italia era uno stato monarchico.		
3.	La monarchia fu soppressa con un colpo di stato.		
4.	Per gli stranieri non è facile capire il sistema politico italiano.		
5.	Il sistema partitico italiano è più simile al modello statunitense che a quello francese.		
6.	In Italia le elezioni sono frequentissime.		
7.	Il sistema elettorale italiano permette anche alle minoranze di partecipare alle decisioni politiche.		
8.	Negli ultimi cinquant'anni la DC e il PDS si sono alternati continuamente al governo e all'opposizione.		
9.	In Italia per governare occorre raggiungere la metà più uno dei voti.		
10.	Abbiamo una "coalizione di governo" quando tutti i partiti dell'opposizione si coalizzano contro il partito al governo.		
11.	In Italia la DC è al governo da anni perché raggiunge sempre il 51% dei voti alle elezioni.		
12.	Quando un governo "cade" e non si riesce a formare una nuova coalizione, si fanno le elezioni anticipate.		
13.	Gli italiani sono pienamente soddisfatti del loro sistema politico e non intendono cambiarlo.		

4

▷ *L'insoddisfazione degli italiani nei confronti dell'attuale sistema politico risulta evidente anche da questi documenti: osservateli e rispondete.*

1. Questo documento rappresenta
A. il progetto di un edificio ☐
B. i risultati di un sondaggio di opinione ☐
C. le statistiche sulla vendita di alcuni prodotti ☐

2. Gli italiani mostrano di avere
A. poca ☐
B. nessuna ☐ fiducia nel governo
C. molta ☐

3. Il giudizio della maggioranza degli italiani sul Parlamento è
A. positivo ☐
B. non molto positivo ☐
C. negativo ☐

4. Gli italiani mostrano soprattutto fiducia
A. nella pubblica amministrazione ☐
B. nelle scuole ☐
C. nelle forze armate ☐

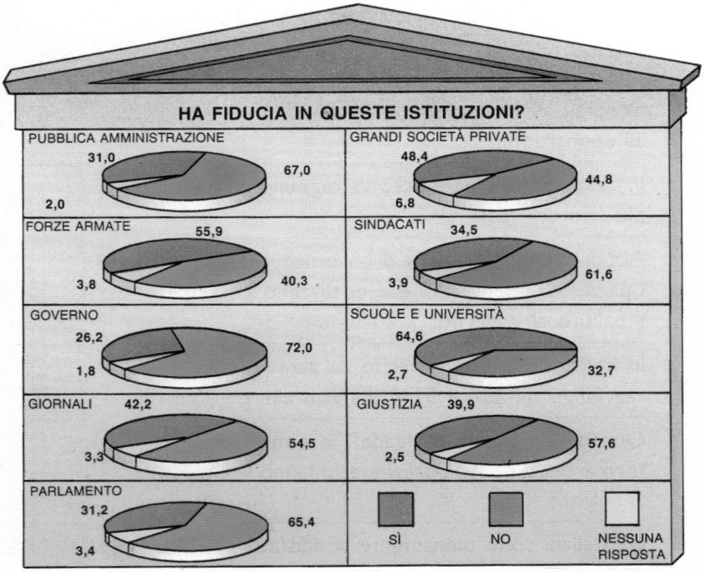

(da: "L'Espresso", 24/2/1991)

Grave sconfitta per Craxi e Bossi: alle urne il 62,5 per cento dei cittadini

Vince l'Italia pulita

Ventisette milioni di Sì per una nuova legge elettorale

Ma ora Cossiga vuole il referendum presidenziale

Tentativo di scippo

di EUGENIO SCALFARI

TRA DOMENICA e lunedì sono accaduti in Italia alcuni fatti nuovi. Ma consentite, amici di «Repubblica», che dalle colonne del vostro giornale si dica anzitutto e senza retorica che questo 10 giugno è stato un giorno di festa della democrazia repubblicana.

Votanti	29.383.273	62,5 %
Sì	26.922.176	95,6 %
No	1.247.951	4,4 %

I voti validi sono stati 28 milioni 170 mila 127. Le schede non valide sono state un milione 213 mila 146 (pari al 4,1% dei votanti): di queste 565 mila 677 bianche, e 48 mila 536 contestate.

ROMA – Ha vinto l'Italia pulita. Il quorum è stato abbondantemente sorpassato: ha votato il 62,5 per cento degli elettori e il Sì ha raccolto il 95,6 per cento dei consensi. Un sonora sconfitta, la dimostrazione che il paese vuole cambiare, il segnale che gli italiani reclamano nuove regole del potere.

L'intervento del Quirinale

"Il mio dubbio? Sciogliere la Camera..."

Il capo dello Stato consulterà Andreotti e i

(da: "La Repubblica", 11/6/1991)

5. Il titolo di questo secondo documento si riferisce a
A. una vittoria elettorale ☐
B. una vittoria sportiva ☐
C. una vittoria militare ☐

6. Gli italiani sono stati chiamati a votare per
A. eleggere i membri del Parlamento ☐
B. eleggere i consiglieri comunali ☐
C. esprimere la loro opinione a favore o contro una modifica alla legge elettorale ☐

7. Sulla scheda i votanti dovevano scrivere
A. il nome del partito preferito ☐
B. un SÌ o un NO ☐
C. il nome del loro candidato alla Presidenza ☐

8. Questo tipo di votazioni si chiamano
A. elezioni politiche ☐
B. elezioni amministrative ☐
C. referendum ☐

5

▷ *Vi proponiamo ora un'attività di ricerca. Documentatevi con l'aiuto di giornali e riviste e rispondete:*

A. Come sono andate le ultime elezioni politiche in Italia?

B. Qual è il nome dell'attuale presidente della repubblica?

REFERENZE ICONOGRAFICHE

Archivio Edizioni Scolastiche Bruno Mondadori
Ajelli Raimondo / BEMA
Andreini Giulio
Ansa
Archivio Alessi
Archivio Casa Editrice Bonechi
Archivio Lavazza
Archivio TCI
Archivio White Star
Armata di Mare
Attademo Mimmo
Azzi Robert e Eastep Wayne
Bacchella Adriano
Baraggi Curzio
Bengiveno Nicole
Berengo Gardin Gianni
Bergamo Fabrizio
Bernson Carl / Black Star
Bertinetti Marcello
Borchi Massimo
Brusaferri Adriano
Bullough B.
Cagnoni Romano
Capovilla Marco
Capra Franco
Caracciolo Enrico
Carrara André
Casati Maurizio
Cavallero G.P.
Cellai Stefano
Cerchioli Carlo
Chartier Alain
Foto A. Chilea
Foto Colombo
Colombo Giuseppe
Colour Library Book
Cozzi Guido
Cresci Mario
Dalmasso Paolo
D'Angelo Giuseppe
De Biasi Mario
De Logu Marco
Dondero Mario
Effige
Ente Nazionale Germanico per il Turismo
N. Esposito / Dove
Faema
Feriozzi GianGiacomo Maria © Egoista
M. Fermariello / Dove
Fontana Franco
Fornaciari
Fotografia Oggi
Fraschetti M.
Frey Rudi
Friedel Michael / G. Neri
Gavazzi Egidio
Gentili Moreno
Gerolimetto Cesare
Ghirri Luigi
Giannella Vittorio
Giardi Marino
Giuliani Lorenza
Giunti Gruppo Editoriale
Gorman Greg
Gradnik Boris
Graffiti
Granata Press
Granit Margot sas
Gravelle P.
Griffa Valerio
Foto Groppuzzo
Gross Gary
Grossetti Pino
Gucci
Heitmann Adriano
Image Bank / Equart S.r.l.
Jacobi Tom / I.P.S.
Jannucci Raffaele
Jodice Mimmo
King George R.
Koch Roberto
Liaci Paolo
L'immagine / Marka
Lucas Uliano
Macrakis Michele
Majani Fulvio
Mangiola Tommaso
Mangold Guido
Agenzia Marka
Martinelli Antonio
Marton Paolo
Meazza Roberto
Meisel Steven
Mendenhall Jim
Pepi Merisio
Metha Dilip
Mezzelani Ferdinando
Migliorati Francesco
Milanesio Francesco
Milani Leo
F. Mobley George
Mosna Stefano
G. Neri
Nicolini Toni
E. Nocera / Dove
Notarianni Pietro
Occhibelli - Rinaldi / Il Dagherrotipo
Olivetti
Overseas
Parkinson Norman
Guy Pascal
Patini Franco
Perrin Benoît
F. Pesce / Farabolafoto
Phillips Roger
Pifferi Enzo
Pistolesi Andrea
Pizzocchero Franco
Pool 3, campagna olio d'oliva della CEE
M.E. Pozzoli / Dove
A. Prati / Dove
Publifoto
Radino Francesco
Raffini Mauro
© Renografica Bologna
Rinaldi Giovanni
Roiter Fulvio
Roli Ghigo
Foto Roncaglia
Rossi Michele
Santagiuliana Fabio
Scatà Stefano
Senzanonna Giampaolo
M. Smith / Dove
Sorrentino Roberto
Sosio GianLuigi / Marka
Ted Spiegel (S. Griggs / G. Neri)
Sport e Cultura
Straker Paul - Welds
Studio Mda
Taborzi Ivan
Tondini Angelo
Truffo Maurizio / visual Food
Verin Mario
Vink John
Walz Rudiger
Watanabe Ryuichi
Bertinetti Angela White
Wolf Silvio
Xerra Gionata
Yamashita Mike
Zago Luigi